Zu diesem Buch

«So logisch und listenreich die Sayers die Handlung anlegt – die Bedeutung ihrer Kriminalromane liegt weniger in der glänzend inszenierten Intrige und deren Auflösung als vielmehr in ihrer erzählerischen Brillanz, in der genauen Charakterisierung von Personen und Milieu und einem sarkastischen Witz, der die Lektüre zum reinen Vergnügen macht... Fast vergißt man, daß es eigentlich um die Aufklärung von Verbrechen geht, so faszinieren Schauplatz, Personen und Dialoge» («Saarbrücker Zeitung»).

Dorothy Leigh Sayers, geboren am 13. Juni 1893 als Tochter eines Pfarrers und Schuldirektors aus altem englischem Landadel, war eine der ersten Frauen, die an der Universität ihres Geburtsortes Oxford Examen machten. Sie wurde Lehrerin in Hull, wechselte dann aber für zehn Jahre zu einer Werbeagentur über. 1926 heiratete sie den Kapitän Oswald Atherton Fleming. Als Schriftstellerin begann sie mit religiösen Gedichten und Geschichten. Auch ihre späteren Kriminalromane schrieb sie in der christlichen Grundanschauung von Schuld und Sühne. Schon in ihrem 1926 erschienenen Erstling «Der Tote in der Badewanne» führte sie die Figur ihres eleganten, finanziell unabhängigen und vor allem äußerst scharfsinnigen Amateurdetektivs Lord Peter Wimsey ein, der aus moralischen Motiven Verbrechen aufklärt. Ihre über zwanzig Detektivromane, die sich durch psychologische Grundierungen, eine Fülle bestechender Charakterstudien und eine ethische Haltung auszeichnen, sind inzwischen in die Literaturgeschichte eingegangen. Dorothy L. Sayers gehört mit Agatha Christie und P. D. James zur Trias der großen englischen Kriminalautorinnen. Zu ihren Hauptwerken gehören «Der Glocken Schlag» (rororo Nr. 4547), «Fünf falsche Fährten» (rororo Nr. 4614) und «Keines natürlichen Todes» (rororo Nr. 4703). Die nach dem vorliegenden Roman sowie nach den Titeln «Diskrete Zeugen» (rororo Nr. 4783) und «Ärger im Bellona-Club» von der BBC gedrehten Kriminalserien entzückten inzwischen auch deutsche Fernsehzuschauer. In den letzten zwanzig Jahren ihres Lebens schrieb sie nur noch theologische Abhandlungen, religiöse Versdramen und in der Sprache unserer Zeit eine überaus erfolgreiche dramatische Szenenfolge aus dem Leben Jesu («Zum König geboren»). 1950 erhielt sie in Anerkennung ihrer literarischen Verdienste um den Kriminalroman den Ehrendoktortitel der Universität Durham. Dorothy L. Sayers starb am 17. Dezember 1957 in Witham/Essex.

Dorothy L. Sayers

Mord
braucht Reklame

«Murder Must Advertise»
Kriminalroman

Deutsch von
Otto Bayer

Rowohlt

Die englische Originalausgabe erschien 1933 unter dem Titel «Murder Must Advertise» im Verlag Victor Gollancz Ltd., London. Die deutsche Erstausgabe erschien 1972 unter dem Titel «Mord braucht Reklame» im Rainer Wunderlich Verlag Hermann Leins, Tübingen.
1980 erschien der Band dort in neuer Übersetzung.
Umschlagentwurf Manfred Waller (Foto aus der Fernsehverfilmung der BBC mit Ian Carmichael als Lord Peter Wimsey /
BBC Copyright photographs)

Veröffentlicht im Rowohlt Taschenbuch Verlag GmbH,
Reinbek bei Hamburg, Februar 1982
«Murder Must Advertise» © 1933 by Anthony Fleming
© der neuen Übersetzung 1980 by Rainer Wunderlich Verlag
Hermann Leins GmbH & Co., Tübingen
Satz Garamond (Digiset), Bauer & Bökeler GmbH, Denkendorf
Gesamtherstellung Clausen & Bosse, Leck
Printed in Germany
780-ISBN 3 499 14895 1

Vorbemerkung der Verfasserin

Ich kann mir nicht denken, daß es auf der Welt eine harmlosere und gesetzestreuere Sorte Menschen gibt als die Experten der britischen Werbewirtschaft. Die Vorstellung, daß in diesem Umfeld je ein Verbrechen geschehen könnte, ist so abwegig, daß sie nur der ungezügelten Phantasie eines Kriminalschriftstellers entspringen kann, der es gewohnt ist, die Tat dem jeweils Unverdächtigsten in die Schuhe zu schieben. Sollte sich in diese frei erfundene Geschichte irgendwo ein Name oder Werbespruch eingeschlichen haben, von dem man auf eine wirkliche Person, Firma oder Ware schließen könnte, so wäre dies reiner Zufall und keineswegs in der Absicht geschehen, auch nur den kleinsten Schatten auf eine existierende Ware, Firma oder Person zu werfen.

I

Der Tod kommt zu Pyms Werbedienst

«Ach, übrigens», sagte Mr. Hankin zu Miss Rossiter, die gerade aufstehen und gehen wollte, «wir bekommen heute einen neuen Texter.»

«Ja, Mr. Hankin?»

«Bredon heißt er. Viel kann ich Ihnen nicht über ihn sagen; Mr. Pym hat ihn persönlich eingestellt; aber Sie werden bitte dafür sorgen, daß man sich um ihn kümmert.»

«Ja, Mr. Hankin.»

«Er bekommt Mr. Deans Büro.»

«Ja, Mr. Hankin.»

«Ich würde meinen, daß Mr. Ingleby sich seiner annehmen und ihm zeigen könnte, was er zu tun hat. Sie könnten Mr. Ingleby mal zu mir schicken, wenn er einen Augenblick Zeit hat.»

«Ja, Mr. Hankin.»

«Das wär's. Und – ach ja! Bitten Sie Mr. Smayle, mir die Dairyfield-Kladde zu überlassen.»

«Ja, Mr. Hankin.»

Miss Rossiter klemmte sich ihren Stenogrammblock unter den Arm, zog die verglaste Tür geräuschlos hinter sich zu und trippelte flink den Korridor entlang. Bei einem verstohlenen Blick durch eine andere Glastür sah sie Mr. Ingleby auf einem Drehstuhl sitzen, die Füße auf dem kalten Heizkörper, und sich angeregt mit einer jungen Frau in Grün unterhalten, die auf der Schreibtischkante saß.

«Verzeihung», sagte Miss Rossiter, um der Höflichkeit Genüge zu tun. «Mr. Hankin läßt fragen, ob Sie einen Augenblick Zeit für ihn haben, Mr. Ingleby.»

«Wenn's wegen Tomboy-Toffees ist», antwortete Mr. Ingleby abwehrend, «das wird gerade getippt. Hier, nehmen Sie die zwei Dinger lieber mit, damit die kühne Behauptung einen gewissen Anstrich von Wahrhaftigkeit –»

«Es geht nicht um Tomboy-Toffees, es geht um einen neuen Texter.»

«Was, jetzt schon?» rief die anwesende junge Frau. «Bevor die Schuh' verbraucht! Mein Gott, der kleine Dean ist erst am Freitag beerdigt worden.»

«Das ist das Tempo der modernen Zeit», sagte Mr. Ingleby. «Sehr betrüblich für so einen altehrwürdigen, vornehmen Laden. Vermutlich darf ich mal wieder das Knäblein abrichten. Warum nur immer ich?»

«Quatsch!» meinte die junge Frau. «Sie brauchen ihm nur einzuschärfen, daß er das Direktionsklo nicht benutzen und nicht die Eisentreppe runterfallen darf.»

«Sie sind die Herzlosigkeit in Person, Miss Meteyard. Na ja, solange sie den Kerl nicht auch noch zu mir reinsetzen –»

«Da können Sie beruhigt sein, Mr. Ingleby. Er bekommt Mr. Deans Büro.»

«Aha! Was ist er für einer?»

«Mr. Hankin sagt, er weiß es auch nicht. Mr. Pym hat ihn eingestellt.»

«Ach du lieber Himmel! Ein Günstling der Direktion», stöhnte Mr. Ingleby.

«Dann habe ich ihn schon gesehen, glaube ich», sagte Miss Meteyard. «Farblos, wirkt ziemlich eingebildet. Ich bin ihm gestern über den Weg gelaufen, wie er aus Pymies Büro kam. Hornbrille. Kreuzung zwischen Ralph Lynn und Bertie Wooster.»

«Tod, wo ist dein Stachel? Na ja, dann sollte ich mal Leine ziehen und mich um ihn kümmern.»

Mr. Ingleby nahm die Füße vom Heizkörper, rekelte sich langsam zur vollen Höhe empor und trottete unglücklich davon.

«Na, das bringt wenigstens ein bißchen Abwechslung», meinte Miss Meteyard.

«Finden Sie nicht, daß wir davon in letzter Zeit eher etwas zuviel hatten? Übrigens, könnte ich wohl Ihren Obolus für den Kranz haben? Ich sollte Sie daran erinnern.»

«Ach ja, natürlich. Wieviel macht's? Einen Shilling? Hier haben Sie zweieinhalb, davon können Sie dann gleich meinen Einsatz mit abziehen.»

«Heißen Dank, Miss Meteyard. Hoffentlich ziehen Sie diesmal ein Pferd.»

«Wird höchste Zeit. Ich bin schon fünf Jahre in diesem Laden und habe noch nie einen Platz gezogen. Ich glaube, ihr mogelt bei der Auslosung.»

«Bestimmt nicht, Miss Meteyard, sonst würden wir die Pferde

nicht immer in die Druckerei gehen lassen. Wollen Sie nicht mal selbst ziehen? Miss Parton tippt gerade die Namen.»

«Na schön.» Miss Meteyard ließ sich langbeinig von der Schreibtischkante gleiten und folgte Miss Rossiter ins Schreibzimmer.

Das Schreibzimmer war eine kleine, ungemütliche Zelle und im Augenblick zum Bersten voll. Ein pummeliges junges Mädchen mit Brille, den Kopf zurückgelegt und die Augen zusammengekniffen, um den Rauch ihrer Zigarette nicht hineinzubekommen, hämmerte auf einer Schreibmaschine die Namen der für das Rennen gemeldeten Pferde herunter, assistiert von einer Freundin, die ihr aus dem *Morning Star* diktierte. Ein gelangweilter junger Mann in Hemdsärmeln schnitt die Namen der Tototeilnehmer von einer vorgetippten Liste und drehte die Zettel zu geheimnisvollen kleinen Rollen zusammen. Ein magerer, lebhafter junger Mann, der auf einem umgedrehten Papierkorb saß, blätterte in den Durchschlägen in Miss Rossiters Ablagekorb und gab ironische Kommentare zu den Texten ab, während der stämmige, dunkelhaarige junge Mann mit Brille, an den seine Bemerkungen gerichtet waren, in einen Roman von P. G. Wodehouse vertieft saß und aus einer großen Dose Kekse stibitzte. An den Türpfosten lümmelten sich, so daß sie den Eingang versperrten, ein junges Mädchen und ein weiterer junger Mann, anscheinend Besucher aus einer anderen Abteilung, und unterhielten sich rauchend über Tennis.

«Hallo, ihr Süßen!» rief Miss Rossiter fröhlich. «Miss Meteyard nimmt heute die Ziehung vor. Und wir kriegen einen neuen Texter.»

Der stämmige junge Mann sah kurz auf, sagte: «Armer Teufel!» und vertiefte sich wieder in sein Buch.

«Einen Shilling für den Kranz und sechs Pence fürs Toto», fuhr Miss Rossiter fort und kramte in einer Blechdose herum. «Kann mir einer zwei Shilling wechseln? Wo ist die Liste, Parton? Streich Miss Meteyard durch, ja? Hab ich Ihren Beitrag schon, Mr. Garrett?»

«Bin pleite bis Samstag», sagte der Wodehouse-Leser.

«Hört euch den an!» rief Miss Parton entrüstet. «Man sollte uns glatt für Millionäre halten, wenn wir hier immer die Abteilung finanzieren müssen.»

«Zieht mir mal einen Gewinner», antwortete Mr. Garrett, «dann könnt ihr's nachher davon abziehen. Ist der Kaffee noch immer nicht da?»

«Sehen Sie mal nach, Mr. Jones», sagte Miss Parton zu dem jungen Mann am Türpfosten, «ob der Laufjunge nicht bald kommt. Und du geh noch mal die Pferde mit mir durch, Kindchen. Meteor Bright, Tooralooral, Pheidippides II, Roundabout –»

«Roundabout ist gestrichen», sagte Mr. Jones. «Und da kommt der Laufjunge.»

«Gestrichen? Nein, wann denn? Wie schade. Auf den hab ich doch beim *Morning Star*-Wettbewerb gewettet. Wer sagt das?»

«Der *Evening Banner*. Extraausgabe. Im Stall ausgerutscht.»

«Mist!» sagte Miss Rossiter kurz und bündig. «Da geht mein Tausender flöten! Ach ja, so ist das Leben. Danke, mein Kleiner. Stell's auf den Tisch. Hast du an die Gurke gedacht? Brav. Wieviel? Einen Shilling, fünf Pence? Leih mir mal 'nen Penny, Parton. Hier, bitte. Moment noch, Mr. Willis, ja? Ich brauche mal 'nen Bleistift und Radiergummi für den Neuen.»

«Wie heißt er?»

«Bredon.»

«Wo kommt er her?»

«Weiß Hankie auch nicht. Aber Miss Meteyard hat ihn schon gesehen. Bertie Wooster mit Hornbrille, sagt sie.»

«Aber älter», sagte Miss Meteyard. «Guterhaltener Vierziger.»

«Du liebes bißchen! Wann kommt er?»

«Heute morgen. Ich an seiner Stelle hätte noch bis morgen gewartet und wäre zum Rennen gegangen. Ah, da kommt Mr. Ingleby. Der wird's wissen. Kaffee, Mr. Ingleby? Haben Sie schon was gehört?»

«Star of Asia, Twinkletoes, Sainte-Nitouche, Duke Humphrey...»

«Zweiundvierzig», sagte Mr. Ingleby. «Danke, keinen Zukker. War noch nie in der Werbung. Balliol College.»

«O Gott!» stöhnte Miss Meteyard.

«Sie sagen es. Wenn etwas noch widerwärtiger ist als alles andere, dann ist es Balliolität», pflichtete Mr. Ingleby ihr bei, denn er hatte am Trinity studiert.

> «*Bredon ging aufs Balliol*
> *Und saß zu Füßen von Gamaliel*»,

sang Mr. Garrett, indem er sein Buch zuklappte.

> «*Um nichts er sich scherte,*
> *Ganz wie sich's gehörte*»,

ergänzte Miss Meteyard. «Wetten, daß Sie jetzt keinen Reim mehr auf Balliol finden?»
«Flittermouse, Tom Pinch, Fly-by-Night...»

«Und seine Sprache war universiell.»

«Welch klassische Verskunst!»
«Man tut, was man kann.»
«Dreh die Zettel ganz fest zusammen, Kindchen. Leg sie in den Deckel der Keksdose. Zum Teufel! Das ist Mr. Armstrongs Summer. Stell eine Untertasse auf meinen Kaffee. Wo ist mein Stenoblock?»
«Zwei Doppelfehler hintereinander, und da hab ich gesagt...»
«Ich finde die Durchschläge von Magnolia nicht...»
«Angefangen mit fünfzig zu eins...»
«Wer hat meine Schere eingesteckt?»
«Entschuldigen Sie, Mr. Armstrong möchte seine Nutrax-Durchschläge...»
«Und gut durchschütteln...»
«Mitgegangen, mitgefangen, mitgehangen...»
«Mr. Ingleby, haben Sie einen Augenblick Zeit für mich?»
Bei Mr. Hankins leicht sarkastischem Ton löste das Gruppenbild sich wie von Zauberhand auf. Die Pfostensteher und Miss Partons Busenfreundin verzogen sich unauffällig auf den Korridor; Mr. Willis, den Ablagekorb in der Hand, sprang hastig auf, riß wahllos einen Durchschlag heraus und starrte ihn zürnend an; Miss Partons Zigarette fiel ohne großes Aufheben zu Boden; Mr. Garrett, der seine Kaffeetasse nicht schnell genug loswerden konnte, lächelte geistesabwesend und machte ein Gesicht, als habe er sie nur zufällig in die Hand genommen und wisse gar nicht, daß sie da war; Miss Meteyard legte die Lose geistesgegenwärtig auf einen Stuhl und setzte sich darauf; Miss Rossiter, die Mr. Armstrongs Durchschläge in der Hand hielt, benutzte diesen glücklichen Umstand, um beschäftigt auszusehen; nur Mr. Ingleby verschmähte allen Schein: Mit leicht unverschämtem Grinsen stellte er seine Kaffeetasse hin und näherte sich gehorsam seinem Vorgesetzten.

«Das», sagte Mr. Hankin, indem er taktvoll die allseitige Verlegenheit übersah, «ist Mr. Bredon. Sie werden – äh – ihm zeigen, was er zu tun hat. Ich habe die Dairyfield-Kladde in sein Büro schicken lassen. Sie könnten ihm zunächst die Margarine geben. Äh, ich glaube nicht, daß Mr. Ingleby zu Ihrer Zeit in Oxford war, Mr. Bredon, er war am Trinity. An Ihrem Trinity, meine ich, nicht an unserem.» (Mr. Hankin hatte in Cambridge studiert.)

Mr. Bredon streckte eine gepflegte Hand aus. «Guten Tag.»
«Guten Tag», echote Mr. Ingleby.

Sie musterten einander mit der Reserviertheit zweier Katzen bei ihrer ersten Begegnung. Mr. Hankin lächelte sie beide an.

«Und wenn Ihnen zur Margarine etwas eingefallen ist, Mr. Bredon, kommen Sie damit zu mir, damit wir es uns ansehen.»

«Abgemacht», antwortete Mr. Bredon schlicht.

Mr. Hankin lächelte wieder und trottete friedlich davon.

«Na, dann mache ich Sie am besten mal erst mit allen bekannt», sagte Mr. Ingleby schnell. «Miss Rossiter und Miss Parton sind unsere beiden Schutzengel – sie tippen unsere Texte, verbessern unser Englisch, versorgen uns mit Bleistiften und Papier und füttern uns mit Kaffee und Kuchen. Miss Parton ist die Blonde und Miss Rossiter die Brünette. Die Herren der Schöpfung bevorzugen im allgemeinen blond, aber ich persönlich finde sie beide gleich engelhaft.»

Mr. Bredon verneigte sich.

«Miss Meteyard – Somerville College. Eine der strahlenderen Zierden unserer Abteilung. Sie dichtet die ordinärsten Limericks, die je in diesen keuschen Mauern erklungen sind.»

«Dann werden wir uns gut verstehen», versicherte Mr. Bredon in herzlichem Ton.

«Mr. Willis zu Ihrer Rechten, Mr. Garrett zu Ihrer Linken – beides Leidensgefährten. Das wäre schon die ganze Abteilung, außer Mr. Hankin und Mr. Armstrong, die allerdings Direktoren sind, und Mr. Copley, einem Mann von Gewicht und Erfahrung, der nicht zum Herumalbern ins Schreibzimmer kommt. Er nimmt seinen Elf-Uhr-Imbiß außer Haus ein und wähnt sich über uns stehend, was ihm indessen nicht zukommt.»

Mr. Bredon ergriff die Hände, die sich ihm entgegenstreckten, unter höflichem Murmeln.

«Möchten Sie sich an unserem Renntoto beteiligen?» erkundigte sich Miss Rossiter mit einem Blick zur Geldbüchse. «Sie kommen gerade noch zur Ziehung zurecht.»

«O ja, bitte», sagte Mr. Bredon. «Was kostet das?»

«Sechs Pence.»

«Ja, bitte. Ich meine, furchtbar nett von Ihnen. Natürlich, klar – man muß doch beim Renntoto mitmachen, wie?»

«Damit beträgt der erste Preis genau ein Pfund», sagte Miss Rossiter mit einem dankbaren Seufzer. «Ich hatte schon Angst, ich müßte selbst zwei Lose kaufen. Schreib ein Los für Mr. Bredon aus, Parton. B-R-E-D-O-N – wie ‹Sommer auf dem Bredon-Berg›, ja?»

«Ganz recht.»

Miss Parton tippte gehorsam den Namen und legte eine weitere Niete in die Keksdose.

«Na, dann sollte ich Sie mal gleich in Ihre Hundehütte führen», meinte Mr. Ingleby mit Leichenbittermiene.

«Aber ja!» sagte Mr. Bredon. «O ja, natürlich.»

«Wir sind alle auf diesem Flur», fuhr Mr. Ingleby fort, indem er voranging. «Sie werden sich mit der Zeit schon zurechtfinden. Hier ist Mr. Garretts Zimmer, und hier ist das von Mr. Willis, und da ist Ihres, zwischen Miss Meteyards und meinem. Diese Eisentreppe gegenüber führt ein Stockwerk tiefer; da sind hauptsächlich Gruppenleiter und Konferenzräume. Fallen Sie da übrigens nicht runter. Der Mann, dessen Zimmer Sie bekommen, ist vorige Woche runtergepurzelt und war tot.»

«Was, wirklich?» rief Mr. Bredon bestürzt.

«Genick gebrochen und Schädel eingeschlagen», sagte Mr. Ingleby. «An einem dieser Knöpfe.»

«Was haben Knöpfe auf einem Treppengeländer verloren?» entrüstete sich Mr. Bredon. «Damit die Leute sich den Schädel daran einschlagen? Das gehört sich nicht.»

«Allerdings nicht», sagte Miss Rossiter, die mit Notizblöcken und Löschblättern beladen hinzukam. «Angeblich sollen sie verhindern, daß die Laufjungen auf dem Geländer runterrutschen, aber es ist die Treppe selbst, die so – hoppla, gehen Sie lieber weiter. Da kommt Mr. Armstrong. Die Firma hört es nicht gern, wenn allzuviel über die Eisentreppe gesprochen wird.»

«So, und hier sind Sie zu Hause», sagte Mr. Ingleby in Befolgung dieses Rats. «Nicht viel anders als die andern, außer daß die Heizung nicht besonders gut funktioniert. Aber das soll im Augenblick nicht Ihre Sorge sein. Hier hat Dean gearbeitet.»

«Der die Treppe runtergefallen ist?»

«Ja.»

Mr. Bredon sah sich in der kleinen Zelle um, die einen Tisch, zwei Stühle, einen wackligen Schreibtisch und ein Bücherregal enthielt, und sagte:

«Oh!»

«Es war wirklich schrecklich», sagte Miss Rossiter.

«Muß es wohl», stimmte Mr. Bredon ihr aus vollem Herzen zu.

«Ich war gerade bei Mr. Armstrong zum Diktat, als wir diesen *entsetzlichen* Krach hörten. Er hat gesagt: ‹Großer Gott, was ist denn das?› Und ich hab gedacht, das ist einer von den Laufjungen, denn letztes Jahr ist einer von ihnen mal mit einer Schreibmaschine da runtergefallen, und das hat sich genauso angehört, nur noch schlimmer. Und da hab ich gesagt: ‹Ich glaube, da muß einer von den Jungen die Treppe runtergefallen sein, Mr. Armstrong›, und er darauf: ‹Kann wohl nicht aufpassen, der Kerl›, und dann hat er weiterdiktiert, und mir hat die Hand so gezittert, daß ich kaum noch einen geraden Strich machen konnte, und dann ist Mr. Ingleby vorbeigelaufen, und Mr. Daniels' Tür ist aufgegangen, und dann haben wir einen fürchterlichen Schrei gehört, und Mr. Armstrong hat gesagt: ‹Gehen Sie besser mal nachsehen, was da los ist›, und da bin ich rausgegangen und hab runtergeguckt, aber sehen konnte ich nichts, weil da unten so viele Leute standen, und dann ist Mr. Ingleby raufgerannt gekommen, mit *so* einem Gesicht – Sie waren weiß wie ein Blatt Papier, Mr. Ingleby, wirklich.»

«Schon möglich», meinte Mr. Ingleby ein wenig pikiert. «Drei Jahre in diesem abstumpfenden Beruf haben mir noch nicht jede menschliche Regung nehmen können. Aber das wird schon noch kommen.»

«Mr. Ingleby hat gesagt: ‹Er hat sich erschlagen!› Und ich hab gefragt: ‹Wer?› – ‹Mr. Dean›, sagt er, und ich darauf: ‹Das ist doch nicht wahr!› Und er: ‹Leider doch›, und da bin ich wieder zu Mr. Armstrong reingegangen und hab gesagt: ‹Mr. Dean hat sich erschlagen!› Und er hat gemeint: ‹Was heißt das – sich erschlagen?› Und da ist Mr. Ingleby reingekommen, und Mr. Armstrong hat ihn nur angesehen und ist rausgegangen, und ich bin die andere Treppe runtergegangen und hab gesehen, wie sie Mr. Dean ins Konferenzzimmer getragen haben, und sein Kopf hing ganz schief herunter.»

«Passiert so was öfter?» erkundigte sich Mr. Bredon.

«Nicht mit solch katastrophalen Folgen», antwortete Mr. Ingleby, «aber diese Treppe ist und bleibt eine Todesfalle.»

«Ich bin ja selbst mal runtergefallen», sagte Miss Rossiter, «und hab mir die Absätze von beiden Schuhen gerissen, und das war furchtbar unangenehm, weil ich doch kein zweites Paar bei mir hatte, und –»

«Kinder, ich hab ein Pferd gezogen!» verkündete Miss Meteyard, indem sie ohne Umstände eintrat. «Sie hatten leider kein Glück, Mr. Bredon.»

«Ich war schon immer ein Unglücksrabe.»

«Beschäftigen Sie sich erst mal einen Tag mit Dairyfields Margarine, dann wissen Sie, was Unglück ist», sagte Mr. Ingleby düster. «Für mich wohl auch nichts, wie?»

«Ich fürchte nein. Natürlich hat Miss Rawlings wieder mal den Favoriten gezogen – wie immer.»

«Hoffentlich bricht das Vieh sich die Beine», sagte Mr. Ingleby. «Kommen Sie nur rein, Tallboy, kommen Sie rein. Wollen Sie was von mir? Sie dürfen Mr. Bredon ruhig stören, er wird sich schon noch daran gewöhnen, daß sein Zimmer ein öffentlicher Versammlungsraum im wahrsten Sinne des Wortes ist. Das ist Mr. Tallboy, Gruppenleiter für Nutrax und noch ein paar so komische Sachen. Mr. Bredon, unser neuer Texter.»

«Guten Tag», sagte Mr. Tallboy knapp. «Sehen Sie mal her, dieser halbseitige Zweispalter für Nutrax – könnten Sie da nicht vielleicht noch drei Zeilen rauskürzen?»

«Nein, kann ich nicht», sagte Mr. Ingleby. «Ich hab das Ding sowieso schon bis auf die blanken Knochen zusammengestrichen.»

«Sie werden aber leider müssen. Bei einem zweizeiligen Untertitel ist einfach kein Platz mehr für all den Quatsch.»

«Da ist Platz genug.»

«Eben nicht. Wir müssen doch noch den Geschenkcoupon für die Schlaguhren unterbringen.»

«Hol der Teufel die Schlaguhren und den Coupon! Was glauben die, wie ich das alles in einem Zweispalter unterbringen soll?»

«Weiß ich auch nicht, aber sie wollen es so haben. Hören Sie mal, könnten wir dieses ‹Wenn die Nerven Ihnen Streiche spielen› nicht rausnehmen und anfangen mit ‹Nerven brauchen Nutrax›?»

«Armstrong fand das mit dem Streichespielen gut. Menschliches Verständnis und so. Nein, nehmen wir lieber den patentierten Sprungdeckel raus.»

«Den werden sie sich nie rausnehmen lassen», wandte Miss Meteyard ein. «Auf die Erfindung sind sie doch so stolz.»

«Glauben die vielleicht, die Leute kaufen Nutrax wegen des Sprungdeckels? Ach was! Ich kann's nicht jetzt gleich machen. Geben Sie her.»

«Die Druckerei will es spätestens um zwei haben», wandte Tallboy unsicher ein.

Mr. Ingleby wünschte die Druckerei zum Teufel, nahm das Blatt Papier und begann unter leisen Verwünschungen den Text zu kürzen.

«Von allen gräßlichen Tagen der Woche ist der Dienstag der gräßlichste», bemerkte er. «Da gibt es keine Ruhe, bis wir diesen vermaledeiten halbseitigen Zweispalter vom Hals haben. So! Jetzt habe ich zwei Zeilen raus, und damit müssen Sie sehen, wie Sie zurechtkommen. Sie können dieses ‹mit› noch in die obere Zeile reinquetschen und damit die ganze restliche Zeile einsparen.»

«Na gut, ich werd's versuchen», gab Mr. Tallboy nach. «Alles um des lieben Friedens willen. Sieht aber wohl ein bißchen voll aus da oben.»

«Ich gäbe was drum, wenn *ich* voll wäre», sagte Mr. Ingleby. «Nehmen Sie um Himmels willen das Ding und verschwinden Sie damit, bevor ich zum Mörder werde.»

«Ich geh ja schon, geh ja schon», meinte Mr. Tallboy und zog sich eilig zurück.

Miss Rossiter hatte sich während des Streitgesprächs bereits entfernt, und Miss Meteyard verabschiedete sich nun mit den Worten: «Wenn Pheidippides gewinnt, gibt's für alle Kuchen und Tee.»

«So, und nun wollen wir Ihnen mal auf die Sprünge helfen», meinte Mr. Ingleby. «Hier ist die Kladde. Blättern Sie die mal durch, damit Sie eine Vorstellung bekommen, worum es geht, und dann denken Sie sich ein paar Überschriften aus. Im Text sollte natürlich rauskommen, daß Dairyfields ‹Grüne Aue›-Margarine alles das ist, was Butter sein sollte, aber nur Pence das Pfund kostet. Und dann hätten die noch gern eine Kuh im Bild.»

«Wieso? Wird Margarine aus Rinderfett gemacht?»

«Wenn Sie mich fragen, ja, aber sagen dürfen Sie das nicht. Das würde den Leuten nicht gefallen. Die Kuh erinnert eben nur unterschwellig an Butter. Und der Name – ‹Grüne Aue› – läßt einen gleich an Kühe denken, verstehen Sie?»

«Ich denke dabei eher an dieses Theaterstück, das mit den Negern», meinte Mr. Bredon.

«Lassen Sie Neger aus dem Spiel», entgegnete Mr. Ingleby. «Und vor allem die Religion. Keine Anspielungen auf Psalm 23, bitte. Gotteslästerung.»

«Aha. Also etwas wie ‹Besser als Butter und halb so teuer›. Spricht das Portemonnaie an.»

«Schon, aber Sie dürfen nichts gegen Butter sagen. Die verkaufen nämlich auch Butter.»

«Oh!»

«Sie können sagen: ‹So gut wie Butter.›»

«Aber wenn das so ist», begehrte Mr. Bredon auf, «was kann man dann noch zugunsten von Butter sagen? Ich meine, wenn das andere Zeug genauso gut ist und weniger kostet, gibt es kein Argument mehr, Butter zu kaufen.»

«Sie brauchen keine Argumente, um Butter zu kaufen. Das ist ein natürlicher menschlicher Instinkt.»

«Aha, verstehe.»

«Machen Sie sich jedenfalls über Butter keine Gedanken. Konzentrieren Sie sich auf ‹Grüne Aue›-Margarine. Wenn Sie was fertig haben, lassen Sie's tippen und schwirren damit ab zu Mr. Hankin. Klar? Kommen Sie zurecht?»

«Ja, danke», sagte Mr. Bredon mit gründlich verwirrtem Gesichtsausdruck.

«Und gegen eins schaue ich mal wieder rein und zeige Ihnen, wo man hier am anständigsten essen kann.»

«Besten Dank.»

«Tja, bis dann!» Mr. Ingleby verzog sich in sein eigenes Zimmer.

«*Der* hält hier nicht lange durch», sagte er bei sich. «Aber einen guten Schneider hat er. Möchte nur wissen –»

Er hob die Schultern und setzte sich hin, um einen Hochglanz-Prospekt über Sliders Bürostahlmöbel zu entwerfen.

Mr. Bredon, alleingelassen, nahm nicht sogleich die Margarine in Angriff. Wie eine Katze, mit der er in seiner behutsamen Neugier eine gewisse Ähnlichkeit hatte, machte er sich zuerst einmal mit seiner neuen Behausung vertraut. Besonders viel gab es hier allerdings nicht zu sehen. In seiner Schreibtischschublade fand er ein eingekerbtes, tintenfleckiges Lineal, ein paar zerbissen aussehende Radiergummis, etliche kleine Zettelchen mit tiefschürfenden Gedanken über Tee und Margarine und einen kaputten Füllfederhalter. Auf dem Bücherregal standen ein Wörterbuch, ein abstoßend wirkender Band mit dem Titel *Direktoren von A bis Z*, ein Roman von Edgar Wallace, eine hübsch aufgemachte Broschüre mit dem Titel *Alles über Kakao*, *Alice im Wunderland*, Bartletts *Zitaten-Handbuch*, die Globe-Edition der Werke von William Shakespeare und fünf wahllose Nummern der *Kinderenzyklopädie*. Das Innere des Stehpults hatte mehr Erforschenswertes zu bieten; es war angefüllt mit alten, verstaubten Papieren, darunter ein Regierungsbericht über das Gesetz zur Beschränkung von Konservierungszusätzen in Lebensmitteln von 1926, eine Anzahl (in jedem Sinne) derber Zeichnungen von ungeübter Hand, ein Bündel Probeabzüge von Anzeigen für Dairyfield-Erzeugnisse, ein paar private Briefe und ein paar alte Rechnungen. Mr. Bredon rieb sich den Staub von den verwöhnten Fingern, ließ von diesem Behältnis ab und inspizierte einen Haken nebst Kleiderbügel an der Wand sowie einen ramponierten Ordner mit Zeitungsausschnitten in einer Ecke, dann setzte er sich auf den Drehstuhl vor dem Schreibtisch. Nachdem er hier kurz einen Leimtopf, eine Schere, einen neuen Bleistift, eine Löschrolle, zwei Notizblöcke und einen schmutzigen Kartondeckel voller Krimskrams begutachtet hatte, schlug er die Dairyfield-Kladde auf und begann die Meisterwerke seines Vorgängers zum Thema ‹Grüne Aue›-Margarine zu studieren.

Eine Stunde später drückte Mr. Hankin die Tür auf und sah zu ihm herein.

«Na, wie geht's voran?» erkundigte er sich freundlich.

Mr. Bredon sprang auf.

«Nicht besonders, fürchte ich. Anscheinend habe ich die Atmosphäre noch nicht ganz in mich aufgenommen, wenn Sie verstehen.»

«Das kommt schon noch», sagte Mr. Hankin. Er war ein hilfsbereiter Mensch und vertrat die Auffassung, daß neue Texter nur der Ermunterung bedurften. «Lassen Sie mich mal sehen, was Sie da machen. Sie fangen mit den Überschriften an? Ganz richtig. Eine gute Schlagzeile ist die halbe Werbeschlacht. WENN SIE EINE KUH WÄREN – nein, nein, das geht nicht, wir können die Kunden nicht mit Kühen vergleichen. Außerdem hatten wir fast die gleiche Schlagzeile schon einmal vor – Augenblick – ich glaube, so um 1923 herum. Die hatte Mr. Wardle sich ausgedacht; Sie finden sie in der viertletzten Kladde. Sie lautete: SELBST WENN SIE SICH EINE KUH IN DER KÜCHE HALTEN, bekommen Sie keinen besseren Brotaufstrich als ‹Grüne Aue› und so weiter. Das war gut. Fiel ins Auge, gab ein treffendes Bild und sagte alles Nötige in einem Satz.»

Mr. Bredon neigte den Kopf wie einer, der das Gesetz des Propheten vernahm. Der Cheftexter wanderte mit nachdenklichem Bleistift über die hingekritzelten Schlagzeilen und hakte eine von ihnen an.

«Die gefällt mir:

BESSERES BUTTRIGES
GUT FÜR IHR GELD

Das ist der richtige Ton. Dazu könnten Sie einen Text verfassen, und vielleicht auch noch hierzu:

SIE WÜRDEN WETTEN,
ES IST BUTTER —

Obwohl ich mir da nicht ganz sicher bin. Die Leute bei Dairyfield sind ein bißchen zugeknöpft, was das Wetten angeht.»
«So? Schade! Ich hatte noch ein paar von der Art. RISKIEREN SIE EIN BISSCHEN — ... Gefällt Ihnen das nicht?»
Mr. Hankin schüttelte bedauernd den Kopf.
«Zu direkt, fürchte ich. Stiftet die Arbeiterklasse zur Geldverschwendung an.»
«Aber das tun sie doch sowieso — die Frauen lieben alle so ein bißchen Nervenkitzel.»
«Ich weiß, ich weiß. Aber unser Kunde macht da bestimmt nicht mit. Sie werden bald merken, daß der Kunde immer das größte Hindernis für eine gute Werbung ist. Die haben alle ihren Tick. So eine Schlagzeile wäre für Darlings gerade richtig, aber nicht für Dairyfield. Wir hatten 1926 mal eine erfolgreiche Schlagzeile mit sportlicher Note — SETZEN SIE AUFS RICHTIGE PFERD — AUF DARLINGS UNVERWÜSTLICHEN HANDTUCHHALTER — die haben in der Ascot-Woche 80000 Stück verkauft. Das war allerdings teilweise auch Zufall, denn wir hatten im Text ein richtiges Pferd mit Namen genannt, das dann mit 50 zu 1 herauskam, und alle Frauen, die darauf gesetzt hatten, sind hingegangen und haben aus Dankbarkeit Darlings unverwüstliche Handtuchhalter gekauft. Die Leute sind schon komisch.»
«O ja», pflichtete Mr. Bredon ihm bei. «Muß wohl so sein. Ich glaube, hinter der Werbung steckt doch mehr, als man mit bloßem Auge sieht.»
«Und ob», sagte Mr. Hankin ein wenig grimmig. «Also, dann schreiben Sie mal ein paar Texte dazu und kommen damit zu mir. Sie wissen, wo Sie mich finden?»
«O ja — am Ende des Korridors, neben der Eisentreppe.»
«Nein, da liegt Mr. Armstrongs Zimmer. Am anderen Ende des Korridors, neben der anderen Treppe — nicht der eisernen. Übrigens —»
«Ja?»

«Ach, nichts», sagte Mr. Hankin unsicher. «Das heißt – nein, nichts.»

Mr. Bredon sah der sich entfernenden Gestalt nach und schüttelte nachdenklich den blonden Kopf. Dann wandte er sich seiner Aufgabe zu, schrieb ziemlich schnell ein paar Absätze zum Lob der Margarine und ging damit aus dem Zimmer. Er wandte sich nach rechts, blieb vor der Tür zu Mr. Inglebys Zimmer stehen und betrachtete unentschlossen die Eisentreppe. Während er noch dastand, ging eine Glastür auf der gegenüberliegenden Seite des Korridors auf und ein Mann mittleren Alters kam herausgeschossen. Als er Bredon sah, stoppte er auf seinem eiligen Weg zur Treppe und fragte:

«Suchen Sie irgendwas oder irgendwen?»

«Oh, vielen Dank! Nein – ich meine, ja. Ich bin der neue Texter. Ich suche das Schreibzimmer.»

«Am andern Ende.»

«Aha, ja, herzlichen Dank. Das ist ziemlich verwirrend hier. Wohin führt denn diese Treppe?»

«Runter, zu einigen anderen Abteilungen. Hauptsächlich sind da die Gruppenleiter und Konferenzzimmer und Mr. Pyms Zimmer und einige Direktorenzimmer und die Druckerei.»

«Ah, ja. Nochmals danke. Wo kann man sich hier die Hände waschen?»

«Auch unten. Ich kann es Ihnen zeigen, wenn Sie wollen.»

«O ja, danke – allerherzlichsten Dank.»

Der andere raste die steile, klappernde Wendeltreppe hinunter wie von einer Sehne geschnellt. Bredon folgte ihm etwas vorsichtiger.

«Ein bißchen steil hier, wie?»

«Ja, schon. Seien Sie lieber vorsichtig. Einer aus Ihrer Abteilung hat sich hier neulich erschlagen.»

«Nein, wirklich?»

«Genick gebrochen. War schon tot, als wir ihn fanden.»

«Na so was! Aber wie ist denn das passiert? Hat er vielleicht nicht gesehen, wohin er trat?»

«Ausgerutscht, nehme ich an. Muß zu schnell gelaufen sein. Die Treppe ist eigentlich ganz in Ordnung. Mir ist noch nie was passiert. Sie ist auch sehr gut beleuchtet.»

«Gut beleuchtet?» Mr. Bredon betrachtete gedankenverloren das Oberlicht und den Flur, der wie der obere rechts und links von Glastüren gesäumt war. «Doch, ja, das kann man sagen. Sehr gut beleuchtet. Natürlich, er wird wohl ausgerutscht sein.

Wie leicht kann man auf einer Treppe ausrutschen! Hatte er Nägel unter den Schuhsohlen?»

«Weiß ich nicht. Auf seine Schuhe habe ich nicht geachtet. Ich hatte nur einen Gedanken – die Reste aufzusammeln.»

«Haben Sie ihn gefunden?»

«Na ja, ich habe den Krach gehört, wie er da runtergerauscht ist, und bin gleich hingerannt und war einer von den ersten, die dazukamen. Übrigens, mein Name ist Daniels.»

«Ach ja? Daniels, soso. Aber ist denn bei der Untersuchung nicht von den Schuhen die Rede gewesen?»

«Nicht daß ich wüßte.»

«Aha. Na, dann wird er wohl keine Nagelschuhe angehabt haben. Ich meine, wenn er welche angehabt hätte, wäre sicher darüber gesprochen worden. Ich meine, das wäre ja sozusagen eine Entschuldigung, nicht?»

«Entschuldigung für wen?» wollte Daniels wissen.

«Für die Firma. Ich meine, wenn man eine Treppe hinbaut, und da fällt einer runter, dann will doch die Versicherung meist wissen, warum. Heißt es wenigstens. Ich bin selbst noch nie eine Treppe hinuntergefallen – auf Holz klopfen.»

«Das versuchen Sie auch lieber nicht», wich Daniels der Frage nach der Versicherung aus. «Zum Waschraum geht es durch diese Tür und links den Gang hinunter.»

«Herzlichen Dank.»

«Keine Ursache.»

Mr. Daniels stürzte davon in einen Raum voller Schreibtische und ließ Mr. Bredon allein mit der schweren Schwingtür fertig werden.

Im Waschraum fand er Ingleby.

«Oh!» sagte dieser. «Sie haben schon selbst den Weg gefunden. Den hätte ich Ihnen noch zeigen sollen, hab's aber vergessen.»

«Mr. Daniels hat mich hergeführt. Wer ist das?»

«Daniels? Ein Gruppenleiter. Er ist für einige Kunden zuständig – Sliders und Harrogate Brothers und noch ein paar. Sorgt für das Layout und schickt die Klischees an die Zeitungen und so weiter. Kein übler Kerl.»

«Er ist auf die Eisentreppe nicht gut anzusprechen, scheint mir. Ich meine, er war ganz freundlich, bis ich andeutete, daß die Versicherung sich wohl mit diesem Unfall befassen würde, da wurde er mit einemmal ganz eisig.»

«Er ist schon lange bei der Firma und hat es nicht gern, wenn jemand ein schlechtes Licht auf sie wirft. Schon gar nicht, wenn ein Neuer das tut. Es ist überhaupt besser, sich nicht zu wichtig zu machen, bevor man nicht mindestens zehn Jahre hier arbeitet. Das wird nicht gern gesehen.»

«Oh! Vielen Dank für den Hinweis.»

«Diese Firma wird ganz im Stil einer staatlichen Behörde geführt», fuhr Mr. Ingleby fort. «Eile ist unerwünscht, und Initiative und Neugier bekommen höflich die Tür gewiesen.»

«Das stimmt», mischte sich ein kampflustig dreinblickender, rothaariger Mann ein, der sich gerade die Finger mit Bimsstein schrubbte, als wollte er die Haut gleich mit abscheuern. «Ich wollte neulich 50 Pfund für eine neue Linse haben – und was hab ich zur Antwort bekommen? Sparsamkeit, bitte, in allen Abteilungen – wie bei der Regierung –, und dabei bezahlen sie Leute wie euch dafür, daß ihr den Leuten weismacht, je mehr sie ausgäben, desto mehr könnten sie sparen! Jedenfalls werde ich hier nicht mehr alt, das ist schon ein Trost.»

«Das ist Mr. Prout, unser Fotograf», sagte Ingleby. «Er ist seit fünf Jahren drauf und dran, uns zu verlassen, aber wenn es ernst wird, sieht er ein, daß wir ohne ihn nicht auskommen, und läßt sich von unseren Bitten und Tränen erweichen.»

«Tja!» sagte Mr. Prout.

«Die Direktion hält Mr. Prout für einen so wertvollen Mitarbeiter», fuhr Mr. Ingleby fort, «daß sie ihm ein ganz großes Zimmer gegeben hat –»

«– in dem man sich nicht umdrehen kann», sagte Mr. Prout. «Und ohne Lüftung. Mord ist das, was die hier machen. Wie die schwarzen Löcher von Kalkutta, und Treppen, auf denen man sich das Genick bricht. Was wir in diesem Land mal brauchten, wäre ein Mussolini, der Ordnung schafft. Aber was nützt alles Reden? Trotzdem, eines schönen Tages, Sie werden es erleben.»

«Mr. Prout ist unser zahmer Revolutionär», bemerkte Mr. Ingleby nachsichtig. «Kommen Sie mit rauf, Bredon?»

«Ja. Ich muß das Zeug hier noch tippen lassen.»

«Ganz recht. Hier lang, bitte. Die Treppe neben dem Aufzug hinauf, durch den Versand, und da sind wir schon – hinter dieser Tür finden Sie Englands ganze Schönheit versammelt. Kinder, Mr. Bredon bringt euch was Schönes zum Abtippen.»

«Geben Sie her», sagte Miss Rossiter, «und – ach ja, Mr. Bredon! Schreiben Sie doch mal bitte Ihren Namen und Adresse auf diese Karte – die brauchen das unten für die Personalakten.»

Bredon nahm gehorsam die Karte.

«Bitte in Druckschrift», fügte Miss Rossiter hinzu, nachdem

sie einen gequälten Blick auf die soeben empfangenen Manuskripte geworfen hatte.

«Ach, gefällt Ihnen etwa meine Handschrift nicht? Ich finde sie eigentlich ganz leserlich. Sauber, aber nicht protzig. Na ja, wenn Sie meinen –»

«Druckschrift», wiederholte Miss Rossiter bestimmt. «Hallo! Da ist ja Mr. Tallboy. Er will sicher was von Ihnen, Mr. Ingleby.»

«Was, schon wieder?»

«Nutrax hat den Zweispalter gestrichen», verkündete Mr. Tallboy finster triumphierend. «Sie haben uns eben frisch aus einer Konferenz heraus mitgeteilt, daß sie etwas speziell als Gegengewicht zur Slumbermalt-Kampagne haben wollen, und Mr. Hankin sagt, Sie möchten sich bitte etwas einfallen lassen und es ihm in einer halben Stunde vorlegen.»

Ingleby stieß einen gellenden Schrei aus, und Bredon legte seine Personalkarte hin und starrte ihn offenen Mundes an.

«In Teufels Küche mit Nutrax!» rief Mr. Ingleby. «Und sollen alle ihre Direktoren die Elefantenkrankheit, lokomotorische Ataxie und eingewachsene Zehennägel kriegen!»

«Sehr richtig», sagte Tallboy. «Sie bringen uns also was, ja? Wenn ich es bis drei Uhr durchkriege, kann die Druckerei – Heda!»

Mr. Tallboy, der seinen Blick ziellos im Zimmer hatte umherschweifen lassen, hatte Bredons Karteikarte gesehen. Miss Rossiters Blick folgte dem seinen. Auf der Karte stand in säuberlichen Druckbuchstaben nur ein Wort:

DEATH

«Seht euch das mal an!» sagte Miss Rossiter.

«Oho!» machte Ingleby, der ihr über die Schulter sah. «Sie sind also der Tod, Bredon? Na, ich kann nur sagen, da müßten Sie eigentlich bei jedem ankommen. Das hat so was Allgemeingültiges.»

Mr. Bredon lächelte bedauernd.

«Sie haben mich so erschreckt», sagte er. «Mir derart in die Ohren zu brüllen.» Damit nahm er die Karte und füllte sie fertig aus:

DEATH BREDON
12 A Great Ormond Street
London W. C. 1

2

Ärgerliche Indiskretion zweier Stenotypistinnen

Zum zwanzigstenmal studierte Mr. Death Bredon den gerichtlichen Untersuchungsbericht über den Tod Victor Deans.
Da war die Aussage Mr. Prouts, des Fotografen:
«Es war ungefähr um die Teezeit. Der Tee kommt so gegen halb vier. Ich kam gerade aus meinem Zimmer im oberen Stockwerk, mit Kamera und Stativ in der Hand. Mr. Dean ging an mir vorbei. Er kam sehr schnell den Korridor entlang und eilte auf die Eisentreppe zu. Er lief nicht gerade – aber er ging sehr schnell. Unter einem Arm hatte er ein großes, schweres Buch. Ich weiß jetzt, daß es der *Times-Atlas* war. Ich wandte mich in dieselbe Richtung wie er. Ich sah ihn die Eisentreppe hinuntergehen; es ist eine recht steile Wendeltreppe. Er hatte vielleicht ein halbes Dutzend Stufen hinter sich, als er plötzlich regelrecht in sich zusammenfiel und meinem Blick entschwand. Es gab einen gewaltigen Krach. Man könnte es ein Poltern nennen – ein in die Länge gezogenes Krachen. Ich setzte mich in Trab, als Mr. Daniels' Tür aufging und er herauskam und gegen mein Stativ stieß. Während wir noch so ineinander verheddert waren, lief Mr. Ingleby an uns vorbei den Flur entlang. Von unten hörte ich einen schrillen Schrei. Ich legte die Kamera hin, und Mr. Daniels und ich liefen zusammen zur Treppe. Noch ein paar andere kamen dazu – Miss Rossiter, glaube ich, und ein paar von den Textern und Sekretären. Wir sahen Mr. Dean zu einem Knäuel zusammengesunken unten am Fuß der Treppe liegen. Ich konnte nicht einmal sagen, ob er die Treppe hinunter oder durchs Geländer gefallen war. Die Treppe bildet eine rechtsdrehende Spirale und macht eine volle Umdrehung. Die Stufen bestehen aus perforierten Stahlplatten. Auf dem Geländer befinden sich mehrere eiserne Knöpfe, etwa walnußgroß. Die Stufen sind ein bißchen rutschig. Die Treppe ist gut beleuchtet. Über ihr befindet sich ein Oberlicht, und außerdem bekommt sie noch Licht durch die Glastür zu Mr. Daniels' Zimmer sowie durch die Glastüren auf dem unteren Korridor. Ich habe hier ein Foto, das

ich persönlich gestern um halb vier gemacht habe – also am Tag nach dem Unglück. Es zeigt den oberen Anfang der Treppe. Das Bild wurde bei normalem Tageslicht aufgenommen. Die Platte war eine Actinax Special Rapid mit der H&D-Nummer 450. Die Belichtungszeit war ⅕ Sekunde, Blende 16. Die Lichtverhältnisse waren ähnlich wie zur Zeit von Mr. Deans Tod. Beide Male schien die Sonne. Der Korridor verläuft ungefähr in Nord-Süd-Richtung. Der Verunglückte ist die Treppe hinuntergegangen und bekam das Licht von oben und hinten; daß ihm die Sonne in die Augen geschienen haben könnte, ist unmöglich.»

Es folgte Mr. Daniels' Aussage:

«Ich stand an meinem Schreibtisch und sprach mit Mr. Freeman über das Layout einer Annonce. Plötzlich hörte ich ein Krachen. Ich dachte, da muß wieder einer von den Laufjungen die Treppe hinuntergefallen sein. Da ist nämlich schon mal so ein Junge runtergefallen. Ich halte die Treppe nicht für gefährlich. Ich nehme an, daß der Junge zu schnell gelaufen war. Ich kann mich nicht erinnern, Mr. Dean über den Flur gehen gehört zu haben. Gesehen habe ich ihn auch nicht. Ich stand mit dem Rücken zur Tür. Es gehen dauernd Leute über den Flur, darauf achtet man gar nicht mehr. Als ich den Sturz hörte, bin ich schnell hinausgegangen. Ich begegnete Mr. Prout und stolperte über sein Stativ. Gefallen bin ich nicht direkt, aber gestolpert, so daß ich mich an ihm festhalten mußte, um nicht zu fallen. Sonst war niemand auf dem Korridor, als ich hinauslief, nur Mr. Prout. Das kann ich beschwören. Mr. Ingleby kam dann an uns vorbei, während wir uns nach dem Zusammenstoß erst wieder aufrappelten. Er kam nicht aus seinem Zimmer, sondern vom anderen Ende des Korridors. Er ging die Eisentreppe hinunter, und Mr. Prout und ich liefen ihm nach, so schnell wir konnten. Ich hörte unten jemanden schreien. Ich glaube, das war kurz bevor oder kurz nachdem ich gegen Mr. Prout rannte. Ich war in diesem Moment ziemlich durcheinander und kann das nicht mit Bestimmtheit sagen. Wir sahen Mr. Dean unten am Fuß der Treppe liegen. Es standen ziemlich viele Leute herum. Dann kam Mr. Ingleby die Treppe sehr schnell wieder heraufgerannt und rief: ‹Er ist tot!› oder: ‹Er hat sich erschlagen.› Seine genauen Worte kann ich nicht beschwören. Zuerst wollte ich es gar nicht glauben. Ich dachte, er übertreibt. Dann bin ich selbst die Treppe hinuntergegangen. Mr. Dean lag zusammengekrümmt da, den Kopf nach unten. Seine Beine waren zum Teil noch auf der Treppe. Ich glaube, daß schon jemand versucht hatte, ihn aufzuheben, bevor ich unten war. Ich habe mit Toten und Verwundeten einige Erfahrung; ich war Krankenträger im Krieg. Ich habe ihn untersucht und gesagt, daß er meiner Meinung nach tot sei. Ich glaube, Mr. Atkins war schon zu derselben Überzeugung gekommen. Ich habe geholfen, die Leiche hochzuheben und ins Konferenzzimmer zu tragen. Dort haben wir ihn auf den Tisch gelegt und uns bemüht, ihm Erste Hilfe zu geben, obwohl ich keinen Augenblick zweifelte, daß er bereits tot war. Wir sind nicht auf den Gedanken gekommen, ihn liegen zu lassen, wo er lag, bis die Polizei kam, denn es hätte natürlich sein können, daß er doch nicht tot war, und da konnten wir ihn nicht mit dem Kopf nach unten an der Treppe liegen lassen.»

Als nächster hatte Mr. Atkins ausgesagt und erklärt, daß er Gruppenleiter sei und in einem der unteren Räume arbeite.

«Ich kam gerade aus meinem Zimmer, von dessen Tür aus man die Eisentreppe sehen kann. Es liegt nicht direkt der Treppe gegenüber, aber man kann ihre untere Hälfte überblicken. Wer diese Treppe herunterkommt, wendet mir den Rücken zu, wenn er von der letzten Stufe tritt. Ich hörte ein lautes Krachen und sah den Mann kopfüber die Treppe herunterstürzen. Er schien überhaupt keinen Versuch zu machen, sich zu fangen. Er hatte ein großes Buch unterm Arm. Das ließ er im Fallen nicht einmal los. Er schien von einer Seite der Treppe gegen die andere zu schlagen und fiel sozusagen wie ein Kartoffelsack. Unten schlug er mit dem Kopf auf. Ich hatte ein Tablett mit lauter Glasgefäßen in den Händen. Das habe ich abgestellt und bin hingelaufen. Ich wollte ihn aufheben, aber in dem Moment, als ich ihn anfaßte, war ich sicher, daß er tot war. Meiner Ansicht nach hatte er sich das Genick gebrochen. Zu der Zeit war Mrs. Crump auf dem Korridor. Mrs. Crump hat unseren Aufwartedienst unter sich. Ich sagte zu ihr: ‹Großer Gott, er hat sich das Genick gebrochen!› Und sie stieß einen lauten Schrei aus. Gleich darauf erschienen noch etliche andere auf der Szene. Einer sagte: ‹Vielleicht hat er sich's nur verrenkt.› Mr. Daniels sagte zu mir: ‹Wir können ihn nicht so liegen lassen.› Ich glaube, es war Mr. Armstrong, der dann den Vorschlag machte, ihn ins Konferenzzimmer zu tragen. Ich habe geholfen, ihn dorthin zu tragen. Der Tote hielt das Buch so fest unterm Arm, daß wir es ihm nur mit Mühe wegnehmen konnten. Er hatte sich seit dem Sturz nicht mehr bewegt und nicht zu sprechen versucht.

Ich zweifelte keinen Augenblick, daß er nach dem Sturz auf der Stelle tot war.»

Mrs. Crump bestätigte diese Aussage nach bestem Wissen. Sie sagte: «Ich bin Oberaufwärterin bei Pyms Werbedienst. Zu meinen Pflichten gehört es, jeden Nachmittag gegen halb vier mit dem Teewagen durch die Büros zu fahren. Das heißt, ich trete die Runde um Viertel nach drei an und beende sie um Viertel vor vier. Ich war im Untergeschoß fast fertig und wollte gerade zum Aufzug zurück, um den Tee in den ersten Stock zu bringen. Demnach muß es etwa halb vier gewesen sein. Ich kam den Flur entlang und hatte die Eisentreppe vor mir. Da sah ich Mr. Dean herunterfallen. Er fiel wie ein Bündel. Es war schrecklich. Er schrie nicht und gab im Fallen nicht einen Ton von sich. Er plumpste einfach herunter wie ein toter Gegenstand. Mir blieb fast das Herz stehen. Ich war so erschlagen, daß ich mich eine ganze Zeit nicht rühren konnte. Dann kam Mr. Atkins angelaufen, um ihn aufzuheben. Er sagte: ‹Er hat sich das Genick gebrochen›, und da habe ich einen Schrei von mir gegeben. Ich konnte nicht anders, ich war einfach fertig. Ich finde, daß diese Treppe ein heimtückisches, gefährliches Ding ist. Immerzu warne ich die anderen Frauen davor. Wenn man da mal ausrutscht, kann man sich kaum noch irgendwo festhalten, besonders wenn man etwas in den Händen hat. Den ganzen Tag laufen da Leute rauf und runter, und dadurch werden die Stufen so glatt, das glaubt man gar nicht, und manche sind an den Kanten schon richtig abgetreten.»

Das ärztliche Gutachten stammte von Dr. Emerson. «Ich wohne am Queen's Square in Bloomsbury. Von meinem Haus bis zur Werbeagentur Pym in der Southampton Row geht man fünf Minuten. Ich erhielt den Anruf um 15 Uhr 40 und ging sofort hin. Der Verunglückte war bei meiner Ankunft tot. Ich kam zu dem Ergebnis, daß er seit etwa einer Viertelstunde tot sein müsse. Sein Genick war am vierten Wirbel gebrochen. Zudem hatte der Tote eine Quetschwunde an der rechten Schläfe, wo auch der Schädel zertrümmert war. Jede dieser beiden Verletzungen war eine hinreichende Todesursache. Ich würde sagen, daß der Mann unmittelbar nach dem Sturz gestorben ist. Außerdem war das rechte Schienbein gebrochen, wahrscheinlich weil er damit im Treppengeländer hängengeblieben war. Natürlich hatte er auch noch etliche Schürfungen und Quetschungen. Die Kopfwunde könnte der Form nach daher rühren, daß er im Fallen gegen einen der Knöpfe am Geländer geschlagen ist. Ob diese Wunde oder der gebrochene Nackenwirbel die eigentliche Todesursache war, kann ich nicht sagen, aber in beiden Fällen wäre der Tod auf der Stelle eingetreten. Ich gebe zu, daß diese Frage nicht von großer Bedeutung ist. Ich habe keine Hinweise auf ein Herzleiden oder eine sonstige Krankheit gefunden, die den Schluß nahelegen könnte, daß der Verstorbene an Schwindel- oder Ohnmachtsanfällen litt. Für Alkohol oder Drogensucht habe ich keine Anzeichen gefunden. Ich habe die Treppe gesehen und finde, daß man sehr leicht darauf ausrutschen kann. Soweit ich es beurteilen kann, schien die Sehkraft des Verstorbenen normal zu sein.»

Miss Pamela Dean, die Schwester des Verstorbenen, hatte ausgesagt, daß ihr Bruder zur Zeit des Unfalls bei guter Gesundheit gewesen sei und niemals irgendwelche Schwächeanfälle oder dergleichen gehabt habe. Er sei nicht kurzsichtig gewesen. Gelegentlich habe er unter Leberbeschwerden gelitten. Er sei ein guter Tänzer gewesen und gewöhnlich sehr sicher und flink auf den Beinen. Einmal habe er sich als Junge einen Knöchel verstaucht, aber soweit sie wisse, sei von daher keine dauernde Gelenkschwäche zurückgeblieben.

Es wurden auch Aussagen dahingehend gemacht, daß schon öfter Personen auf dieser Treppe verunglückt seien; andere Zeugen meinten, die Treppe sei nicht gefährlich, wenn der Benutzer gebührende Vorsicht walten lasse. Die Geschworenen erkannten auf Tod durch Unfall und merkten in der Begründung an, daß ihrer Meinung nach die Eisentreppe durch eine massivere Konstruktion ersetzt werden solle.

Mr. Bredon schüttelte den Kopf. Dann nahm er ein Blatt Papier von dem vor ihm liegenden Stoß und schrieb:

1. Er schien in sich zusammenzufallen.
2. Er machte keinen Versuch, sich zu fangen.
3. Er ließ das Buch nicht los.
4. Er schlug mit dem Kopf auf dem Boden auf.
5. Genickbruch, Schädelbruch: jede dieser Verletzungen für sich allein tödlich.
6. Gute Gesundheit; gute Augen; guter Tänzer.

Er stopfte sich eine Pfeife und starrte eine Zeitlang auf diese Liste. Dann kramte er in einer Schublade und fand ein Blatt Papier, das ein angefangener Brief oder der weggelegte Entwurf eines Briefes zu sein schien.

«Sehr geehrter Mr. Pym,
ich halte es für richtig, Sie wissen zu lassen, daß in dieser Agentur Dinge vorgehen, die höchst unerfreulich sind und zu ernsten –»

Nach nochmaligem längerem Nachdenken legte er dieses Schriftstück wieder fort und schrieb etwas auf ein anderes Blatt Papier, radierte und schrieb emsig wieder von vorn. Bald spielte ein zögerndes Lächeln um seine Lippen.
«Möchte wetten, daß da was dran ist», sagte er leise. «Und zwar etwas ziemlich Großes. Die Frage ist nur, wie man so was macht. Irgendwie muß man an das Geld herankommen – aber wo kommt es überhaupt her? Von Mr. Pym wohl kaum. Er dürfte selbst nichts damit zu tun haben, und man kann nicht eine ganze Belegschaft erpressen. Trotzdem frage ich mich ... Wahrscheinlich würde er sich's doch etwas kosten lassen, zu verhindern, daß –»
Er versank in Schweigen und Meditation.

«Und», fragte Miss Parton, indem sie das nächste Schokoladeneclair aufspießte, «was hältst du von unserem Mr. Bredon?»
«Pyms Schoßhündchen?» fragte Miss Rossiter zurück. «Du wirst noch ein Pfund ums andere zulegen, wenn du weiter so viel von diesem süßen Zeug futterst, Schätzchen. Also ich finde ihn nett, und seine Hemden sind einfach hinreißend. Diesen Stil wird er sich von Pyms Gehalt nur nicht lange leisten können, Bonus hin, Bonus her. Und die seidenen Socken auch nicht.»
«Das stimmt; wahrscheinlich ist er in Samt und Seide aufgewachsen», pflichtete Miss Parton ihr bei. «Einer der neuen Armen, stelle ich mir vor. Sein ganzes Geld bei einer Fehlspekulation verloren oder so.»
«Oder seine Familie hatte es satt, ihn durchzufüttern, und hat ihn vor die Tür gesetzt, damit er selbst nach Futter scharrt», meinte Miss Rossiter. Sie nahm es mit der schlanken Linie ernster als ihre Kollegin und neigte weniger zu Sentimentalität. «Ich habe ihn neulich mal quasi gefragt, was er getan hat, bevor er zu uns kam, und er hat gemeint, so dies und das, und mit Motoren will er ziemlich viel zu tun gehabt haben. Wahrscheinlich war er einer von diesen Silberzungen, die Autos in Kommission verkauften, und als an diesem Geschäft nichts mehr zu verdienen war, mußte er sich Arbeit suchen – sofern man das Texteschreiben Arbeit nennen kann.»

«Ich halte ihn für sehr gescheit», sagte Miss Parton. «Hast du diese irre Schlagzeile gesehen, die er gestern für die Margarine ausgetüftelt hat? ‹Alles in Butter mit Grüne-Aue-Margarine.› Hankie hat sich fast totgelacht. Ich glaube ja, Schoßhündchen wollte ihn nur auf den Arm nehmen. Aber ich meine, er würde auf so was Verrücktes nie kommen, wenn er keinen Grips hätte.»

«Aus ihm wird schon noch ein Texter», erklärte Miss Rossiter entschieden. Sie hatte so viele neue Texter kommen und wie ein Schiff in der Nacht wieder verschwinden sehen, daß sie sich ein ebenso sicheres Urteil erlauben konnte wie die Chefs der Textabteilung. «Er hat das Flair, wenn du verstehst, was ich meine. Der bleibt.»

«Hoffentlich», sagte Miss Parton. «Er hat so gute Manieren. Er wirft einem das Zeug nicht einfach hin, als wenn man ein Stück Dreck wäre, wie der junge Willis. Und er bezahlt seine Teerechnung ganz wie ein Gentleman.»

«Noch ist nicht aller Tage Abend», fand Miss Rossiter. «Bisher hat er *eine* Teerechnung bezahlt. Ich kriege richtig Bauchkrämpfe, wenn ich mir ansehe, was einige für ein Theater darum machen. Etwa dieser Garrett! Richtig ungezogen war der, wie ich am Samstag hingegangen bin. Er hat mir fast vorgeworfen, ich *verdiente* am Tee. Anscheinend findet er das lustig. Ich aber nicht.»

«Das hat er nur im Scherz gemeint.»

«O nein. Nicht nur. Und ewig hat er was zu knurren. Ob es Krapfen oder Cremeschnitten gibt, immer ist was nicht in Ordnung damit. Ich hab gesagt: ‹Mr. Garrett›, hab ich zu ihm gesagt, ‹wenn *Sie* Lust haben, jeden Tag *Ihre* Mittagszeit zu opfern, um herumzusuchen und nach Möglichkeit etwas zu finden, was *jedem* recht ist, dann dürfen Sie es *herzlich* gern machen.› – ‹Aber nicht doch›, sagt er, ‹ich bin doch kein Laufjunge.› – ‹Und was glauben Sie, was ich bin?› frag ich. ‹Vielleicht das Laufmädchen?› Da hat er gemeint, ich soll mich nicht gleich so aufregen. Ist ja alles gut und schön, aber man kriegt es langsam über, besonders bei dieser Hitze, immer herumzurennen für andere.»

Miss Parton nickte. Der Tee war ein ständiger Zankapfel.

«Freund Bredon», sagte sie, «macht jedenfalls keine Schwierigkeiten. Jeden Tag einen trockenen Keks und eine Tasse Tee. Das ist seine Bestellung. Und dann hat er gesagt, er ist gern bereit, genausoviel zu bezahlen wie alle andern, obwohl ihm ja eigentlich ein Nachlaß von 6 Pence zusteht. Ich hab's gern, wenn ein Mann großzügig ist und höflich mit einem redet.»

«O ja, seine Zunge läuft auf Kugellagern», sagte Miss Rossiter. «Und wie man hört, ist er ein Naseweis.»

«Das sind sie doch alle», antwortete Miss Parton. «Aber sag mal, weißt du schon, was ich gestern gemacht habe? Es war fürchterlich. Bredon kam rein und fragte nach Mr. Hankins Durchschlägen. Ich war furchtbar in Eile mit so einem Quatsch vom alten Copley – der will ja immer alles in fünf Minuten fertig haben –, und da hab ich eben gesagt: ‹Bedienen Sie sich.› Na, und was meinst du? Zehn Minuten später wollte ich irgendwas vom Regal holen, und da sah ich, daß er Mr. Hankins *Privatordner* mitgenommen hatte. Er muß blind sein, denn da steht doch in großen roten Buchstaben PRIVAT darauf. Hankie hätte natürlich Zustände gekriegt, wenn er's erfahren hätte. Ich also nichts wie hin zu Bredon, und da saß er da und blätterte seelenruhig in Hankies Privatkorrespondenz, also bitte! Ich sag: ‹Sie haben den falschen Ordner, Mr. Bredon.› Und er wurde nicht mal ein bißchen verlegen! Er gab ihn mir nur grinsend zurück und sagte: ‹Allmählich hatte ich auch den Eindruck. Es ist aber sehr interessant, zu sehen, was alle so verdienen.› Meine Güte, er hatte Hankies Personalliste gelesen! Ich sagte: ‹Aber Mr. Bredon, das dürfen Sie doch nicht lesen. Das ist streng vertraulich.› Und da sagt er nur drauf: ‹So?› und macht ein ganz erstauntes Gesicht.»

«So ein Esel!» meinte Miss Rossiter. «Hoffentlich hast du ihm gesagt, er soll es wenigstens für sich behalten. Bei ihrem Gehalt sind sie doch alle *so* empfindlich. Dabei weiß ich wirklich nicht, wieso. Aber alle wollen um ihr Leben gern wissen, was die andern verdienen, und haben eine Heidenangst, jemand könnte rauskriegen, was sie selbst bekommen. Wenn Bredon jetzt damit hausieren geht, wird's einen ganz schönen Aufruhr geben.»

«Ich hab's ihm eingeschärft», sagte Miss Parton, «und er schien das alles nur komisch zu finden und hat mich gefragt, wie lange er wohl brauchen wird, bis er auf Deans Gehalt kommt.»

«Mal sehen. Wieviel hat Dean denn gekriegt?»

«Sechs Pfund die Woche», antwortete Miss Parton, «und viel mehr war er in meinen Augen auch nicht wert. Ohne ihn wird in der Abteilung jedenfalls ein besseres Klima herrschen, das muß ich sagen. Der konnte einem ja manchmal auf den Wecker gehen!»

«Wenn du mich fragst», sagte Miss Rossiter, «finde ich es nicht gut, daß man die Studierten mit den anderen zusammenwürfelt. Die von der Uni, die können austeilen und einstecken, und keiner bleibt dem anderen etwas schuldig, aber die anderen passen da irgendwie nicht rein. Die fühlen sich immer auf den Schlips getreten.»

«Am meisten regt Ingleby sie auf. Der nimmt ja nie etwas ernst.»

«Das tun die eben alle nicht», legte Miss Rossiter ihren erfahrenen Finger zielsicher auf die offene Wunde. «Für die ist alles nur ein Spiel, aber für Copley und Willis ist alles todernst. Wenn Willis metaphysisch wird, rezitiert Ingleby Limericks. Ich persönlich bin ja tolerant. Mir gefällt das eigentlich sogar. Und die Uni-Leute streiten sich nicht so wie die anderen. Wenn Dean nicht die Treppe runtergefallen wäre, hätte es zwischen ihm und Willis noch mal einen schweren Krach gegeben.»

«Ich habe nie begriffen, worum es dabei ging», bemerkte Miss Parton, wobei sie bedächtig in ihrem Kaffee rührte.

«*Ich* glaube, daß es was mit einem Mädchen zu tun hatte», sagte Miss Rossiter. «Willis und Dean waren an Wochenenden immer viel zusammen, und plötzlich war's aus damit. Im März hatten sie mal einen fürchterlichen Krach. Da hat Miss Meteyard sie in Deans Zimmer herumbrüllen hören.»

«Hat sie auch gehört, worum es ging?»

«Nein. Und wie sie nun mal ist, mußte sie an die Wand klopfen und dann hingehen und ihnen sagen, sie sollen doch den Mund halten. Anderer Leute Privatangelegenheiten interessieren sie nicht. Komische Frau. Na, ich glaube, wir verdrücken uns jetzt langsam nach Hause, sonst ist morgen früh überhaupt nichts mit uns anzufangen. War ein ganz guter Film, nicht? Wo ist die Rechnung? Du hast zwei Stück Kuchen mehr gegessen als ich. Deins macht einen Shilling und einen Penny, meins macht neun Pence. Wenn ich dir einen Shilling gebe, und du gibst mir zwei Pence und der Kellnerin zwei Pence und gehst an der Kasse bezahlen, sind wir quitt.»

Die beiden jungen Frauen verließen das Café durch den Ausgang Coventry Street, wandten sich nach rechts und überquerten den Piccadilly Circus, um zur U-Bahn hinunterzusteigen. Als sie das gegenüberliegende Trottoir erreichten, packte Miss Rossiter Miss Parton am Arm.

«Sieh mal! Schoßhündchen! Und groß in Schale!»

«Ach, geh!» erwiderte Miss Parton. «Das ist nicht Schoßhündchen. Doch, er ist es! Sieh dir nur mal diesen Umhang an, und die Gardenie, und – *meine Güte!* – das Monokel!»

Ohne von diesen Kommentaren etwas zu ahnen, kam der Herr, von dem die Rede war, nachlässig eine Zigarette rauchend auf sie zugeschlendert. Als er mit ihnen auf gleicher Höhe war, setzte Miss Rossiter ein fröhliches Grinsen auf und sagte: «Hallo!»

Der Mann lüftete mechanisch den Hut und schüttelte den Kopf, ohne die höfliche Miene zu verziehen. Miss Rossiters Wangen liefen feuerrot an.

«Er ist es nicht! Wie *peinlich*!»

«Und dich hat er für eine Dirne gehalten», sagte Miss Parton, ein wenig verlegen, aber nicht ganz ohne Genugtuung.

«Das ist doch nicht zu fassen», stammelte Miss Rossiter perplex. «Ich hätte schwören können –»

«Aber aus der Nähe sieht er ihm gar nicht ähnlich», meinte Miss Parton, im nachhinein klüger. «Ich habe dir ja gleich gesagt, daß er's nicht ist.»

«Dann hast du gesagt, er ist es doch.» Miss Rossiter warf einen Blick über die Schulter, gerade rechtzeitig, um einen merkwürdigen kleinen Zwischenfall zu beobachten.

Aus Richtung Leicester Square kam eine Limousine angerollt und fuhr gegenüber der *Criterion Bar* dicht an den Randstein. Der Mann im Abendanzug ging darauf zu und richtete ein paar Worte an den Insassen, wobei er die Zigarette fortwarf und eine Hand auf den Türgriff legte, als wollte er einsteigen. Doch noch ehe er dazu kam, traten plötzlich zwei Männer stumm aus einem Geschäftseingang. Der eine von ihnen sprach mit dem Chauffeur, der andere legte dem eleganten Herrn die Hand auf den Arm. Es wurden ein paar kurze Sätze gewechselt; dann stieg der eine Mann neben dem Chauffeur ein, während der zweite die Tür zum Fond öffnete. Der Mann im Abendanzug stieg ein, der andere folgte, und die ganze Gesellschaft fuhr davon. Das Ganze war so schnell gegangen, daß alles schon so gut wie vorüber war, ehe Miss Parton sich auf Miss Rossiters erstaunten Ausruf hin umdrehen konnte.

«Verhaftet!» hauchte Miss Rossiter mit glänzenden Augen. «Das waren zwei Detektive. Was mag unser Monokelfreund wohl verbrochen haben?»

Miss Parton war ganz aufgeregt.

«Und wir haben ihn sogar noch angesprochen und gedacht, es ist Bredon.»

«*Ich* habe ihn angesprochen», verbesserte Miss Rossiter. Jetzt plötzlich konnte Miss Parton sich damit brüsten, und dabei hatte sie sich vor ein paar Minuten erst ausdrücklich von dem peinlichen Zwischenfall distanziert; beides konnte man ihr ja nun nicht zubilligen.

«Also gut, du», räumte Miss Parton ein. «Ich muß mich ja doch über dich wundern, Rossie – einfach mit so einem Edelganoven abziehen zu wollen! Jedenfalls, wenn Bredon morgen nicht aufkreuzt, wissen wir, daß er es doch war.»

Aber es konnte kaum Mr. Bredon gewesen sein, denn der erschien am nächsten Morgen wie immer zur Arbeit. Miss Rossiter fragte ihn, ob er einen Doppelgänger habe.

«Nicht daß ich wüßte», sagte Mr. Bredon. «Einer meiner Vettern sieht mir allerdings etwas ähnlich.»

Miss Rossiter erzählte ihm von dem Zwischenfall, wenn auch in leicht abgewandelter Form. Bei näherer Betrachtung fand sie es doch besser, nichts davon zu sagen, daß man sie für ein leichtes Mädchen gehalten hatte.

«Oh, das war bestimmt nicht mein Vetter», antwortete Mr. Bredon. «Er ist ein furchtbar anständiger Mensch. Geht im Buckingham-Palast aus und ein und so weiter.»

«Mir können Sie viel erzählen», sagte Miss Rossiter.

«Ich bin das schwarze Schaf der Familie», sagte Mr. Bredon. «Auf der Straße würde der mich nicht einmal sehen. Das muß also jemand ganz anderes gewesen sein.»

«Heißt Ihr Vetter auch Bredon?»

«O ja», sagte Mr. Bredon.

Neugierige Fragen
eines neuen Texters

Mr. Bredon arbeitete seit einer Woche bei Pyms Werbedienst und hatte bereits das eine und andere gelernt. Er hatte gelernt, wie viele Wörter durchschnittlich auf zehn Zentimeter Textraum passen; daß man Mr. Armstrong mit einem sorgfältig ausgearbeiteten Satzspiegel beeindrucken konnte, Mr. Hankin es dagegen als Zeitverschwendung für einen Texter ansah, sich auch noch darum zu kümmern; daß es gefährlich war, das Wörtchen «rein» zu benutzen, weil es bei leichtfertigem Gebrauch den Auftraggeber einer möglichen Strafverfolgung aussetzte, wohingegen Wörter wie «höchste Qualität», «beste Zutaten» und «unter optimalen Bedingungen verpackt» keinerlei juristische Bedeutung hatten und daher ungefährlich waren; daß es ein Unterschied war, ob man von einem Produkt behauptete, es gebe «Tausenden britischer Arbeiter in unserer Musterfabrik da-und-da Brot und Arbeit» oder ob man es als «durch und durch britische Arbeit» bezeichnete; daß man im Norden Englands die Butter und Margarine gesalzen vorzog, im Süden hingegen frisch; daß der *Morning Star* keine Inserate annahm, in denen das Wort «heilen» vorkam, aber keine Einwände gegen Ausdrücke wie «lindern» oder «bessern» erhob, und daß ferner ein Produkt, das etwas zu «heilen» vorgab, möglicherweise als Medikament patentiert und mit einem teuren Siegel versehen werden mußte; daß der überzeugendste Werbetext stets mit einem Augenzwinkern geschrieben wurde, eine echte Überzeugung vom Wert der Ware jedoch – aus unerfindlichen Gründen – zu einem dürftigen, flachen Stil führte; daß eine noch so weit hergeholte unanständige Nebenbedeutung eines Satzes stets diejenige sei, die von der breiten britischen Öffentlichkeit hineingelesen werde; daß die Graphiker es einzig und allein darauf abgesehen hatten, den Text vollständig aus der Anzeige hinauszudrängen, während umgekehrt der Texter ein heimtückischer Bube war, dessen einziges Bestreben es war, den Anzeigenraum so mit Text vollzupfropfen, daß für Illustrationen kein Platz mehr blieb; daß der Layouter, ein armes Würstchen zwischen diesen Mühlsteinen, seine liebe Not hatte, die beiden streitenden Parteien miteinander zu versöhnen; daß ferner alle Abteilungen sich einig waren in ihrem Haß gegen den Auftraggeber, der es nicht lassen konnte, ein gutes Layout immer wieder mit eingerückten Coupons, Geschenkangeboten, Verzeichnissen örtlicher Agenturen und realistischen Abbildungen ebenso häßlicher wie uninteressanter Verpackungen zu verderben, sehr zum Schaden seiner eigenen Interessen und zum Ärger aller Beteiligten.

Er lernte auch, sich ohne Hilfe in den beiden von der Werbeagentur gemieteten Etagen zurechtzufinden, bis hinauf zum Dach, wo die Botenjungen unter den Augen eines Betreuers ihre tägliche Gymnastik absolvierten, und von wo man an klaren Tagen einen schönen Blick über London haben konnte. Er machte die Bekanntschaft mehrerer Gruppenleiter und wußte manchmal sogar auf Anhieb, wer von ihnen welche Kunden betreute, während er zu den meisten Angehörigen seiner eigenen Abteilung schon bald ein durchaus herzliches Verhältnis hatte. Die beiden Abteilungschefs, Mr. Armstrong und Mr. Hankin, waren jeder auf seine Art genial und hatten jeder seine ganz persönlichen Schwächen. Mr. Hankin konnte zum Beispiel keine Schlagzeile durchgehen lassen, in der das Wort «großartig» vorkam. Mr. Armstrong hingegen mochte es nicht, wenn in einer Anzeige auf einen Richter oder Juden Bezug genommen wurde, und als die Hersteller von Whifflets Zigaretten eine neue Tabakmischung mit dem Namen «Guter Richter» auf den Markt brachten, war er so gründlich irritiert, daß er den ganzen Auftrag mit Sack und Pack und Esel an Mr. Hankin übergeben mußte. Mr. Copley, ein älterer Mann von ernster Natur, der den Werbeberuf ergriffen hatte, bevor dieser neumodische Trend zu akademisch gebildeten Werbetextern einsetzte, war berühmt für seinen empfindlichen Magen und seine unnachahmlich appetitanregenden Werbetexte für konservierte Lebensmittel. Alles, was aus einer Dose oder Schachtel kam, war für ihn Gift, und er ernährte sich ausschließlich von halbgaren Beefsteaks, Obst und Vollkornbrot. Das einzige, was er ausgesprochen gern schrieb, waren Werbetexte für Bunburys Vollkornmehl, und jedesmal war er zutiefst geknickt, wenn seine ausgefeilten Lobeshymnen, gespickt mit nützlichen medizinischen Details, irgendwelchen Albernheiten aus Inglebys Feder weichen mußten, etwa in der Art, daß Bunburys Vollkornmehl «dem Backen das Bauchweh nehme». Aber bei Ölsardinen und Dosenlachs war er unschlagbar.

Inglebys Spezialität waren hochnäsige Sprüche über Twentymans Tee («Was man in besseren Kreisen trinkt»), Whifflets Zigaretten («Auf der königlichen Tribüne in Ascot, im königlichen Yacht Club in Cowes – da finden Sie die Kenner, die Whifflets rauchen») und Farleys Schuhe («Ob beim Halali, ob beim Walzer – mit Farleys stehen Sie auf gesunden Füßen»). Er wohnte in Bloomsbury, war Kommunist im literarischen Sinne und trug fast ausschließlich Pullover und graue Flanellhosen. Er war frühzeitig und gründlich desillusioniert und einer der vielversprechendsten Werbetexter, die Pyms Werbedienst je hervorgebracht hatte. Wenn er gerade einmal von Whifflets und modischem Schuhwerk abließ, konnte er sich über nahezu jedes Thema amüsant unterhalten, und schließlich hatte er eine Begabung für «witzige» Texte, wo Witz nicht fehl am Platz war.

Miss Meteyard war von ähnlicher geistiger Verfassung und konnte über fast alles schreiben, nur nicht über Damenartikel, die hingegen bei Mr. Willis oder Mr. Garrett in besten Händen waren. Ersterer vor allem konnte Mieder und Gesichtscremes mit einem melancholischen Charme anpreisen, für den er sein Gehalt mehr als verdiente. Die Textabteilung insgesamt arbeitete fröhlich zusammen; einer schrieb hilfreich des anderen Schlagzeilen und suchte jederzeit des anderen Zimmer auf. Die einzigen Männer, zu denen Bredon kein herzliches Verhältnis herzustellen vermochte, waren Mr. Copley, der auf Distanz hielt, und Mr. Willis, der ihm mit einer Zurückhaltung begegnete, auf die er sich keinen Reim machen konnte. Ansonsten fand er die Abteilung ausgesprochen nett.

Und es wurde geredet. Bredon war noch nie so vielen Leuten auf einmal begegnet, die so fleißige Zungen und offenbar auch so viel Zeit und Muße für ein Schwätzchen hatten. Es war geradezu ein Wunder, daß hier auch noch gearbeitet wurde, aber irgendwie wurde die Arbeit immer fertig. Er fühlte sich an seine Studentenzeit in Oxford erinnert, wo Aufsätze sich zwischen Versammlungen und Sportveranstaltungen auf geheimnisvolle Weise von selbst schrieben und ausgerechnet die mit den besten Examina sich damit brüsteten, nie mehr als drei Stunden täglich gearbeitet zu haben. Jedenfalls sagte ihm das Klima hier durchaus zu. Er war ein geselliger Mensch, und nichts freute ihn mehr, als wenn ein Kollege, dem die Arbeit bis oben und der Sinn nach einem Schwätzchen stand, ihn bei seinen Lobreden auf Sopo («Macht den Montag zum Schontag») oder Husch-Staubsauger («Ein Husch, und alles ist sauber») stören kam.

«Sieh mal einer an!» sagte Miss Meteyard eines Morgens. Sie hatte nur mal eben hereingeschaut, um Bredon zu fragen, was ein «Schlenzer» sei – Tomboy Toffee hatte eine Anzeigenserie in Auftrag gegeben, die an Cricket anlehnte und jeweils von Ausrufen wie «Kinder, ist das 'ne Kerze!» oder «Prima, dieser Praller!» auf allerlei Umwegen zu den Vorzügen von Tomboy Toffees überleitete – und nun war eben «Schlau, so ein Schlenzer!» an der Reihe. Bredon hatte ihr mit Bleistift und Papier erklärt, was ein Schlenzer war, und es ihr dann auf dem Korridor mit einer kleinen runden Tabaksdose (Marke «Guter Richter») vorgemacht, wobei er um ein Haar Mr. Armstrong am Kopf getroffen hätte, und schließlich hatte er sich auch noch auf eine Diskussion über die Tauglichkeit solcher Schlachtrufe für Annoncenschlagzeilen eingelassen, aber Miss Meteyard machte noch immer keine Anstalten, zu gehen. Sie hatte sich an Bredons Tisch gesetzt und angefangen, Karikaturen zu zeichnen, was sie sogar recht geschickt machte, und gerade suchte sie in der Bleistiftschale nach einem Radiergummi, als sie den oben erwähnten Ausruf von sich gab: «Sieh mal einer an!»

«Was?»

«Das ist doch Deans Skarabäus. Den hätte man seiner Schwester zurückschicken müssen.»

«Ach, das da! Ja, ich wußte, daß er da war, aber ich hatte keine Ahnung, wem er gehörte. Gar nicht so übel, das Ding. Echter Onyx – aber natürlich nicht ägyptisch, nicht einmal besonders alt.»

«Wohl kaum, aber Dean hing daran. Für ihn war er eine Art Talisman. Hatte ihn immer bei sich in der Westentasche oder vor sich auf dem Schreibtisch, wenn er arbeitete. Wenn er ihn an dem Tag bei sich gehabt hätte, wäre er sicher nicht die Treppe hinuntergestürzt – das würde er selbst jedenfalls sagen.»

Bredon setzte sich den kleinen Käfer auf den Handteller. Er war etwa so groß wie ein Daumennagel, schwer, nur oberflächlich bearbeitet und bis auf eine abgesprungene Stelle an der Seite völlig glatt.

«Was war dieser Dean überhaupt für einer?»

«Na ja, *de mortuis* und so weiter, aber er war nicht unbedingt mein Fall. Ich fand ihn ziemlich unbekömmlich.»

«Inwiefern?»

«Zum Beispiel gefielen mir die Leute nicht, mit denen er herumzog.»

Bredon ließ eine fragende Augenbraue hochzucken.

«Nein», sagte Miss Meteyard, «nicht was Sie meinen. Das heißt, darüber könnte ich Ihnen selbst nichts sagen. Aber er war viel mit der de Momerie-Clique unterwegs. Fand er wahrscheinlich schick. Zu seinem Glück war er wenigstens nicht in der berüchtigten Nacht dabei, als diese Punter-Smith sich umgebracht hat. Pyms Werbedienst hätte nie mehr den Kopf hoch tragen können, wenn einer seiner Mitarbeiter in so eine zwielichtige Sache verstrickt gewesen wäre. Da ist man hier sehr eigen.»

«Was sagten Sie noch, wie alt der Junge war?»

«Sechs- oder siebenundzwanzig, schätze ich.»

«Wie ist er eigentlich hierhergekommen?»

«Das Übliche. Brauchte wahrscheinlich Geld. Mußte irgendeine Arbeit annehmen. Von nichts kann man sich kein süßes Leben leisten. Und er war ja nicht irgendwer. Sein Vater war Bankdirektor oder so was, und als der gestorben war, mußte Klein Victor sich nach irgendwas umsehen, wovon er leben konnte. Aber er wußte schon für sich zu sorgen.»

«Wie ist er denn an diese Clique geraten?»

Miss Meteyard grinste ihn an.

«Da wird ihn wohl mal eine abgeschleppt haben. Auf seine Art sah er ja ganz gut aus. Es gibt nicht nur eine *nostalgie de la banlieue*, sondern auch *de la boue*. Und Sie nehmen mich auf den Arm, Mr. Death Bredon, denn das wissen Sie alles genausogut wie ich.»

«Soll das ein Kompliment für meine Bildung oder eine Anspielung auf meine Moral sein?»

«Wie *Sie* hierhergekommen sind, ist um einiges interessanter, als wie Victor Dean hierhergekommen ist. Unerfahrenen neuen Textern zahlt man hier ein Anfangsgehalt von 4 Pfund die Woche – etwa so viel, wie ein Paar von Ihren Schuhen kostet.»

«Ah!» sagte Bredon. «Da sieht man wieder, wie der Schein doch trügen kann! Aber es ist offenkundig, meine Verehrteste, daß Sie Ihre Einkäufe nicht im wahren West End tätigen. Sie gehören jenem Bevölkerungsteil an, der bezahlt, was er kauft. Bei aller Hochachtung gedenke ich Sie nicht zu imitieren. Leider gibt es gewisse Dinge, die man nur gegen bar bekommt. Eisenbahnfahrkarten zum Beispiel oder Benzin. Aber es freut mich, daß Ihnen meine Schuhe gefallen. So etwas bekommt man bei Rudge in der Arcade, und im Gegensatz zu Farleys Schuhmoden sieht man sie wirklich in Ascot und überall dort, wo verwöhnte Leute zusammenkommen. Die haben auch eine Damenabteilung, und wenn Sie hingehen und meinen Namen fallenlassen –»

«Allmählich verstehe ich, wie Sie auf die Werbung als Unterhaltsquelle gekommen sind.» Der Anflug von Zweifel wich aus Miss Meteyards eckigem Gesicht, und an seine Stelle trat so etwas wie Spott. «Na ja, dann gehe ich jetzt mal wieder zu meinen Tomboy Toffees zurück. Danke für die Nachhilfe im Cricket.»

Bredon schüttelte betrübt den Kopf, als die Tür hinter ihr zuging. «Leichtsinnig», murmelte er. «Hätte mich beinahe verraten. Na ja, am besten stürze ich mich jetzt in die Arbeit und versuche so echt wie möglich zu wirken.»

Er zog eine Kladde voll eingeklebter Nutrax-Anzeigen zu sich und blätterte sie nachdenklich durch. Lange blieb er aber nicht ungestört, denn kurz darauf kam Mr. Ingleby hereinspaziert, eine stinkende Pfeife unter Volldampf und die Hände tief in den Hosentaschen.

«Sagen Sie, ist der Brewer hier?»

«Kenne ich nicht. Aber», fügte Bredon mit einer lässigen Handbewegung hinzu, «Sie haben die Genehmigung, alles zu durchsuchen. Priestergang und Geheimtreppe stehen zu Ihrer Verfügung.»

Ingleby kramte vergeblich im Bücherschrank herum.

«Den muß jemand geklaut haben. Na ja, aber wie schreibt man Chrononhotonthologos?»

«Ha, das weiß ich! Und Aldiborontophoscophornio auch. Kreuzworträtsel? Torquemada?»

«Nein, Schlagzeile für ‹Guter Richter›. Puh, ist das heiß! Und anscheinend dürfen wir jetzt auch noch eine Woche lang Staub und Gehämmer ertragen.»

«Wieso?»

«Das Urteil ist gesprochen. Die Eisentreppe wird liquidiert.»

«Wer sagt das?»

«Die Direktion.»

«Menschenskind! Das dürfen die nicht machen.»

«Wie meinen Sie das?»

«Schuldanerkenntnis, oder?»

«Wird ja auch Zeit.»

«Stimmt auch wieder.»

«Sie haben so ein erschrockenes Gesicht gemacht, daß ich schon dachte, Sie fühlten sich persönlich betroffen.»

«Großer Gott, nein, wieso denn? Es geht nur ums Prinzip. Außer daß die Treppe ja auch ihre Verdienste um die Ausmerzung der Untauglichen hat. Wie ich höre, war der selige Victor Dean nicht allseits beliebt.»

«Ich weiß nicht. Mir kam er nicht so schlimm vor, nur daß er nicht besonders solide und vom Pymschen Geiste durchdrungen war. Die Meteyard hat ihn natürlich zutiefst verachtet.»

«Warum?»

«Tja, sie ist ja sonst ganz in Ordnung, aber Kompromisse kennt sie nicht. Mein Motto ist: leben und leben lassen, aber dabei die eigenen Interessen wahren. Wie kommen Sie mit Nutrax voran?»

«Da habe ich mich noch gar nicht rangetraut. Ich suche noch die ganze Zeit nach einem Namen für Twentymans Ein-Shilling-Tee. Wenn ich Hankin richtig verstanden habe, ist das einzig Empfehlenswerte an ihm der niedrige Preis; ansonsten wird er aus dem Abfall anderer Teemischungen gemacht. Der Name soll solide Qualität und Biederkeit suggerieren.»

«Nennen Sie ihn doch ‹Haushaltsmischung›. Nichts klingt so zuverlässig, und erst recht erinnert nichts so sehr an muffige Sparsamkeit.»

«Gute Idee. Ich werd's ihm vorschlagen.» Bredon gähnte. «Ich hab zuviel zu Mittag gegessen. Meiner Meinung nach sollte niemand gezwungen sein, nachmittags um halb drei zu arbeiten. Das ist wider die Natur.»

«In diesem Beruf ist alles wider die Natur. O Gott, da kommt schon wieder ein Tablett! Gehen Sie bloß weiter! Gehen Sie!»

«Tut mir leid», entgegnete Miss Parton strahlend, indem sie mit dem Tablett eintrat, auf dem in sechs Untertassen eine graue Masse dampfte. «Mr. Hankin sagt, Sie möchten bitte alle von diesem Porridge kosten und sagen, was Sie davon halten.»

«Meine Allerverehrteste, wissen Sie, wieviel Uhr es ist?»

«Ja, ich weiß, es ist schrecklich. Die Proben sind mit A, B und C gekennzeichnet, und hier ist der Fragebogen, und geben Sie mir dann bitte die Löffel zurück, damit ich sie für Mr. Copley spülen kann.»

«Mir wird ganz schlecht», stöhnte Ingleby. «Von wem kommt das Zeug? Peabody?»

«Ja – die bringen jetzt ein Porridge in Dosen heraus. ‹Hochland-Porridge›. Kein Kochen, kein Umrühren – einfach die Dose erhitzen. Achten Sie auf den Dudelsackpfeifer auf dem Etikett.»

«Wissen Sie was», sagte Ingleby, «versuchen Sie doch mal Ihr Glück bei Mr. McAllister.»

«Hab ich schon, aber sein Kommentar ist nicht druckreif. Hier sind Zucker und Salz und ein Kännchen Milch.»

«Was wir im Dienste der Öffentlichkeit leiden müssen!» Mr. Ingleby schnupperte angewidert an dem Brei und tauchte zögernd den Löffel hinein. Bredon ließ die Proben genüßlich auf der Zunge zerlaufen und hinderte Miss Parton am Weggehen.

«Moment, schreiben Sie das gleich auf, solange es noch frisch ist. Probe A: Feines, blumiges, leicht nußartiges Bukett voll ausgereift; ein großer, männlicher Porridge. Probe B: Extra trokken, edel, elegant im Charakter, bedarf nur noch –»

Miss Parton ließ ein entzücktes Kichern ertönen, und Ingleby, dem Kichern auf die Nerven ging, suchte das Weite.

«O sagt mir, zeitlose Schönheit», fragte Mr. Bredon, «was war eigentlich mit meinem vielbeweinten Vorgänger los? Warum konnte Miss Meteyard ihn nicht leiden, und warum singt Mr. Ingleby sein Lob mit leisen Verwünschungen?»

Das war für Miss Parton kein Problem.

«Na ja, weil er sich nicht an die Spielregeln hielt. Er hat immer in anderer Leute Zimmern herumspioniert und ihre Ideen geklaut, um sie hinterher als seine eigenen auszugeben. Wenn ihm jemand eine gute Schlagzeile lieferte, und Mr. Armstrong oder Mr. Hankin gefiel sie, hat er nie gesagt, von wem sie stammte.»

Diese Erklärung schien Mr. Bredon zu interessieren. Er machte sich auf den Weg über den Flur und sah zu Mr. Garrett hinein. Garrett füllte gerade verbissen seinen Porridge-Bericht aus und sah mit einem Grunzer auf.

«Hoffentlich störe ich Sie nicht in einem Augenblick der Verzückung», tönte Bredon. «Ich will Sie nämlich nur etwas fragen. Ich meine, es geht um ein Problem der Etikette, verstehen Sie, sozusagen um eine Benimmfrage. Ich meine – passen Sie auf. Hankie hat mich beauftragt, mir ein paar schöne Namen für einen billigen Tee auszudenken, und was ich bisher hatte, war einfach schlecht, und da kam Ingleby, und ich hab ihn gefragt: ‹Wie würden Sie diesen Tee nennen?› Einfach so, und er hat gemeint: ‹Nennen Sie ihn Haushaltsmischung!› Ich fand, damit war der Nagel genau auf den Kopf getroffen. Das Ei des Kolumbus.»

«Na und?»

«Na ja, und nun hab ich mich vorhin mit Miss Parton über diesen Dean unterhalten, der die Treppe hinuntergefallen ist – Sie wissen schon –, und warum hier ein paar Leute nicht so begeistert von ihm waren, und sie meinte, das komme daher, daß er anderer Leute Ideen stibitzt und als seine eigenen ausgegeben hat. Und nun möchte ich einfach wissen, ob es sich vielleicht nicht schickt, andere zu fragen. Ingleby hat ja nichts gesagt, aber wenn ich womöglich ins Fettnäpfchen getreten bin –»

«Also, das ist so», sagte Mr. Garrett. «Es gibt so etwas wie ein ungeschriebenes Gesetz – jedenfalls an unserem Ende des Korridors. Man läßt sich helfen, wo man kann, legt auch das Ergebnis unter eigenem Namen vor, aber wenn dann Mr. Armstrong oder irgendwer sonst sich vor Begeisterung überschlägt und Blumen auf die Bühne wirft, wird erwartet, daß man einen Hinweis fallenläßt, von wem die Idee eigentlich stammt, und daß sie einem selbst eben auch gefallen hat.»

«Aha, so. Vielen herzlichen Dank. Und umgekehrt, wenn er in die Luft geht und sagt, daß ihm so was Dämliches seit 1919 nicht mehr unter die Augen gekommen ist, steckt man sich das vermutlich selbst an den Hut.»

«Natürlich. Wenn es so dumm war, hätte man ja selbst so schlau sein können, es gar nicht erst vorzulegen.»

«Klar.»

«Das Ärgerliche bei Dean war, daß er den Leuten ihre Ideen klaute, ohne was zu sagen, und sie dann auch noch bei Mr. Hankin um die wohlverdienten Lorbeeren betrog. Aber hören Sie mal, an Ihrer Stelle würde ich bei Copley oder Willis nicht zu oft um Hilfe bitten. Die sind nicht dazu erzogen worden, andere die Hausaufgaben abschreiben zu lassen. Sie hängen noch an dieser Klippschulmoral, daß jeder seinen Kahn gefälligst selbst rudern soll.»

Bredon bedankte sich erneut bei Garrett.

«Und wenn ich Sie wäre», fuhr Garrett fort, «würde ich mit Willis schon gar nicht über Dean sprechen. Da gab es irgendwelche Mißhelligkeiten – ich weiß auch nicht, weswegen. Jedenfalls wollte ich Sie mal gewarnt haben.»

Bredon bedankte sich fast überschwenglich.

«Man kann ja so leicht irgendwo ins Fettnäpfchen treten, wenn man neu ist, nicht? Ich bin Ihnen wirklich sehr zu Dank verpflichtet.»

Offenbar war Mr. Bredon aber ein Mensch ohne jedes Zartgefühl, denn eine halbe Stunde später stand er in Mr. Willis' Zimmer und kam prompt auf den verblichenen Mr. Dean zu sprechen. Die Folge war eine unmißverständliche Aufforderung an Mr. Bredon, sich um seine eigenen Angelegenheiten zu kümmern. Mr. Willis war keineswegs gewillt, über Mr. Dean zu sprechen. Überdies glaubte Bredon zu bemerken, daß Willis unter einer akuten und schmerzhaften Verlegenheit litt, fast als ob das Gespräch eine Wende zum Unanständigen genommen hätte. Das verdutzte ihn, aber er ließ nicht locker. Nachdem Willis eine Zeitlang in düsterem Schweigen verharrt und mit einem Bleistift gespielt hatte, sah er schließlich auf.

«Wenn Sie auf Deans Tour reisen wollen», sagte er, «sollten Sie lieber machen, daß Sie wegkommen. Ich bin nicht interessiert.»

Er vielleicht nicht, aber Bredon. Seine lange Nase zuckte vor Neugier.

«Was für eine Tour? Ich habe Dean gar nicht gekannt. Nie von ihm gehört, bevor ich hierherkam. Worum geht's denn?»

«Wenn Sie Dean nicht gekannt haben, warum reden Sie dann von ihm? Er hatte mit einer Sorte von Leuten zu tun, die mir nicht lag, das ist alles, und wie Sie aussehen, würde ich sagen, Sie gehören zur selben Clique.»

«Sie meinen die de Momerie-Clique?»

«Sie brauchen nicht erst so zu tun, als wenn Sie nichts darüber wüßten, wie?» meinte Willis mit höhnischem Grinsen.

«Ingleby sagt, daß Dean mit dieser Sippschaft zu tun hatte», antwortete Bredon sanft. «Ich selbst bin noch nie einem von denen begegnet. Die würden mich auch furchtbar altmodisch finden. Doch, wirklich. Außerdem finde ich ihre Bekanntschaft nicht so erstrebenswert. Einige von denen sind eine echte Plage. Wußte Mr. Pym eigentlich, daß Dean diesem süßen Leben frönte?»

«Das glaube ich kaum, sonst hätte er ihn wohl hochkantig rausgeschmissen. Was geht dieser Dean Sie überhaupt an?»

«Nicht das mindeste. Ich habe mir nur so meine Gedanken über ihn gemacht. Er scheint hier so etwas wie ein Außenseiter gewesen zu sein. Nicht ganz vom Pymschen Geist durchdrungen, wenn Sie verstehen, was ich meine.»

«Nein, das war er nicht. Und wenn Sie auf meinen Rat hören, lassen Sie die Finger von Dean und seinen lieben Freunden, sonst machen Sie sich hier auch nicht allzusehr beliebt. Daß Dean diese Treppe hinuntergefallen ist, war das Beste, was er in seinem ganzen Leben getan hat.»

«Nichts stand in seinem Leben ihm so gut, als wie er es verlassen hat? Kommt mir trotzdem ein bißchen hart vor. Irgendwer muß ihn doch geliebt haben. ‹Auch er war einer Mutter Sohn›, wie es in dem schönen alten Lied heißt. Hatte er keine Familie? Zumindest eine Schwester lebt doch noch, oder?»

«Was zum Teufel geht Sie seine Schwester an?»

«Nichts. War ja nur eine Frage. Na ja, jetzt verzieh ich mich wohl besser mal. Ich habe unsere kleine Unterhaltung sehr genossen.»

Mr. Willis quittierte diese Abschiedsfloskel mit finsterer Miene, und Mr. Bredon brach auf, sich seine Informationen anderswo zu holen. Wie üblich wußte das Schreibzimmer bestens Bescheid.

«Nur die Schwester», sagte Miss Parton. «Sie hat irgendwie mit Silkanette-Strümpfen zu tun. Sie und Victor hatten eine Wohnung zusammen. Todschick, aber ein bißchen dumm, fand ich bei unserer ersten und einzigen Begegnung. Ich habe das Gefühl, unser Mr. Willis war mal eine Zeitlang in dieser Richtung aktiv, aber anscheinend ist nichts daraus geworden.»

«Aha», sagte Mr. Bredon sehr erleuchtet.

Er kehrte in sein Zimmer und zu seinen Kladden zurück. Aber er konnte sich nicht konzentrieren. Er ging auf und ab, setzte sich, stand wieder auf, starrte aus dem Fenster, kehrte von neuem an den Schreibtisch zurück. Dann zog er aus einer Schublade ein Blatt Papier. Es trug eine Liste von Daten aus dem Vorjahr, jedes Datum mit einem Buchstaben des Alphabets versehen, nämlich so:

   7. Jan. G
 14. Jan. O
 21. Jan. A
 28. Jan. P
  5. Febr. G

Es lagen noch andere Papiere in der Schublade, alle mit derselben – vermutlich Victor Deans – Handschrift, aber diese Liste schien ihn über die Maßen zu interessieren. Er studierte sie mit einer Aufmerksamkeit, die kaum gerechtfertigt schien, dann faltete er sie behutsam zusammen und steckte sie ein.

«Wer hat wen wie oft an was um die Mauern von wo geschleift?» wandte Mr. Bredon sich an die Welt im allgemeinen. Dann lachte er. «Wahrscheinlich irgendeine hinterlistige Methode, den Einfältigen Sopo zu verkaufen», meinte er und setzte sich nun endgültig hin, um an seinen Entwürfen zu arbeiten.

Mr. Pym, der Spiritus rector der Werbeagentur, ließ üblicherweise etwa eine Woche dahingehen, bevor er neue Mitarbeiter zu einem Gespräch bat. Nach seiner Theorie war es wenig sinnvoll, Leuten etwas über ihre Arbeit zu erzählen, bevor sie eine ungefähre Vorstellung davon hatten, welcher Art diese Arbeit war. Als gewissenhafter Mann war er sich stets und vor allem der Notwendigkeit eines guten menschlichen Verhältnisses mit jedermann in seiner Firma bewußt, angefangen bei den Abteilungsleitern bis hinunter zum letzten Botenjungen, und da ihm eine natürliche Leutseligkeit und leichte Geselligkeit nicht gegeben waren, hatte er, um dieser Notwendigkeit nachzukommen, ein starres Schema ersonnen. Am Ende einer runden Woche schickte er nach dem neuen Rekruten, erkundigte sich nach seiner Arbeit, seinen Interessen und ließ dann seine berühmte Rede über den Dienst in der Werbung vom Stapel. Wenn er diese schreckliche Folter, unter der man schon junge Stenotypistinnen hatte zusammenbrechen und kündigen sehen, überlebte, kam er auf die Liste für den monatlichen Tee-Empfang. Dieser fand im kleinen Konferenzzimmer statt. Zwanzig ausgewählte Personen aus allen Rängen und Abteilungen versammelten sich unter Mr. Pyms amtlichem Blick, um den gewöhnlichen Bürotee, angereichert mit Schinkensandwichs aus der Kantine und Keksen, die von Dairyfields Ltd. zum Selbstkostenpreis geliefert wurden, zu sich zu nehmen und einander genau eine Stunde lang zu unterhalten. Diese Einrichtung sollte das Zusammengehörigkeitsgefühl zwischen den Abteilungen stärken, und zugleich wurde auf diese Weise die gesamte Belegschaft, einschließlich der Außendienstmitarbeiter, alle sechs Monate einmal in Augenschein genommen. Zusätzlich zu diesen Vergnügungen gab es noch für Abteilungs- und Gruppenleiter gelegentliche informelle Abendessen in Mr. Pyms Privatwohnung, bei denen jeweils sechs Opfer abgefertigt wurden und an deren Ende sich jedesmal zwei Bridgetische unter Vorsitz von Mr. und Mrs. Pym bildeten. Gruppensekretäre, subalterne Texter und Graphiker wurden zweimal jährlich zu einem Hausball eingeladen, wo zu den Klängen einer Kapelle bis 22 Uhr getanzt werden durfte; von den höheren Chargen wurde erwartet, daß sie diese Festlichkeiten mit ihrer Gegenwart beehrten und dabei als Kellner fungierten. Für die Büroangestellten gab es eine Gartenparty mit Tennis und Federball und für die Botenjungen eine Weihnachtsfeier. Im Mai fand für die gesamte Belegschaft ein Betriebsfest mit Essen und Tanz statt; bei dieser Gelegenheit wurde die Höhe der Jahresprämie bekanntgegeben und inmitten begeisterter Loyalitätserklärungen auf Mr. Pyms Wohl getrunken.

Gemäß Punkt eins dieses beschwerlichen Programms wurde Mr. Bredon an seinem zehnten Arbeitstag von Mr. Pym zur Audienz gebeten.

«Nun, Mr. Bredon», sagte Mr. Pym, indem er ein automatisches Lächeln aufsetzte und mit nervöser Plötzlichkeit wieder absetzte, «wie kommen Sie zurecht?»

«Danke, Sir, ganz gut.»

«Finden Sie die Arbeit schwer?»

«Es ist ein bißchen schwierig», räumte Bredon ein, «bis man sozusagen den Dreh heraus hat. Ein wenig verwirrend, wenn Sie verstehen.»

«Durchaus, durchaus», sagte Mr. Pym. «Kommen Sie gut mit Mr. Armstrong und Mr. Hankin aus?»

Mr. Bredon sagte, er finde beide sehr freundlich und hilfsbereit.

«Beide berichten mir auch sehr Gutes über Sie», sagte Mr. Pym. «Sie sind beide der Meinung, daß Sie einmal einen guten Texter abgeben werden.» Er lächelte wieder, und Bredon grinste schamlos zurück.

«Das ist ja auch ganz gut so, unter den gegebenen Umständen, nicht?»

Mr. Pym erhob sich plötzlich und stieß die Tür auf, die sein Zimmer von dem kleinen Sekretariat nebenan trennte.

«Miss Hartley, könnten Sie vielleicht einmal zu Mr. Vickers gehen und ihn bitten, mir die Unterlagen über den Darlings-Etat herauszusuchen? Sie können gleich darauf warten und sie mitbringen.»

Miss Hartley sah, daß sie um den Genuß herumkommen sollte, Mr. Pyms Ausführungen über den Dienst in der Werbung zu hören, die ihr – dank der dünnen Holzwand und Mr. Pyms volltönender Stimme – bestens vertraut waren; sie erhob sich gehorsam und ging. Das bedeutete für sie die Gelegenheit zu einem netten kleinen Schwätzchen mit Miss Rossiter und Miss Parton, solange Mr. Vickers die Unterlagen zusammensuchte. Und besonders eilig würde sie es auch nicht haben. Miss Rossiter hatte angedeutet, daß Mr. Willis alle möglichen Andeutungen über Mr. Bredon gemacht habe, und darüber wollte sie gern Näheres wissen.

«Also», sagte Mr. Pym, indem er sich hastig mit der Zunge über die Lippen fuhr und den Anschein erweckte, als wappne er sich für ein sehr unerfreuliches Gespräch. «Was haben Sie mir zu sagen?»

Mr. Bredon stützte ungeniert die Ellbogen auf den Tisch seines Arbeitgebers und redete eine Zeitlang mit leiser Stimme, während Mr. Pyms Wangen blasser und blasser wurden.

4

Erstaunliche Kunststücke eines Harlekins

Es war schon die Rede davon, daß der Dienstag in der Textabteilung der Agentur Pym ein Tag des allgemeinen Heulens und Zähneknirschens war. Verursacher desselben waren die Herren Toule & Jollop, die Hersteller von Nutrax, Maltogen und Jollops Rindfleischkonzentrattabletten für Reisende. Anders als die meisten Kunden, die zwar ebenfalls auf ihre Art lästig waren, ihre Lästigkeit aber per Post und aus vernünftiger Entfernung sowie in vernünftigen Abständen zur Geltung brachten, suchten die Herren Toule & Jollop jeden Dienstag Pyms Werbedienst zu einer wöchentlichen Konferenz heim. In der Zeit ihrer Anwesenheit begutachteten sie die geplanten Annoncen für die kommende Woche, warfen die in der letzten Woche gefaßten Beschlüsse über den Haufen, überfielen die Herren Pym und Armstrong mit neuen Plänen, hielten diese beiden wichtigen Männer stundenlang im Konferenzraum fest, was den Arbeitsablauf empfindlich störte, und machten sich allseits unbeliebt. Einer der Punkte, die in der dieswöchigen Séance diskutiert wurden, war die zweispaltige Nutrax-Anzeige für den *Morning Star* vom Freitag, die in dieser führenden Tageszeitung eine bedeutende Position in der rechten oberen Ecke der Regionalseite innehatte, gleich neben der Freitagsglosse. Danach nahm sie natürlich auch noch andere Positionen in anderen Blättern ein, aber der *Morning Star* vom Freitag war das, worauf es eigentlich ankam.

Der Ablauf der Ereignisse um diese ärgerliche Anzeige war für gewöhnlich folgender: Etwa jeden dritten Monat sandte Mr. Hankin ein SOS an die Textabteilung des Inhalts, daß weitere Texte für Nutrax-Anzeigen dringend benötigt würden. Mit vereinter Geisteskraft produzierte die Abteilung etwa zwanzig Anzeigentexte und legte sie Mr. Hankin vor, unter dessen überaus kritischem Blaustift sie auf ein rundes Dutzend zusammenschmolzen. Diese wurden ins Atelier geschickt und dort entsprechend ausgelegt und mit Illustrationen versehen. Dann schickte oder überreichte man sie den Herren Toule & Jollop, die bis auf ein halbes Dutzend alles mürrisch ablehnten und den Rest durch törichte Änderungen und Zusätze weiter verdarben. Die Texter wurden dann angetrieben, noch einmal zwanzig Entwürfe anzufertigen, von denen nach einem ähnlichen Auslese- und Überarbeitungsprozeß wiederum ein halbes Dutzend die kritische Prüfung überlebte, so daß nunmehr die erforderlichen zwölf Doppelspalten für die nächsten drei Monate vorhanden waren. Die Textabteilung atmete vorübergehend auf, die Entwürfe bekamen den blauen Stempel «Vom Kunden genehmigt», und die vorgesehene Reihenfolge ihres Erscheinens wurde notiert.

Am Montag jeder Woche holte Mr. Tallboy, der Gruppenleiter für Nutrax, einmal tief Luft und machte sich an die Aufgabe, den Doppelspalter für Freitag sicher in den *Morning Star* zu bringen. Er suchte den für die Woche vorgesehenen Text heraus und schickte ins Atelier nach der fertigen Illustration. Wenn die fertige Illustration wirklich fertig war (was selten vorkam), schickte er sie zusammen mit dem Text und einem sorgfältig gezeichneten Layout in die Klischieranstalt. Die Klischeehersteller fertigten unter Murren, daß man ihnen für diese Arbeit nie Zeit genug gebe, ein Klischee von der Illustration an. Das Ganze ging dann in die Setzerei, wo man die Schlagzeile und den Text absetzte, ein Namensklischee von der falschen Größe einfügte, das Ergebnis in eine Druckform schloß, einen Probeabzug machte und diesen wieder an Mr. Tallboy zurückschickte, versehen mit der kritischen Anmerkung, die Anzeige sei anderthalb Zentimeter zu lang. Mr. Tallboy berichtigte die Druckfehler, wünschte die Setzer wegen des falschen Namensklischees zum Teufel, machte ihnen klar, daß sie die Schlagzeilen in der falschen Type gesetzt hatten, schnitt den Abzug in Stücke, klebte diese in der richtigen Größe wieder zusammen und schickte alles zurück. Inzwischen war es meist schon Dienstagmorgen 11 Uhr, und Mr. Toule oder Mr. Jollop oder beide saßen bereits mit Mr. Pym und Mr. Armstrong im Konferenzzimmer und verlangten laut und wiederholt nach ihrem Doppelspalter. Sowie der neue Probeabzug aus der Setzerei kam, schickte Mr. Tallboy ihn durch einen Laufjungen ins Konferenzzimmer und schlich sich, wenn er konnte, zu seinem Elf-Uhr-Imbiß davon. Mr. Toule oder Mr. Jollop machte dann Mr. Pym und Mr. Armstrong auf die zahlreichen Schwachstellen sowohl in der Illustration als im Text aufmerksam. Mr. Pym und Mr. Armstrong schlossen sich unterwürfig der Meinung des Kunden an, gestanden ihre Ratlosigkeit und baten Mr. Toule (oder Mr. Jollop) um Ratschläge. Letzterer verstand sich, wie die meisten Kunden, besser auf destruktive als auf konstruktive Kritik; er gab seinem Geist die Sporen, bis er überhaupt keinen zusammenhängenden Gedanken mehr fassen konnte, und in diesem Zustand völliger Leere war er Mr. Pyms und Mr. Armstrongs hypnotischen Überredungskünsten hilflos ausgeliefert. Nach halbstündiger geschickter Behandlung fand Mr. Jollop (oder Mr. Toule) dann mit einem großen Gefühl der Erleichterung und Erfrischung zu dem eben noch geschmähten Entwurf zurück und entdeckte, daß dieser eigentlich fast genau das war, was er haben wollte. Er bedurfte nur noch einer Änderung in diesem oder jenem Satz und der Einrückung eines Geschenkgutscheins. Mr. Armstrong schickte das Layout dann wieder zu Mr. Tallboy hinauf mit der Bitte, die notwendigen Änderungen zu veranlassen. Mr. Tallboy stellte zu seiner großen Freude fest, daß diese nichts Schlimmeres bedeuteten als die Anfertigung eines völlig neuen Layouts und ein komplettes Umschreiben des Textes, und suchte den Texter auf, dessen Initialen auf dem Originalentwurf standen, um ihm den Auftrag zu geben, drei Zeilen herauszustreichen und die Änderungswünsche des Kunden einzufügen, während er selbst die ganze Anzeige noch einmal neu aufteilte.

Wenn das alles geschehen war, ging der neue Entwurf wieder in die Setzerei und wurde neu gesetzt, der neue Satz wanderte in die Klischieranstalt, dort wurde von der gesamten Anzeige ein komplettes Klischee angefertigt und von diesem ein neuer Probeabzug gemacht. Wenn es nun ein glücklicher Zufall wollte, daß diesem Klischee keine Mängel mehr anhafteten, gingen die Materngießer an die Arbeit und fertigten die erforderliche Anzahl von Matern an, die zusammen mit je einem Probeabzug an die verschiedenen Zeitungen geschickt werden sollten, in denen die Nutrax-Anzeige erscheinen würde. Am Donnerstagnachmittag wurden die Matern vom Versand per Boten an die Londoner Zeitungen, per Post und Bahn an die Provinzblätter verschickt, und wenn alles gutging, erschien die Anzeige planmäßig am Freitag im *Morning Star* und an den vorgesehenen Tagen in den übrigen Zeitungen. So lang und beschwerlich ist der Weg, den diese freundlichen Aufforderungen, die Nerven mit Nutrax zu nähren, hinter sich haben, ehe sie dem Leser, wenn er im Zug zwischen Gidea Park und Liverpool Street seinen *Morning Star* aufschlägt, ins Auge springen.

An diesem einen Dienstag war nun das Heulen und Zähneknirschen besonders arg. Erstens herrschte an diesem Tag ungewöhnlich drückende Schwüle mit Gewitterneigung, und das obere Stockwerk der Werbeagentur Pym glich unter dem breiten Bleidach und den großen, gläsernen Oberlichtern einem bei kleiner Flamme heizenden Backofen. Zweitens erwartete man den Besuch zweier Direktoren der Brotherhood Ltd., jener überaus altmodischen und frommen Firma, die Bonbons und alkoholfreie Getränke herstellte. Es war die allgemeine Warnung ausgegeben worden, daß alle weiblichen Mitarbeiter sich des Rauchens zu enthalten und alle Probeabzüge von Bier- oder Whiskyreklame zu verschwinden hätten. Die erstere Beschränkung war besonders hart für Miss Meteyard und die Schreibdamen der Textabteilung, deren Zigaretten von der Direktion vielleicht nicht gutgeheißen, aber normalerweise wohlwollend übersehen wurden. Miss Parton, zusätzlich irritiert durch Mr. Hankins zarte Andeutung, daß sie für die sittlichen Empfindungen der Herren Direktoren von Brotherhood Ltd. etwas zu viel Arm und Hals sehen lasse, hatte aus reinem Trotz das anstößige Fleisch mit einem dicken Pullover verhüllt und schwitzte nun demonstrativ vor sich hin und knurrte und fauchte jeden an, der ihr zu nahe kam. Mr. Jollop, eher noch etwas pedantischer als Mr. Toule, war heute zur wöchentlichen Nutrax-Konferenz besonders früh erschienen und hatte sich dadurch hervorgetan, daß er mit fester Hand nicht weniger als drei Anzeigen exekutierte, die Mr. Toule zuvor genehmigt hatte. Das hieß, daß Mr. Hankin sein SOS fast einen Monat früher als sonst aussenden mußte. Mr. Armstrong hatte Zahnschmerzen und war mit Miss Rossiter ungewöhnlich kurz angebunden, und irgend etwas war an Miss Rossiters Schreibmaschine kaputtgegangen, so daß auf ihre Buchstaben- und Zeilenabstände kein Verlaß mehr war.

Zu Mr. Ingleby, der schwitzend über seiner Kladde saß, kam der verhaßte Mr. Tallboy, ein Blatt in der Hand.

«Ist das von Ihnen?»

Mr. Ingleby streckte eine träge Hand aus, nahm das Blatt, warf einen Blick darauf und reichte es zurück.

«Wie oft muß ich euch elenden Nichtskönnern noch sagen», fragte er liebenswürdig, «daß die Initialen auf dem Textentwurf stehen, damit man an ihnen den Verfasser erkennen kann? Wenn Sie DB für meine Initialen halten, müssen Sie blind oder verkalkt sein.»

«Wer ist denn DB?»

«Der Neue, Bredon.»

«Wo ist er?»

Mr. Ingleby wies mit dem Daumen zum Nebenzimmer.

«Leer», meldete Mr. Tallboy nach kurzem Erkundungsausflug.

«Dann suchen Sie ihn eben!» rief Ingleby.

«Gewiß, aber sehen Sie mal her», meinte Mr. Tallboy beschwichtigend. «Ich will ja nur einen Rat haben. Was sollen um Himmels willen die Graphiker hiermit anfangen? Sie wollen doch nicht etwa sagen, daß Hankin diese Schlagzeile genehmigt hat?»

«Es ist anzunehmen», antwortete Ingleby.

«Na, und wie stellt er oder Bredon oder sonstwer sich die Illustration dazu vor? Hat der Kunde das gesehen? Die lassen das nie durchgehen! Dazu brauche ich gar nicht erst das Layout zu machen! Ich verstehe nicht, wie Hankin das zulassen konnte.»

Ingleby streckte noch einmal die Hand aus.

«Kurz, klar und christlich», meinte er. «Was ist damit?»

Die Schlagzeile lautete:

——————— !

WENN DEIN LEBEN LEER IST

NIMM NUTRAX

«Und überhaupt», murrte Tallboy, «würde der *Morning Star* das nie annehmen. Die drucken nichts, was auch nur entfernt nach einem Fluch aussehen könnte.»

«Ihre Ansicht», sagte Ingleby. «Fragen Sie doch erst mal.»

Tallboy murmelte etwas Unhöfliches.

«Und wenn Hankin seinen Segen gegeben hat», sagte Ingleby, «werden Sie das Layout sowieso machen müssen. Die Graphiker werden bestimmt – oh, hallo! Da ist ja Ihr Mann. Belästigen Sie ihn lieber selbst damit. Bredon!»

«Hier!» sagte Bredon. «Vollzählig angetreten!»

«Wo haben Sie sich vor Tallboy versteckt? Sie müssen gewußt haben, daß er hinter Ihnen her war.»

«Auf dem Dach war ich», gab Bredon bedauernd zu. «Kühler und so. Was gibt's? Was habe ich verbrochen?»

«Also, hier diese Schlagzeile von Ihnen, Mr. Bredon – wie stellen Sie sich die Illustration dazu vor?»

«Weiß ich nicht. Das habe ich dem Genie der Graphiker überlassen. Ich bin immer dafür, der Phantasie anderer Leute ein Betätigungsfeld zu lassen.»

«Wie sollen die um Himmels willen eine Leere zeichnen?»

«Indem sie ein Los der irischen Lotterie abmalen», warf Ingleby dazwischen, «da ist nie was darauf.»

«Ich stelle mir das so ähnlich vor wie eine Vielheit», schlug Bredon vor. «Sie wissen ja, Lewis Carroll. Haben Sie schon mal eine Vielheit gemalt gesehen?»

«Seien Sie doch nicht so albern!» grollte Tallboy. «Irgendwas müssen wir ja nun damit anfangen. Halten Sie das wirklich für eine gute Schlagzeile, Mr. Bredon?»

«Die beste, die ich je geschrieben habe!» rief Bredon begeistert. «Bis auf diesen einen herrlichen Text, den Hankie nicht durchgehen lassen wollte. Könnten die nicht einen Menschen zeichnen, der innerlich leer aussieht? Oder einfach ein leeres Gesicht, ähnlich wie in diesen Annoncen: ‹Gehören diese fehlenden Gesichtszüge Ihnen?›»

«Na ja, das *könnten* sie wohl», räumte Tallboy unzufrieden ein. «Ich sag's ihnen jedenfalls mal. Danke», fügte er dann etwas verspätet hinzu und stürzte hinaus.

«Ganz schön sauer, wie?» meinte Ingleby. «Das macht die fürchterliche Hitze. Nun sagen Sie mir bloß mal, was Sie auf dem Dach gemacht haben? Da muß es doch so heiß sein wie auf einem Grillrost.»

«Stimmt, aber ich dachte, ich probier's mal. Um ehrlich zu sein, ich habe von oben mit Pennys nach dieser Blaskapelle geworfen. Zweimal habe ich die Baßtuba getroffen. Das gibt ein lautes ‹Peng!›, und wenn sie alle gucken, wo das herkommt, duckt man sich schnell hinter die Brüstung. Die Brüstung ist ja mächtig hoch, was? Ich glaube, die wollten das Gebäude noch höher aussehen lassen als es ist. Dabei ist es sowieso schon das höchste in der ganzen Straße. Von da oben hat man eine schöne Aussicht. ‹Erde hat dir zu zeigen Schönres nicht.› Und gleich wird es junge Hunde regnen. Sehen Sie mal, wie schwarz es da rüberkommt.»

«Sie sind mir aber auch ganz schön schwarz rübergekommen», fand Ingleby. «Sehen Sie sich mal Ihren Hosenboden an.»

«Sie verlangen nicht wenig», klagte Bredon, indem er sein Rückgrat besorgniserregend verrenkte. «Es ist etwas rußig da oben. Ich habe auf dem Oberlicht gesessen.»

«Sie sehen aus, als wenn Sie an einem Regenrohr raufgeklettert wären.»

«Na ja, ich bin an einem runtergeklettert. Nur an einem – aber ein schönes Rohr. Es hat mich gleich fasziniert.»

«Sie müssen verrückt sein», sagte Ingleby. «Bei dieser Hitze an Regenrohren herumzuturnen. Wie kommen Sie dazu?»

«Mir war etwas runtergefallen», klagte Mr. Bredon. «Da bin ich auf das Glasdach vom Waschraum hinuntergestiegen. Fast wäre ich da durchgetreten. Da hätte der gute Smayle nicht schlecht gestaunt, wenn ich vor seinen Augen ins Waschbecken geplumpst wäre, was? Und dann mußte ich feststellen, daß ich gar nicht an dem Rohr hätte hinunterklettern müssen; zurückgekommen bin ich nämlich über die Treppe – die Tür zum Dach war auf beiden Etagen offen.»

«Bei Hitze läßt man die meist beide offen», sagte Ingleby.

«Wenn ich das nur gewußt hätte. Jetzt könnte ich was zu trinken brauchen.»

«Bitte, versuchen Sie mal ein Gläschen Pompagner.»

«Was ist denn das?»

«Eines von Brotherhoods alkoholfreien Erfrischungsgetränken», erklärte Ingleby grinsend. «Aus besten Devonäpfeln, frisch und spritzig wie Champagner. Absolut antirheumatisch und nichtberauschend. Ärztlich empfohlen.»

Bredon schüttelte sich. «Ich finde unseren Beruf zutiefst unmoralisch. Wirklich. Stellen Sie sich nur mal vor, wie wir den Leuten den Magen verderben.»

«Ja, schon – aber vergessen Sie nicht, wie wir uns auf der anderen Seite bemühen, das wieder auszugleichen. Mit der einen Hand ruinieren wir ihnen die Gesundheit, mit der anderen stellen wir sie wieder her. Die Vitamine, die wir beim Konservieren zerstören, geben wir ihnen mit Revito zurück; die Ballaststoffe, die wir aus Peabodys Hochlandporridge herausholen, stellen wir ihnen schön verpackt als Bunburys Frühstückskleie wieder auf den Tisch; die Mägen, die wir ihnen mit Pompagner verderben, kurieren wir mit Peplets Verdauungstabletten. Und indem wir das dumme Volk doppelt bezahlen lassen – einmal für die Entmannung ihrer Nahrung und dann für die Wiederherstellung der Vitalität –, halten wir die Räder der Wirtschaft in Gang und verschaffen Tausenden Arbeitsplätze – einschließlich Ihnen und mir.»

«Eine herrliche Welt!» Bredon seufzte verzückt. «Was würden Sie sagen, wie viele Poren die menschliche Haut hat, Ingleby?»

«Keinen Schimmer. Warum?»

«Schlagzeile für Sanfect. Könnte man sagen – grob über den Daumen – neunzig Millionen? Eine schöne runde Zahl.

‹Neunzig Millionen offene Türen für Keime und Bazillen – Verschließen Sie diese Türen mit Sanfect.› Klingt doch überzeugend, finden Sie nicht? Oder so: ‹Würden Sie Ihr Kind in einer Löwengrube liegenlassen?› Das müßte die Mütter ansprechen.»

«Gäbe auch eine gute Illustration – Hoppla! Da kommt das Gewitter, aber wie!»

Ein Blitz, gefolgt von einem gewaltigen Donner, ohne jede Vorwarnung, direkt über ihren Köpfen.

«Hab ich kommen sehen», sagte Bredon. «Darum habe ich ja diesen Dachspaziergang gemacht.»

«Wie meinen Sie das – darum?»

«Ich habe nach ihm Ausschau gehalten», erklärte Bredon. «Und bitte sehr, da ist es. Hui! Der konnte sich hören lassen. Ich liebe Gewitter ja so. Übrigens, was hat Willis eigentlich gegen mich?»

Ingleby runzelte die Stirn und zögerte.

«Er scheint der Ansicht zu sein, daß ich kein guter Umgang bin», erklärte Bredon.

«Nun – ich hab Sie ja gewarnt, mit ihm über Victor Dean zu sprechen. Jetzt scheint er sich in den Kopf gesetzt zu haben, daß Sie ein Freund von Dean sind oder so was.»

«Aber was *war* denn so schlimm an Victor Dean?»

«Er verkehrte in schlechten Kreisen. Wieso interessieren Sie sich überhaupt so für Dean?»

«Sagen wir, ich bin von Natur aus neugierig. Hab mich schon immer für andere Leute interessiert. Zum Beispiel für Botenjungen. Die treiben auf dem Dach Gymnastik, nicht? Ist das die einzige Zeit, zu der sie aufs Dach dürfen?»

«Während der Arbeitszeit sollten sie sich da oben lieber nicht von ihrem Betreuer erwischen lassen. Wieso?»

«Hab mir nur was überlegt. Die haben doch sicher immer Streiche im Kopf – wie alle Jungen. Ich mag sie ja. Wie heißt dieser Rothaarige? Der sieht ziemlich helle aus.»

«Das ist Joe – sie nennen ihn natürlich Rotfuchs. Was hat er verbrochen?»

«Och, nichts. Aber hier laufen doch sicher viele Katzen herum, oder?»

«Katzen? Hab noch nie welche gesehen. Außer in der Kantine, da ist eine, soviel ich weiß, aber hier herauf kommt sie anscheinend nicht. Was wollen Sie mit einer Katze?»

«Nichts – aber jede Menge Spatzen muß es doch da oben geben, nicht?»

Ingleby glaubte allmählich, daß die Hitze Bredon auf den Verstand geschlagen haben mußte. Seine Antwort ging in einem krachenden Donner unter. Es folgte eine Stille, in der die Straßengeräusche von draußen dünn heraufdrangen; dann begannen schwere Tropfen gegen die Scheiben zu klatschen. Ingleby stand auf und schloß das Fenster.

Es goß wie aus Eimern. Donnernd prasselte der Regen aufs Dach. Er tanzte und toste in den bleiernen Dachrinnen und schoß in kleinen Wildbächen in die Abflüsse. Mr. Prout, der aus seinem Zimmer gerannt kam, geriet in einen Wasserfall, der vom Dach herunterkam, und rief nach einem Laufjungen, der das Oberlicht schließen sollte. Der Druck der Schwüle hob sich von den Gemütern wie eine abgeworfene Daunendecke. Bredon stand am Fenster seines Büros und beobachtete die eiligen Passanten, die sechs Stockwerke tiefer ihre Schirme der Sintflut entgegenhielten oder, wenn es sie schutzlos überrascht hatte, schnell in Geschäftseingängen verschwanden. Ein Stockwerk tiefer, im Konferenzzimmer, lächelte Mr. Jollop plötzlich und ließ drei Annoncen und einen dreifarbigen Prospekt passieren, ließ sich sogar zu einem Verzicht auf die 56 geschenkten Schlaguhren im dieswöchigen Zweispalter bewegen. Harry, der Fahrstuhlführer, geleitete eine tropfnasse junge Frau in den schützenden Käfig, drückte ihr sein Mitgefühl für ihre mißliche Lage aus und bot ihr an, sie mit einem Staubtuch abzutrocknen. Die junge Frau lächelte ihn an und versicherte ihm, sie brauche dergleichen nicht, aber ob sie bitte Mr. Bredon sprechen könne? Harry übergab sie Tompkin, dem Mann am Empfang, der sagte, er werde nach oben schicken, und wen er, bitte sehr, melden dürfe?

«Miss Dean – Miss Pamela Dean – in einer privaten Angelegenheit.»

Der Mann war sofort die Anteilnahme selbst.

«Die Schwester unseres Mr. Dean, Miss?»

«Ja.»

«Ach ja, Miss. Eine schlimme Geschichte, das mit Mr. Dean, Miss. Es hat uns allen so leid getan, ihn auf diese Weise zu verlieren. Wenn Sie einen Augenblick Platz nehmen wollen, Miss, werde ich Mr. Bredon sagen, daß Sie da sind.»

Pamela Dean setzte sich und sah sich um. Die Empfangshalle lag in der unteren Etage der Agentur und enthielt lediglich den halbkreisförmigen Empfangstisch, zwei harte Stühle, eine harte

Bank und eine Uhr. Sie nahm den gleichen Raum ein wie ein Stockwerk höher die Versandabteilung. Gleich vor der Tür befanden sich der Fahrstuhl und die Haupttreppe, die sich um den Fahrstuhlschacht wand und bis zum Dach führte, während der Fahrstuhl selbst im obersten Stock endete. Auf der Uhr war es Viertel vor eins, und schon passierte ein Strom von Angestellten die Halle oder kam aus dem höheren Stockwerk rasch zum Händewaschen herunter, bevor es zum Essen ging. Von Mr. Bredon kam die Nachricht, er werde gleich da sein, und Pamela Dean vertrieb sich die Zeit, indem sie die diversen Mitarbeiter der Firma im Vorbeigehen musterte. Ein flotter, adretter junger Mann mit makelloser Frisur aus welligem braunem Haar, einem winzigen dunklen Schnurrbart und sehr weißen Zähnen (Mr. Smayle, Gruppenleiter für Dairyfield Ltd., wenn sie's gewußt hätte); ein großer, kahlköpfiger Mann mit rötlichem, glattrasiertem Gesicht und Freimaurerabzeichen (Mr. Harris von der Außenabteilung); ein Mann von etwa Fünfunddreißig mit leicht verdrießlichem, aber gutem Aussehen und unruhigen, hellen Augen (Mr. Tallboy, tief in Gedanken über die Unzulänglichkeiten der Herren Toule & Jollop); ein magerer, gezierter älterer Herr (Mr. Daniels); ein rundlicher kleiner Mann mit gutmütigem Grinsen und blondem Haar, der sich mit einem energisch aussehenden, stupsnasigen rothaarigen Mann unterhielt (Mr. Cole, Gruppenleiter für Harrogate Brothers, die Seifenfirma, und Mr. Prout, der Fotograf); ein gutaussehender, sorgenvoll dreinblickender grauhaariger Mittvierziger in Begleitung eines wohlhabend aussehenden Kahlkopfes mit Mantel (Mr. Armstrong, der Mr. Jollop zu einem besänftigenden und teuren Lunch ausführte); ein unordentlicher, schwermütiger Mensch mit beiden Händen in den Hosentaschen (Mr. Ingleby); ein dünner, raubvogelhafter Mann mit gebeugter Gestalt und gelbsüchtigen Augäpfeln (Mr. Copley, der sich sorgte, ob das Essen ihm bekommen werde); dann ein hagerer, blonder, sorgenvoll dreinblickender junger Mann, der bei ihrem Anblick mitten im Schritt stockte, errötete und weiterging. Das war Mr. Willis. Miss Dean schenkte ihm einen Blick und ein kühles Nicken, das ebenso kühl erwidert wurde. Tompkin am Empfangstisch, dem nichts entging, sah das Stocken, das Erröten, den Blick und das Nicken und fügte seinem Fundus an nützlichem Wissen im stillen einen weiteren Posten hinzu. Dann kam ein schlanker Mann von etwa vierzig Jahren, mit langer Nase und strohblondem Haar, Hornbrille und einer gutgeschneiderten grauen Hose, die allerdings in jüngster Zeit arg mißhandelt worden zu sein schien; er trat auf Pamela Dean zu und sagte, mehr im Ton einer Feststellung als einer Frage:

«Miss Dean.»

«Mr. Bredon?»

«Ja.»

«Sie hätten nicht herkommen sollen», sagte Mr. Bredon mit mißbilligendem Kopfschütteln. «Sie verstehen, das ist ein bißchen indiskret. Aber – hallo, Willis, wollen Sie was von mir?»

Es war eindeutig nicht Mr. Willis' Glückstag. Er hatte seine nervöse Aufregung besiegt und mit der offenbaren Absicht kehrtgemacht, Pamela anzusprechen – gerade um zu sehen, daß Bredon ihm zuvorgekommen war. Er antwortete: «O nein, nein, keineswegs» – und es kam mit solch offenkundiger Aufrichtigkeit aus ihm heraus, daß Tompkin sich wieder still eine Notiz machen konnte und sogar schnell hinter seinen Tisch tauchen mußte, damit man sein strahlendes Gesicht nicht sah. Bredon grinste liebenswürdig, und nach kurzem Zögern flüchtete Willis zur Tür hinaus.

«Entschuldigen Sie», sagte Miss Dean. «Ich wußte nicht –»

«Macht nichts», sagte Bredon, und dann lauter: «Sie sind gewiß wegen der Sachen Ihres Bruders gekommen, nicht? Ich habe sie hier; ich arbeite nämlich in seinem Zimmer. Sagen Sie, äh – wie wär's, äh – würden Sie mir die Ehre geben, eine Kleinigkeit mit mir essen zu gehen?»

Miss Dean war einverstanden. Bredon holte seinen Hut, und sie gingen.

«Oho!» sagte Tompkin im Vertrauen zu sich selbst. «Oho! Was spielt sich denn da ab? Eine schicke Biene ist sie ja, doch, doch. Hat dem Jungen den Laufpaß gegeben, und nun würd's mich nicht wundern, wenn sie's auf den andern abgesehen hätte. *Und* ich könnte es ihr nicht mal verdenken.»

Mr. Bredon und Miss Dean begaben sich gemessen und schweigend nach unten. Harry, der Fahrstuhlführer, spitzte vergebens die aufmerksamen Ohren. Doch als sie auf die Southampton Row hinaustraten, wandte die junge Dame sich an ihren Begleiter:

«Ich war doch etwas erstaunt, als ich Ihren Brief bekam . . .»

Mr. Willis, der im Eingang eines Tabakladens nebenan auf der Lauer lag, hörte die Worte und runzelte die Stirn. Dann zog er sich den Hut bis zu den Augenbrauen hinunter, knöpfte seinen Regenmantel bis obenhin zu und nahm die Verfolgung auf.

Sie gingen durch den nachlassenden Regen bis zum nächsten Taxistand und stiegen in ein Taxi. Mr. Willis wartete schlau, bis sie losgefahren waren, dann sprang er in den nächsten Wagen.

«Folgen Sie diesem Taxi», sagte er wie in einem Kriminalroman. Und der Fahrer, lässig wie von Edgar Wallace erdacht, antwortete: «Wird gemacht, Sir!» und ließ die Kupplung springen.

Die Verfolgungsjagd verlief wenig aufregend und endete in der denkbar sittsamsten Weise vor Simpsons Speiserestaurant an der Strand. Mr. Willis bezahlte sein Taxi und stieg im Kielwasser des verfolgten Pärchens in jenen oberen Saal hinauf, in dem es Damen gnädig erlaubt war, sich unterhalten zu lassen. Die Verfolgten fanden einen Tisch am Fenster. Mr. Willis ignorierte die Bemühungen des Obers, ihn in ein stilles Eckchen zu lotsen, und setzte sich kurzerhand an den Nebentisch, wo ihm ein Mann und eine Frau, die offensichtlich allein speisen wollten, indigniert Platz machten. Aber gut placiert war er auch so nicht, denn er konnte Bredon und seine Begleiterin zwar sehen, doch sie hatten ihm den Rücken zugewandt, so daß er von ihrer Unterhaltung kein Wort mitbekam.

«Am nächsten Tisch ist noch reichlich Platz, Sir», versuchte der Ober ihm begreiflich zu machen.

«Ich sitze hier ganz gut», entgegnete Willis gereizt. Sein Nachbar verschoß wütende Blicke, und der Ober reichte ihm mit einer Miene, als wollte er sagen: ‹Übergeschnappt – aber was soll man da machen?›, die Speisekarte. Willis bestellte geistesabwesend Hammelrücken mit Johannisbeerkompott und Kartoffeln und starrte auf Bredons schlanken Rücken.

«... heute sehr gut, Sir.»

«Wie?»

«Der Blumenkohl, Sir – sehr gut heute.»

«Wie Sie meinen.»

Der kleine schwarze Hut und der geschniegelte gelbe Kopf schienen sehr dicht beieinander zu sein. Bredon hatte irgendeinen kleinen Gegenstand aus der Tasche genommen und zeigte ihn ihr. Einen Ring? Willis strengte die Augen an –

«Was wünschen Sie zu trinken, Sir?»

«Ein Lager», sagte Willis, ohne zu überlegen.

«Pilsener, Sir, oder Barclay's Londoner Lager?»

«Äh – Pilsener.»

«Hell oder dunkel, Sir?»

«Hell – dunkel – nein, ich meine hell.»

«Ein großes helles Pilsener, Sir?»

«Ja, ja.»

«Im Steinkrug, Sir?»

«Ja, nein – zum Kuckuck! Bringen Sie es mir in irgendwas, Hauptsache es hat oben ein Loch.» Wie viele Fragen konnte man denn wegen eines Biers noch stellen? Die junge Frau hatte den Gegenstand genommen und tat irgend etwas damit. Was? Um Himmels willen, was?

«Röstkartoffeln oder frische Salzkartoffeln, Sir?»

«Frische.» Gott sei Dank, der Mann war endlich fort. Bredon hielt Pamela Deans Hand – nein, er drehte nur den Gegenstand um, der auf ihrem Handteller lag. Die Frau, die Willis gegenübersaß, streckte sich nach dem Zuckerschälchen – ihr Kopf versperrte ihm die Sicht, absichtlich, schien es ihm. Jetzt zog sie sich zurück. Bredon begutachtete noch immer den Gegenstand.

Ein großer Servierwagen stand neben ihm, beladen mit dampfenden Fleischstücken unter großen Silberdeckeln. Ein Deckel wurde angehoben – der Duft gebratenen Hammels schlug ihm ins Gesicht.

«Noch ein wenig Fett, Sir? Möchten Sie das Fleisch nicht ganz durchgebraten?»

Großer Gott! Was für Riesenportionen sie einem in diesem Laden auftischten! Was war Hammelbraten doch für ein ekelhaftes Zeug! Wie abstoßend diese runden gelben Kartoffelbälle waren, die der Ober ihm unablässig auf den Teller häufte! Wie widerlich Blumenkohl sein konnte – Schrumpelgemüse! Willis schnippelte angewidert an Londons bestem Hammelrücken herum und fühlte seinen Magen zu einem kalten, schweren Klumpen werden. Seine Füße kribbelten.

Das verhaßte Mahl schleppte sich dahin. Das indignierte Paar verzehrte seine Stachelbeertorte zu Ende und ging beleidigt seiner Wege, ohne auf den Kaffee zu warten. Jetzt konnte Willis besser sehen. Die anderen beiden lachten jetzt und unterhielten sich angeregt. In einer kurzen Stille wehten ein paar Worte von Pamela zu ihm zurück: «Es soll ein Maskenball sein, da können Sie sich ohne weiteres hineinmogeln.» Dann sprach sie wieder leiser.

«Möchten Sie noch etwas Braten, Sir?»

Willis hätte beim besten Willen nichts mehr hinuntergebracht. So blieb er einfach sitzen und wartete, bis Bredon, mit einem Blick auf die Uhr, sich und seine Begleiterin daran zu erinnern schien, daß Werbetexter ab und zu auch arbeiten mußten. Willis war bereit. Seine Rechnung war bezahlt. Er brauchte sich nur noch hinter der mitgebrachten Zeitung zu verstecken, bis sie an ihm vorbei waren, und dann – was? Ihnen nach draußen folgen? Wieder in einem Taxi hinter ihnen herfahren und sich die ganze Zeit ausmalen müssen, wie sie sich aneinanderschmiegten, was sie einander sagten, welche Verabredungen sie trafen, was für neue Teufeleien noch immer auf Pamela warteten, nachdem Victor Dean aus dem Weg war, und was er als nächstes tun wollte oder konnte, damit sie in dieser Welt sicher leben durfte?

Die Entscheidung blieb ihm erspart. Als die beiden an ihm vorbeigingen, reckte Bredon plötzlich den Kopf über die Mittagsausgabe des *Evening Banner* und meinte gutgelaunt:

«Hallo, Willis! Hat's Ihnen geschmeckt? Ausgezeichneter Hammelrücken, nicht? Aber Sie hätten die Erbsen probieren sollen. Kann ich Sie mit zurücknehmen in die Tretmühle?»

«Danke, nein», grollte Willis; dann ging ihm auf, daß er mit einem «Ja, bitte» wenigstens ein heißes Tête-à-tête im Taxi hätte verhindern können. Aber im selben Taxi mit Pamela Dean und Bredon fahren, das brachte er nicht fertig.

«Miss Dean muß uns leider verlassen», fuhr Bredon fort. «Sie könnten ruhig mitkommen, um mich zu trösten und mir die Hand zu halten.»

Pamela war schon halb aus dem Speisesaal. Willis hätte nicht sagen können, ob sie wußte, mit wem ihr Begleiter sich unterhielt, und ihm mit Bedacht aus dem Weg gegangen war, oder ob sie annahm, Bredon spreche mit einem ihr unbekannten Freund. Ganz plötzlich entschloß er sich.

«Nun ja», sagte er, «es ist schon etwas spät geworden. Wenn Sie ein Taxi nehmen wollen, können wir es uns ja teilen.»

«So war es auch gedacht», sagte Bredon.

Willis stand auf, und zusammen folgten sie Pamela.

«Ich nehme an, Sie kennen unseren Mr. Willis?»

«O ja.» Pamela setzte ein dünnes, frostiges Lächeln auf. «Victor und er waren früher einmal gute Freunde.»

Die Tür. Die Treppe. Der Ausgang. Endlich waren sie draußen.

«Ich muß jetzt gehen. Vielen Dank für die Einladung, Mr. Bredon. Und Sie vergessen es nicht?»

«Ganz bestimmt nicht. Das sähe mir gar nicht ähnlich.»

«Guten Tag, Mr. Willis.»

«Guten Tag.»

Fort war sie, hurtig ausschreitend in ihren kleinen, hochhakkigen Schuhen. Die brausende Strand verschluckte sie. Ein Taxi hielt neben ihnen.

Bredon nannte die Adresse und ließ Willis zuerst einsteigen.

«Nettes Ding, Deans Schwester», bemerkte er gutgelaunt.

«Hören Sie mal, Bredon. Ich weiß ja nicht, worauf Sie es abgesehen haben, aber nehmen Sie sich in acht. Ich hab es Dean gesagt, und ich sag's jetzt Ihnen – wenn Sie Miss Dean in Ihre schmutzigen Geschichten hineinziehen –»

«Was für schmutzige Geschichten?»

«Sie wissen genau, was ich meine.»

«Vielleicht. Und was dann? Bekomme ich das Genick gebrochen wie Victor Dean?» Bredon drehte sich bei diesen Worten um und sah Willis hart in die Augen.

«Sie bekommen –» Willis besann sich. «Tut nichts zur Sache», sagte er finster, «aber Sie kriegen, was Ihnen zukommt, dafür werde ich sorgen.»

«Ich bezweifle nicht, daß Sie sehr gründlich dafür sorgen werden», antwortete Bredon. «Aber würde es Ihnen etwas ausmachen, mir zu sagen, was Sie überhaupt damit zu schaffen haben? Soweit ich sehe, scheint Miss Dean von Ihrem Schutz nicht allzusehr erbaut zu sein.»

Willis wurde dunkelrot.

«Es geht mich natürlich nichts an», fuhr Bredon in leichtem Plauderton fort, während das Taxi ungeduldig in einer Verkehrsstockung an der U-Bahnstation Holborn tuckerte, «aber auf der anderen Seite scheint es Sie doch auch wieder nichts anzugehen, oder?»

«Es geht mich etwas an», versetzte Willis. «Es geht jeden anständigen Menschen etwas an. Ich habe gehört, wie Miss Dean sich mit Ihnen verabredet hat», fuhr er wütend fort.

«Was für ein Detektiv Sie wären!» sagte Bredon bewundernd. «Aber Sie sollten, wenn Sie jemanden beschatten, wirklich darauf achten, daß er nicht gegenüber einem Spiegel oder irgendeiner spiegelnden Fläche sitzt. Vor dem Tisch, an dem wir saßen, hing ein Bild, in dem sich der halbe Raum spiegelte. Eine Grundregel, mein lieber Watson. Aber mit ein bißchen Übung werden Sie es sicher besser machen. Na ja, jedenfalls ist an dieser Verabredung gar nichts Geheimnisvolles. Wir gehen am Freitag zu einem Maskenball. Ich treffe Miss Dean um 20 Uhr im *Boulestin* zum Essen, und von dort gehen wir hin. Vielleicht hätten Sie Lust, uns zu begleiten?»

Der Polizist ließ den Arm sinken, und das Taxi schoß vorwärts in die Southampton Row.

«Sehen Sie sich lieber vor», knurrte Willis. «Ich könnte Sie beim Wort nehmen.»

«Ich persönlich wäre entzückt», erwiderte Bredon, «und ob Sie Miss Dean in eine peinliche Situation bringen oder nicht, wenn Sie sich uns anschließen, müssen Sie selbst entscheiden. So, und hier sind wir nun wieder zu Hause. Wir werden unsere allerliebste kleine Neckerei einstellen und uns wieder mit Sopo und Pompagner und Peabodys Hochland-Porridge befassen müssen. Eine vergnügliche Beschäftigung, wenn auch ein wenig ereignisarm. Aber wir wollen uns nicht beklagen. Wir dürfen Kampf, Mord und plötzlichen Tod nicht öfter als einmal wöchentlich erwarten. Wo waren Sie übrigens, als Victor Dean die Treppe hinunterfiel?»

«Auf der Toilette», sagte Willis kurz angebunden.

«Was, tatsächlich?» Bredon musterte ihn noch einmal aufmerksam. «Auf der Toilette? Sie interessieren mich immer mehr.»

Um die Teezeit war die Atmosphäre in der Textabteilung schon viel weniger gespannt. Die Herren Brotherhood waren dagewesen und wieder gegangen und hatten nichts gesehen, was ihr Anstandsgefühl verletzt hätte; Mr. Jollop, durch den Lunch besänftigt, hatte mit nahezu leichtsinniger Bereitwilligkeit drei große Plakatentwürfe genehmigt; er saß zur Zeit bei Mr. Pym und war drauf und dran, den Etat für die Herbstkampagne zu erhöhen. Der vielgeplagte Mr. Armstrong, seiner Pflicht entbunden, sich Mr. Jollops annehmen zu müssen, hatte sich zu seinem Zahnarzt begeben. Als Mr. Tallboy zu Miss Rossiter kam, um von ihr eine Briefmarke für seine Privatkorrespondenz zu kaufen, verkündete er voll Freude, daß der Nutrax-Zweispalter in die Druckerei gegangen sei.

«Ist das diese ‹Kribbel-Krabbel›-Anzeige?» fragte Mr. Ingleby. «Das wundert mich aber. Da hatte ich bestimmt mit Schwierigkeiten gerechnet.»

«Die gab's auch, glaub ich», sagte Tallboy. «Ob das nicht zu kindlich sei, und ob die Leute es auch verstehen würden? Oder ob es nicht so aussähe, als ob wir den Kunden Ungeziefer andichteten? Und ob die Illustration nicht etwas zu modernistisch sei? Aber irgendwie hat Armstrong sie durchgebracht. Kann ich diesen Brief in Ihren Ausgangskorb legen, Miss Rossiter?»

«Selbstverfreilich», antwortete die Dame mit gütigem Humor und nahm den Brief auf dem dargereichten Korb entgegen. «Alle Liebesbriefe werden von uns mit Vorzug behandelt und sofort auf dem schnellsten und kürzesten Weg dem Empfänger zugestellt.»

«Lassen Sie mal sehen», sagte Garrett. «Wetten, daß der an eine Dame ist – und so was ist ein verheirateter Mann! Nein, Finger weg, Tallboy, alter Schwerenöter – werden Sie wohl stillhalten? Sagen Sie uns, an wen er ist, Miss Rossiter.»

«K. Smith, Esq.», sagte Miss Rossiter. «Sie haben die Wette verloren.»

«Betrug! Aber das ist sowieso alles nur Tarnung. Ich habe Tallboy im Verdacht, daß er sich irgendwo einen Harem hält. Diesen gutaussehenden Männern mit den blauen Augen kann man nicht trauen.»

«Klappe halten, Garrett. Im übrigen», sagte Mr. Tallboy, indem er sich aus Garretts Griff befreite und ihm einen spielerischen Schlag in die Magengrube versetzte, «habe ich noch nie in meinem ganzen Leben eine solche Bande von Naseweisen gesehen wie hier in eurer Abteilung. Nichts ist euch heilig, nicht einmal die Geschäftskorrespondenz eines Kollegen.»

«Wie sollte Werbeleuten etwas heilig sein?» fragte Ingleby, indem er sich vier Stück Zucker angelte. «Wir verbringen unsere Tage damit, wildfremden Menschen die intimsten Fragen zu stellen; soll dabei unser Feingefühl vielleicht nicht abstumpfen? ‹Mutter! Ist dein Kind auch wirklich schon sauber?› – ‹Haben Sie ein Völlegefühl nach dem Essen?› – ‹Sind Sie mit Ihrem Abfluß zufrieden?› – ‹Sind Sie *sicher*, daß Ihr Toilettenpapier keimfrei ist?› – ‹Ihre intimsten Freunde würden Sie das nicht fragen.› – ‹Haare an den verkehrten Stellen?› – ‹Lassen Sie sich gern auf die Finger gucken?› – ‹Haben Sie sich je gefragt, was Sie gegen Körpergeruch tun können?› – ‹Wenn Ihnen etwas zustoßen sollte – sind Ihre Lieben gesichert?› – ‹Warum so viel Zeit in der Küche vertun?› – ‹Sie halten diesen Teppich für sauber – aber ist er es?› – ‹Machen Schuppen Sie zum Märtyrer?› Also wirklich, manchmal frage ich mich, warum die leidgeprüfte Öffentlichkeit sich nicht einmal erhebt und uns totschlägt.»

«Die weiß gar nichts von unserer Existenz», meinte Garrett. «Alle Leute glauben, Anzeigen schrieben sich von allein. Wenn ich einem erzähle, daß ich in der Werbebranche arbeite, fragt er mich unweigerlich, ob ich Plakate male – an die Texte denkt keiner.»

«Sie denken, die schreibt der Hersteller selbst», sagte Ingleby. «Dabei sollten sie mal sehen, was die uns manchmal liefern, wenn sie sich selbst als Werbetexter versuchen.»

«Das sollten sie wirklich.» Ingleby grinste. «Dabei fällt mir was ein. Erinnert ihr euch an diese dämlichen Dinger, die sie neulich bei Darlings herausgebracht haben – diese Luftkissen für Reisende, mit einer Puppe darauf, die ein ‹Besetzt›-Schild in den Händen hält?»

«Wozu denn das?» fragte Bredon.

«Ach Gott, gedacht war das so, daß man das Kissen im Eisenbahnabteil auf einen Platz legt und die Puppe jedem sagt, daß der Platz besetzt ist.»

«Das kann doch das Kissen auch ohne die Puppe.»

«Klar, aber Sie wissen ja, wie die Leute sind. Sie lieben das Überflüssige. Na ja, jedenfalls haben sie – Darlings, meine ich – auf eigene Faust eine Anzeige dafür fabriziert und waren furchtbar stolz darauf. Wir sollten die Annonce für sie placieren, bis Armstrong so unverschämt lachte, daß sie ganz rote Köpfe kriegten.»

«Was war denn los damit?»

«Ein Bild von einem hübschen jungen Mädchen, das sich bückt, um so ein Kissen auf einen Eckplatz im Abteil zu legen. Text dazu: HÄNDE WEG VON MEINER SITZFLÄCHE!»

«Toll!» sagte Mr. Bredon.

Der neue Texter war an diesem Tag erstaunlich fleißig. Er saß noch immer in seinem Zimmer und schwitzte über Sanfect (‹Wo Schmutz ist, da lauert Gefahr!› – ‹Skandal im WC› – ‹Meuchelmörder im Spülbecken!› – ‹Tödlicher als Kanonenkugeln – Keime!›), als Mrs. Crump mit ihrer weiblichen Armee anrückte, um einen Angriff auf des Tages angesammelten Schmutz zu führen, bewaffnet – man mag es kaum sagen – nicht mit Sanfect, sondern mit gewöhnlicher Schmierseife und Wasser.

«Kommen Sie nur, treten Sie ein!» rief Mr. Bredon leutselig, als die gute Dame ehrerbietig in der Tür stehenblieb. «Kommen Sie und fegen Sie mich mitsamt meiner Arbeit und dem übrigen Unrat hinaus!»

«Aber nicht doch, Sir», sagte Mrs. Crump, «ich brauche Sie wirklich nicht bei der Arbeit zu stören.»

«Ich bin ja schon fertig, wirklich», sagte Mr. Bredon. «Ich nehme an, hier gibt es am Tag so einiges für Sie wegzuschaffen, was?»

«O ja, Sir – Sie machen sich gar keine Vorstellung davon. Papier – also, Papier muß ja wirklich billig sein, wenn man sieht, was davon verschwendet wird. Sackweise, sag ich Ihnen, sackweise geht das hier jeden Abend raus. Sicher, es kommt dann wieder in die Papiermühle, aber es muß trotzdem eine schöne Stange Geld kosten. Und die Schachteln und Kartons und dies und das – Sie würden manchmal staunen, was wir hier so alles finden. Manchmal habe ich den Eindruck, die Herrschaften bringen ihre ganzen Abfälle von zu Hause mit, um sie hier wegzuwerfen.»

«Das würde mich nicht wundern.»

«Und meist fliegt das Zeug einfach auf den Boden», erwärmte Mrs. Crump sich immer mehr für das Thema, «kaum einmal in die Papierkörbe, und dabei sind die weiß Gott groß genug.»

«Das muß Ihnen eine Menge Arbeit machen.»

«Ach Gott, Sir, dabei denken wir uns schon nichts mehr. Wir fegen einfach alles zusammen und schicken die Säcke mit dem Fahrstuhl runter. Nur manchmal, da müssen wir doch lachen, was wir so alles finden. Ich sehe mir das Zeug ja meist kurz an, damit nicht aus Versehen mal etwas Wertvolles mit weggeworfen wird. Einmal habe ich bei Mr. Ingleby zwei Pfund-Noten auf dem Fußboden gefunden. Er ist aber auch wirklich unordentlich. Und es ist noch gar nicht so lange her – es war genau an dem Tag, an dem der arme Mr. Dean so traurig verunglückt ist –, da lag auf dem Korridor so etwas wie ein geschnitzter Stein herum – sah aus wie irgend so ein Glücksbringer oder ein Amulett. Das muß aber dem armen Mr. Dean aus der Tasche gefallen sein, glaube ich, denn Mrs. Doolittle sagte, sie hat es mal in seinem Zimmer gesehen, darum hab ich's hierhergebracht, Sir, und da in die kleine Schachtel gelegt.»

«War es das hier?» Bredon faßte in seine Westentasche und holte den Skarabäus aus Onyx hervor, den er Miss Dean unerklärlicherweise zurückzugeben vergessen hatte.

«Das war es, Sir. Sieht das Ding nicht komisch aus? Als wenn es ein Käfer oder so was sein sollte. Lag in einer dunklen Ecke unter der Eisentreppe, und ich hab zuerst gedacht, es ist nur so ein Kieselstein wie dieser andere.»

«Welcher andere?»

«Nun ja, Sir, ein paar Tage früher hatte ich an genau derselben Stelle einen runden Kieselstein gefunden. Ich hab mir damals noch gesagt, nanu, wie kommt denn der hierher, das ist aber komisch. Aber der muß aus Mr. Atkins Zimmer gewesen sein, denn Mr. Atkins hatte dieses Jahr schon früh seinen Urlaub genommen und war ans Meer gefahren, weil er doch krank gewesen war, und Sie wissen ja, wie die Leute sich an der See immer die Taschen vollstopfen mit Muscheln und Kieselsteinen und so.»

Bredon fischte wieder in seiner Westentasche.

«War es so einer?» Er zeigte ihr einen glatten, vom Wasser rundgeschliffenen Kiesel, etwa so groß wie ein Daumennagel.

«Ja, so ein ganz ähnlicher war das, Sir. Haben Sie den auch auf dem Korridor gefunden, Sir, wenn ich fragen darf?»

«Nein – auf dem Dach.»

«Aha!» sagte Mrs. Crump. «Dann sind das also die Jungen, die da oben Unsinn treiben. Wenn ihr Aufseher sie auch nur einen Moment aus den Augen läßt, weiß man nie, was sie treiben.»

«Die machen da oben ihre Gymnastik, nicht? Feine Sache. Stählt die Muskeln und sorgt für eine stramme Figur. Wann machen sie das? In der Mittagspause?»

«O nein, Sir. Mr. Pym würde nie zulassen, daß sie nach dem Essen da herumrennen. Er sagt, das ruiniert ihre Mägen, und sie kriegen Bauchschmerzen davon. Mr. Pym nimmt das sehr genau. Regelmäßig um halb neun müssen sie da sein, in Unterhemd und Hose. Zwanzig Minuten haben sie, und dann Umziehen zum Dienst. Nach dem Essen sitzen sie in ihrem Aufenthaltsraum und lesen was oder spielen irgendwas Ruhiges. Aber in ihrem Zimmer müssen sie bleiben, Sir; Mr. Pym läßt nicht zu, daß in der Mittagspause einer in den Büros herumläuft, Sir, natürlich bis auf den einen, der mit dem Desinfektionsmittel rumgeht, Sir.»

«Ah ja, natürlich! Sei sicher mit Sanfect.»

«Richtig, Sir, nur daß sie hier ‹Jeyes flüssig› nehmen.»

«Aha», sagte Mr. Bredon, von neuem erstaunt über die merkwürdige Unlust von Werbefirmen, die Artikel auch zu benutzen, von deren Lob sie leben. «Tja, Mrs. Crump, ich glaube, man ist hier sehr um unser Wohlergehen besorgt, was?»

«O ja, Sir, Mr. Pym ist sehr auf unsere Gesundheit bedacht. Und so ein freundlicher Mensch ist er, Sir. Nächste Woche, Sir, da haben wir unten in der Kantine ein Teekränzchen für die Putzfrauen, mit Eierlaufen und anderen Spielen, wo wir die Kinder mitbringen können. Die kleinen Mädchen von meiner Tochter freuen sich immer schon darauf, Sir.»

«Das glaube ich gern», sagte Mr. Bredon, «und sie würden

sich gewiß auch über ein paar neue Haarschleifen oder dergleichen freuen –»

«Das ist sehr lieb von Ihnen, Sir», sagte Mrs. Crump hocherfreut.

«Nicht der Rede wert.» Ein paar Münzen klimperten. «Na, dann will ich mich mal trollen und Sie an die Arbeit lassen.»

Ein richtig netter Herr, fand Mrs. Crump, und überhaupt nicht eingebildet.

Es kam genauso, wie Mr. Willis erwartet hatte. Er hatte seine Opfer vom *Boulestin* aus verfolgt, und diesmal war er ganz sicher, daß man ihn nicht entdeckt hatte. Sein Kostüm – er ging als Geheimbündler, mit schwarzem Kittel und schwarzer Kapuze mit Augenschlitzen – war leicht über seinen Alltagsanzug zu ziehen. In einen alten Regenmantel gehüllt, hatte er am Covent Garden hinter einem bequemerweise dort stehenden Lieferwagen Wache gehalten, bis Bredon und Pamela Dean das Restaurant verließen; sein Taxi hatte er um die Ecke warten lassen. Seine Aufgabe wurde ihm dadurch erleichtert, daß die beiden anderen diesmal nicht mit einem Taxi fuhren, sondern in einer riesengroßen Limousine, die Bredon selbst steuerte. Der Verkehrsansturm der Theaterbesucher war längst vorbei, als die Jagd begann, so daß er es nicht nötig hatte, der Limousine verdächtig nah auf den Fersen zu bleiben. Die Fahrt ging in westlicher Richtung, durch Richmond und immer weiter nach Westen, bis sie vor einem großen, freistehenden Haus am Flußufer endete. Auf dem letzten Abschnitt der Fahrt hatten sie Gesellschaft von anderen Autos und Taxis bekommen, die in dieselbe Richtung fuhren; und bei der Ankunft fanden sie die Zufahrt von unzähligen parkenden Autos zugestellt. Bredon und Miss Dean gingen geradewegs ins Haus, ohne einen Blick hinter sich zu tun.

Willis, der sich im Taxi sein Kostüm angezogen hatte, rechnete mit Schwierigkeiten beim Eintritt, aber es gab keine. In der Halle trat nur ein Diener auf ihn zu und fragte ihn, ob er Mitglied sei. Willis bejahte das kühn und gab seinen Namen als William Brown an, was ihm eine ebenso geniale wie plausible Erfindung zu sein schien. Offenbar wimmelte es in diesem Club von William Browns, denn der Diener machte keine Umstände, und Willis wurde geradewegs in einen schön möblierten Raum geleitet. Unmittelbar vor ihm, am äußeren Rand einer cocktailtrinkenden Menschenansammlung, stand Bredon in dem schwarzweißen Harlekinkostüm, mit dem er schon aufgefallen war, als er nach dem Essen in seinen Wagen stieg. Neben ihm stand Pamela Dean in einem Federkostüm, das eine Puderquaste darstellte. Aus dem Raum dahinter drangen vereinzelte Töne eines Saxophons.

«Dieses Haus», sagte Mr. Willis bei sich, «ist eine Höhle des Lasters.» Und diesmal hatte Mr. Willis nicht ganz unrecht.

Was ihn hier nur erstaunte war die Laschheit der Organisation. Ohne Fragen oder Zögern wurde ihm jede Tür geöffnet. Es wurde gespielt. Der Alkohol floß in Strömen. Man tanzte. Auch was Mr. Willis unter der Bezeichnung «Orgien» geschildert bekommen hatte, fehlte nicht. Und hinter allem spürte er noch etwas, was er aber nicht ganz verstand. Er wurde nicht direkt davon ausgeschlossen, aber irgendwie hatte er einfach nicht den Schlüssel dazu.

Natürlich war er ohne Partnerin, aber schon bald fand er sich von einer Gruppe übertrieben ausgelassener junger Menschen aufgesogen und durfte den Verrenkungen einer «Tänzerin» zusehen, deren Splitternacktheit durch den Zylinder, das Monokel und die Lacklederstiefel, die sie trug, noch betont und gesteigert wurde. Er bekam zu trinken – manchmal bezahlte er dafür, aber das meiste bekam er einfach in die Hand gedrückt, und plötzlich wurde er sich bewußt, daß er sicher einen besseren Detektiv abgegeben hätte, wenn er das Durcheinandertrinken mehr gewöhnt gewesen wäre. In seinem Kopf begann es zu hämmern, und er hatte Bredon und Pamela aus den Augen verloren. Er wurde geradezu besessen von der Idee, daß sie sich in eine dieser dunklen kleinen Nischen zurückgezogen hatten, die er gesehen hatte – verhängt mit schweren Vorhängen und mit je einer Couch und einem Spiegel bestückt. Er riß sich von der ihn umgebenden Gruppe los und hastete suchend durchs Haus. Sein Kostüm war heiß und schwer, und unter den erstickenden schwarzen Falten seiner Kapuze lief ihm der Schweiß in Strömen übers Gesicht. Er kam in einen Wintergarten voll liebestoller, betrunkener Pärchen, aber das Paar, das er suchte, war nicht dabei. Er stieß eine Tür auf und fand sich im Garten wieder. Ein Kreischen und Plätschern lockte ihn an. Er stürzte einen nach Rosen duftenden Laubengang entlang und kam auf einen freien Platz mit einem runden Bassin in der Mitte.

Ein Mann mit einem Mädchen in den Armen torkelte an ihm vorbei, erhitzt und glucksend vor Lachen, seinen Leopardenfellumhang halb von der Schulter gerissen, mit Weinlaub im Haar, das beim Laufen hinter ihm her wehte. Das Mädchen kreischte wie eine Dampfmaschine. Der Mann war breitschultrig, und seine Rückenmuskeln glänzten im Mondlicht, als er seine zappelnde Bürde einmal um sich schwenkte und mit Kostüm und allem ins Wasser schleuderte. Gellendes Gelächter belohnte sein Tun und hob von neuem an, als das Mädchen, zerzaust und tropfnaß, über dem Rand des Wasserbeckens auftauchte und eine Schimpfkanonade losließ. Dann sah Willis den schwarz-weißen Harlekin.

Der Harlekin kletterte an der Gruppe in der Mitte des Bassins hinauf – einem kunstvollen Gebilde aus ineinander verschlungenen Meerjungfern und Delphinen, die ein weiteres Bassin trugen, in dem eine Amorette kauerte und aus einer Muschel eine tanzende Fontäne hoch in die Luft spritzte. Immer höher hinauf stieg die schlanke, schwarz-weiß gewürfelte Gestalt, tropfend und glitzernd wie ein dem Meer entstiegenes Fabelwesen. Er faßte mit den Händen über den Rand des oberen Beckens, ließ sich ein paarmal hin und her schwingen und zog sich hinauf. Selbst in diesem Augenblick fühlte Willis einen Stich widerstrebender Bewunderung. Es waren die leichten, schnörkellosen Bewegungen eines Turners, ein Schauspiel von Muskelkraft, gleitend und mühelos. Dann hatte er sein Knie auf dem Beckenrand. Ein letzter Schwung, und oben war er und kletterte weiter an der bronzenen Amorette hinauf. Augenblicke später kniete er auf den gebeugten Schultern der Figur – richtete sich auf und stand kerzengerade inmitten der glitzernden Gischt der Fontäne.

«Mein Gott», dachte Willis. «Der Mann ist ein Seiltänzer – oder zu betrunken, um zu fallen.» Bravorufe ertönten, und ein Mädchen begann hysterisch zu schreien. Dann drängte sich eine sehr hochgewachsene Frau in einem Traum aus austernfarbenem Atlas, die stets in der ausgelassensten Gruppe auf dem Fest der Mittelpunkt gewesen war, an Willis vorbei und stellte sich auf den Beckenrand; die blonden Haare umgaben ihr lebhaftes Gesicht wie ein matter Heiligenschein.

«Spring!» rief sie. «Mach einen Kopfsprung! Ich verlange es! Spring!»

«Sei still, Dian!» Einer von den nüchterneren Männern faßte sie um die Schultern und hielt ihr den Mund zu. «Das Becken ist zu flach – er bricht sich das Genick.»

Sie stieß den Mann fort.

«Sei du still. Er soll springen. Ich will es. Geh zum Teufel, Dickie. Du würdest dich nicht trauen, aber er wird.»

«Das würde ich bestimmt nicht. Hör auf damit.»
«Los, Harlekin, spring!»
Die schwarz-weiße Gestalt hob die Arme über den maskierten Kopf und stand reglos da.
«Sei kein Idiot, Mann!» schrie Dickie.
Aber die anderen Frauen waren von der Idee angesteckt, und ihr Kreischen erstickte seinen Ruf.
«Spring, Harlekin, spring!»
Die schlanke Gestalt schoß durch die Gischt, tauchte fast ohne einen Spritzer ins Wasser und glitt durchs Becken wie ein Fisch. Willis hielt den Atem an. Das war ein Meisterstück. Das war vollkommen. Er vergaß seinen wütenden Haß auf den Mann und klatschte mit den übrigen Beifall. Das Mädchen Dian eilte hin und packte den Schwimmer, als er auftauchte.
«Oh, du bist großartig, du bist großartig!» Sie klammerte sich an ihn und störte sich nicht daran, daß ihr Kleid dabei naß wurde.
«Bring mich nach Hause, Harlekin – ich bewundere dich!»
Der Harlekin beugte sein maskiertes Gesicht zu ihr hinunter und küßte sie. Der Mann namens Dickie versuchte ihn wegzuziehen, bekam aber flink ein Bein gestellt und flog unter grölendem Gelächter in das Bassin. Der Harlekin warf sich die hochgewachsene Frau über die Schulter.
«Der Siegerpreis», verkündete er stolz. «Der Siegerpreis.»
Dann stellte er sie mit einer Leichtigkeit wieder auf die Füße, als wäre es gar nichts, und ergriff ihre Hand. «Lauf!» rief er. «Los! Wir laufen weg, und die sollen uns kriegen, wenn sie können!»
Wie auf Kommando stampfte alles los. Willis sah Dickies wütendes Gesicht, wie er an ihm vorbeitaumelte, und hörte ihn fluchen. Jemand faßte seine Hand. Keuchend rannte er durch den Laubengang. Sein Fuß blieb irgendwo hängen, so daß er stolperte und hinfiel. Seine Begleiterin ließ ihn im Stich und lief johlend weiter. Er setzte sich auf und versuchte seinen Kopf aus der Kapuze zu befreien.
Eine Hand berührte seine Schulter.
«Kommen Sie, Mr. Willis», sagte eine spöttische Stimme ihm ins Ohr. «Mr. Bredon hat gesagt, ich soll Sie nach Hause begleiten.»
Endlich bekam er die schwarze Kapuze vom Kopf und erhob sich schwerfällig.
Neben ihm stand Pamela Dean. Sie hatte ihre Maske vom Gesicht genommen, und in ihren Augen blitzte der Schalk.

5

Überraschende Metamorphose des Mr. Bredon

Lord Peter Wimsey war zu Besuch bei Chefinspektor Charles Parker von Scotland Yard, seinem Schwager.

Er saß in einem großen, bequemen Sessel in der Wohnung des Chefinspektors in Bloomsbury. Ihm gegenüber auf dem weichen Sofa saß seine Schwester, Lady Mary Parker, und strickte fleißig an einem Kinderjäckchen. Und am Fenster, die Hände um die Knie geschlungen und eine Pfeife im Mund, saß Mr. Parker selbst. Auf einem Tischchen in bequemer Reichweite standen ein paar Karaffen und ein Soda-Siphon. Vor dem Kamin lag eine große Tigerkatze. Es war eine fast übertrieben friedvolle und häusliche Szene.

«Du bist also unter die werktätigen Menschen gegangen, Peter», sagte Lady Mary.

«Ja; ich beziehe solide 4 Pfund die Woche. Ein umwerfendes Gefühl. Das erste Mal in meinem Leben, daß ich je einen Penny verdient habe. Jedesmal, wenn ich am Wochenende meine Lohntüte bekomme, strahle ich vor ehrlichem Stolz.»

Lady Mary lächelte und warf einen Blick zu ihrem Mann, der vergnügt zurückgrinste. Die Schwierigkeiten, die es im allgemeinen gibt, wenn ein armer Mann eine reiche Frau heiratet, waren in ihrem Falle durch ein kluges Arrangement gütlich vermieden worden; danach wurde Lady Marys ganzes Vermögen von ihren Brüdern treuhänderisch für künftige kleine Parkers verwaltet; darüber hinaus mußten die Treuhänder ihr vierteljährlich eine Summe auszahlen, die genau dem Einkommen ihres Mannes im selben Zeitraum entsprach. So wurde zwischen den beiden Parteien ein angemessenes Gleichgewicht gewahrt, und die kleine Kuriosität am Rande, daß Chefinspektor Parker, verglichen mit dem kleinen Charles Peter und der noch kleineren Mary Lucasta, die beide jetzt friedlich oben in ihren Bettchen lagen und schliefen, ein Bettler war, störte niemanden im geringsten. Mary genügte es nicht nur, daß sie ihr gemeinsames bescheidenes Einkommen verwalten durfte, es tat ihr darüber hinaus sogar sehr gut. Ihren reichen Bruder behandelte sie zur Zeit mit der Herablassung und Überlegenheit, die ein Arbeiter gegenüber dem empfindet, der nur Geld hat.

«Aber worum *geht's* denn in diesem Fall überhaupt?» wollte Parker wissen.

«Keine Ahnung», gab Wimsey ehrlich zu. «Ich bin da durch Freddy Arbuthnots Frau hineingeraten – Rachel Levy, du weißt ja. Sie kennt den alten Pym, und einmal hat sie ihn irgendwo beim Abendessen getroffen, und er hat ihr von diesem Brief erzählt, der ihm Sorgen mache, worauf sie gemeint hat, er solle doch mal jemanden darauf ansetzen, und als er fragte, wen denn, hat sie gesagt, sie kenne da jemanden – meinen Namen hat sie dabei aber nicht erwähnt –, und er hat gemeint, ob ich nicht mal kurz hinflitzen könnte, also bin ich hingeflitzt, und nun bin ich da.»

«Dein Erzählstil», sagte Parker, «ist bei aller Rasanz doch ein wenig weitschweifig. Könntest du nicht einfach am Anfang anfangen und bis zum Ende weitererzählen und dann, wenn's geht, aufhören?»

«Ich will es versuchen», sagte Seine Lordschaft, «aber den Teil mit dem Aufhören finde ich immer am schwierigsten. Also, paß auf! An einem Montagnachmittag – es war der 25. Mai, um es genau zu sagen – stürzte ein junger Mann namens Victor Dean, seines Zeichens Werbetexter im Dienste der Agentur Pym Ltd., von einer eisernen Wendeltreppe innerhalb der Räumlichkeiten besagter Agentur, die ihr Domizil im oberen Teil der Southampton Row hat, und starb auf der Stelle an den Folgen der dabei erlittenen Verletzungen, welche waren: je ein Genickbruch, ein Schädelbruch, ein Beinbruch sowie mehrere unbedeutendere Platz- und Quetschwunden. Zeitpunkt des Unglücks, soweit feststellbar: halb vier Uhr nachmittags.»

«Hm», machte Parker. «Ziemlich viele und schwere Verletzungen für so einen Sturz.»

«Das habe ich auch gedacht, bis ich die Treppe sah. Weiter. Einen Tag nach diesem Ereignis schickt die Schwester des Verstorbenen an Mr. Pym das Fragment eines angefangenen Briefs, den sie auf dem Schreibtisch ihres Bruders gefunden hat. Darin wird Mr. Pym vor irgendwelchen anrüchigen Vorgängen in seinem Betrieb gewarnt. Der Brief ist rund zehn Tage vor seinem Tod datiert, als ob der Schreiber ihn erst mal wieder beiseite gelegt hätte, um die Formulierungen noch etwas sorgfältiger zu überdenken. Sehr schön. Nun ist Mr. Pym ein Mann von starrer

Moral – abgesehen natürlich von seinem Beruf, der im wesentlichen darin besteht, für Geld möglichst überzeugend zu lügen –»

«Wie steht's denn mit der Wahrheit in der Werbung?»

«Natürlich steckt in der Werbung auch ein bißchen Wahrheit. Im Brot ist Hefe, aber aus Hefe allein kann man kein Brot bakken. Die Wahrheit in der Werbung», fuhr Wimsey in belehrendem Ton fort, «ist dem Sauerteige gleich, welchen ein Weib nahm und verbarg ihn unter drei Scheffel Mehls. Er erzeugt eine entsprechende Menge Gas, um eine unansehnliche Rohmasse in eine Form zu blähen, die der Öffentlichkeit mundet. Das bringt mich nebenbei auf den feinen, aber bedeutsamen Unterschied zwischen den Wörtern ‹mit› und ‹aus›. Wenn du zum Beispiel für Limonade wirbst, oder sagen wir, um nicht allzu gehässig zu werden, für Birnenmost, und du schreibst: ‹Unser Birnenmost ist nur aus frischgepflückten Birnen gemacht›, dann muß er auch nur aus Birnen gemacht sein, sonst kann die Behauptung strafrechtliche Konsequenzen haben; sagst du einfach: ‹Aus Birnen›, ohne das ‹nur›, kannst du davon ausgehen, daß er vorwiegend aus Birnen gemacht ist; wenn du aber sagst: ‹Mit Birnen›, dann heißt das im allgemeinen, daß auf eine Birne eine Tonne Rüben kommt, aber das Gesetz kann dir nichts anhaben – dies sind die Feinheiten unserer Sprache.»

«Merk dir, Mary, daß du beim nächsten Einkauf nichts nimmst, wo nicht ‹nur aus› draufsteht. Erzähl weiter, Peter – aber weniger von den Feinheiten unserer Sprache.»

«Bitte sehr. Also, da ist ein junger Mann, der einen Warnbrief anfängt. Bevor er ihn fertigschreiben kann, fällt er eine Treppe hinunter und ist tot. Ist das nun ein höchst verdächtiger Umstand oder nicht?»

«So verdächtig, daß es wahrscheinlich reiner Zufall ist. Aber da du nun einmal gern dramatisierst, wollen wir den Umstand verdächtig nennen. Wer hat das Unglück gesehen?»

«Einer sah, wie's geschah – ich meine, ein Mr. Atkins und eine Mrs. Crump haben den Sturz von unten beobachtet und ein Mr. Prout von oben. Ihre Aussagen sind alle recht interessant. Mr. Prout sagt, die Treppe sei gut beleuchtet gewesen, und der Verunglückte sei nicht besonders schnell hinuntergegangen, während die anderen sagen, er sei plötzlich umgefallen wie ein Sack, vornüber, und den *Times-Atlas* habe er dabei so festgehalten, daß sie ihn nachher nur mit Schwierigkeiten aus seinen Fingern hätten ziehen können. Was würdest du daraus schließen?»

«Nur daß der Tod auf der Stelle eingetreten ist, was bei einem Genickbruch meist der Fall ist.»
«Ich weiß. Aber nun sieh doch mal. Du gehst eine Treppe hinunter und rutschst plötzlich aus. Was passiert? Kippst du um wie ein Sack und fällst kopfüber die Treppe hinunter? Oder sitzt du plötzlich auf dem Allerwertesten und legst die restlichen Stufen auf diesem Körperteil zurück?»
«Kommt darauf an. Wenn ich wirklich ausrutsche, lande ich wahrscheinlich auf den vier Buchstaben. Wenn ich stolpere, stürze ich mit Sicherheit vornüber. Man kann's nicht sagen, ohne genau zu wissen, wie es passiert ist.»
«Na schön. Du weißt ja immer eine Antwort. Aber jetzt – hältst du das, was du in den Händen trägst, mit tödlichem Griff fest – oder läßt du's fallen und versuchst dich abzufangen, indem du nach dem Geländer greifst?»
Mr. Parker überlegte. «Wahrscheinlich letzteres», sagte er langsam, «es sei denn, ich hätte ein Tablett mit Geschirr oder dergleichen in der Hand. Aber selbst dann ... Ich weiß nicht. Vielleicht hält man instinktiv fest, was man hat. Aber es dürfte ebenso ein Instinkt sein, sich irgendwo festzuhalten. Ich weiß es nicht. Dieses ganze Überlegen, was du oder ich oder irgendein vernünftiger Mensch täte, führt uns nicht weiter.»
Wimsey stöhnte. «Sagen wir's einmal so herum, du ungläubiger Thomas. Wenn das krampfhafte Festhalten eine Folge der sofortigen Todesstarre war, muß er so schnell tot gewesen sein, daß er gar nicht mehr daran denken konnte, sich festzuhalten. Nun haben wir zwei mögliche Todesursachen – das gebrochene Genick, das er sich zugezogen haben muß, als er mit dem Kopf auf dem Boden aufschlug, und die Schlagwunde an der Schläfe, die man darauf zurückführt, daß er im Fallen mit dem Kopf gegen einen der Knöpfe am Geländer geschlagen sei. Aber ein Sturz von einer Treppe ist nicht dasselbe wie ein Sturz von einem Dach – man fällt in Raten und hat Zeit zum Nachdenken. Wenn er sich am Geländer erschlagen hat, muß er zuerst gefallen und dann mit dem Kopf ans Geländer gestoßen sein. Das gleiche gilt erst recht für den Genickbruch. Warum hat er, als er merkte, daß er fiel, nicht alles losgelassen und versucht, sich irgendwo festzuhalten?»
«Ich weiß, was du hören möchtest», sagte Parker. «Daß er zuerst eins auf den Schädel bekommen hat und schon tot war, als er fiel. Aber ich sehe es nicht so. Ich sage, daß er mit dem Fuß irgendwo hängengeblieben und vornübergefallen sein kann

und dabei sofort mit dem Kopf angeschlagen und dabei gestorben ist. Daran ist nichts Unmögliches.»

«Dann versuche ich's noch mal. Wie ist denn das? Am selben Abend fand Mrs. Crump, die Oberaufwärterin, auf dem Korridor diesen Skarabäus aus Onyx, direkt unter der Eisentreppe. Er ist, wie du sehen kannst, rund und glatt und schwer für seine Größe, die etwa die gleiche ist wie die der Eisenknöpfe am Treppengeländer. Außerdem ist, wie du sehen kannst, an einer Seite eine Ecke herausgeschlagen. Der Skarabäus gehörte dem Toten, der ihn für gewöhnlich in der Westentasche bei sich trug oder bei der Arbeit vor sich auf dem Tisch sitzen hatte. Nun?»

«Ich würde sagen, er ist ihm beim Fallen aus der Tasche gefallen.»

«Und die herausgeschlagene Ecke?»

«Wenn sie nicht schon vorher da war —»

«War sie nicht; seine Schwester ist da ganz sicher.»

«Dann ist es beim Fallen passiert.»

«Glaubst du?»

«Ja.»

«Vermutlich solltest du das auch glauben. Aber weiter: Ein paar Tage vorher hatte Mrs. Crump auf demselben Korridor am Fuß derselben Eisentreppe einen glatten Kiesel gefunden, etwa von der gleichen Größe wie der Skarabäus.»

«So?» meinte Parker. Er erhob sich langsam von seinem Fensterplatz und näherte sich dem Tischchen mit den Karaffen. «Was sagt sie dazu?»

«Sie sagt, man würde kaum glauben, was für komische Sachen sie dauernd findet, wenn sie die Büros reinigt. Der Stein stammt ihrer Ansicht nach von Mr. Atkins, der wegen Krankheit seinen Urlaub an der See etwas früher genommen hat.»

«Nun», sagte Parker, indem er den Hebel des Soda-Siphons losließ, «und warum nicht?»

«Eben, warum nicht? Dieser Kiesel, den ich dir hier zeige, wurde von mir auf dem Dach über dem Waschraum gefunden. Ich mußte an einem Regenrohr hinunterklettern, um ihn mir zu besorgen, und habe mir dabei eine Flanellhose ruiniert.»

«Soso.»

«Schon gut, Käptn. Jedenfalls habe ich ihn da gefunden. Und außerdem habe ich am Oberlicht eine Stelle gefunden, an der die Farbe abgesprungen war.»

«An was für einem Oberlicht?»

«Es ist das Oberlicht direkt über der Eisentreppe. So ein spitz zulaufendes Ding, wie ein junges Gewächshaus, mit Fenstern zum Öffnen auf allen Seiten – du weißt, welche Art ich meine –, die man bei Hitze offen läßt. Und es war heiß, als der kleine Dean von dieser Welt Abschied nahm.»

«Du meinst also, daß jemand durch das Oberlicht einen Stein nach ihm geworfen hat?»

«Du sagst es, Chef. Oder genauer gesagt, nicht *einen* Stein, sondern *den* Stein. Das heißt, den Skarabäus.»

«Und was ist mit den anderen Steinen?»

«Übungsschüsse. Ich habe mich vergewissert, daß der Bürotrakt während der Mittagspause immer so gut wie menschenleer ist. Aufs Dach geht kaum jemand, nur die Botenjungen morgens um halb neun zu ihrer Gymnastik.»

«Wer im gläsernen Oberlicht wohnt, sollte nicht mit Steinen werfen. Willst du etwa sagen, daß man einem Menschen den Schädel zertrümmern und das Genick brechen kann, indem man ihm so einen kleinen Stein nachwirft?»

«Natürlich nicht, indem man ihn nur wirft. Aber wie wär's mit einer Schleuder?»

«Nun, in diesem Falle brauchst du ja nur die Leute in den umstehenden Bürohäusern zu fragen, ob sie jemanden beobachtet haben, der auf Pyms Dach ein bißchen David und Goliath geübt hat, schon hast du ihn!»

«So einfach ist es nicht. Das Dach ist ein schönes Stück höher als alle anderen Dächer ringsum und hat auf allen Seiten eine steinerne Brüstung von knapp einem Meter Höhe – damit das Haus noch größer und erhabener aussieht, nehme ich an. Um durch das Oberlicht einen Stein auf die Eisentreppe zu schießen, muß man sich in einer ganz bestimmten Stellung zwischen diesem und dem nächsten Oberlicht hinknien und ist dadurch von nirgendwo zu sehen – außer es steht jemand *auf* der Treppe und schaut zu einem hoch –, was offensichtlich nicht der Fall war, wenn man von dem armen Victor Dean absieht. Eine bombensichere Sache.»

«Na schön. Dann versuch herauszubekommen, ob einer von der Belegschaft häufig zur Mittagspause im Haus geblieben ist.»

«Bringt nichts. Die Leute lassen sich zwar morgens registrieren, wenn sie kommen, aber mittags kümmert sich keiner darum, wer wann kommt oder geht. Auch der Mann vom Empfang geht zu Mittag essen, und einer von den älteren Laufjungen nimmt dann seinen Platz ein, aber nur für den Fall, daß irgendein Brief oder Paket ankommt, und auch der ist nicht unbedingt

die ganze Zeit da. Dann hätten wir noch den Jungen, der durch die Räume geht und ‹Jeyes flüssig› versprüht, aber der geht nicht bis aufs Dach. Es gibt nichts, was einen hindern könnte, beispielsweise um halb eins aufs Dach zu gehen, dort zu bleiben, bis die Arbeit getan ist, und einfach über die Treppe wieder herunterzukommen. Der Fahrstuhlführer oder sein Statthalter ist zwar immer im Dienst, aber man braucht sich nur auf der blinden Seite des Fahrstuhls zu halten, wenn man vorbeigeht, und er kann einen unmöglich sehen. Außerdem kann der Fahrstuhl ja auch unten im Erdgeschoß sein. Der Täter braucht nur den richtigen Augenblick abzuwarten, bis er hervorkommt. Gar nicht schwierig. Ebenso am Tag des Unglücks. Er geht zum Waschraum, der neben der Treppe liegt. Sobald die Luft rein ist, steigt er aufs Dach. Dort legt er sich auf die Lauer, bis er sein Opfer die Eisentreppe hinuntergehen sieht, worauf er nicht lange zu warten braucht, denn da läuft jeder so an die fünfzigmal am Tag hinunter. Während sich dann alles aufgeregt um die Leiche versammelt, kommt unser Freund ganz unschuldig vom Waschraum her. Ein Kinderspiel.»
«Würde es nicht auffallen, wenn einer so lange nicht in seinem Zimmer wäre?»
«Mein lieber Mann, da kennst du Pyms Werbedienst schlecht! Da ist nie einer in seinem Zimmer. Wenn er nicht gerade in der Textabteilung einen Plausch hält oder mit den Stenotypistinnen herumalbert, ist er entweder im Atelier und reklamiert ein Klischee, oder in der Druckerei, um sich über einen Prospekt zu beschweren, oder in der Presseabteilung, um sich nach irgend etwas zu erkundigen, oder im Archiv, um ein paar alte Belege einzusehen, oder wenn er da nirgendwo ist, dann eben woanders – vielleicht hat er sich zu einem heimlichen Kaffee oder zum Friseur geschlichen. Das Wörtchen Alibi hat in so einem Betrieb nicht die mindeste Bedeutung.»
«Dann steht dir ja eine lustige Zeit bevor, soweit ich sehe», sagte Parker. «Aber was für Unregelmäßigkeiten, die schließlich zum Mord führen, könnten denn in so einer Firma vorkommen?»
«Jetzt kommen wir auf den springenden Punkt. Victor Dean pflegte mit der de Momerie-Clique herumzuziehen –»
Parker stieß einen Pfiff aus.
«Da hat er wohl über seine Verhältnisse gesündigt?»
«Und wie. Aber du kennst ja Dian de Momerie. Spießbürger auf die schiefe Bahn zu bringen ist ihr schönster Nervenkitzel –

es macht ihr Spaß, sie mit ihrem kleinen Gewissen ringen zu sehen. Ein durch und durch verdorbenes Gör. Ich muß es wissen, denn ich habe sie gestern abend nach Hause gebracht.»

«Aber Peter!» sagte Lady Mary. «Einmal abgesehen von deiner Moral, die ich erschreckend finde – wie bist du in diese Bande hineingekommen? Ich könnte mir vorstellen, daß die sich eher mit Charles oder dem Polizeipräsidenten persönlich einlassen würden als mit dir.»

«Ich war natürlich inkognito da. Es war ein Maskenball. Und um meine Moral brauchst du dich nicht zu sorgen. Die junge Dame hat sich auf dem Heimweg so sinnlos betrunken, daß ich sie nur noch in ihrer niedlichen kleinen Maisonette an den Garlic Mews abzuladen und in ihrem Wohnzimmer auf die Couch zu legen brauchte, wo ihr Mädchen sie am anderen Morgen gefunden und sich sehr gewundert haben dürfte. Aber sie wundert sich wahrscheinlich über gar nichts mehr. Das Wichtige ist aber, daß ich einiges über Victor Dean herausbekommen habe.»

«Augenblick», unterbrach ihn Parker. «War er rauschgiftsüchtig?»

«Anscheinend nicht, obwohl das ganz bestimmt nicht Dians Verdienst wäre. Laut seiner Schwester war er dafür zu willensstark. Möglicherweise hat er's einmal probiert und sich danach so elend gefühlt, daß es ihn nach keinem zweiten Mal gelüstete. Ja – ich weiß, was du meinst. Wenn er unter Drogeneinfluß gestanden hätte, wäre er möglicherweise ganz von allein die Treppe hinuntergefallen. Aber ich glaube, das bringt uns hier nicht weiter. Solche Dinge haben die Angewohnheit, bei der Obduktion ans Tageslicht zu kommen. Die Frage wurde ja auch gestellt ... nein, das war's nicht.»

«Hat Dian dazu eine Meinung geäußert?»

«Sie fand, daß er ein Spielverderber war. Trotzdem scheint sie ihn von etwa Ende November bis Ende April im Schlepptau gehabt zu haben – fast ein halbes Jahr, für Dian eine lange Zeit. Möchte wissen, was sie an ihm fand. Wahrscheinlich hatte der Grünschnabel doch irgend etwas Anziehendes an sich.»

«Sagt das seine Schwester?»

«Ja, aber sie sagt auch, Victor habe ‹große Ambitionen› gehabt. Ich weiß nicht recht, was sie sich darunter vorstellt.»

«Sie wird doch gewußt haben, daß Dian seine Geliebte war – oder?»

«Das muß sie gewußt haben. Aber nach meinem Eindruck glaubte sie wohl, daß er sich mit Heiratsabsichten trug.»

Parker lachte.

«Immerhin», sagte Lady Mary, «hat er seiner Schwester offenbar nicht alles erzählt.»

«Herzlich wenig, könnte ich mir denken. Über das Gelage gestern abend war sie ehrlich schockiert. Auf der Party, zu der Dean sie einmal mitgenommen hat, ist es wohl nicht so heiß hergegangen. Warum hat er sie überhaupt mitgenommen? Das ist die zweite Frage. Ihr hat er gesagt, er wolle sie Dian vorstellen, und höchstwahrscheinlich hat die Kleine sich eingebildet, ihre künftige Schwägerin kennenzulernen. Aber Dean – man sollte meinen, er habe seine Schwester da heraushalten wollen. Er kann nicht wirklich die Absicht gehabt haben, sie zu verderben, wie Willis meint.»

«Wer ist Willis?»

«Willis ist ein junger Mann, der Schaum um den Mund bekommt, wenn er Victor Deans Namen hört, früher einmal Victor Deans bester Freund war, in Victor Deans Schwester verliebt und auf mich sinnlos eifersüchtig ist; er glaubt, ich sei mit demselben Pinsel geteert wie Victor Dean, und hechelt mir mit der Unfähigkeit und dem Eifer von fünfzig Watsons auf Schritt und Tritt nach. Er schreibt Anzeigentexte für Gesichtscremes und Korsagen, ist der Sohn eines Textilhändlers aus der Provinz, hat ein Gymnasium besucht und trägt, wie ich zu meinem großen Bedauern sagen muß, eine zweireihige Weste. Aber das ist auch schon der finsterste Zug an ihm – außer daß er zugibt, auf der Toilette gewesen zu sein, als Victor Dean die Treppe hinunterfiel, und die Toilette liegt, wie gesagt, gleich neben der Treppe zum Dach.»

«Wer war dort sonst noch?»

«Das habe ich ihn noch nicht gefragt. Wie könnte ich? Es ist furchtbar hinderlich für die Detektivarbeit, wenn man angeblich kein Detektiv ist, weil man dann nicht allzuviel fragen darf. Andererseits, wenn derjenige, der es war, wüßte, daß ich ein Detektiv bin, könnte ich fragen, soviel ich wollte und würde keine Antworten bekommen. Das wäre nicht so schlimm, wenn ich wenigstens eine verschwommene Ahnung hätte, hinter wem oder was ich her bin, aber unter rund hundert Leuten nach dem Urheber eines noch unbekannten Verbrechens zu suchen, ist ziemlich schwierig.»

«Ich dachte, du suchtest einen Mörder.»

«Schon richtig – aber ich glaube nicht, daß ich den Mörder bekommen werde, solange ich nicht weiß, warum der Mord begangen wurde. Außerdem hat Pym mich engagiert, um diese Unregelmäßigkeit in seiner Firma aufzudecken. Gewiß ist Mord eine Unregelmäßigkeit, aber eben nicht die, auf die ich angesetzt bin. Und der einzige, bei dem ich ein Motiv für den Mord feststellen kann, ist Willis – aber das ist wieder nicht die Art Motiv, die ich suche.»

«Wie kam der Krach zwischen Willis und Dean zustande?»

«Die dümmste Geschichte der Welt. Willis pflegte Dean an Wochenenden zu Hause zu besuchen. Dean hatte, nebenbei bemerkt, eine gemeinsame Wohnung mit seiner Schwester – keine Eltern oder dergleichen. Willis verliebt sich in Schwester. Schwester ist sich über ihn nicht ganz klar. Dean nimmt Schwester mit auf eine von Dians heißen Parties. Willis kommt dahinter. Willis ist ein Dussel und sagt Schwester die Meinung. Schwester nennt Willis einen widerwärtigen, eingebildeten dummen Spießer. Willis macht Dean Vorwürfe. Dean schickt Willis zum Teufel. Lauter Krach. Schwester mischt sich ein. Vereinte Familie Dean sagt Willis, er soll sich begraben lassen. Willis sagt zu Dean, wenn er (Dean) nicht davon abläßt, seine (Deans) Schwester zu verderben, wird er (Willis) ihn wie einen Hund erschießen. Seine eigenen Worte, wie man mir sagt.»

«Dieser Willis», sagte Mary, «scheint in Klischees zu denken.»

«Natürlich – darum schreibt er auch so gute Reklame für Korsagen. Jedenfalls, so sah es aus. Dean und Willis drei Monate lang mit Messern zwischen den Zähnen. Dann stürzte Dean die Treppe hinunter. Jetzt hat Willis mich aufs Korn genommen. Ich habe Pamela Dean gestern abend geschickt, ihn nach Hause zu bringen, aber ich weiß nicht, was daraus geworden ist. Ich habe ihr erklärt, daß solche Gelage wirklich gefährlich sind und in Willis' Tollheit durchaus Methode ist, wenn er auch ein taktloser Obertrottel ist und nichts von Frauen versteht. Es war furchtbar komisch, den guten Willis in so einer Art Ku-Klux-Klan-Aufzug hinter uns dreinschleichen zu sehen – unvorstellbar heimlich, mit denselben Schuhen an den Füßen wie im Büro und mit einem Siegelring am kleinen Finger, den man von hier bis zur London Bridge erkennen würde.»

«Armer Kerl! Dann war es wohl nicht Willis, der Freund Dean die Treppe hinuntergestoßen hat?»

«Ich glaube es nicht, Polly – aber man kann nie wissen. Er ist so ein gefühlsduseliger Esel. Vielleicht würde er es für eine ruhmreiche Sünde halten. Aber ich traue ihm nicht den Grips zu, so etwas bis ins einzelne zu planen. Und wenn er's getan hätte, wäre er vermutlich geradewegs zur Polizei gegangen, hätte sich laut an die zweireihige Weste geschlagen und verkündet: ‹Ich tat es für die Sache der Reinheit.› Aber dagegen spricht die unbestrittene Tatsache, daß Deans Beziehungen zu Dian & Co im April ihren endgültigen Abschluß gefunden hatten – warum hätte er also bis Ende Mai warten sollen, bevor er seinen Schlag ausführte? Der Krach mit Dean war im März.»

«Vielleicht hat dich aber auch seine Schwester an der Nase herumgeführt, Peter. Die Beziehungen waren vielleicht doch nicht zu dem Zeitpunkt zu Ende, den sie angibt. Oder sie hat sie von sich aus aufrechterhalten. Sie könnte selbst rauschgiftsüchtig sein oder so etwas Ähnliches. Das weiß man nie.»

«Gewiß nicht; aber meist kann man sich da seinen Teil denken. Nein, ich glaube nicht, daß bei Pamela Dean etwas in dieser Art vorliegt. Ich könnte beschwören, daß ihr Abscheu gestern abend echt war. Es war auch ganz schön happig, das muß ich sagen. Übrigens, Charles, woher zum Teufel kriegen diese Leute ihren Stoff? Was da gestern abend unterwegs war, hätte genügt, um eine ganze Stadt zu vergiften.»

«Wenn ich das wüßte», sagte Mr. Parker verdrießlich, «würde ich einen Orden bekommen. Ich kann dir nur sagen, daß es in ganzen Schiffsladungen irgendwoher kommt und in großem Stil von irgendeinem Punkt aus verteilt wird. Die Frage ist, wo? Natürlich könnten wir uns schon morgen ein halbes Hundert von den kleinen Wiederverkäufern greifen, aber was würde das nützen? Die wissen selbst nicht, woher es kommt und wer es weitergibt. Sie erzählen alle dieselbe Geschichte. Es wird ihnen auf der Straße von Männern übergeben, die sie noch nie gesehen haben und auch nicht wiedererkennen würden. Oder es wird ihnen im Omnibus in die Tasche gesteckt. Es ist nicht immer so, daß sie es nur nicht sagen wollen; sie wissen es wirklich nicht. Und wenn man den Kerl erwischte, der in der Hierarchie unmittelbar über ihnen steht, dann wüßte der auch nichts. Es ist zum Verzweifeln. Irgendwer muß daran Millionen verdienen.»

«O ja. Aber zurück zu Victor Dean. Hier ist noch ein Problem. Er hat bei Pym 6 Pfund die Woche verdient. Wie kann man von 300 Pfund im Jahr bei der de Momerie-Clique mithalten? Auch wenn er ein ‹Spielverderber› war und nicht alles mitgemacht hat – von nichts konnte er nicht mal das.»

«Wahrscheinlich hat er sich von Dian aushalten lassen.»

«Zuzutrauen wär's dieser kleinen Wanze. Andererseits habe

ich da eine Idee. Angenommen, er glaubte wirklich eine Chance zu haben, in die Aristokratie einzuheiraten – oder was er sich unter Aristokratie vorstellte. Immerhin ist Dian eine de Momerie, auch wenn die Familie ihr die Tür gewiesen hat, was man ihr nicht verdenken kann. Nehmen wir an, daß er weit mehr Geld ausgab, als er sich leisten konnte, nur um mitzuhalten. Nehmen wir an, daß es länger dauerte, als er gedacht hatte, und er sich bis über den Hals verschuldete. Und dann sag mir mal, was im Lichte dieser Theorie von diesem halbfertigen Brief an Mr. Pym zu halten ist.»

«Nun», begann Parker.

«Mein Gott, macht's doch nicht so spannend!» rief Mary dazwischen. «Es muß euch beiden Helden einen Riesenspaß machen, stundenlang um die Sache herumzureden. Natürlich Erpressung. Das liegt doch auf der Hand. Ich sehe das schon seit einer Stunde kommen. Dieser Dean sieht sich nach einer zusätzlichen Einnahmequelle um und entdeckt, daß in der Firma Pym einer etwas tut, was er nicht sollte – der Oberbuchhalter frisiert die Bilanz, ein Botenjunge erleichtert die Portokasse, irgend etwas. Und er sagt: ‹Wenn du nicht mit mir teilst, sage ich es Pym›, und fängt schon einmal einen Brief an. Höchstwahrscheinlich wollte er den Brief natürlich gar nicht an Mr. Pym schicken; es war nur eine Drohung. Der andere stopft ihm für den Augenblick den Mund, indem er ihm einen Vorschuß zahlt. Dann denkt er: ‹So geht's nicht weiter, ich sollte diese Laus lieber zertreten.› Das tut er. Und damit hat sich's.»

«So einfach ist das», sagte Wimsey.

«Natürlich ist es so einfach, nur ihr Männer macht so gern ein großes Rätsel daraus.»

«Und Frauen ziehen gern voreilige Schlüsse.»

«Hört auf mit diesen Verallgemeinerungen», sagte Parker, «die verleiten nur zu Denkfehlern. Welche Rolle habe ich in dem Spiel?»

«Du gibst mir Ratschläge und hältst dich bereit, mit deinen Myrmidonen einzugreifen, wenn es Radau gibt. Übrigens kann ich dir die Adresse dieses Hauses nennen, in dem wir gestern abend waren. Rauschgift und Glücksspiel frei für jedermann, von unsäglichen Orgien ganz zu schweigen.»

Er nannte die Adresse, und der Chefinspektor notierte sie sich. «Viel können wir da allerdings nicht machen», räumte er ein. «Es ist ein Privathaus und gehört einem Major Milligan. Wir haben schon seit einiger Zeit ein Auge darauf. Und selbst wenn wir hineinkämen, würde uns das wahrscheinlich nicht näher an unser Ziel bringen. Ich glaube nicht, daß ein einziger in dieser Bande weiß, woher das Zeug kommt. Aber es ist immerhin schon etwas, schlüssige Hinweise darauf zu haben, wohin es geht. Übrigens, wir haben dieses Pärchen, bei dessen Verhaftung du uns neulich geholfen hast, mitsamt der Ware erwischt. Sieben Jahre dürften sie bekommen.»

«Gut. Aber beinahe hätte es mich diesmal selbst erwischt. Zwei Stenotypistinnen aus der Werbeagentur trieben sich da herum und haben mich erkannt. Ich habe mich dumm und taub gestellt und ihnen am anderen Morgen erklärt, daß ich einen Vetter habe, der mir sehr ähnlich sieht. Natürlich dieser berüchtigte Wimsey. Es ist doch nicht gut, wenn man zu bekannt ist.»

«Wenn die de Momerie-Clique dir erst auf die Schliche kommt, geht's dir schlecht», sagte Parker. «Wie hast du dich überhaupt an Dian herangemacht?»

«Bin von einem Springbrunnen in ein Fischbassin gesprungen. Reklame macht sich eben bezahlt. Sie hält mich für das achte Weltwunder. Der Hummer im Frackhemd.»

«Brich dir dabei nur nicht mal den Hals», meinte Mary nachsichtig. «Wir haben dich nämlich alle ganz gern, weißt du, und Klein Peter könnte auf seinen Lieblingsonkel nicht verzichten.»

«Jedenfalls wird es dir sehr, sehr gut tun», bemerkte sein Schwager hartherzig, «einmal einen wirklich schwierigen Fall zu haben. Wenn du dich erst eine Weile mit einem Todesfall herumgeplagt hast, den irgendwer aus irgendeinem beliebigen Grund auf dem Gewissen haben könnte, wirst du dich vielleicht nicht mehr so hochnäsig über die paar Morde im Lande mokieren, mit denen die notorisch unfähige Polizei nicht zu Rande kommt. Hoffentlich wird's dir eine Lehre sein. Noch ein Schlückchen?»

«Nein, danke; ich will versuchen, daraus zu lernen. Und inzwischen werde ich weiter die Öffentlichkeit verdummen und als Mr. Bredon unter eurer Adresse zu erreichen sein. Und halte mich über alle Entwicklungen bei der de Momerie-Milligan-Bande auf dem laufenden.»

«Gut. Möchtest du dich an einer unserer nächsten Rauschgift-Razzien beteiligen?»

«Klar. Wann ist es soweit?»

«Wir haben Informationen über Kokainschmuggel an der Küste von Essex erhalten. Das Dümmste, was die Regierung je getan hat, war die Abschaffung der Küstenwache. Das macht uns die Arbeit doppelt schwer, besonders wo so viele private Motorboote herumtuckern. Wenn du dich mal einen Abend amüsieren möchtest, komm einfach vorbei – und du könntest deinen Wagen mitbringen. Er ist schneller als die unseren alle zusammen.»

«Aha, daher weht der Wind. Aber gut, ich bin dabei. Schick mir eine Zeile, wenn es soweit ist. Ich habe um halb sechs Feierabend.»

Währenddessen litten drei Herzen um Mr. Death Bredons willen.

Miss Pamela Dean wusch in ihrer einsamen Wohnung ein Paar Seidenstrümpfe.

«Der gestrige Abend war ja einfach herrlich ... Wahrscheinlich hätte ich gar keinen Spaß daran haben dürfen, wo der arme Victor gerade erst unter der Erde ist, der Gute ... aber im Grunde bin ich ja nur seinetwegen hingegangen ... ob dieser Detektiv etwas darüber herausfinden wird? ... Gesagt hat er nicht viel, aber ich glaube, er findet an Victors Tod irgend etwas merkwürdig ... jedenfalls hatte Victor den Verdacht, daß irgend etwas nicht stimmte, und würde *wünschen*, daß ich alles in meiner Macht Stehende tue, um es herauszubekommen ... Ich wußte gar nicht, daß Privatdetektive so sind ... hab sie mir immer als aufdringliche, verschlagene kleine Wichte vorgestellt ... schmierig ... ich mag seine Stimme ... und seine Hände ... o Gott, da ist ja eine Laufmasche! ... die muß ich aufnehmen, bevor sie oben ist ... und so gute Manieren, nur war er, glaube ich, ein bißchen böse auf mich, weil ich zu Pyms Werbedienst gekommen war ... er muß unglaublich sportlich sein, so an diesem Springbrunnen hinaufzuklettern ... schwimmt wie ein Fisch ... mein neuer Badeanzug ... Sonnenbaden ... Gott sei Dank habe ich einigermaßen gute Beine ... ich muß mir wirklich mehr Strümpfe zulegen, diese hier machen es nicht mehr lange ... Wenn ich doch nur nicht so ausgelaugt aussähe in Schwarz ... Armer Victor! ... Wenn ich nur wüßte, was ich mit Alec Willis anfangen soll ... wenn er doch nur nicht so ein Spießer wäre ... Bei Mr. Bredon finde ich nichts dabei ... er hat ganz recht, daß diese Leute nichts taugen, aber er weiß wenigstens, wovon er redet, und es ist nicht alles nur Vorurteil ... Warum muß Alec so eifersüchtig und lästig sein? ... Und wie albern er aussah in diesem schwarzen Ding ... einem so nachzuschleichen ... Ein Stümper – ich mag Leute, die tüchtig sind ... Mr. Bredon wirkt ungemein tüchtig ... nein, er wirkt nicht eigentlich so, aber er ist es ... er sieht aus, als wenn er sein Lebtag nichts anderes täte als auf Dinnerparties gehen ... wahrscheinlich müssen erstklassige Privatdetektive so aussehen ... Alec wäre ein miserabler Detektiv ... ich mag keine launischen Männer ... Was mag wohl passiert sein, nachdem Mr. Bredon mit Dian de Momerie weggegangen ist? ... Schön ist sie ja ... zum Kuckuck, hinreißend ist sie ... sie trinkt unheimlich viel ... es heißt, das macht einen vorzeitig alt ... man bekommt einen groben Teint ... mein Teint ist vollkommen in Ordnung, aber ich bin nicht der modische Typ ... Dian de Momerie hat absolut einen Narren gefressen an Leuten, die verrückte Dinge tun ... ich mag diese Silberblonden nicht ... ob ich meine Haare silberblond bleichen lassen könnte ...?»

Alec Willis lag in seinem möblierten Zimmer und fand keinen Schlaf. Mit den Fäusten versuchte er sein hartes Kissen in eine bequemere Form zu bringen.

«Mein Gott, hatte ich einen Kopf heute morgen ... dieser verdammte, aalglatte Kerl! ... da läuft doch was zwischen Pamela und ihm ... von wegen er hilft ihr nur in einer Angelegenheit mit Victor! ... Der führt nichts Gutes im Schilde ... und dann mit diesem superblonden Luder abzuziehen ... eine Beleidigung war das ... aber Pamela würde ihm natürlich die Stiefel lecken ... Frauen ... die lassen sich doch alles gefallen ... wenn ich doch nur nicht soviel getrunken hätte ... zum Teufel mit diesem Bett! Zum Teufel mit dieser Dreckbude ... ich muß weg von der Agentur ... da ist man nicht mehr sicher ... Mord? ... Wer mir bei Pamela in die Quere kommt ... Pamela ... wollte sich nicht von mir küssen lassen ... dieses Schwein Bredon ... die Eisentreppe hinunter ... an der Kehle packen ... schöne Aussichten! Verdammter Akrobat, der er ist ... Pamela ... ich würd's ihr so gern zeigen ... Geld, Geld, Geld ... wenn ich nur nicht so knapp bei Kasse wäre ... Dean war ja doch nur eine kleine Laus ... ich habe ihr bloß die Wahrheit gesagt ... zum Teufel mit allen Frauen! Auf die größten Schweinehunde fliegen sie ... Ich habe diesen letzten Anzug noch nicht bezahlt ... oh, hol's der Henker! Hätte ich doch nur nicht soviel getrunken ... hab vergessen, mir Natron zu besorgen ... diese Schuhe sind noch nicht bezahlt ... all diese nackten Frauen in dem Schwimmbassin ... schwarz und silbern ... erkannt hat er mich, hol der Teufel seine Augen! ... ‹Hallo, Willis›, heute morgen, kalt wie ein Fisch ... macht Kopfsprünge wie ein Fisch ... Fische machen keine Kopfsprünge ... Fische schlafen nicht... oder doch? ... Ich kann nicht schlafen ... ‹Macbeth mordet den Schlaf› ... Mord ... die Eisentreppe hinunter ... an der Kehle packen ... o verdammt, verdammt, verdammt! ...»

Dian de Momerie tanzte.
«Mein Gott, wie ich mich langweile ... Geh von meinen Füßen runter, du Trampeltier ... Geld, tonnenweise Geld ... aber ich langweile mich so ... Können wir nicht mal was anderes tun? ... Diese Musik widert mich an ... alles widert mich an ... Jetzt steigert er sich wieder in seine Sentimentalität hinein ... ich bring's am besten gleich hinter mich ... Mensch, war ich gestern abend besäuselt ... wo mag nur dieser Harlekin hingegangen sein? ... Möchte wissen, wer er war ... Pamela Dean, diese dumme kleine Gans ... diese Frauen ... ich werde mich wohl an sie heranmachen müssen, wenn ich seine Adresse bekommen will ... jedenfalls hab ich ihn ihr gestern abend schon mal weggeschnappt, egal wie ... wenn ich doch nur nicht so blau gewesen wäre ... ich weiß gar nicht mehr ... den Springbrunnen hinauf ... schwarz und silbern ... eine gute Figur hat er ... ich glaube, er könnte mich schwach machen ... mein Gott, wie ich mich langweile ... er ist aufregend ... ein bißchen geheimnisvoll ... ich muß Pamela Dean schreiben ... dumme kleine Gans ... wird mich sicher hassen ... eigentlich schade, daß ich den kleinen Victor zum Teufel gejagt habe ... die Treppe hinuntergefallen und sich das Genick gebrochen ... weg mit Schaden ... muß sie anrufen ... sie hat bestimmt kein Telefon ... so provinziell, daß sie nicht mal Telefon hat ... wenn diese Musik noch lange spielt, schreie ich ... die Getränke bei Milligan sind abscheulich ... wozu geht man da überhaupt hin? ... Muß etwas tun ... Harlekin ... weiß nicht einmal seinen Namen ... Weedon ... Leader ... irgend so was ... ach, zum Teufel! Vielleicht weiß Milligan ihn ... ich halte das nicht mehr lange aus ... schwarz und silbern ... Gott sei Dank, das wäre vorbei!»

Überall in London flimmerten Lichter an und aus, forderten die Öffentlichkeit auf, etwas Gutes für ihren Körper und ihren Geldbeutel zu tun: SOPO MACHT DAS SCHEUERN ÜBERFLÜSSIG – FÜR DIE NERVEN NIMM NUTRAX – KNABBERKEKSE SIND KNUSPRIGER – GUTEN APPETIT MIT HOCHLAND-PORRIDGE – TRINKT POMPAGNER – EIN

HUSCH, UND ALLES IST SAUBER – HMMM! TOMBOY TOFFEES – NUTRAX GIBT DEN NERVEN NAHRUNG – FARLEYS SCHUHE BRINGEN SIE WEITER – DARLINGS SIND UNS LIEB UND GAR NICHT TEUER – ALLES FÜR DEN HAUSHALT BEI DARLINGS – SEI SICHER MIT SANFECT – DER FASZINIERENDE WHIFFLET-DUFT. Die Druckpressen jagten donnernd und brüllend dieselben Botschaften millionenfach in die Welt hinaus: FRAGEN SIE IHREN EINZELHÄNDLER – FRAGEN SIE IHREN ARZT – FRAGEN SIE JEDEN, DER ES SCHON VERSUCHT HAT – MÜTTER, GEBT ES EUREN KINDERN! – HAUSFRAUEN, SPART GELD! – MÄNNER, IST EUER LEBEN VERSICHERT? – FRAUEN, WISST IHR SCHON? – SAG NICHT SEIFE, SAG SOPO! Tu nicht dies, tu jenes! Kauf nicht das, kauf was anderes! Laß dich gesund und reich machen! Laß nie nach! Geh nie schlafen! Sei nie zufrieden! Sobald du dich zufrieden gibst, ist alles aus. Mach immer weiter – und wenn du nicht mehr kannst, nimm Nutrax für die Nerven!

Lord Peter Wimsey ging nach Hause und legte sich schlafen.

6

Einmalige Unbeflecktheit einer tödlichen Waffe

«Wissen Sie», sagte Miss Rossiter zu Mr. Smayle, «unser neuester Texter ist total verrückt.»

«Verrückt?» Mr. Smayle entblößte seine sämtlichen Zähne zu einem einladenden Lächeln. «Was Sie nicht sagen, Miss Rossiter. Wie verrückt denn?»

«Einfach behämmert», erklärte Miss Rossiter. «Verdreht, plemplem. Spielt die ganze Zeit oben auf dem Dach mit einer Schleuder herum. Ich frage mich, was Mr. Hankin dazu sagen würde, wenn er's wüßte.»

«Mit was für einer Schleuder?» Mr. Smayle verzog schmerzlich das Gesicht. «Das scheint mir doch nicht ganz das Wahre zu sein. Aber wir, die wir in anderen Sphären leben, Miss Rossiter, beneiden ja sozusagen stets den fröhlich-kindlichen Geist unserer Textabteilung. Und der», fuhr Mr. Smayle fort, «ist zweifellos auf den charmanten Einfluß der Damen zurückzuführen. Darf ich Ihnen noch ein Täßchen Tee besorgen?»

«Aber gern, vielen herzlichen Dank.» Die monatliche Teegesellschaft war in vollem Gange, und der kleine Konferenzsaal war über die Maßen voll und stickig. Mr. Smayle drängte sich todesmutig durch das Gewühl, um Tee zu holen, und wurde vor dem langen Tisch, an dem Mrs. Johnson (jene nimmermüde Dame, die über den Versand, die Botenjungen und das Erste-Hilfe-Schränkchen herrschte) das Kommando führte, von Mr. Harris von der Außenabteilung angerempelt.

«Pardon», sagte Mr. Smayle.

«Gewährt», antwortete Mr. Harris. «So einem faszinierenden jungen Mann wie Ihnen gebührt immer und überall der Vortritt. Ha-ha-*ha!* Hab Sie eben Miss Rossiter schöne Augen machen sehen – immer ran wie die Feuerwehr, was?»

Mr. Smayle feixte abwehrend.

«Möchten Sie nicht dreimal raten, worüber wir uns unterhalten haben?» meinte er. «Einen mit Milch ohne Zucker, Mrs. Johnson, und einen mit Milch und Zucker, bitte.»

«Dreimal ist zuviel», antwortete Mr. Harris. «Ich kann's Ihnen gleich sagen. Sie haben sich über Miss Rossiter und Mr. Smayle unterhalten, stimmt's? Das schönste Gesprächsthema der Welt – für Mr. Smayle und Miss Rossiter, wie?»

«Falsch geraten», triumphierte Mr. Smayle. «Wir haben uns über ein anderes Mitglied dieser Gemeinde unterhalten. Genauer gesagt, über den neuen Texter. Miss Rossiter sagt, er ist total verrückt.»

«In dieser Abteilung sind sie alle verrückt, wenn Sie mich fragen», erklärte Mr. Harris mit wackelndem Doppelkinn. «Wie die Kinder. In der Entwicklung stehengeblieben.»

«So sieht es aus», stimmte Mr. Smayle ihm zu. «Daß sie Kreuzworträtsel lösen, wundert einen ja nicht, denn das tut jeder; oder daß sie Witzbildchen malen wie Schulkinder – aber auf dem Dach mit einer Schleuder zu spielen, ist nun wirklich kindisch. Obwohl, wenn Miss Meteyard ihr Jo-Jo mit ins Büro bringt – »

«Ich will Ihnen mal was sagen, Smayle», erklärte Mr. Harris gewichtig, indem er seinen Kollegen am Revers packte und mit dem Zeigefinger auf ihn einstach, «das liegt alles an der Universitätsausbildung. Denn was tut die Universität? Sie nimmt so einen jungen Mann – oder ein junges Mädchen – und führt ihn an der Leine auf den Spielplatz, während er längst auf dem Acker der Wirklichkeit seine Furchen ziehen müßte... Hallo, Mr. Bredon! War das Ihr Fuß? Dann bitte ich um Verzeihung. Dieser Raum ist für solche Gesellschaften eben zu klein. Ich höre, Sie sind die offenen Weiten des Dachs gewöhnt.»

«O ja. Frische Luft und so weiter, Sie wissen ja. Bewegung. Neulich habe ich mit einer Schleuder auf Spatzen geschossen. Ausgezeichnetes Training fürs Auge und so. Kommen Sie doch irgendwann mal mit, dann schießen wir um die Wette.»

«Nichts für mich, vielen Dank», antwortete Mr. Harris. «Für solche Sachen bin ich zu alt. Aber ich weiß noch, wie ich als Junge mal meiner alten Tante das Glas auf dem Frühbeet kaputtgeschossen habe. O Gott, war das ein Theater!»

Mr. Harris blickte mit einemmal ganz wehmütig drein.

«Ich glaube, ich habe schon dreißig Jahre keine Schleuder mehr in der Hand gehabt», fügte er hinzu.

«Dann sollten Sie allmählich wieder anfangen.» Mr. Bredon zog augenzwinkernd eine Astgabel mit Gummibändern aus der Jackentasche und steckte sie mit einer Grimasse rasch wieder ein, denn soeben kam Mr. Pym in Sicht, der sich herablassend mit einem kürzlich neueingestellten jungen Mann unterhielt. «Unter uns gesagt, Mr. Harris, finden Sie es hier nicht auch manchmal ein bißchen mühselig?»

«Mühselig?» mischte Mr. Tallboy sich ein, indem er sich aus dem Gedränge am Tisch befreite und Mr. Smayle dabei fast die beiden Teetassen aus der Hand stieß, die dieser endlich ergattert hatte. «Mühselig? Ihr wißt doch alle nicht, was das heißt. Nur ein Layout-Zeichner weiß, wie einem Layout-Zeichner zumute ist.»

«Sie sollten kommen und mit uns übermütig sein», riet Mr. Bredon. «Wenn die Arbeit dich schafft, schöpf neue Kraft beim Spiel der Texter auf dem Dach. Heute früh habe ich einen Star erlegt.»

«Was heißt, einen Star erlegt?»

«Vater, ich kann nicht lügen. Ich war's, mit meiner kleinen Schleuder hier. Aber wenn man ihn findet», fuhr Mr. Bredon in ernstem Ton fort, «wird man sicher die Kantinenkatze verdächtigen.»

«Ist die Katze auf dem Dach, schreit der Vogel weh und ach», dichtete Mr. Harris und sah Mr. Tallboy erwartungsvoll an, aber der schien überhaupt keinen Sinn für Poesie zu haben, denn er machte ein noch abweisenderes und mürrischeres Gesicht als sonst, worauf Mr. Harris es gleich noch einmal versuchte:

«Ist der Vogel totgemacht, gerät die Katze in Verdacht. Na, wie finden Sie das?»

«Wie, was haben Sie gesagt?» fragte Mr. Tallboy mit angestrengt gerunzelter Stirn.

«– gerät die Katze in Verdacht», wiederholte Mr. Harris. «Kapiert?»

«Ach so, ja. Sehr gut. Haha!» sagte Mr. Tallboy.

«Ich weiß noch einen», fuhr Mr. Harris fort. «Steigt der Kater auf –»

«Schießen Sie gut mit der Schleuder, Tallboy?» fragte Bredon rasch dazwischen, als müsse er schleunigst für eine Ablenkung sorgen, bevor hier etwas explodierte.

«Dafür hab ich kein Auge.» Mr. Tallboy schüttelte bedauernd den Kopf.

«Kein Auge wofür?» erkundigte sich Miss Rossiter.

«Zum Schießen – mit der Schleuder.»

«Na, nun hören Sie aber auf, Mr. Tallboy! Sie, der große Tennismeister!»

«Das ist nicht unbedingt dasselbe», erklärte Mr. Tallboy.

«Auge ist Auge. Wer ein Auge für den Ball hat, der hat auch eins zum Zielen!»

«Im Auge Klarheit, im Herzen Wahrheit», gab Mr. Harris zum besten. «Haben Sie's schon einmal mit Pfeilwerfen versucht, Mr. Bredon?»

«Ich habe drei Jahre hintereinander den Pokal in der *Kuhtränke* gewonnen», erwiderte der Angesprochene stolz. «Verbunden mit dem Anrecht auf einen Eimer Freiwasser – ich meine einen Krug Freibier –, jeden Freitagabend, ein ganzes Jahr lang. Aber das war eine teure Angelegenheit, denn jedesmal, wenn ich mir mein Freibier holen ging, mußte ich einem guten Dutzend Zuschauer eins ausgeben. Ich habe mich daher aus dem Wettbewerb zurückgezogen und veranstalte nur noch Schauwerfen.»

«Ich höre hier gerade was von Pfeilwerfen.»

Mr. Daniels hatte sich herangepirscht. «Haben Sie den jungen Binns schon mal Pfeile werfen sehen? Alle Achtung, wirklich.»

«Ich hatte noch nicht das Vergnügen, Mr. Binns' Bekanntschaft zu machen», gestand Mr. Bredon. «Es ist eine Schande, aber ich muß gestehen, daß es in diesem Hause noch immer Mitarbeiter gibt, die ich höchstens vom Sehen kenne. Welches von den vielen fröhlichen Gesichtern, die ich dauernd durch die Gänge huschen sehe, gehört Mr. Binns?»

«Ich glaube kaum, daß Sie ihn schon mal gesehen haben», sagte Miss Rossiter. «Er hilft Mr. Spender im Archiv. Sie können ja irgendwann mal hingehen und sich ein paar alte Nummern einer obskuren Zeitschrift heraussuchen lassen, dann wird man Mr. Binns danach schicken. Auf Spiele aller Art versteht er sich wie kein zweiter.»

«Außer Bridge», schränkte Mr. Daniels stöhnend ein. «Ich hatte ihn bei einem Turnier als Partner gezogen – Sie erinnern sich vielleicht noch, Miss Rossiter, das war bei der Weihnachtsfeier vor drei Jahren, da hat er einen ‹3 Ohne› geboten, mit dem blanken Pik-As und fünf Herzen zu König und Dame –»

«Was Sie für ein Gedächtnis haben, Mr. Daniels! Diesen ‹3 Ohne› werden Sie ihm nie vergeben und vergessen. Armer Mr. Binns! Mr. Dean muß ihm sehr fehlen – sie sind oft zusammen zum Lunch gegangen.»

Mr. Bredon schien dieser Bemerkung mehr Aufmerksamkeit zu schenken, als sie verdiente, denn er sah Miss Rossiter an, als wollte er sie jeden Moment etwas fragen, aber da wurde das

Konklave durch die hinzukommende Mrs. Johnson gestört, die es nun, nachdem sie den Tee ausgeschenkt und die Kanne der Kantinenköchin übergeben hatte, an der Zeit fand, sich in den geselligen Teil der Veranstaltung zu stürzen. Sie war eine beleibte, stattliche Witwe mit auffallend fülligem kastanienbraunem Haar und rötlichem Teint, und daß eine Frau von solch königlicher Anmut nicht mit ihrem Charme geizte, sollte niemand wundernehmen.

«Na, na», sagte sie strahlend, «und wie geht es unserem Mr. Daniels heute?»

Mr. Daniels, der diese Anredeform seit fast zwölf Jahren ertrug, machte gute Miene und begnügte sich mit der Antwort, daß es ihm leidlich gehe.

«Sie sind zum erstenmal auf einer unserer monatlichen Gesellschaften, Mr. Bredon», fuhr die Witwe fort. «*Eigentlich* sollen Sie dabei die übrige Belegschaft kennenlernen, aber wie ich sehe, haben Sie sich noch nicht weit von Ihrer eigenen Abteilung fortgewagt. Aber so ist das – wir rundlichen Vierziger –» hier mußte Mrs. Johnson kichern – «können von den Herren der Schöpfung nicht mehr die gleiche Aufmerksamkeit erwarten wie diese jungen Dinger.»

«Ich versichere Ihnen», erwiderte Mr. Bredon, «daß nichts als mein übergroßer Respekt vor Ihrer Autorität mich bisher davon abgehalten hat, Ihnen meine aufdringlichen Huldigungen darzubringen. Die Wahrheit ist, daß ich etwas ausgefressen habe und fürchte, von Ihnen eins auf die Finger zu bekommen, wenn Sie es erfahren.»

«Nur wenn Sie mir meine Jungen verderben», antwortete Mrs. Johnson. «Diese Lausebengel! Sowie man ihnen den Rükken kehrt, haben sie nichts als Unfug im Sinn. Stellen Sie sich vor, dieser kleine Bengel, den sie alle Rotfuchs nennen, hat doch neulich sein Jo-Jo mit zur Arbeit gebracht und in der Mittagspause ‹Um die Welt› geübt und dabei das Fenster im Aufenthaltsraum der Jungen eingeschlagen. Aber das wird ihm vom Lohn abgezogen!»

«Wenn ich ein Fenster kaputtmache, werde ich es bezahlen», versprach Mr. Bredon artig. «Ich werde kommen und sagen: ‹Ich war's – ich tat's mit meiner kleinen Schleuder.›»

«Schleuder!» rief Mrs. Johnson. «Davon kann ich schon bald nichts mehr hören. Dieser Rotfuchs, noch keinen Monat ist es her – aber ich hab ihm gesagt, er soll sich nur ja nicht noch einmal von mir damit erwischen lassen!»

Mr. Bredon holte mit schuldbewußt hochgezogenen Brauen sein Spielzeug hervor.
«Sie waren an meinem Schreibtisch, Mr. Bredon!»
«Ganz bestimmt nicht – das würde ich nie wagen!» begehrte der Beschuldigte auf. «Ich wäre viel zu reinen Sinnes, um in den Schreibtisch einer Dame einzubrechen.»
«Das will ich auch hoffen», sagte Mr. Daniels. «Mrs. Johnson bewahrt dort nämlich ihre ganze Verehrerpost auf.»
«Jetzt ist es aber genug, Mr. Daniels. Nein, ich hatte im ersten Moment wirklich gedacht, es sei Joes Schleuder, aber jetzt sehe ich, daß sie ein wenig anders aussieht.»
«Haben Sie etwa immer noch die Schleuder dieses armen Jungen? Sie sind eine hartherzige Frau!»
«Das muß ich sein.»
«Unser aller Pech», sagte Mr. Bredon. «Sagen Sie, könnten Sie dem Jungen die Schleuder nicht zurückgeben? Er gefällt mir nämlich. Er sagt immer in einem Ton ‹Guten Morgen, Sir›, daß ich mir richtig etwas darauf einbilde. Außerdem mag ich rote Haare. Tun Sie's *mir* zu Gefallen, Mrs. Johnson, geben Sie dem Kind seine tödliche Waffe zurück.»
«Na ja», lenkte Mrs. Johnson ein. «Also, ich werde sie *Ihnen* geben, Mr. Bredon, und wenn nachher wieder ein Fenster kaputt ist, sind Sie dafür verantwortlich. Kommen Sie nach dem Tee kurz zu mir. Aber jetzt muß ich mich auch mal mit dem anderen Neuen unterhalten gehen.»
Sie eilte geschäftig davon – zweifellos, um Mr. Newbolt, Mr. Hamperley, Mr. Sidebotham, Miss Griggs und Mr. Woodhurst von den Verschrobenheiten dieser Texter zu berichten. Die Teestunde näherte sich dem festgesetzten Ende, und Mr. Pym, den Blick auf dem Zifferblatt der auf Greenwich-Zeit synchronisierten elektrischen Uhr an der Wand, strebte der Tür zu, ein nichtssagendes, der Allgemeinheit geltendes Lächeln auf den Lippen. Die zwanzig Auserwählten, von ihrem Leiden erlöst, folgten ihm auf den Korridor hinaus. Mrs. Johnson entdeckte neben sich Mr. Bredons schlanke Gestalt in demütig gebeugter Haltung.
«Soll ich mir die Schleuder nicht lieber gleich holen kommen, bevor wir es beide vergessen?»
«Wenn Sie wollen; *Sie* haben es aber eilig», meinte Mrs. Johnson.
«So verlängere ich mir den Genuß Ihrer Gesellschaft um ein paar Minuten», sagte Mr. Bredon.

«Sie *sind* mir ein Schmeichler», sagte Mrs. Johnson, gar nicht unangenehm berührt. Schließlich war sie nicht so sehr viel älter als Mr. Bredon, und dralle Witwenschaft hatte auch ihre Reize. Sie führte ihn die Treppe hinauf in die Versandabteilung, holte einen Schlüsselbund aus ihrer Handtasche und schloß eine Schublade auf.

«Ich sehe, Sie passen gut auf Ihre Schlüssel auf. Geheimnisse in der Schublade und so, wie?»

«Nur die Portokasse, sonst nichts», sagte Mrs. Johnson, «und so dies und das, was ich konfiszieren mußte. Das heißt nicht, daß keiner an die Schlüssel herankäme, wenn er's darauf anlegte, denn ich lasse meine Handtasche öfter mal auf dem Schreibtisch stehen. Aber die Jungen, die wir hier haben, sind alle sehr ehrlich.»

Sie nahm ein Löschblatt und eine Geldkassette aus der Schublade und begann in deren hinterem Teil herumzukramen. Mr. Bredon hielt sie davon ab, indem er seine linke Hand auf die ihre legte.

«Was für einen schönen Ring Sie da tragen!»

«Gefällt er Ihnen? Er gehörte meiner Mutter. Granat, wie Sie sehen. Altmodisch, aber hübsch, finden Sie nicht auch?»

«Wirklich ein sehr hübscher Ring, passend zu Ihrer Hand», erklärte Mr. Bredon galant. Geistesabwesend behielt er ihre Hand in der seinen. «Gestatten Sie?» Damit schob er seine rechte Hand in die Schublade und holte die Schleuder heraus. «Das also scheint das Zerstörungswerkzeug zu sein – eine gute, kräftige Schleuder, das sieht man auf den ersten Blick.»

«Haben Sie sich in den Finger geschnitten, Mr. Bredon?»

«Ach, nichts weiter; ich bin mit dem Taschenmesser ausgerutscht, und die Wunde ist wieder aufgegangen. Aber ich glaube, sie hat jetzt zu bluten aufgehört.»

Mr. Bredon wickelte das Taschentuch von seiner rechten Hand, legte es gedankenlos um die Schleuder und steckte beides in die Tasche. Mrs. Johnson inspizierte den Finger, den er ihr hinstreckte.

«Da sollten Sie lieber ein Heftpflaster drauftun», erklärte sie. «Warten Sie einen Augenblick, ich hole Ihnen eins aus dem Verbandsschränkchen.» Sie nahm ihren Schlüsselbund und entfernte sich. Mr. Bredon sah sich leise durch die Zähne pfeifend um. Auf einer Bank an der gegenüberliegenden Wand des Zimmers saßen vier Botenjungen und warteten, bis jemand sie zu irgendeiner Besorgung losschickte. Zwischen ihnen fiel ein roter Haarschopf auf, der gebannt über den Seiten des neuesten *Sexton Blake* hing.

«Rotfuchs!»

«Ja, Sir?»

Der Junge kam angesprungen und baute sich erwartungsvoll vor dem Schreibtisch auf.

«Wann hast du heute Feierabend?»

«Gegen Viertel vor sechs, Sir, wenn wir die Briefe runtergebracht und hier aufgeräumt haben, Sir.»

«Komm doch dann mal in mein Zimmer. Ich hab eine kleine Arbeit für dich. Du brauchst aber niemandem etwas davon zu sagen. Es ist eine Privatangelegenheit.»

«Ja, Sir.» Rotfuchs grinste verständnisinnig. Ein Briefchen an eine junge Dame, sagte ihm seine Erfahrung. Mr. Bredon winkte ihn auf die Bank zurück, als Mrs. Johnsons Schritte näher kamen.

Das Heftpflaster wurde an die vorgesehene Stelle geklebt.

«Und nun», meinte Mrs. Johnson kokett, «müssen Sie aber schnell weglaufen, Mr. Bredon. Ich sehe, daß Mr. Tallboy mir wieder etwas zu tun bringt, und ich habe noch 50 Klischees zu verpacken und zu versenden.»

«Hier, das muß ganz dringend in die Druckerei», sagte Mr. Tallboy, der sich mit einem großen Umschlag in der Hand näherte.

«Cedric!» rief Mrs. Johnson.

Ein Junge kam angerannt. Ein anderer, der von der Treppe kam, lud einen großen, flachen Korb voller Druckstöcke auf dem Schreibtisch ab. Das Zwischenspiel war vorüber. Mrs. Johnson wandte sich entschlossen der wichtigen Aufgabe zu, dafür zu sorgen, daß der richtige Druckstock an die richtige Zeitung abging und daß sie alle sicher in Wellpappekartons verpackt und korrekt frankiert wurden.

Punkt Viertel vor sechs meldete sich Joe, der Rotfuchs, in Mr. Bredons Büro. Das Haus war schon fast leer; die Reinemachefrauen hatten ihre Runde begonnen, und das Klappern von Eimern, das Platschen von Wasser und Seife und das Heulen der Staubsauger hallte durch die verlassenen Korridore.

«Komm rein, Joe. Ist das deine Schleuder?»

«Ja, Sir.»

«Die ist gut. Selbstgemacht?»

«Ja, Sir.»

«Schon viel damit geschossen?»

«Es geht, Sir.»

«Möchtest du sie wiederhaben?»

«O ja, bitte, Sir.»

«Gut, aber laß im Augenblick noch die Finger davon. Erst möchte ich mal sehen, ob du ein Junge bist, dem man eine Schleuder anvertrauen kann.»

Rotfuchs grinste ein wenig verschämt.

«Warum hat Mrs. Johnson sie dir weggenommen?»

«Wir sollen so was nicht in der Uniformtasche herumtragen, Sir. Mrs. Johnson hat mich erwischt, wie ich sie den anderen Jungen gezeigt habe, Sir, und hat sie konfilziert.»

«Konfisziert.»

«Konfisziert, Sir.»

«Aha. Hast du hier im Haus damit herumgeschossen, Joe?»

«Nein, Sir.»

«Hm. Du bist aber der Schlaumeier, der das Fenster eingeschlagen hat, nicht?»

«Ja, Sir. Aber das war nicht mit der Schleuder, Sir, das war mit dem Jo-Jo.»

«Ganz recht. Weißt du genau, daß du hier im Haus nie mit einer Schleuder geschossen hast?»

«Ja, Sir, noch nie, Sir.»

«Wozu hast du das Ding überhaupt hierher mitgebracht?»

«Also, Sir –» Rotfuchs stand verlegen auf einem Bein. «Ich hab doch den anderen erzählt, wie ich den Kater von meiner Tante Emily damit erschossen hab, Sir, und sie wollten sie mal sehen, Sir.»

«Du bist ja ein gefährlicher Bursche, Joe. Nichts ist vor dir sicher. Kater, Fenster und alte Tanten – du erwischst sie alle, was?»

«Ja, Sir.» Rotfuchs faßte die letzte Bemerkung als Scherz auf und gluckste vergnügt.

«Wann hat dich denn dieser tragische Verlust ereilt?»

«Meinen Sie Tante Emilys Kater, Sir?»

«Nein, ich meine, wie lange ist es her, daß die Schleuder konfisziert wurde?»

«Bißchen mehr als einen Monat muß das her sein, Sir.»

«Also ungefähr Mitte Mai?»

«Stimmt, Sir.»

«Und seitdem hast du sie nicht mehr in der Hand gehabt?»

«Nein, Sir.»

«Hast du noch eine andere Schleuder?»

«Nein, Sir.»
«Hat einer von den anderen Jungen eine Schleuder?»
«Nein, Sir.»
«Oder irgend etwas anderes, womit man Steine verschießen kann?»
«Nein, Sir. Wenigstens nicht hier, Sir. Tom Faggott hat eine Erbsenpistole zu Hause, Sir.»
«Ich sagte Steine, nicht Erbsen. Hast du mit dieser oder einer anderen Schleuder jemals auf dem Dach geschossen?»
«Hier auf dem Dach über den Büros, Sir?»
«Ja.»
«Nein, Sir.»
«Oder weißt du es von jemand anderem?»
«Nein, Sir.»
«Bist du ganz sicher?»
«Ich wüßte wirklich nicht, Sir.»
«Nun paß mal auf, mein Junge. Ich habe den Eindruck, daß du ein gerader Kerl bist, der einen Kumpel nicht gern verpfeifen will. Bist du ganz sicher, daß es über diese Schleuder absolut nichts zu sagen gibt, was du zwar weißt, mir aber nicht erzählen möchtest? Das würde ich nämlich voll und ganz verstehen, und dann würde ich dir genau erklären, warum es trotzdem besser wäre, wenn du es mir sagtest.»

Joe riß bestürzt die Augen ganz weit auf.

«Ehrenwort, Sir», sagte er mit feierlichem Ernst, «ich weiß von gar keinen Schleudern was, nur daß Mrs. Johnson mir die hier weggenommen und in ihre Schublade gesperrt hat. Hand aufs Herz, und tot will ich umfallen, Sir.»

«Schön. Was war das für ein Buch, in dem ich dich vorhin lesen sah?»

Rotfuchs, dem diese komische Angewohnheit der Erwachsenen nicht fremd war, die Jugend nach allen Nebensächlichkeiten auszufragen, die ihnen gerade in den Sinn kamen, antwortete wie aus der Pistole geschossen:

«*Der blutrote Stern*, Sir, über Sexton Blake; das ist nämlich ein Detektiv, Sir. Ein prima Buch, Sir.»

«Magst du Detektivgeschichten, Joe?»

«O ja, Sir. Die lese ich viel. Und später will ich selbst mal Detektiv werden, Sir. Mein ältester Bruder ist bei der Polizei, Sir.»

«So? Großartig. Aber das erste, was ein Detektiv lernen muß, ist Schweigen. Wußtest du das?»

«Klar, Sir.»

«Wenn ich dir jetzt etwas zeige, wirst du es für dich behalten können?»

«Ja, Sir.»

«Sehr schön. Hier hast du 10 Shilling. Lauf damit in die nächste Apotheke und hol mir etwas graues Pulver und einen Insufflator.»

«Was für Pulver, Sir?»

«Graues Pulver – Quecksilberpulver –, der Mann weiß schon Bescheid. Und einen Insufflator. Das ist ein kleiner Gummibalg mit einer Art Rüssel daran.»

«Ja, Sir.»

Rotfuchs sauste davon.

«Ein Verbündeter», sagte Mr. Bredon bei sich. «Ein Verbündeter – unverzichtbar, wie ich fürchte, aber ich glaube, ich habe mir den richtigen ausgesucht.»

Rotfuchs war in Rekordzeit wieder da, ganz außer Atem; er witterte ein Abenteuer. Inzwischen hatte Mr. Bredon einen diskreten Vorhang aus braunem Packpapier vor der Glasscheibe seiner Tür angebracht. Mrs. Crump wunderte sich darüber nicht im mindesten. Dergleichen kannte sie. Für gewöhnlich bedeutete es, daß der betreffende Herr auszugehen wünschte und in sittsamer Ungestörtheit die Hose wechseln wollte.

«So», sagte Mr. Bredon, indem er die Tür schloß, «nun wollen wir mal sehen, ob deine Schleuder uns etwas über ihre Abenteuer erzählen kann, seit sie zuletzt in deiner Hand war.» Er füllte den Insufflator mit dem grauen Pulver und stäubte probehalber eine kleine Ecke der Schreibtischplatte damit ein. Nachdem das überschüssige Pulver fortgeblasen war, wurde eine erstaunliche Menge fettiger Fingerabdrücke sichtbar. Rotfuchs war überwältigt.

«Mann!» stieß er ehrfürchtig hervor. «Wollen Sie die Schleuder nach Fingerabdrücken untersuchen, Sir?»

«So ist es. Es dürfte sehr interessant sein, wenn wir welche finden, und noch interessanter, wenn wir keine finden.»

Rotfuchs kullerten fast die Augen aus dem Kopf, während er den Vorgang beobachtete. Die Schleuder hatte vom vielen Gebrauch eine glänzend polierte Oberfläche, die ideale Grundlage für Fingerabdrücke – wenn welche dagewesen wären, doch obwohl sie jeden Quadratzentimeter der dicken Gabel mit Pulver einstäubten, blieb das Ergebnis negativ. Joe macht ein enttäuschtes Gesicht.

«Aha!» sagte Bredon. «Nun wollen wir mal sehen, ob es nicht

reden kann oder ob es nicht will. Das müssen wir genau wissen. Du nimmst jetzt mal die Schleuder so in die Hand, als ob du damit schießen wolltest, Joe.»

Rotfuchs gehorchte. Entschlossen packte er mit seinen fettigen Fingern zu.

«Damit», sagte sein neuer Freund, «dürften wir die ganzen Innenseiten aller vier Finger auf dem Griff und den Daumen auf der Gabelung haben. Versuchen wir's also noch einmal.»

Der Insufflator trat wieder in Aktion, und diesmal wurde ein kompletter Satz deutlicher Abdrücke sichtbar.

«Rotfuchs», sagte Mr. Bredon, «was würdest du als Detektiv daraus schließen?»

«Mrs. Johnson muß sie abgewischt haben, Sir.»

«Hältst du das für sehr wahrscheinlich?»

«Nein, Sir.»

«Dann denk mal weiter nach.»

«Jemand anders muß sie abgewischt haben, Sir.»

«Und warum hätte jemand anders das tun sollen?»

Hier kannte Rotfuchs sich bestens aus.

«Damit die Polizei ihm nichts anhängen kann, Sir.»

«Die Polizei, ja?»

«Nun ja, Sir – die Polizei – oder ein Detektiv – oder vielleicht so einer wie Sie, Sir.»

«Ich entdecke keinen Fehler in deinen Schlußfolgerungen, Rotfuchs. Könntest du nun noch weitergehen und mir sagen, warum der unbekannte Schleuderschütze sich diese Mühe gemacht haben sollte?»

«Nein, Sir.»

«Nur Mut, Joe.»

«Na ja, Sir, er hat sie ja nicht gestohlen – und außerdem ist sie nichts wert.»

«Das nicht; aber es sieht doch so aus, als hätte einer sie sich ausgeliehen, wenn schon nicht gestohlen. Wer könnte das gewesen sein?»

«Weiß ich nicht, Sir. Mrs. Johnson hat die Schublade immer abgeschlossen.»

«Stimmt. Glaubst du, daß Mrs. Johnson selbst mal ein bißchen Schleuderschießen geübt hat?»

«Bestimmt nicht, Sir. Frauen verstehen nichts von Schleudern.»

«Wie recht du hast! Also, nehmen wir an, jemand hätte Mrs. Johnsons Schlüssel gemopst, die Schleuder aus der Schublade genommen und ein Fenster oder dergleichen damit kaputtgeschossen und hätte nun Angst, erwischt zu werden?»

«Hier im Haus ist aber nichts kaputtgegangen, seit Mrs. Johnson meine Schleuder hat, bloß das Fenster, und das war ja ich mit dem Jo-Jo. Und wenn einer von den anderen Jungen sich die Schleuder genommen hätte, Sir, der hätte bestimmt nicht an die Fingerabdrücke gedacht.»

«Das weiß man nie. Vielleicht hat er Einbrecher gespielt und der Spannung wegen die Fingerabdrücke abgewischt, wenn du verstehst, wie ich das meine.»

«Ja, Sir», meinte Rotfuchs wenig überzeugt.

«Vor allem wenn er etwas richtig Schlimmes damit angerichtet hätte. Aber es könnte auch *nicht* nur wegen des Nervenkitzels gewesen sein. Ist dir eigentlich klar, Joe, daß man mit so einem Ding ohne weiteres jemanden umbringen kann, wenn man ihn an der richtigen Stelle trifft?»

«Einen umbringen? Wirklich, Sir?»

«Ich würde es jedenfalls nicht gern darauf ankommen lassen. Der Kater deiner Tante war doch tot, nicht?»

«Ja, Sir.»

«Das waren neun Leben auf einen Streich, Rotfuchs, und ein Mensch hat nur eines. Bist du vollkommen sicher, mein Junge, daß an dem Tag, an dem Mr. Dean die Treppe hinuntergefallen ist, hier niemand mit dieser Schleuder herumgeschlichen ist?»

Rotfuchs wurde zuerst rot, dann blaß, aber offenbar nur vor Aufregung. Sein Stimmchen klang ganz heiser, als er antwortete.

«Nein, Sir. Ich will tot umfallen, Sir, wenn ich einen damit gesehen habe. Meinen Sie, daß einer Mr. Dean erschossen hat, Sir?»

«Detektive ‹meinen› nie etwas», antwortete Mr. Bredon tadelnd. «Sie sammeln Fakten und ziehen daraus Schlüsse – Gott verzeih mir!» Die letzten drei Worte waren ein geflüstertes Lippenbekenntnis zur Wahrheit. «Kannst du dich erinnern, wer zufällig in der Nähe gewesen oder vorbeigegangen sein könnte, als Mrs. Johnson dir die Schleuder wegnahm und sie in die Schublade legte?»

Rotfuchs überlegte.

«Das kann ich so nicht sagen, Sir. Ich war gerade die Treppe raufgekommen in den Versand, da hat sie das Ding gesehen. Sie war nämlich hinter mir, Sir, und es hat so aus der Tasche rausgestanden. Die ganze Treppe rauf hat sie mit mir geschimpft,

Sir, und wie wir oben waren, hat sie mir die Schleuder abgenommen und mich mit dem Korb wieder runtergeschickt zu Mr. Hornby. Ich hab gar nicht gesehen, was sie damit gemacht hat. Aber vielleicht einer von den anderen Jungen. Ich hab natürlich trotzdem gewußt, daß sie da drin war, denn alles, was sie konfilziert – »

«Konfisziert.»

«Ja, Sir – konfisziert, kommt da rein. Aber ich kann ja mal rumfragen, Sir.»

«Verrate aber niemandem, warum du fragst.»

«Nein, Sir. Kann ich nicht sagen, ich glaube, daß einer sie sich ausgeliehen und mir das Gummi kaputtgemacht hat?»

«Das ginge schon, vorausgesetzt – »

«Ja, Sir. Ich muß daran denken, das Gummi kaputtzumachen.»

Mr. Bredon, der sich heute nachmittag schon im heiligen Dienste des schönen Scheins eine Taschenmesserspitze in den Finger gestochen hatte, lächelte liebevoll auf Rotfuchs-Joe hinab.

«Du bist ein Partner, auf den man stolz sein kann», sagte er. «Aber noch etwas. Du erinnerst dich doch an den Tag, an dem Mr. Dean gestorben ist. Wo warst du um die Zeit?»

«Da hab ich im Versand auf der Bank gesessen, Sir. Ich hab ein Alibi.» Er grinste.

«Versuch mal für mich herauszukriegen, wer alles sonst noch ein Alibi hat.»

«Ja, Sir.»

«Das ist ein Haufen Arbeit, fürchte ich.»

«Ich werde mein Bestes tun, Sir. Ich werde mir schon was ausdenken, Sir, keine Bange. Das ist leichter für mich als für Sie, das sehe ich ein, Sir. Übrigens, Sir – »

«Ja?»

«Sind Sie von Scotland Yard?»

«Nein, ich bin nicht von Scotland Yard.»

«Oh! Entschuldigen Sie die Frage, Sir. Aber ich hab gedacht, wenn Sie von Scotland Yard wären, könnten Sie – entschuldigen Sie, Sir –, aber dann hätten Sie vielleicht ein gutes Wort für meinen Bruder einlegen können.»

«Das kann ich vielleicht auch so, Joe.»

«Danke, Sir.»

«Ich habe *dir* zu danken», sagte Mr. Bredon mit der Höflichkeit, die ihn stets auszeichnete. «Und keine Silbe, klar?»

«Aus mir kriegen keine zehn Pferde nix raus», erklärte Rotfuchs mit einer Entschiedenheit, die ihn schlagartig alle Grammatik vergessen ließ, die eine fürsorgliche Nation ihm auf Steuerzahlers Kosten eingepaukt hatte. «Keine zehn wilden Pferde kriegen aus mir nix raus, wenn ich nich will, das geb ich Ihnen schriftlich.»

Er rannte davon. Mrs. Crump, die eben mit ihrem Besen über den Korridor kam, wunderte sich, ihn noch im Haus anzutreffen. Sie stellte ihn zur Rede, erhielt eine unverschämte Antwort und ging kopfschüttelnd ihres Weges. Eine Viertelstunde später verließ Mr. Bredon seine Klause. Er war, wie sie erwartet hatte, im Abendanzug und sah, fand sie, wie ein richtiger Herr aus. Sie bediente entgegenkommend den Aufzug für ihn, und Mr. Bredon, der stets Höfliche, klappte während der Abfahrt seinen Zylinder aus und setzte ihn sich auf den Kopf, offenbar zu dem einzigen Zweck, ihn beim Aussteigen vor ihr zu ziehen.

In einem Taxi nach Westen nahm Mr. Bredon seine Brille ab, kämmte den Seitenscheitel aus, klemmte sich ein Monokel ins Auge und war, bevor sie den Piccadilly Circus erreichten, wieder Lord Peter Wimsey. Mit verträumtem Blick sah er zu den flimmernden Lichtreklamen empor, als wüßte er, ein weltfremder Astronom, nichts von den schöpferischen Händen, die diese minderen Sterne zur Herrschaft über die Nacht gesetzt hatten.

Bestürzendes Erlebnis eines Chefinspektors

In derselben Nacht, oder besser gesagt in den frühen Morgenstunden, hatte Chefinspektor Parker ein höchst unangenehmes Erlebnis. Es war für ihn um so ärgerlicher, als er nun wirklich nichts getan hatte, um solches zu verdienen.

Er hatte einen langen Tag beim Yard hinter sich – keine Aufregungen, keine interessanten Entdeckungen, keine erregenden Besucher, nicht einmal ein ent-juwelter Maharadscha oder ein finsterer Chinese – nur 21 durchzulesende und auszuwertende Berichte von Gesprächen mit Polizeispitzeln, 513 Briefe aus der Bevölkerung als Reaktion auf eine über den Rundfunk gesendete Fahndungsmeldung und ein bis zwei Dutzend anonyme Zuschriften, alle wahrscheinlich von Irren verfaßt. Obendrein hatte er auf einen Anruf von einem Inspektor warten müssen, der nach Essex gefahren war, um ein Auge auf gewisse sonderbare Bewegungen von Motorbooten in der Blackwater-Mündung zu werfen. Falls das Ergebnis positiv war, erforderte es unverzügliches Handeln, aus welchem Grunde Mr. Parker es für besser gehalten hatte, den Anruf in seinem Büro abzuwarten, statt nach Hause zu gehen und sich ins Bett zu legen, um gegen ein Uhr früh dort wieder herausgeholt zu werden. So saß er also treu und brav in seinem Dienstzimmer, verglich Informationen und stellte gerade einen Plan für die Arbeit des morgigen Tages auf, als wie erwartet das Telefon klingelte. Er warf einen Blick auf die Uhr und sah, daß sie zehn Minuten nach eins zeigte. Die Nachricht war kurz und unbefriedigend: Es gab nichts zu berichten; das verdächtige Boot war mit dieser Flut nicht eingelaufen; es gab nichts zu unternehmen; Chefinspektor Parker durfte nach Hause gehen und wenigstens noch die kurzen Morgenstunden verschlafen.

Mr. Parker nahm Enttäuschungen mit der philosophischen Gelassenheit jenes Herrn in Brownings Gedicht hin, der sich der Mühe unterzog, Musikstunden zu nehmen, nur für den Fall, daß die Dame seines Herzens von ihm ein Lied mit Lautenobligato verlangte. Vertane Zeit, wie sich zeigte, aber – es hätte ja sein können. So etwas gehörte eben dazu. Der Chefinspektor räumte seine Papiere ordentlich fort, schloß den Schreibtisch ab, verließ das Gebäude, ging zur Embankment, nahm eine verspätete Bahn zur Theobald's Road und begab sich von dort gemessenen Schrittes in die Great Ormond Street.

Er schloß die Haustür mit dem Schlüssel auf und trat ein. Es war dasselbe Haus, in dem er lange eine bescheidene Junggesellenwohnung gehabt hatte, doch nach seiner Heirat hatte er die Wohnung darüber noch dazugemietet, so daß er jetzt genaugenommen eine siebenzimmrige Maisonette bewohnte, abgesehen davon, daß eine kleinliche Vorschrift der Stadtverwaltung es ihm verbot, die beiden Etagen durch eine ins Treppenhaus einzubauende Tür gegen das übrige Haus abzusetzen, denn den Bewohnern der ersten Etage mußte im Brandfalle der Weg zum Dach offenstehen.

Die für alle Bewohner gemeinsame Eingangsdiele lag im Dunkeln, als er eintrat. Er knipste das Licht an und fischte in dem kleinen, verglasten Briefkasten, auf dem «Wohnung 3 – Parker» stand, nach Post. Er fand eine Rechnung und eine Drucksache und schloß daraus völlig richtig, daß seine Frau den ganzen Abend zu Hause und zu müde oder zu faul gewesen war, um nach unten zu gehen und die Halb-zehn-Uhr-Post heraufzuholen. Er wollte sich schon zur Treppe wenden, als ihm einfiel, daß im Briefkasten 4 ein Brief für Wimsey unter dem Namen Bredon sein könnte. Normalerweise wurde dieser Briefkasten natürlich nicht benutzt, aber als Wimsey inkognito in die Werbeagentur Pym eingetreten war, hatte sein Schwager ihm einen passenden Schlüssel dazu besorgt und den Briefkasten eigenhändig mit dem Namen «Bredon» beschriftet, damit der Postbote sich zurechtfand.

In diesem Kasten war tatsächlich ein Brief, so einer, wie ihn die Romanschreiber gern als «zarte Botschaft» bezeichnen – das heißt, der Umschlag war lila getönt mit Goldrand und trug eine schwungvolle weibliche Handschrift. Parker nahm den Brief heraus, steckte ihn in die Tasche, um ihn morgen früh zusammen mit einer kleinen Mitteilung an Wimsey zu schicken, und ging die Treppe in den ersten Stock hinauf. Dort schaltete er das Dielenlicht aus, das wie die Treppenbeleuchtung eine Zweiwegschaltung hatte, und stieg weiter in den zweiten Stock mit der Wohnung drei, die aus Parkers Wohnzimmer, Eßzimmer und Küche bestand. Hier zögerte er kurz, fand dann aber sehr zu seinem Pech, daß es ihn weder nach einem Teller Suppe noch nach einem Sandwich gelüstete, weshalb er das Licht für die untere Treppe ausknipste und gleichzeitig auf den Schalter drückte, der nun der oberen Treppe hätte Licht spenden sollen. Nichts geschah. Parker knurrte, wunderte sich aber nicht. Die Treppenhausbeleuchtung war Sache des Hauswirts, und der hatte die knauserige Angewohnheit, die billigsten Birnen zu kaufen und diese so lange darinzulassen, bis der Glühfaden durchgebrannt war. Auf diese Weise verscherzte er sich die Zuneigung seiner Mieter und gab obendrein mehr Geld für Strom aus, als er an den Birnen sparte, aber so war er nun mal. Parker kannte die Treppe so gut wie die Gewohnheiten seines Hauswirts; er ging im Dunkeln hinauf und zündete nicht einmal ein Streichholz an.

Ob nun dieser kleine Zwischenfall sein professionelles Unterbewußtsein auf den Plan gerufen hatte, oder ob der Hauch einer Bewegung oder ein Atemgeräusch ihn in letzter Sekunde gewarnt hatte, wußte er später nicht zu sagen. Er hatte den Schlüssel in der Hand und wollte ihn gerade ins Schloß stecken, als er plötzlich instinktiv nach rechts auswich, und im selben Sekundenbruchteil landete der Schlag mit mörderischer Wucht auf seiner linken Schulter. Er hörte sein Schlüsselbein krachen, während er sich herumwarf, um sich der mordlüsternen Dunkelheit zum Kampf zu stellen, und dachte noch in diesem Moment: «Wäre ich nicht ausgewichen, hätte meine Melone den Schlag gebremst, und mein Schlüsselbein wäre heil geblieben.» Seine rechte Hand ertastete eine Kehle, die aber durch einen dicken Schal und einen hochgeschlagenen Kragen geschützt war. Verzweifelt versuchte er seine Finger durch dieses Hindernis zu wühlen, während er gleichzeitig mit dem nur noch halb brauchbaren linken Arm den zweiten Schlag abwehrte, den er auf sich herabsausen fühlte. Er hörte seinen Gegner keuchen und fluchen. Dann gab der Widerstand plötzlich nach, und ehe er noch loslassen konnte, flog er vornüber, während ein hochgerissenes Knie ihm mit brutaler Gewalt in die Magengrube stieß, daß ihm die Luft wegblieb. Er taumelte, dann krachte die Faust des Gegners gegen sein Kinn. In der letzten Sekunde des Bewußtseins, kurz bevor sein Kopf auf den Boden schlug, dachte er an die Waffe in der Hand des anderen und gab alle Hoffnung auf.

Der Niederschlag hatte ihm wahrscheinlich das Leben gerettet. Sein dumpfer Fall weckte Lady Mary auf. Im ersten Augenblick wußte sie gar nicht, was sie geweckt hatte. Dann flogen ihre Gedanken zu den Kindern, die im Zimmer nebenan schliefen. Sie knipste das Licht an und rief gleichzeitig nach drüben, ob etwas passiert sei. Als sie keine Antwort bekam, sprang sie aus dem Bett, warf sich einen Morgenmantel um und lief ins Nebenzimmer. Dort war alles friedlich. Verwundert stand sie da und glaubte schon, den Krach nur geträumt zu haben. Da hörte sie jemanden in großer Hast die Treppe hinunterlaufen. Sie rannte ins Schlafzimmer zurück, packte den Revolver, der stets geladen in der Nachttischschublade lag, und riß die Wohnungstür auf. Der Lichtschein aus dem Flur fiel auf die zusammengesunkene Gestalt ihres Mannes, und während sie noch mit weit aufgerissenen Augen vor diesem bestürzenden Anblick stand, hörte sie unten die Haustür laut zuschlagen.

«Du hättest», sagte Mr. Parker bissig, «dich nicht um mich kümmern, sondern zum Fenster rennen und versuchen sollen, den Kerl zu sehen, als er die Straße hinunterlief.»

Lady Mary lächelte nachsichtig über diese aberwitzige Bemerkung und wandte sich an ihren Bruder.

«Das wäre also alles, was ich dir darüber sagen kann; er kann sehr von Glück reden, daß er überhaupt noch lebt, und sollte dankbar sein, statt zu murren.»

«Du würdest genauso murren, wenn du das Schlüsselbein gebrochen hättest», sagte Parker, «und Kopfschmerzen wie sonst was und ein Gefühl, als wenn dir eine Herde wilder Stiere auf dem Bauch herumgetrampelt wäre.»

«Ich werde nie begreifen», meinte Wimsey, «was diese Polizisten immer für ein Theater wegen des kleinsten Wehwehchens machen. In dem *Sexton Blake*, den mein Freund Rotfuchs mir geliehen hat, wird der große Detektiv mit einem Bleirohr niedergeschlagen und sechs Stunden lang so zusammengeschnürt liegengelassen, daß die Fesseln ihm das Fleisch bis auf die Knochen durchschneiden; dann bringt man ihn in einer stürmischen Nacht mit einem Boot zu einem abgelegenen Haus an der Küste, wirft ihn eine Steintreppe hinunter in einen Steinkeller, wo er sich aber in dreistündiger Arbeit mit Hilfe einer zerbrochenen Weinflasche von seinen Fesseln befreien kann, bis der Bösewicht merkt, was sich da tut, und den Keller unter Gas setzt. In der 59. Minute der elften Stunde wird er durch einen überaus glücklichen Zufall gerettet, nimmt sich gerade so viel Zeit, um ein paar Schinkenbrote zu vertilgen und eine Tasse starken Kaffee hinunterzuschütten, und begibt sich sofort mit einem Flugzeug auf die lange Jagd nach den Mördern, wobei er noch auf die Tragfläche hinausklettern und mit einem Kerl kämpfen muß, der dort soeben an einem Seil gelandet ist und sich anschickt, eine Handgranate in die Pilotenkanzel zu werfen. So, und hier liegt mein eigener Schwager – ein Mann, den ich schon fast zwanzig Jahre kenne – und läßt sich in Verbände wickeln und jammert und stöhnt, nur weil so ein Dreigroschenganove ihm auf seiner eigenen gemütlichen Treppe aufgelauert und eine Tracht Prügel verabreicht hat.»

Parker grinste verdrießlich.

«Ich zerbreche mir nur den Kopf darüber, wer das gewesen sein könnte», sagte er. «Ein Einbrecher oder dergleichen war es nicht – es war ein geplanter Mordversuch. Die Glühbirne war vorsätzlich entfernt worden, und dann hat er sich stundenlang im Kohlenverschlag versteckt gehalten. Seine Fußspuren sieht man noch. Jetzt frage ich mich in Gottes Namen, wen ich mir derart zum Feind gemacht habe. Es kann eigentlich nicht Gentleman-Jim oder Hundskopf-Dan gewesen sein, denn das ist nicht ihr Stil. Wenn es vorige Woche passiert wäre, hätte es Boxer-Wally gewesen sein können – der arbeitet mit einem Totschläger –, aber den haben wir eben deswegen letzten Samstagabend im Limehouse auf Nummer Sicher gesetzt. Dann gibt's da noch so ein paar hoffnungsvolle Bürschchen, die mich auf dem Kieker haben, aber eigentlich traue ich es denen auch nicht ganz zu. Ich weiß lediglich, daß der Betreffende, egal wer's war, vor elf Uhr abends im Haus gewesen sein muß, denn da schließt der Hauswirt die Tür ab und löscht das Licht am Eingang. Er hätte höchstens einen Nachschlüssel haben müssen, aber das ist unwahrscheinlich. Leider war er nicht so entgegenkommend, uns etwas zu hinterlassen, woran wir ihn erkennen könnten, außer einem Bleistift von Woolworth.»

«Ach, einen Bleistift hat er zurückgelassen?»

«Ja – einen Drehbleistift – keinen hölzernen –, mach dir also keine Hoffnung, daß er uns einen schönen Abdruck seiner Schneidezähne oder so was geliefert hätte.»

«Zeig mal her, zeig», drängte Wimsey.

«Bitte sehr; wenn du willst, kannst du ihn dir ansehen. Ich habe ihn schon auf Fingerabdrücke untersucht, aber nicht viel gefunden – nur ein paar verschmierte Flecken. Unser Experte hat sie sich angesehen, kann aber offenbar nichts damit anfangen. Hol deinem kleinen Bruder doch mal den Drehbleistift, Mary. Ach ja, da fällt mir ein, daß ich einen Brief für dich habe, Peter.

In meiner linken Manteltasche, Mary. Ich hatte ihn gerade erst aus dem Briefkasten genommen, kurz bevor es passierte.»

Mary eilte davon und kam schon bald mit dem Drehbleistift und dem Mantel wieder.

«Ich kann keinen Brief finden.»

Parker nahm den Mantel und durchsuchte mit der noch einsatzfähigen Hand sorgfältig alle Taschen.

«Komisch», sagte er. «Ich weiß genau, daß er da war. Einer von diesen feinen, langformatigen lila Umschlägen mit Goldrand und einer recht schwungvollen weiblichen Handschrift.»

«Oho!» machte Wimsey. «Der Brief ist also weg?» Seine Augen schillerten vor Erregung. «Sehr bemerkenswert. Außerdem ist dieser Drehbleistift nicht von Woolworth, Charles, sondern von Darlings.»

«Das hatte ich auch sagen wollen – ist ja das gleiche. So ein Ding kann jeder mit sich herumtragen.»

«Ha!» rief Wimsey. «An dieser Stelle wird sich nun mein Spezialwissen bezahlt machen. Darlings verkaufen diese Bleistifte nämlich nicht, sie verschenken sie. Wer für mindestens ein Pfund bei ihnen kauft, bekommt so einen Bleistift als Prämie für gutes Betragen. Wie du siehst, steht da auch nicht nur ‹Darlings› darauf, sondern ein ganzer Werbespruch: Bei ‹DARLINGS GIBT'S ALLES, WAS GUT UND GAR NICHT TEUER IST.› (Übrigens eine von Pyms erfolgreichsten Schöpfungen.) Der Sinn der Sache ist, daß man jedesmal, wenn man etwas auf seinen Einkaufszettel schreibt, daran erinnert wird, wieviel sparsamer man wirtschaften kann, wenn man seinen Bedarf bei Darlings deckt. Und die haben wirklich was zu bieten», fuhr Seine Lordschaft geradezu begeistert fort. «Sie haben das Baukastensystem zu einer schönen Kunst entwickelt. Man kann auf einem Darlings-Stuhl sitzen, der aus lauter Einzelteilen für einen oder einen halben Shilling das Stück zusammengesetzt ist und von Patentstiften für 6 Pence das Hundert zusammengehalten wird. Wenn Onkel George sich draufsetzt und ein Bein abbricht, kauft man ein neues Bein und steckt es einfach fest. Wenn du dir mehr Wäsche kaufst, als in deine Darlings-Kommode paßt, nimmst du einfach die Deckplatte ab, kaufst dir für zweieinhalb Shilling ein zusätzliches Schubfach, baust es ein und setzt den Deckel wieder drauf. Alles schön numeriert und mit den besten Empfehlungen. Und wie gesagt, wenn du genug kaufst, schenken sie dir einen Drehbleistift dazu. Wer für mindestens 5 Pfund kauft, kriegt einen Füllfederhalter.»

«Das hilft uns mächtig weiter», meinte Parker ironisch. «Einen Verbrecher zu identifizieren, der in den letzten fünf, sechs Monaten bei Darlings für mindestens ein Pfund was gekauft hat, dürfte eine Kleinigkeit sein.»

«Nicht so voreilig; ich sprach von meinem Spezialwissen. Dieser Drehbleistift – ein tiefes Rot mit Goldbeschriftung, wie du siehst – kommt aus keiner Darlings-Filiale. Den gibt es nämlich noch gar nicht. Er kann nur von drei Stellen stammen: erstens vom Hersteller, zweitens von der Darlings-Hauptverwaltung, drittens von uns.»

«Du meinst von Pyms Werbedienst?»

«So ist es. Das ist nämlich ein ganz neuartiger Drehbleistift mit verbessertem Mechanismus. Die alten schoben die Mine nur vor, der hier zieht sie auch wieder zurück, wenn du an dem Dingsda drehst. Darlings waren so freundlich, uns sechs Dutzend davon zum Ausprobieren zu verehren.»

Mr. Parker fuhr so ruckartig hoch, daß ein Schmerz ihm durch Kopf und Schulter zuckte und er laut aufstöhnte.

«Ich halte es für höchst unwahrscheinlich», fuhr Lord Peter fort, «daß du einen Todfeind in der Drehbleistiftfabrik oder in der Hauptverwaltung von Darlings hast. Mir erscheint es viel plausibler, daß der Herr mit dem Totschläger oder Schlagring oder Sandsack oder Bleirohr, kurz, mit dem stumpfen Gegenstand, aus der Werbeagentur Pym kam, geleitet von der Adresse, die du mir in deiner gewohnt freundlichen Art als die meine auszugeben erlaubt hast. Als er meinen Namen säuberlich auf den zu Wohnung vier gehörigen Briefkasten geschrieben fand, ist er hoffnungsfroh die Treppe hinaufgestiegen, bewaffnet mit dem Totschläger, Schlag-»

«Ich werde verrückt!» rief Lady Mary. «Soll das heißen, du Schuft, daß eigentlich du an Stelle meines armen, geschlagenen Mannes verwundet und verstümmelt hier liegen müßtest?»

«Ich glaube ja», antwortete Wimsey mit Genugtuung. «Ich glaube es sogar ganz sicher. Erst recht, nachdem der Attentäter auch noch mit meiner Privatkorrespondenz abgezogen zu sein scheint. Ich weiß übrigens, von wem der Brief war.»

«Von wem?» fragte Parker.

«Von Pamela Dean, ist doch klar. Deine Beschreibung des Umschlags läßt keinen Zweifel offen.»

«Von Pamela Dean? Der Schwester des Opfers?»

«Du sagst es.»

«Willis' Freundin?»

«Genau.»

«Aber wie soll er von diesem Brief gewußt haben?»

«Ich glaube nicht, daß er davon wußte. Ich führe den Überfall eher darauf zurück, daß ich gestern beim Teekränzchen ein bißchen Reklame in eigener Sache gemacht habe. Ich habe nämlich aller Welt erzählt, daß ich auf dem Dach Schießübungen mit einer Schleuder veranstaltet habe.»

«So? Und wer ist, bitte schön, ‹alle Welt›?»

«Die zwanzig Leute, die beim Tee waren, und die anderen alle, denen sie es weitererzählt haben.»

«Ein ziemlich großer Kreis.»

«Hm, ja. Ich hatte mit einer Reaktion gerechnet. Pech, daß sie nun dich und nicht mich getroffen hat.»

«Allerdings», pflichtete Mr. Parker ihm mit Nachdruck bei.

«Aber es hätte noch schlimmer kommen können. Jetzt haben wir immerhin dreierlei, woran wir uns halten können. Erstens alle, die von den Schießübungen wissen. Zweitens alle, die meine Adresse kannten oder sich danach erkundigt haben. Und drittens natürlich den Kerl, der seinen Drehbleistift verloren hat. Aber hör mal –» Wimsey unterbrach sich plötzlich und stimmte ein lautes Lachen an. «Der muß ja heute morgen einen bösen Schrecken bekommen haben, als ich gesund und munter aufkreuzte und nicht einmal ein blaues Auge hatte! Warum hast du mir das alles um Himmels willen nicht schon heute früh erzählt, dann hätte ich die Augen offenhalten können!»

«Wir hatten anderes zu tun», sagte Lady Mary.

«Außerdem sind wir nicht auf die Idee gekommen, daß es etwas mit dir zu tun haben könnte.»

«Das hättet ihr euch aber denken müssen. Wenn's irgendwo Scherereien gibt, stecke immer ich dahinter. Aber ich will es euch noch einmal nachsehen. Ihr seid genug gestraft, und niemand soll sagen, ein Wimsey könne nicht großmütig sein. Aber dieser Mistkerl – du müßtest ihm doch wenigstens ein Andenken verpaßt haben, Charles, oder?»

«Leider nein. Ich habe ihn zwar an der Kehle zu fassen bekommen, aber er war so dick vermummt.»

«Das hast du schlecht gemacht, Charles. Du hättest ihm eins überziehen sollen, aber ich verzeihe dir. Nun möchte ich nur wissen, ob unser Freund es noch einmal bei mir versuchen wird.»

«Hoffentlich nicht unter dieser Adresse», sagte Mary.

«Das will *ich* nicht hoffen. Nächstes Mal hätte ich ihn gern selbst vor Augen. Er muß ja ziemlich auf Draht sein, daß er den

Brief mitgenommen hat. Warum in aller Welt – ach so! Jetzt verstehe ich.»

«Was?»

«Daß heute morgen niemand bei meinem Anblick in Ohnmacht gefallen ist. Er muß eine Taschenlampe bei sich gehabt haben. Er schlägt dich nieder, dann knipst er die Taschenlampe an, um zu sehen, ob du auch schön tot bist. Dabei sieht er als erstes den Brief. Den schnappt er sich – warum? Weil – darauf kommen wir noch zurück. Er schnappt ihn sich jedenfalls, und dann betrachtet er deine klassischen Züge. Er sieht, daß er den falschen erwischt hat, und im selben Augenblick hört er Mary zur Attacke blasen und haut ab. Das wäre jetzt klar. Aber der Brief? Hätte er den Brief in jedem Falle mitgenommen, oder kannte er die Handschrift? Wann wurde der Brief zugestellt? Natürlich, mit der Post um halb zehn. Nehmen wir an, der Kerl war gekommen, um mich in meiner Wohnung aufzusuchen, und hat den Brief im Kasten gesehen und gleich erkannt, von wem er war. Das eröffnet uns ein weites Spekulationsfeld, vielleicht sogar ein weiteres Motiv.»

«Peter», sagte Lady Mary, «ich finde, du solltest hier nicht herumsitzen und Charles mit diesen ganzen Spekulationen aufregen. Davon steigt nachher noch sein Fieber.»

«Beim Zeus, du hast recht! Hör zu, mein Alter, es tut mir furchtbar leid, daß du die Abreibung bekommen hast, die mir zugedacht war. Das war wirklich ein elendes Pech, und ich bin froh und dankbar, daß nichts Schlimmeres passiert ist. Aber jetzt werde ich mich aus dem Staub machen. Muß sowieso weg. Bin verabredet. Tschüs.»

Wimseys erste Tat nach dem Besuch bei Parkers war ein Anruf bei Pamela Dean, die er zum Glück zu Hause erreichte. Er erklärte ihr, daß ihr Brief unterwegs verlorengegangen sei, und fragte, was darin war.

«Nur eine kleine Nachricht von Dian de Momerie. Sie möchte wissen, wer Sie sind, Sie scheinen großen Eindruck gemacht zu haben.»

«Man tut, was man kann», sagte Peter. «Was haben Sie ihr geantwortet?»

«Nichts. Ich wußte ja nicht, was Sie von mir erwarteten.»

«Meine Adresse haben Sie ihr nicht gegeben?»

«Nein. Die wollte sie zwar von mir wissen, aber ich wollte nicht noch einen Fehler machen und es lieber Ihnen überlassen.»

«Sehr richtig.»

«Und nun?»

«Sagen Sie ihr – weiß sie eigentlich, daß ich bei Pym arbeite?»

«Nein, ich habe mich gehütet, ihr überhaupt etwas von Ihnen zu erzählen. Nur Ihren Namen habe ich ihr gesagt, aber den scheint sie wieder vergessen zu haben.»

«Gut. Also hören Sie zu. Erzählen Sie der lieben Dian, daß ich ein sehr geheimnisvoller Mensch bin. Sie selbst wissen nie, wo ich anzutreffen bin. Lassen Sie durchblicken, daß ich wahrscheinlich meilenweit weg bin – in Paris oder Wien, an irgendeinem klangvollen Ort. Sie werden bestimmt den richtigen Ton anschlagen. Ein bißchen Phillips Oppenheim mit einem Schuß Ethel M. Dell und Elinor Glyn.»

«O ja, das kann ich.»

«Und Sie dürfen ihr auch sagen, daß sie mich wahrscheinlich irgendwann wiedersehen wird, wenn sie am wenigsten mit mir rechnet. Deuten Sie an, wenn es Ihnen nichts ausmacht, sich so vulgär auszudrücken, daß ich ein Windhund bin, hinter dem sie alle furchtbar her sind, ohne mich zu kriegen. Lassen Sie sich etwas einfallen. Sorgen Sie für Spannung.»

«Wird gemacht. Soll ich übrigens eifersüchtig sein?»

«Wenn Sie wollen, gern. Sie soll ruhig das Gefühl haben, Sie versuchten sie abzuwimmeln. Die Jagd ist schwer genug, da legen Sie keinen Wert auf Konkurrenz.»

«Gut. Das dürfte mir nicht schwerfallen.»

«Wie bitte?»

«Nichts. Ich habe nur gesagt, ich werd's schon schaffen.»

«Sie werden es bestimmt sehr gut machen. Ich verlasse mich voll und ganz auf Sie.»

«Danke. Wie kommen Sie mit Ihren Ermittlungen voran?»

«Soso.»

«Erzählen Sie mir irgendwann davon, ja?»

«Gern. Sowie es etwas zu erzählen gibt.»

«Kommen Sie mal an einem Samstag oder Sonntag zu mir zum Tee?»

«Es wäre mir ein Vergnügen.»

«Ich nehme Sie beim Wort.»

«O ja, bitte. Also dann, gute Nacht.»

«Gute Nacht – Windhund.»

«Adieu!»

Wimsey legte den Hörer auf. «Hoffentlich», dachte er, «macht die mir keine Geschichten. Diesen jungen Dingern ist nicht zu trauen. Von Standfestigkeit keine Spur. Höchstens dann, wenn Standfestigkeit ausdrücklich nicht gewünscht wird.»

Er verzog den Mund zu einem schiefen Grinsen und ging fort, um seine Verabredung mit einer jungen Frau einzuhalten, die ihm bisher in keiner Weise entgegenzukommen versprach, und was er bei dieser Gelegenheit sagte oder tat, hat mit unserer Geschichte nicht das allermindeste zu tun.

Rotfuchs-Joe stemmte sich vorsichtig im Bett hoch und sah sich im Zimmer um.

Sein älterer Bruder – nicht der Polizist, sondern der sechzehnjährige Bert, der Naseweis – lag beruhigend tief im Schlaf, zusammengekringelt wie ein Hund und sicher von Motorrädern träumend. Der Schein der Straßenlaterne fiel auf den unbeweglichen Buckel, den er unter der Bettdecke machte, und warf einen schwachen Schimmer auf Joes schmales Bett.

Unter dem Kopfkissen zog Joe ein Schulheft und einen Bleistiftstummel hervor. Ungestörtheit gab es in Joes Leben kaum, und so mußte er die Gelegenheiten beim Schopf packen, wie sie sich boten. Er leckte den Bleistift an, klappte das Heft auf und begann die erste Seite mit der großen, krakeligen Überschrift: BERICHT.

Hier stockte er. Er wollte mit diesem Bericht Ehre einlegen, aber die Aufsatzübungen, die er in der Schule hatte machen müssen, waren da nicht sehr hilfreich. «Mein Lieblingsbuch», «Was ich tun möchte, wenn ich einmal groß bin», «Was ich im Zoo gesehen habe» – lauter schöne Themen, aber für einen aufstrebenden jungen Detektiv nicht von großem Nutzen. Einmal war ihm die große Ehre widerfahren, einen Blick in Wallys Notizbuch werfen zu dürfen (Wally war der Polizist), und darin fingen die Berichte alle etwa so an: «Um 20.30 Uhr ging ich durch die Wellington Street» – ein guter Anfang, nur im vorliegenden Falle nicht anwendbar. Auch der Stil von *Sexton Blake*, so kraftvoll er war, eignete sich besser für die Schilderung packender Ereignisse als für eine Aufzählung von Namen und Fakten. Und über allem hing noch drohend das schwierige Problem der Orthographie – von jeher ein Stolperstein. Rotfuchs hatte das unbestimmte Gefühl, daß ein Bericht voller Rechtschreibfehler nicht sehr vertrauenerweckend sein könne.

In dieser Notsituation zog er seinen gesunden Menschenverstand zu Rate und fand in ihm einen guten Führer.

«Am besten fange ich am Anfang an», sagte er bei sich, und

damit drückte er die Bleistiftmine kräftig aufs Papier, zog die Stirn in wild entschlossene Falten und schrieb:

BERICHT
von Joseph L. Potts
(14½ Jahre)

Nach kurzem Nachdenken fand er, daß hierzu noch einige ergänzende Angaben notwendig seien, und fügte seine Adresse und das Datum hinzu. Der Bericht ging dann weiter:

«Ich hab mit den andern über die Schläu- (ausradiert) Schleuder geredet. Bill Jones sagt er weis noch wie ich im Versand gestanden bin und Mrs. Johnson mir die Schleuder weggenommen hat. Sam Tabbit und George Pyke warn auch da. Ich hab ihnen gesagt das Mr. Bredon mir die Schleuder wiedergegeben hat aber das Leder zerissen war und jetzt will ich wissen wer das war. Sie sagen alle das sie nie an Mrs. Johnsons Schuplade waren und ich glaub das sie die Wahrheit gesagt haben Sir denn Bill und Sam sind prima Kerle und George siet man immer an wenn er flunkert und er sah ganz normal aus. Ich hab dann gefragt ob es einer von den Andern gewesen sein kann und sie sagen sie haben keinen mit Schleuder gesehen und ich hab gesagt es ist eine Schande das ein Junge nicht mal seine Schleuder konfil- (gestrichen) konfistziert kriegen kann ohne das sie ihm einer kapputtmacht. Und dann ist Clarence Metcalfe gekommen, das ist der Älteste von uns und hat was zu sagen Sir, und wollte wissen was es gibt und ich habs ihm gesagt und er hat gesagt wenn einer an Mrs. Johnsons Schuplade war ist es sehr schlimm. Dann hat er sie alle gefragt und alle haben nein gesagt aber Jack Bolter ist eingefallen das Mrs. Johnson mal ihre Handtasche auf dem Schreibtisch gelassen hat und Miss Parton hat sie genommen und runter in die Kantiene gebracht. Wann frag ich? Und er sagt das war zwei Tage nachdem mir meine Schleuder (konfil-) weggenommen wurde und kurz nach dem Lunch Sir. Sie sehen Sir sie muß da eine Stunde rumgestanden haben wo keiner da war.

Und jetzt Sir, wer noch alles dagewehsen ist und gesehen hat wie sie mir weggenommen worden ist. Jetzt wo ich es mir überlege fällt mir ein das Mr. Prout an der Treppe gestanden ist und er hat noch was zu Mrs. Johnson gesagt und mich am Ohr gezogen, und dann war noch eine von den jungen Dahmen da ich glaube Miss Hartley die auf einen Botenjungen gewartet hat. Und wie ich weg war zu Mr. Hornby sagt Sam, da ist Mr. Wedderburn gekommen und Mrs. Johnson hat mit ihm Witze darüber gemacht. Aber ich glaube Sir das viele Leute bescheit wusten weil Mrs. Johnson es ihnen bestimmt in der Kantiene erzählt hat. Sie erzählt immer Geschichten über uns Jungen weil sie das glaub ich komisch findet Sir.

Das ist alles was ich über die Schleuder berichten kann Sir. Nach der andern Sache hab ich mich noch nicht erkundickt Sir weil ich meine man soll immer eins nach dem andern tun und die denken sonst nur ich frage zuviel. Aber ich hab mir schon einen Plahn dafür ausgedacht Sir.

Hochachtungsfoll
J. Potts.»

«Was zum Teufel treibst du da, Joe?»

Rotfuchs war so in seinen Bericht vertieft gewesen, daß er Bert aus den Augen gelassen hatte, und nun erschrak er heftig und stieß schnell das Heft unters Kissen.

«Nichts für dich», sagte er hastig. «Privatsache.»

«Ach nee.»

Bert warf die Bettdecke von sich und nahte in drohender Haltung. «Schreibst du Gedichte?» fragte er voller Verachtung.

«Geht dich überhaupt nichts an», versetzte Rotfuchs. «Laß mich in Ruhe.»

«Gib das Buch her!» verlangte Bert.

«Nein.«

«Ach, du willst nicht, wie?»

«Nein, ich will nicht, hau ab!»

Rotfuchs riß mit aufgeregten Fingern das Heft an sich.

«Ich will das sehen – laß los!»

Rotfuchs war ein zähes Bürschchen für sein Alter und nicht feige, aber er hatte wegen des Hefts die Hände nicht frei, und alle Vorteile hinsichtlich Größe, Gewicht und Stellung lagen bei Bert. Der Kampf war geräuschvoll.

«Laß mich los, du gemeiner Mistkerl!»

«Dir werd ich einen Mistkerl geben, du kleiner Frechdachs!»

«Au!» heulte Rotfuchs. «Nein, ich will nicht, sag ich! Es geht dich nichts an!»

Klatsch! Plumps!

«He, he!» sagte eine würdevolle Stimme. «Was ist denn hier los?»

«Wally, sag Bert, er soll mich in Ruhe lassen.»

«Dann soll er nicht so frech zu mir sein. Ich hab ja nur wissen wollen, warum er dasitzt und Gedichte schreibt, wenn er längst schlafen müßte.»

«Das ist privat», beharrte Rotfuchs. «Wirklich und ehrlich, das ist ganz unheimlich privat.»

«Kannst du denn den Jungen nicht in Ruhe lassen?» meinte Konstabler Potts in amtlichem Ton. «So einen Krach zu machen! Nachher weckt ihr noch Dad auf, und dann kriegt ihr's beide. Und jetzt marsch zurück ins Bett mit euch, alle beide, sonst muß ich euch wegen Ruhestörung einbuchten. Und du solltest längst schlafen, Joe, und nicht Gedichte schreiben.»

«Das sind keine Gedichte. Es ist etwas, das mach ich für einen Herrn in der Firma, und der hat gesagt, ich soll keinem was davon verraten.»

«Also paß mal auf», sagte Wally Potts, indem er eine große beamtete Hand ausstreckte. «Du gibst das Heft jetzt mir, verstanden? Ich leg's zu mir in die Schublade, und morgen früh kannst du es wiederhaben. Und legt euch jetzt um Gottes willen schlafen, alle beide.»

«Wirst du's auch nicht lesen, Wally?»

«Na schön, ich werd's nicht lesen, wenn du so furchtbar empfindlich bist.»

Rotfuchs gab widerstrebend, aber im Vertrauen auf Wallys Ehre, das Heft heraus.

«So ist's recht», sagte Wally, «und wenn ich jetzt noch was von euch höre, könnt ihr euch beide auf was gefaßt machen, verstanden?»

Er stolzierte davon, gigantisch in seinem gestreiften Schlafanzug.

Rotfuchs-Joe rieb sich die Körperteile, die bei dem Kampf in Mitleidenschaft gezogen worden waren, zog die Bettdecke fest um sich und tröstete sich, indem er sich eine neue Fortsetzung jener nächtlichen Erzählung vortrug, deren Autor und Held er gleichzeitig war:

«Geschunden und zerschlagen, aber ungebrochen in seinem Mut, ließ der berühmte Detektiv sich auf sein hartes Strohlager in dem rattenverseuchten Verlies zurücksinken. Trotz seiner schmerzenden Wunden war er glücklich, denn er wußte, daß die Dokumente in Sicherheit waren. Er mußte lachen, wenn er sich den verdutzten Verbrecherkönig vorstellte, wie er in seinem vergoldeten orientalischen Salon mit den Zähnen knirschte. ‹Wieder hereingelegt, Falkenauge!› knurrte der schurkische Doktor. ‹Aber nächstes Mal bin ich am Zug!› Unterdessen...»

Detektive haben ein schweres Leben.

8

Schwerste Erschütterung einer Werbeagentur

Es geschah am Freitag der Woche, in der alle diese aufwühlenden Ereignisse stattfanden, daß Pyms Werbedienst von dem großen Nutrax-Krach erschüttert wurde, der das Unternehmen von den Fundamenten bis zum Dach erbeben ließ, das sonst so friedliche Haus in ein Heerlager verwandelte und fast sogar das traditionelle Cricketspiel der Belegschaft gegen die Mannschaft von Brotherhood Ltd. gefährdet hätte.

Initiator dieses Krachs war der fleißige, verdauungsgestörte Mr. Copley. Wie die meisten Unruhestifter handelte er von Anfang bis Ende mit den besten Absichten – und wirklich, wenn man aus der gelassenen Perspektive der Ferne und Unparteilichkeit auf den Aufruhr zurückblickt, fällt es schwer zu sagen, was er denn anderes hätte tun können als das, was er tat. Aber wie schon Mr. Ingleby seinerzeit bemerkte: «Es ist nicht, *was* Mr. Copley tut, sondern *wie* er es tut.» Und in der Hitze und Wut des Kampfes, wenn die Leidenschaften starker Männer erregt sind, leidet oft die Urteilsfähigkeit.

Angefangen hatte alles so:

Am Donnerstagabend um Viertel nach sechs war das Gebäude menschenleer, bis auf die Putzfrauen und Mr. Copley, der zufällig ausnahmsweise einmal Überstunden machen mußte, um eine eilige Serie von Sonderangebotsanzeigen für Jamboree-Gelees fertig zu machen. Er kam gut damit voran und hoffte, um halb sieben fertig zu werden und somit pünktlich um halb acht zum Abendessen zu Hause zu sein. Da begann im Versand das Telefon laut und beharrlich zu klingeln.

«Hol's der Kuckuck!» sagte Mr. Copley, ärgerlich über den Lärm. «Die dürften doch wissen, daß wir Feierabend haben. Oder erwarten sie von uns, daß wir die Nacht durcharbeiten?»

Er arbeitete weiter und verließ sich darauf, daß der Krach von selbst aufhören würde. Er hörte auch bald auf, und dafür hörte er Mrs. Crumps schrille Stimme, die den Anrufer belehrte, daß niemand mehr im Haus sei. Er schluckte eine Natrontablette.

Sein Satz entwickelte sich herrlich: «Der echte Fruchtgeschmack, wie frisch aus dem eigenen Garten – Aprikosen, gereift in der sonnigen Wärme eines alten ummauerten...»

«Entschuldigung, Sir.»

Mrs. Crump war schüchtern mit ihren Stoffpantinen herangeschlurft und schob ängstlich den Kopf um den Türpfosten.

«Was gibt's denn schon wieder?» fragte Mr. Copley.

«Bitte, Sir, entschuldigen Sie, aber da ist der *Morning Star* am Telefon und fragt nach Mr. Tallboy. Ich hab schon gesagt, daß alle nach Hause gegangen sind, aber sie sagen, es ist sehr wichtig, Sir, und da hab ich gedacht, ich frag Sie lieber mal.»

«Worum geht's denn?»

«Irgendwas mit der Anzeige für morgen, Sir – da stimmt was nicht, sagen sie, und ob sie sie nun ganz weglassen sollen oder ob wir ihnen etwas anderes schicken, Sir.»

«Also gut», sagte Mr. Copley resigniert. «Dann gehe ich wohl besser mal hin und rede mit ihnen.»

«Ich weiß nicht, ob es richtig von mir war, Sir», fuhr Mrs. Crump fort, indem sie nervös hinter ihm drein trippelte, «aber ich hab gedacht, Sir, wenn noch einer von den Herren da ist, sage ich ihm besser Bescheid, denn ich kann ja nicht wissen, ob es nicht vielleicht furchtbar wichtig ist –»

«Ganz recht, Mrs. Crump, ganz recht», sagte Mr. Copley. «Ich denke, das werde ich schon regeln können.»

Er ging mit kundiger Miene ans Telefon und nahm den Hörer ab.

«Hallo!» sagte er mürrisch. «Hier Pyms Werbedienst. Was gibt's?»

«Oh!» sagte eine Stimme. «Ist dort Mr. Tallboy?»

«Nein, Mr. Tallboy ist schon nach Hause gegangen. Alle sind nach Hause gegangen. Um diese Zeit dürften Sie das doch wissen. Was gibt's denn?»

«Also», sagte die Stimme, «es geht um den Nutrax-Zweispalter für die morgige Lokalseite.»

«Was soll damit sein? Haben Sie ihn nicht bekommen?»

(Typisch Tallboy, dachte Mr. Copley. Keine Organisation. Auf diese jungen Männer war einfach kein Verlaß.)

«Doch, wir haben ihn», sagte die Stimme mit leichtem Zweifel im Ton, «aber Mr. Weekes sagt, wir können die Anzeige nicht drucken. Sehen Sie –»

«Sie können sie nicht drucken?»

«Nein. Sehen Sie mal, Mister –»

«Ich bin Mr. Copley. Und das ist nicht mein Gebiet. Ich weiß wirklich nichts davon. Was ist denn damit?»

«Also, wenn Sie die Anzeige vor sich hätten, wüßten Sie, was ich meine. Sie kennen doch die Schlagzeile –»

«Nein», bellte Mr. Copley, außer sich. «Ich sagte Ihnen doch schon, daß es mich nichts angeht und ich das Ding nie gesehen habe.»

«Oh!» sagte die Stimme mit irritierender Fröhlichkeit. «Also, die Schlagzeile lautet: HABEN SIE SICH ZU SEHR VERAUSGABT? Tja, und Mr. Weekes findet, daß da in Verbindung mit der Skizze eine etwas unglückliche Zweideutigkeit hineingelesen werden kann. Wenn Sie die Anzeige vor sich hätten, würden Sie sehen, was gemeint ist.»

«Aha», sagte Mr. Copley bedächtig. Seine fünfzehnjährige Erfahrung sagte ihm, daß dies eine Katastrophe war. Da half kein Bitten und gut Zureden. Wenn der *Morning Star* sich in den Kopf setzte, daß eine Anzeige eine versteckte Zweideutigkeit enthielt, dann druckte er sie nicht, und wenn der Himmel einstürzte. Und es war auch besser so. Fehler dieser Art brachten das angepriesene Produkt in Verruf und schadeten dem Ansehen der verantwortlichen Werbeagentur. Mr. Copley stellte sich ungern vor, wie der *Morning Star* an der Börse zu Wucherpreisen verkauft würde, damit die Schmierfinken etwas zu lachen hätten.

Doch mitten in seinem Ärger hatte er auch das Triumphgefühl des Jeremias, dessen Prophezeiungen sich erfüllten. Er hatte ja schon immer gesagt, daß diese junge Generation von Werbetextern nichts taugte. Viel zuviel von diesem neumodischen Universitätsvolk. Flatterhaft. Kein ordentlicher Geschäftssinn. Gedankenlos. Er aber verstand sich auf so etwas. Er trug den Krieg sofort ins Lager des Feindes.

«So etwas sollten Sie uns früher sagen», forderte er streng. «Es ist lächerlich, hier um Viertel nach sechs anzurufen, wenn wir längst Feierabend haben. Was erwarten Sie denn jetzt noch von uns?»

«Unsere Schuld ist das nicht», antwortete die Stimme gutgelaunt. «Das Klischee wurde erst vor zehn Minuten gebracht. Wir bitten Mr. Tallboy jedesmal, uns die Klischees früher zu schicken, eben um solche Situationen zu vermeiden.»

Mr. Copley sah seine Prophezeiungen mehr und mehr bestätigt. Schlamperei, wohin man blickte – das war es. Mr. Tallboy war pünktlich um halb sechs nach Hause gegangen. Mr. Copley hatte ihn gehen sehen. Die stierten doch alle den ganzen Tag nur auf die Uhr. Tallboy hatte nicht nach Hause zu gehen, bevor er von der Zeitung die Bestätigung hatte, daß die Klischees angekommen waren und alles seine Ordnung hatte. Und wenn außerdem der Bote das Päckchen erst um fünf nach sechs abgeliefert hatte, war er entweder zu spät losgegangen oder hatte unterwegs gebummelt. Auch hier wieder schlechte Organisation. Diese Mrs. Johnson – keine Aufsicht, keine Disziplin. Vor dem Krieg hatte es keine Frauen in der Werbung gegeben – und keine solch albernen Fehler.

Aber jetzt mußte etwas geschehen.

«Das ist sehr dumm», sagte Mr. Copley. «Also gut, ich versuche jemanden zu erreichen. Wann müssen Sie die Änderung spätestens haben?»

«Bis sieben muß sie hier sein», antwortete die Stimme unnachgiebig. «Eigentlich wartet die Gießerei schon jetzt auf die Seite. Für die Mater fehlt uns nur noch Ihre Anzeige. Aber ich habe mit Wilkes gesprochen, und er sagt, er kann noch bis sieben warten.»

«Ich rufe zurück», sagte Mr. Copley und legte auf.

Schnell ging er im Geiste die Liste der Leute durch, die diese Situation zu bereinigen imstande waren. Mr. Tallboy, der Gruppenleiter; Mr. Wedderburn, sein Gruppensekretär; Mr. Armstrong, der verantwortliche Chef der Textabteilung; der Verfasser des Anzeigentextes, wer es auch sein mochte; und als letzte Zuflucht Mr. Pym. Der Zeitpunkt war denkbar unglücklich. Mr. Tallboy wohnte in Croydon und schaukelte und schwitzte jetzt wahrscheinlich noch im Zug; Mr. Wedderburn – er hatte genaugenommen keine Ahnung, wo der wohnte, aber wahrscheinlich war es ein noch abgelegenerer Vorort. Mr. Armstrong wohnte in Hampstead; er stand nicht im Telefonbuch, aber seine Nummer war zweifellos beim Empfang registriert; es bestand eine gewisse Chance, ihn zu erreichen. Mr. Copley eilte nach unten, fand die Liste und die Nummer und rief an. Nach zwei falschen Verbindungen kam er durch. Mr. Armstrongs Haushälterin meldete sich. Mr. Armstrong sei ausgegangen. Sie wisse nicht, wohin er gegangen sei und wann er zurückkomme. Ob sie ihm etwas ausrichten könne? Mr. Copley sagte, es sei nicht wichtig, und legte auf. Halb sieben.

Er ging noch einmal das Telefonverzeichnis durch. Mr. Wedderburn stand nicht darin und hatte wahrscheinlich kein Telefon. Mr. Tallboys Name war verzeichnet. Ohne große Hoffnung ließ Mr. Copley sich mit der Nummer in Croydon verbinden, aber nur um erwartungsgemäß zu hören, daß Mr. Tallboy noch nicht zu Hause sei. Mr. Copleys Herz sank immer tiefer, als er nun noch bei Mr. Pym anrief. Mr. Pym sei in diesem Augenblick aus dem Haus gegangen. Wohin? Es sei dringend. Mr. und Mrs. Pym seien mit Mr. Armstrong im *Frascati* zum Essen verabredet. Das klang schon hoffnungsvoller. Mr. Copley rief im *Frascati* an. O ja, Mr. Pym habe einen Tisch für halb acht bestellt. Er sei noch nicht da. Ob man ihm etwas ausrichten könne, wenn er komme? Mr. Copley hinterließ die Bitte, Mr. Pym oder Mr. Armstrong möchten ihn möglichst vor sieben Uhr in der Firma anrufen, obwohl er im Innersten überzeugt war, daß dabei nichts herauskommen würde. Zweifellos waren die feinen Herren Direktoren zuvor auf irgendeiner Cocktailparty. Er sah auf die Uhr. Viertel vor sieben. Im selben Augenblick klingelte wieder das Telefon.

Es war, wie erwartet, der *Morning Star*, der ungeduldig auf Instruktionen wartete.

«Ich kann niemanden erreichen», erklärte Mr. Copley.

«Was sollen wir denn tun? Die Anzeige weglassen?»

Wenn Sie, lieber Leser, einen weißen Fleck in der Zeitung finden, auf dem steht: DIESER ANZEIGENRAUM IST RESERVIERT FÜR DIE FIRMA SOUNDSO, dann denken Sie sich vielleicht nichts dabei, aber für jeden, der etwas von der Arbeit einer Werbeagentur versteht, tragen diese Worte das unauslöschliche, schändliche Brandmal der Unfähigkeit und des Versagens. Die Agentur der Firma Soundso ist ihrer Aufgabe nicht gewachsen; zu ihrer Entschuldigung ist nichts zu sagen. So etwas DARF ES NICHT GEBEN.

So sehr Mr. Copley es dieser Bande von Schlampern und Hohlköpfen in seiner Wut auch gegönnt hätte, wenn der Anzeigenraum frei geblieben wäre, stieß er darum doch hastig hervor: «Nein, nein, auf keinen Fall! Bleiben Sie am Apparat. Ich will sehen, was ich tun kann.» Somit handelte er ganz, wie sich's gehörte, denn es ist das erste und nahezu einzige Gebot der Geschäftsmoral, daß die Firma an erster Stelle zu stehen hat.

Er hastete über den Korridor und stürzte in Mr. Tallboys Zimmer, das auf demselben Flur lag wie der Versand und die Textabteilung, an dem der Eisentreppe entgegengesetzten Ende. In einer Minute war er da. Nach einer weiteren Minute des Wühlens in Mr. Tallboys Schubladen hatte er, was er suchte – einen Probeabzug von diesem dämlichen Nutrax-Zweispalter. Ein einziger Blick bestätigte ihm, daß Mr. Weekes' Zweifel voll gerechtfertigt waren. Skizze und Schlagzeile, jede für sich ganz harmlos, waren in dieser Kombination mörderisch. Ohne sich erst lange zu fragen, wie so ein offenkundiger Schnitzer den Adleraugen der Abteilungsleiter entgangen sein konnte, setzte Mr. Copley sich hin und zückte seinen Bleistift. An der Skizze war nichts mehr zu ändern; sie mußte bleiben, wie sie war; seine Aufgabe war es also jetzt, eine neue Schlagzeile zu erfinden, die sowohl zu der Skizze als auch zu der ersten Zeile des Anzeigentextes paßte und die ungefähr gleich lang war wie das Original.

In großer Eile schmierte er ein paar Ideen hin und strich sie wieder durch. ARBEIT UND KUMMER ZERREN AN DEN NERVEN – das lag im Ton ungefähr richtig, war jedoch ungünstig für die Zeilenaufteilung. Es klang auch ein bißchen platt und stimmte außerdem nicht ganz. Im Text war nicht von Arbeit die Rede, sondern von Überarbeitung. SORGEN UND ÜBERARBEITUNG – nein, das klang nach nichts. ANSPANNUNG UND HEKTIK – schon viel besser, aber was kam danach, damit es nicht zu lang wurde? Die Schlagzeile füllte drei Zeilen (viel zuviel, fand Mr. Copley, für einen Zweispalter) und war so aufgeteilt:

Haben Sie sich
ZU SEHR
VERAUSGABT?

Verzweifelt kritzelte er weiter, versuchte hier einen Buchstaben und da ein Wort einzusparen. NERVEN? – NERVENKRAFT? Die Minuten flogen dahin. Aber ja, wie war's denn damit?

ANSPANNUNG
& HEKTIK
kosten Nervenkraft!

Nicht eben genial, aber richtig im Ton, unanfechtbar und ohne weiteres unterzubringen. Gerade wollte er zu seinem Telefon zurücklaufen, als ihm einfiel, daß Mr. Tallboys Apparat vielleicht noch mit der Zentrale verbunden war. Er nahm den Hörer ab; ein beruhigendes Summen sagte ihm, daß dies der Fall war. Er sprach hastig:

«Sind Sie noch dran?»

«Ja.»

«Passen Sie auf. Können Sie die Schlagzeile herausnehmen und in Goudy halbfett neu setzen?»

«J-a-a – doch, das können wir, wenn wir es sofort bekommen.»

«Ich diktiere.»

«Gut. Schießen Sie los.»

«Fangen Sie genau da an, wo es jetzt mit ‹Haben Sie sich› losgeht. Erste Zeile in Versalien, wie Sie es jetzt bei ‹ZU SEHR› in der zweiten Zeile haben. Richtig. Die Zeile heißt jetzt: ‹ANSPANNUNG› – ja, in Versalien – haben Sie das?»

«Ja.»

«Nächste Zeile. Gleiche Größe, Versalien, ein Geviert Einzug: &-Zeichen, ‹HEKTIK›. Fertig. Haben Sie?»

«Ja.»

«Jetzt dritte Zeile. Noch ein Geviert Einzug. Goudy, 24 Punkt kursiv, Gemeine: ‹kosten Nervenkraft›, Ausrufezeichen. Haben Sie's?»

«Ja, ich wiederhole: Goudy halbfett. Erste Zeile Versalien, gleicher Anfang wie im Original: ‹ANSPANNUNG›. Zweite Zeile, ein Geviert Einzug, versal: ‹& HEKTIK›. Dritte Zeile ein weiteres Geviert Einzug, Goudy 24 Punkt kursiv, Gemeine: ‹kosten Nervenkraft›, Ausrufezeichen. Zeilenabstände wie im Original. Richtig so?»

«Stimmt. Haben Sie herzlichen Dank.»

«Keine Ursache. Ich danke Ihnen. Entschuldigen Sie die Belästigung. Wiederhören.»

«Wiederhören.»

Mr. Copley ließ sich zurücksinken und wischte sich die Stirn ab. Es war geschafft. Die Firma war gerettet. Es hatten schon Leute für Geringeres einen Orden bekommen. Wenn es hart auf hart kam, wenn alle die geschniegelten Wichtigtuer von ihren Posten desertiert waren, dann war er, Mr. Copley, der altmodische, erfahrene Mann, der letzte Rückhalt, auf den Pyms Werbedienst sich noch verlassen konnte. Ein Mann, der einer Situation gewachsen war. Ein Mann, der Verantwortung nicht scheute. Ein Mann, der mit Leib und Seele seinem Beruf gehörte. Wenn er nun ebenso Punkt halb sechs nach Hause gerannt wäre wie Mr. Tallboy, ohne sich darum zu kümmern, ob die Arbeit getan war oder nicht – was dann? Pyms Werbedienst wäre blamiert gewesen. Dazu würde er morgen früh noch ein Wörtchen zu sagen haben. Hoffentlich würde es ihnen allen eine Lehre sein.

Er zog den Rolladen von Mr. Tallboys Rollpult wieder vor die schändlich unordentlichen Fächer und die wüsten Papierhaufen, die er nächtens verdeckte, und erhielt dabei einen neuerlichen Beweis für Mr. Tallboys Schlampigkeit. Aus irgendeiner geheimnisvollen Ecke, in der er festgeklemmt gewesen war, löste sich ein eingeschriebener Umschlag und fiel mit einem satten kleinen Plumps auf den Boden.

Mr. Copley bückte sich sofort danach und hob ihn auf. Er war in Blockschrift an J. Tallboy, Esq. mit seiner Croydoner Anschrift adressiert und bereits geöffnet. Und was Mr. Copley bei einem verstohlenen Blick ins Innere sah, konnte nichts anderes sein als ein ziemlich dicker Packen grüner Pfund-Noten. Einem nicht unnatürlichen Trieb folgend, nahm Mr. Copley den Pakken heraus und zählte zu seiner Verwunderung und Empörung nicht weniger als 50 Pfund.

Wenn es etwas gab, was Mr. Copley über alle Maßen als GEDANKENLOS! und UNFAIR! verabscheute (langjährige Werbepraxis hatte ihm die Angewohnheit angezüchtet, in Großbuchstaben und Ausrufezeichen zu denken), so war es diese Art, Leute IN VERSUCHUNG ZU FÜHREN. Hier lag die ungeheure Summe von 50 PFUND so sorglos ungesichert herum, daß sie beim bloßen Öffnen des Schreibtischs schon herausfiel und Mrs. Crump und ihr Putzfrauengeschwader sie finden mußten. Zweifellos waren diese Frauen alle grundehrlich, aber in diesen SCHWEREN ZEITEN hätte man es einer Arbeiterfrau nicht verdenken können, wenn sie der VERSUCHUNG erlegen wäre. Noch schlimmer, wenn dieser kostbare Umschlag mit fortgefegt und vernichtet worden wäre! Wenn er nun im Papierkorb gelandet und von dort in den Sack und schließlich in die Papiermühle gewandert wäre, oder womöglich gar in die Heizanlage? Irgendeine unschuldige Person wäre in FALSCHEN VERDACHT! geraten und diesen MAKEL ihr Leben lang nicht mehr losgeworden. Es war unverzeihlich von Mr. Tallboy. So etwas war WIRKLICH BÖSE!

Natürlich konnte Mr. Copley sich genau vorstellen, wie das passiert war. Mr. Tallboy hatte diese GROSSE SUMME bekommen (von wem? es lag kein Brief dabei; aber das ging Mr. Copley wohl kaum etwas an; vielleicht war es ein Gewinn vom Hunderennen oder etwas ähnlich Verwerfliches) und mit ins Büro gebracht, um sie bei der Metropolitan & Counties Bank an der Ekke Southampton Row einzuzahlen, wo die meisten Kollegen ihr Konto hatten. Aber irgend etwas war ihm dazwischengekommen, so daß er den Betrag nicht mehr fortbringen konnte, bevor die Bank schloß. Anstatt nun aber den Umschlag in die Tasche zu stecken, hatte er ihn einfach in seinen Schreibtisch geworfen und war, wie üblich, Schlag halb sechs Hals über Kopf nach Hause gerannt und hatte das Geld vergessen. Und wenn er seitdem noch einen Gedanken daran verschwendet hatte, dann höchstens, wie Mr. Copley sich empört ausmalte, in dem Sinne, daß «alles in bester Ordnung» sei. Dem Mann gebührte wirklich eine Lektion.

Bitte sehr, die sollte er haben. Das Geld würde in sicheren Gewahrsam genommen werden, und Mr. Copley würde Mr. Tallboy morgen früh gründlich ins Gewissen reden. Er zögerte noch einen Augenblick und überlegte, welche Möglichkeit hier wohl die beste sei. Wenn er das Geld mit nach Hause nahm, bestand die Gefahr, daß es ihm unterwegs gestohlen wurde, und das wäre sehr unangenehm. Besser nahm er das Geld mit in sein eigenes Zimmer und schloß es dort sicher in der untersten Schublade seines Schreibtischs ein. Mr. Copley gratulierte sich zu seiner weitblickenden Gewissenhaftigkeit, die ihn um eine Schublade mit einem anständigen Schloß hatte bitten lassen.

Er trug also das Geld in sein Zimmer, schob es unter einen Stapel vertraulicher Papiere, bei denen es um künftige Kampagnen für Konservennahrung und Gelees ging, räumte seinen Schreibtisch auf, schloß ihn ab, steckte den Schlüssel ein, bürstete Hut und Mantel ab und trat seinen tugendhaften Gang nach Hause an, nicht ohne beim Weg durch den Versand noch den Hörer aufzulegen.

Er trat durch den Hauptausgang auf die Straße und ging auf die andere Seite hinüber, bevor er sich nach Süden zur Straßenbahnhaltestelle Theobalds Road wandte. Drüben angekommen, schaute er zufällig noch einmal zurück und sah Mr. Tallboy auf der gegenüberliegenden Seite aus Richtung Kingsway kommen. Mr. Copley blieb stehen und sah ihm nach. Mr. Tallboy verschwand im Eingang zu Pyms Werbedienst.

«Aha!» dachte Mr. Copley bei sich. «Endlich ist ihm doch das Geld wieder eingefallen.»

An dieser Stelle wäre nun Mr. Copleys Verhalten erstmals zu kritisieren. Man sollte meinen, daß kollegiales Mitgefühl ihn veranlaßt haben würde, sich noch einmal durch den Straßenverkehr zu wagen, in die Agentur zurückzukehren, nach oben zu fahren, den besorgten Mr. Tallboy ausfindig zu machen und zu ihm zu sagen: «Hören Sie mal, mein Junge, ich habe einen eingeschriebenen Umschlag, der Ihnen gehört, herumliegen sehen und in Verwahrung genommen, und apropos, dieser Zweispalter für Nutrax –» Aber das tat er nicht.

Wollen wir uns zu seinen Gunsten ins Gedächtnis zurückrufen, daß es inzwischen halb acht war und er somit kaum noch eine Chance hatte, vor halb neun zu seinem Abendessen zu kommen; daß er ferner einen empfindlichen Magen hatte und sehr auf Regelmäßigkeit angewiesen war und daß er schließlich einen langen Arbeitstag hinter sich hatte, endend mit einer gänzlich überflüssigen Aufregung und Hektik, die zudem auf das Konto des liederlichen Mr. Tallboy ging.

«Das soll er ruhig büßen», sagte Mr. Copley grimmig. «Es geschieht ihm ganz recht.»

Er stieg in seine Bahn und trat den trostlos langen Weg in einen abgelegenen nördlichen Stadtteil an. Und während er so dahinrumpelte und -zockelte, malte er sich aus, wie er es anderntags Mr. Tallboy geben und von DENEN DA OBEN Lob und Anerkennung einheimsen würde.

Aber da war ein Faktor in Mr. Copleys Rechnung, den er im Vorgefühl seines Triumphs nicht berücksichtigt hatte, nämlich daß er, um die volle Wirkung und Pracht seines Theatercoups entfalten zu können, unbedingt vor Mr. Tallboy in der Firma sein mußte. In seinem Tagtraum hatte er das für gegeben gehalten – mit Recht, denn er war allzeit ein pünktlicher Mensch, während Mr. Tallboy meist pünktlicher ging als er kam. Mr. Copley hatte sich das so vorgestellt, daß er, nachdem er um neun Uhr Mr. Armstrong in angemessener Form informiert hätte – im Verlauf dieses Gesprächs würde dann Mr. Tallboy hinzugerufen und seinen Rüffel bekommen –, den reuigen Gruppenleiter beiseite nehmen, ihm einen Vortrag über Ordnung und Rücksicht auf andere halten und dann mit einer väterlichen Ermahnung die 50 Pfund zurückgeben würde. In der Zwischenzeit würde Mr. Armstrong die Nutrax-Geschichte den anderen Direktoren erzählen, die sich zu so einem verläßlichen, erfahrenen und treuen Mitarbeiter gratulieren würden. Die Worte fügten sich in Mr. Copleys Kopf schon zu einem kleinen Werbespruch:
IN KRISEN IST AUF COPLEY STETS VERLASS.

Aber es kam ganz anders. Es fing schon damit an, daß Mr. Copleys späte Heimkehr am Donnerstagabend ihm ein häusliches Ungewitter eintrug, das bis in die Nacht dauerte und selbst am nächsten Morgen noch vernehmlich nachgrollte.

«Während du mit all diesen Leuten telefoniert hast», sagte Mrs. Copley bissig, «war es dir wohl zuviel, auch einmal an deine *Frau* zu denken. Natürlich, ich bin ja auch nicht wichtig. Was kümmert es denn *dich*, daß ich hier herumsitze und mir alles mögliche ausmale! Na gut, aber mach *mir* keinen Vorwurf, wenn jetzt das Hühnchen hart wie Stroh ist, die Kartoffeln zerkocht sind und du dir wieder Magenbeschwerden damit holst.»

Das Hühnchen *war* hart wie Stroh, die Kartoffeln *waren* zerkocht, und infolgedessen *holte* Mr. Copley sich damit heftige Magenbeschwerden, die seine Frau mit Natrontabletten, Wismut und Wärmflaschen lindern helfen mußte, nicht ohne ihm bei jeder Handreichung von neuem die Meinung zu sagen. Erst um sechs Uhr morgens fiel er in einen tiefen, wenig erholsamen Schlaf, aus dem seine Frau ihn um Viertel vor acht mit den Worten weckte:

«Wenn du heute zur Arbeit gehen willst, Frederick, solltest du allmählich aufstehen. Wenn du aber nicht gehst, sag es wenigstens, damit ich anrufen und dich entschuldigen kann. Ich habe dich schon dreimal gerufen, und dein Frühstück wird kalt.»

Wie gern hätte Mr. Copley, der scheußliche Kopfschmerzen über dem rechten Auge und einen widerwärtigen Geschmack im Mund hatte, sie ermächtigt, ihn in der Firma zu entschuldigen – wie gern hätte er sich auf dem Kissen umgedreht und seine Leiden im Schlaf begraben –, aber die Erinnerung an den Nutrax-Zweispalter und die 50 Pfund brandete wie eine Flutwelle über ihn hinweg und spülte ihn aus dem Bett. Im Licht des Morgens, begleitet von tanzenden schwarzen Punkten vor seinen Augen, verlor die Vorschau auf seinen Triumph gar manches von ihrem Glanz. Dennoch konnte er es nicht einfach bei einer telefonischen Erklärung bewenden lassen. Er mußte an Ort und Stelle sein. Er rasierte sich mit zitternder Hand und schnitt sich in der Eile. Das Blut ließ sich nicht stillen; es tropfte auf sein Hemd. Er riß sich dieses Kleidungsstück vom Leib und rief nach einem frischen. Mrs. Copley brachte es ihm – nicht ohne Vorwurf. Es schien, als ob der Wunsch nach einem frischen Hemd am Freitagmorgen den ganzen Haushalt durcheinanderbrächte. Um zehn Minuten nach acht setzte er sich endlich zum Frühstück nieder, von dem er nichts hinunterbrachte; seine Wange zierte ein lächerlicher Wattebausch, seine Ohren dröhnten von Migräne und ehelichem Gezeter.

Der Zug um 8 Uhr 15 war nicht mehr zu erreichen. Verdrießlich nahm er den nächsten um 8 Uhr 25.

Um Viertel vor neun wurde dieser Zug bei der Einfahrt in den Bahnhof King's Cross zwanzig Minuten aufgehalten, weil ein Güterzug entgleist war.

Um halb zehn schlich Mr. Copley niedergeschlagen in die Agentur und wünschte, er wäre nie geboren.

Als er aus dem Aufzug trat, begrüßte ihn der Pförtner mit der Nachricht, daß Mr. Armstrong ihn sofort zu sprechen wünsche. Mr. Copley trug wütend seinen Namen tief unterhalb des roten Strichs ein, der die Pünktlichen von den Zuspätgekommenen trennte, nickte und wünschte sofort, er hätte nicht genickt, denn ein jäher Schmerz durchzuckte seinen armen Kopf. Er stieg die Treppe empor und begegnete Miss Parton, die munter rief:

«Ah, da *sind* Sie ja, Mr. Copley! Wir hatten Sie schon verloren geglaubt. Mr. Armstrong möchte Sie sprechen.»

«Ich gehe gerade hin», antwortete Mr. Copley ungehalten. Er ging in sein Zimmer, zog den Mantel aus und überlegte, ob ein Aspirin sein Kopfweh heilen oder nur seine Magenschmerzen verschlimmern würde. Da klopfte Rotfuchs-Joe an seine Tür.

«Bitte sehr, Sir, Mr. Armstrong läßt fragen, ob Sie einen Augenblick Zeit für ihn haben.»

«Schon gut, schon gut», sagte Mr. Copley. Er torkelte auf den Korridor hinaus und fiel beinahe Mr. Ingleby in die Arme.

«Hallo!» rief dieser. «Sie werden schon gesucht, Mr. Copley! Eben wollten wir den Stadtausrufer nach Ihnen schicken. Jetzt sollten Sie sich aber schleunigst mal bei Mr. Armstrong blicken lassen. Tallboy verlangt Ihr Blut.»

«Hach!» sagte Mr. Copley.

Er schob Mr. Ingleby beiseite und machte sich auf den Weg, nur um Mr. Bredon vor der Tür zu seinem Zimmer anzutreffen, bewaffnet mit einem schwachsinnigen Grinsen und einer Maultrommel.

«Seht da kommt er, preisgekrönt!» sang Mr. Bredon und ließ der Bemerkung ein paar Töne auf seinem Instrument folgen.

«Affe!» sagte Mr. Copley, woraufhin Mr. Bredon zu seinem Entsetzen vor ihm auf dem Korridor drei saubere Räder schlug, die ihn genau bis vor Mr. Armstrongs Tür brachten, aber gerade noch außerhalb von Mr. Armstrongs Blickfeld.

Mr. Copley klopfte an die Glasscheibe, durch die er Mr. Armstrong an seinem Schreibtisch sitzen, Mr. Tallboy erzürnt und aufrecht davorstehen und Mr. Hankin in seiner gewohnten, leicht zögernden Haltung an der gegenüberliegenden Wand lehnen sah. Mr. Armstrong sah auf und winkte Mr. Copley herein.

«Ah!» sagte Mr. Armstrong. «Da ist der Mann, den wir suchen. Ein bißchen spät heute morgen, nicht wahr, Mr. Copley?»

Mr. Copley erklärte, daß es unterwegs ein Zugunglück gegeben habe.

«Wegen dieser Zugunglücke muß einmal was geschehen», sagte Mr. Armstrong. «Immer wenn Pyms Leute reisen, verunglücken die Züge. Ich muß einmal an die Eisenbahndirektion schreiben. Haha!»

Mr. Copley sah, daß Mr. Armstrong heute wieder seinen albernen Tag hatte, an dem er einem so richtig auf die Nerven gehen konnte. Er antwortete nicht.

«Also, Mr. Copley», fuhr Mr. Armstrong fort, «was war denn nun los mit diesem Nutrax-Zweispalter? Wir haben eben ein aufgeregtes Telegramm von Mr. Jollop bekommen. Ich kann den Mann beim *Morning Star* nicht erreichen – wie heißt er noch?»

«Weekes», sagte Mr. Tallboy.

«Weekes – komischer Name. Aber wie ich von jemandem gehört habe – beziehungsweise wie Mr. Tallboy gehört hat –, haben Sie gestern abend die Nutrax-Schlagzeile geändert. Ich zweifle nicht, daß Sie einen ausgezeichneten Grund dafür hatten, aber nun wüßte ich gern, was wir Mr. Jollop sagen sollen.»

Mr. Copley nahm alle Kraft zusammen und berichtete ausführlich über die Krise von gestern abend. Er hatte das Gefühl, sich selbst nicht ganz gerecht zu werden. Aus einem Augenwinkel sah er den Wattebausch albern an seiner Wange auf und nieder tanzen. Nachdrücklich und mit aller Schärfe wies er auf die überaus unglückliche Anspielung hin, die sich aus der Skizze im Zusammenhang mit der ursprünglichen Schlagzeile ergab.

Mr. Armstrong wieherte vor Lachen.

«Meine Güte!» rief er. «Da haben sie uns aber erwischt, Tallboy! Ho-ho-ho! Von wem ist die Schlagzeile? Das muß ich Mr. Pym erzählen. Teufel aber auch, wie ist Ihnen denn das entgangen, Tallboy?»

«Ich bin gar nicht auf die Idee gekommen», erklärte Tallboy mit unerklärlicherweise hochrotem Kopf.

Mr. Armstrong lachte von neuem los.

«Ich glaube, die Schlagzeile ist von Ingleby», ergänzte Mr. Tallboy.

«Ausgerechnet Ingleby!» Mr. Armstrongs Heiterkeit war nicht mehr zu bremsen. Er drückte auf einen Knopf auf seinem Schreibtisch. «Miss Parton, schicken Sie Mr. Ingleby mal zu mir.»

Als Mr. Ingleby kam, lässig und unverschämt wie immer,

schob Mr. Armstrong ihm, halb sprachlos vor Belustigung, den Abzug der Originalanzeige zu, begleitet von einem so barbarisch eindeutigen Kommentar, daß Mr. Copley rot wurde.

Mr. Ingleby, unerschrocken, krönte die Situation mit einer noch schamloseren Bemerkung, und Miss Parton, die mit einem Stenogrammblock in der Hand wartend dastand, gluckste geziert.

«Aber wissen Sie, Sir», sagte Ingleby, «das ist nicht meine Schuld. Ich hatte für die Skizze ursprünglich einen von beruflichen Pflichten überlasteten Mann vorgesehen. Wenn nun diese Unschuldslämmer im Atelier meinen wohlanständigen Vorschlag ignorieren und statt dessen einen (männliches Synonym) und eine (weibliches Synonym) malen, die aussehen, als wenn sie die Nacht durchgemacht hätten, muß ich jede Verantwortung dafür ablehnen.»

«Haha!» machte Mr. Armstrong. «Das ist typisch Barrow. Ich will doch nicht hoffen, daß Barrow –»

Die Fortsetzung dieses Satzes war mehr ein Kompliment für die Tugendhaftigkeit des Atelierleiters als für seine Männlichkeit.

Mr. Hankin brach plötzlich in brüllendes Gelächter aus.

«Mr. Barrow verwirft sehr gern die Vorschläge, die von den Textern kommen», sagte Mr. Copley. «Ich möchte nicht annehmen, daß dahinter so etwas wie innerbetriebliche Eifersucht steckt, aber Tatsache ist –»

Aber Mr. Armstrong war so guter Dinge, daß er ihm gar nicht zuhörte und statt dessen unter allgemeinem Beifall einen Limerick rezitierte.

«Ist schon gut, Mr. Copley», sagte er, nachdem er sich halbwegs wieder gefaßt hatte. «Sie haben völlig richtig gehandelt. Ich werde Mr. Jollop die Sache erklären. Den trifft der Schlag.»

«Er wird sich wundern, daß *Sie* das haben durchgehen lassen», meinte Mr. Hankin.

«Und mit Recht», stimmte Mr. Armstrong ihm fröhlich zu. «Es kommt ja nicht oft vor, daß ich eine Zweideutigkeit übersehe. Ich muß gestern nicht in Form gewesen sein. Und Sie auch nicht, Tallboy. O Gott! Mr. Pym wird dazu noch einiges zu sagen haben. Ich freue mich schon auf sein Gesicht. Wenn das Ding doch nur durchgeschlüpft wäre! Er hätte die ganze Abteilung rausgeschmissen.»

«Es wäre jedenfalls sehr unangenehm gewesen», sagte Mr. Copley.

«Natürlich. Ich bin sehr froh, daß der *Morning Star* es noch gemerkt hat. Also gut. Das wäre erledigt. Nun, Mr. Hankin, zu dieser ganzseitigen Sopo-Anzeige –»

«Ich hoffe», sagte Mr. Copley, «daß Sie mit dem zufrieden sind, was ich getan habe. Ich hatte ja nicht viel Zeit –»

«Völlig richtig, völlig richtig», sagte Mr. Armstrong. «Ich bin Ihnen sehr dankbar. Aber am Rande bemerkt, Sie hätten schon jemandem Bescheid sagen können. Ich hing heute morgen ziemlich in der Luft.»

Mr. Copley erklärte, daß er versucht habe, Mr. Pym, Mr. Armstrong, Mr. Tallboy und Mr. Wedderburn zu erreichen, aber vergebens.

«Aha, verstehe», sagte Mr. Armstrong. «Aber warum haben Sie es nicht bei Mr. Hankin versucht?»

«Ich bin immer ab sechs zu Hause», fügte Mr. Hankin hinzu, «und gehe selten aus. Und wenn ich ausgehe, hinterlasse ich immer, wo ich zu erreichen bin.» (Das war ein Seitenhieb gegen Mr. Armstrong.)

Mr. Copley packte die Verzweiflung. Er hatte Mr. Hankin glatt vergessen und wußte nur zu gut, daß Mr. Hankin bei seiner ganzen zurückhaltenden Art alles, was nach Nichtachtung roch, sehr leicht übelnahm.

«Natürlich», stammelte er. «Natürlich, ja doch, das hätte ich tun sollen. Aber da Nutrax Ihr Kunde ist, Mr. Armstrong – dachte ich – da bin ich gar nicht auf die Idee gekommen, daß Mr. Hankin –»

Das war ein schlimmer taktischer Fehler. Erstens verstieß es gegen das große Pymsche Prinzip, daß jeder in der Textabteilung bereit und in der Lage zu sein hatte, die Arbeit jedes anderen zu übernehmen, wenn Not am Mann war. Und zweitens schloß es die Andeutung ein, daß Mr. Hankin weniger wendig sei als Mr. Copley selbst.

«Nutrax», sagte Mr. Hankin leicht von oben herab, «gehört gewiß nicht zu meinen Lieblingskunden. Aber ich bin zu meiner Zeit auch damit fertig geworden.» (Dies war erneut ein Seitenhieb gegen Mr. Armstrong, der manchmal seine Launen hatte und dann unter dem Vorwand nervöser Erschöpfung alle seine Kunden Mr. Hankin aufhalste.) «Jedenfalls übersteigt es meine Fähigkeiten nicht mehr als die eines kleinen Texters.»

«Nun, nun», griff Mr. Armstrong schnell ein, bevor Mr. Hankin etwas wirklich Ungehöriges tat, nämlich einen Mitarbeiter der eigenen Abteilung vor dem Angehörigen einer anderen Abteilung herunterzuputzen. «Es ist ja nicht so wichtig, und Sie haben in einer unangenehmen Lage Ihr Bestes getan. Kein Mensch kann an alles denken. Also, Mr. Hankin –» er entließ die niederen Chargen mit einem Kopfnicken – «nun wollen wir die Sopo-Frage ein für allemal klären. Gehen Sie nicht, Miss Parton, Sie sollen noch etwas notieren. Das mit Nutrax erledige ich, Mr. Tallboy. Lassen Sie sich keine grauen Haare wachsen.»

Die Tür schloß sich hinter Mr. Copley, Mr. Ingleby und Mr. Tallboy.

«Mein Gott!» sagte Mr. Ingleby. «Was für ein Theater! Spannungsgeladen von Anfang bis Ende. Fehlte nur noch Barrow, um das Glück vollkommen zu machen. Da fällt mir ein, daß ich zu ihm muß und ihn ein bißchen auf den Arm nehmen. Das wird ihn künftig lehren, meine intelligenten Vorschläge zu verwerfen! Hallo, da ist ja die Meteyard! Der muß ich noch schnell erzählen, was Armstrong über Barrow gesagt hat.»

Er verschwand in Miss Meteyards Zimmer, aus dem schon bald ein höchst undamenhaftes Lachen erscholl. Mr. Copley, dessen Kopf sich anfühlte, als ob er voller Granitbrocken wäre, die dauernd gegen seine Schädeldecke krachten, begab sich steifbeinig in Richtung seines eigenen Reviers. Als er durch den Versand kam, hatte er eine Vision von Mrs. Crump, die in Tränen aufgelöst vor Mrs. Johnsons Schreibtisch stand, aber er achtete nicht weiter darauf. Sein einziger verzweifelter Wunsch war, Mr. Tallboy abzuschütteln, der ihm grimmig entschlossen auf den Fersen blieb.

«Oh, Mr. Tallboy!»

Mrs. Johnsons schriller Ruf war für Mr. Copley wie ein Befreiungssignal. Wie ein Kaninchen schoß er in seinen Bau. Er mußte jetzt das Aspirin nehmen und es auf die Folgen ankommen lassen. Hastig schluckte er drei Tabletten auf einmal, ohne sich zuerst auch nur ein Glas Wasser zu holen, setzte sich auf seinen Drehstuhl und schloß die Augen.

Rums, rums, rums, machten die Steine in seinem Kopf. Wenn er doch nur so sitzen bleiben könnte, ganz still, nur ein halbes Stündchen –

Die Tür wurde heftig aufgestoßen.

«Hören Sie mal, Copley», sagte Mr. Tallboy mit einer Stimme wie ein Preßluftbohrer, «als Sie gestern abend in meinem Schreibtisch gewühlt haben, hatten Sie da etwa die bodenlose Unverschämtheit, in meinen Privatsachen herumzuschnüffeln?»

«Um Himmels willen», stöhnte Mr. Copley, «machen Sie

doch nicht solchen Lärm. Ich habe einen Kopf zum Zerspringen.»

«Es ist mir schnurzpiepegal, was Sie für einen Kopf haben», erwiderte Mr. Tallboy, wobei er die Tür hinter sich zuwarf, daß es klang wie ein Kanonenschuß. «Gestern abend war in meinem Schreibtisch noch ein Umschlag mit 50 Pfund, und der ist weg, und diese alte (Beiwort) Mrs. Crump sagt, sie hat Sie in meinen Papieren herum-(ordinäres Wort) sehen.»

«Ich habe Ihre 50 Pfund hier», entgegnete Mr. Copley mit aller Würde, die er aufbieten konnte. «Ich habe sie für Sie an einem sicheren Ort aufbewahrt, und ich muß sagen, Tallboy, daß ich es äußerst rücksichtslos von Ihnen finde, Ihr Eigentum so vor den Augen der Putzfrauen herumliegen zu lassen. Das ist eine Gemeinheit. Sie sollten da etwas rücksichtsvoller sein. Und ich habe nicht in Ihrem Schreibtisch gewühlt, wie Sie es ausdrücken. Ich habe nur nach dem Bürstenabzug des Nutrax-Zweispalters gesucht, und als ich den Schreibtisch wieder zuschloß, ist dieser Umschlag herausgefallen.»

Er bückte sich, um seine Schublade aufzuschließen, und fühlte dabei einen gräßlichen Schmerz.

«Wollen Sie sagen», rief Mr. Tallboy, «daß Sie die unaussprechliche Frechheit hatten, mein Geld mit in Ihr verdammtes Zimmer zu nehmen –»

«In Ihrem Interesse», sagte Mr. Copley.

«Ich pfeife auf Ihr Interesse! Warum, zum Teufel, konnten Sie es nicht in ein Fach legen, statt Ihre Finger da hineinzustecken?»

«Ist Ihnen nicht klar –»

«Mir ist nur eines klar», sagte Mr. Tallboy, «nämlich daß Sie ein (nicht druckreif) seniler, idiotischer Schnüffler sind. Wieso Sie da Ihre Nase hineinstecken mußten –»

«Wirklich, Mr. Tallboy –»

«Was ging die Sache Sie überhaupt an?»

«Die Sache ging jeden etwas an», sagte Mr. Copley – so zornig, daß er darüber fast sein Kopfweh vergaß –, «dem das Wohl der Firma am Herzen liegt. Ich bin wesentlich älter als Sie, Mr. Tallboy, und zu meiner Zeit hätte ein Gruppenleiter sich geschämt, aus dem Haus zu gehen, bevor er Gewißheit hatte, daß mit seiner Anzeige für den nächsten Tag alles in Ordnung war. Es ist mir schon unbegreiflich, wie Sie so eine Anzeige überhaupt durchgehen lassen konnten. Dann haben Sie das Klischee zu spät geliefert. Sie wissen vielleicht noch gar nicht, daß es erst um fünf nach sechs beim *Morning Star* angekommen ist – *fünf Minuten nach sechs!* Und statt auf Ihrem Posten zu sein, um eventuelle Korrekturen vornehmen zu können –»

«Ich brauche mich von Ihnen nicht über meine Aufgaben belehren zu lassen», sagte Mr. Tallboy.

«Entschuldigung, das glaube ich aber doch.»

«Und was hat das überhaupt hiermit zu tun? Hier geht es darum, daß Sie Ihre Nase in meine Privatangelegenheiten –»

«Das habe ich nicht! Der Umschlag ist heraus –»

«Das ist eine gemeine Lüge!»

«Entschuldigung, es ist die Wahrheit.»

«Sagen Sie nicht dauernd ‹Entschuldigung› wie eine Küchenmagd.»

«Verlassen Sie mein Zimmer!» schrie Mr. Copley.

«Ich verlasse Ihr vermaledeites Zimmer nicht, bevor ich eine Entschuldigung von Ihnen höre.»

«Ich glaube, die Entschuldigung müßte *ich* von *Ihnen* bekommen.»

«*Sie?*» Mr. Tallboys Stimme überschlug sich fast. «Sie –! Wieso in drei Teufels Namen konnten Sie nicht wenigstens soviel Anstand besitzen und mich anrufen?»

«Sie waren ja nicht zu Hause.»

«Woher wissen Sie das? Haben Sie's versucht?»

«Nein, ich wußte, daß Sie nicht zu Hause waren. Ich habe Sie nämlich in der Southampton Row gesehen.»

«Sie haben mich in der Southampton Row gesehen und nicht einmal den simplen Anstand besessen, mich anzusprechen und mir zu sagen, was Sie getrieben hatten? Wahrhaftig, Copley, ich glaube, Sie wollten mich unbedingt hereinreißen. Und das Geld wollten Sie womöglich auch gleich für sich behalten.»

«Wie können Sie es wagen, so etwas zu behaupten?»

«Und dann Ihr ganzer Quatsch von wegen Rücksicht auf die Putzfrauen! Das ist doch die blanke Heuchelei. Natürlich habe ich gedacht, eine von ihnen hätte es genommen. Ich habe zu Mrs. Crump gesagt –»

«Sie haben Mrs. Crump beschuldigt?»

«Ich habe sie nicht beschuldigt, ich habe ihr gesagt, daß ich 50 Pfund vermisse.»

«Das zeigt mir, was Sie für einer sind», begann Mr. Copley.

«Und zum Glück hatte sie gesehen, daß Sie an meinem Schreibtisch waren. Sonst hätte ich von meinem Geld wahrscheinlich nie mehr was gehört.»

«Sie haben kein Recht, so zu reden.»

«Ich habe sehr viel mehr Recht, so zu reden, als Sie ein Recht hatten, das Geld zu stehlen.»

«Nennen Sie mich etwa einen Dieb?»

«Jawohl!»

«Und ich nenne Sie einen Schurken», keuchte Mr. Copley. «Einen unverfrorenen Schurken, jawohl. Und ich kann nur sagen, wenn Sie auf ehrliche Weise an dieses Geld gekommen wären, was ich bezweifle, mein Herr, was ich sehr bezweifle –»

Mr. Bredon schob seine lange Nase um den Türpfosten.

«Sagen Sie mal», blökte er besorgt, «ich mische mich ja ungern ein und so weiter, aber Hankie läßt grüßen und fragen, ob Sie sich nicht ein bißchen leiser unterhalten können. Mr. Simon Brotherhood ist bei ihm.»

Eine Pause trat ein, in der sich beide Kontrahenten der Dünne der nur aus Hartfaserplatten bestehenden Trennwand zwischen Mr. Hankins und Mr. Copleys Zimmer bewußt wurden. Dann steckte Mr. Tallboy den zurückerhaltenen Umschlag in die Tasche.

«Na schön, Copley», sagte er. «Ich werde Ihnen Ihre freundliche Einmischung jedenfalls nicht vergessen.» Damit stürzte er hinaus.

«O mein Gott, mein Gott!» stöhnte Mr. Copley und nahm den Kopf zwischen die Hände.

«Ist was los?» erkundigte sich Mr. Bredon.

«Bitte gehen Sie», flehte Mr. Copley, «mir ist so furchtbar elend.»

Mr. Bredon zog sich wie auf Katzenpfoten zurück. Sein neugieriges Gesicht strahlte vor stiller Bosheit. Er verfolgte Mr. Tallboy bis in den Versand und traf ihn dort im ernsten Gespräch mit Mrs. Johnson an.

«Sagen Sie, Tallboy», meinte er, «was ist denn mit Copley los? Er sieht schrecklich mitgenommen aus. Haben Sie ihm auf die Hühneraugen getreten?»

«Sie geht das jedenfalls nichts an», versetzte Mr. Tallboy mürrisch. «Also gut, Mrs. Johnson, ich werde Mrs. Crump aufsuchen und das in Ordnung bringen.»

«Das will ich hoffen, Mr. Tallboy, und wenn Sie das nächste Mal Wertsachen mit hierherbringen, wünschte ich, Sie gäben sie bei mir ab, damit ich sie unten im Safe einschließen kann. Solche Geschichten sind nicht sehr erfreulich, und Mr. Pym wäre sehr aufgebracht, wenn er davon erführe.»

Mr. Tallboy flüchtete sich in den Aufzug, ohne sich zu einer Antwort herabzulassen.

«Heute morgen scheint es hier ein wenig hektisch zuzugehen, Mrs. Johnson», bemerkte Mr. Bredon, indem er auf dem Schreibtisch der guten Dame Platz nahm. «Selbst die hohe Herrscherin über den Versand wirkt etwas abgekämpft. Aber so ein bißchen gerechte Empörung steht Ihnen gut. Läßt das Auge funkeln und gibt dem Teint einen rosigen Schimmer.»

«Jetzt ist es aber genug, Mr. Bredon. Was sollen denn meine Jungen von mir denken, wenn Sie mich hier zum besten halten? Aber es stimmt schon, einige von unseren Leuten hier sind wirklich etwas anstrengend. Jedenfalls muß ich mich vor meine Frauen stellen, Mr. Bredon, und vor meine Jungen. Da ist keiner darunter, dem ich nicht trauen würde, und es ist einfach nicht recht, Anschuldigungen gegen sie zu erheben, ohne etwas beweisen zu können.»

«So was ist schlicht ungehörig», gab Mr. Bredon zu. «Wer hat denn Anschuldigungen gegen wen erhoben?»

«Nun, ich weiß nicht, ob ich aus der Schule plaudern soll», sagte Mrs. Johnson, «aber es erfordert einfach die Gerechtigkeit gegenüber Mrs. Crump, wenn ich sage –»

Natürlich kannte der schmeichlerische Mr. Bredon binnen fünf Minuten die ganze Geschichte.

«Aber Sie dürfen nicht hingehen und das überall herumerzählen», sagte Mrs. Johnson.

«Natürlich nicht», versicherte Mr. Bredon. «Hallo, ist das der junge Mann mit unserem Kaffee?»

Er sprang elastisch von seinem Sitz und eilte ins Schreibzimmer, wo Miss Parton einem gebannt lauschenden Publikum soeben die saftigsten Stellen aus der morgendlichen Szene mit Mr. Armstrong erzählte.

«Das ist noch gar nichts», verkündete Mr. Bredon. «Sie kennen die neueste Entwicklung nicht.»

«Oh, und was ist das?» rief Miss Rossiter.

«Ich habe versprochen, nichts weiterzuerzählen», sagte Mr. Bredon.

«Gemeinheit, so was!»

«Na ja, ich hab's nicht direkt versprochen. Ich wurde darum gebeten.»

«Geht es um Mr. Tallboys Geld?»

«Sie wissen es also schon? So eine Enttäuschung!»

«Ich weiß, daß die arme kleine Mrs. Crump heute früh geweint hat, weil Mr. Tallboy ihr vorgeworfen hat, sie habe Geld aus seinem Schreibtisch genommen.»

«Nun, wenn Sie das schon wissen», sagte Mr. Bredon unschuldig, «dann erfordert es die Gerechtigkeit gegenüber Mrs. Crump –»

Seine Zunge lief wie geschmiert.

«Also, das finde ich wirklich zu garstig von Mr. Tallboy», sagte Miss Rossiter. «Er ist immer so ungezogen zu dem armen Mr. Copley. Eine Schande ist das. Und es ist gemein, die Putzfrauen zu verdächtigen.»

«O ja», pflichtete Miss Parton ihr bei, «aber für diesen Copley habe ich nun auch nichts übrig. Er ist ein bösartiger kleiner Petzer. Einmal hat er Hankie erzählen müssen, daß er mich mit einem Herrn beim Hunderennen gesehen hat. Als ob es ihn was anginge, was unsereiner in der Freizeit tut. Überall muß er sich einmischen. Auch als kleine Stenotypistin ist man ja noch nicht gleich eine heidnische Sklavin. Ah, da kommt Mr. Ingleby. Kaffee, Mr. Ingleby? Sagen Sie, haben *Sie* schon davon gehört, daß Copley 50 Pfund von Mr. Tallboy geklaut haben soll?»

«Was Sie nicht sagen!» rief Mr. Ingleby, indem er ein buntes Gemisch von diesem und jenem aus dem Papierkorb kippte, bevor er diesen umdrehte und sich darauf setzte. «Erzählen Sie mir's schnell! Mein Gott, ist das ein herrlicher Tag heute!»

«Also», begann Miss Rossiter, lustvoll die Berichterstattung übernehmend, «da hat jemand Mr. Tallboy 50 Pfund in einem eingeschriebenen Brief geschickt –»

«Was ist da los?» unterbrach Miss Meteyard, die mit ein paar beschriebenen Blättern in der einen und einer Tüte Pfefferminzbonbons in der anderen Hand eintrat. «Hier sind ein paar Lutscher für meine lieben Kleinen. Und jetzt erzählen Sie noch mal von Anfang an. Ich wünschte, jemand würde *mir* mal 50 Pfund in eingeschriebenen Briefen schicken. Wer war der Wohltäter?»

«Weiß ich nicht. Wissen Sie es, Mr. Bredon?»

«Keine Ahnung. Aber es war alles in kleinen Scheinen, was fürs erste schon einmal verdächtig ist.»

«Und er hat sie mit in die Firma gebracht, um sie zur Bank zu bringen.»

«Aber dann hatte er zuviel zu tun», fiel Miss Parton ein, «und hat's vergessen.»

«50 Pfund möchte ich auch mal vergessen», meinte Miss Partons Busenfreundin aus der Druckerei.

«Nun, wir sind ja auch nur arme kleine Stenotypistinnen, die für ihr Geld arbeiten müssen. 50 Pfund scheinen für Mr. Tallboy jedenfalls gar nichts zu sein. Er hat sie in seinen Schreibtisch gelegt – »

«Warum nicht in die Tasche gesteckt?»

«Weil er in Hemdsärmeln arbeitete und solche Reichtümer nicht einfach am Kleiderhaken hängen lassen wollte –»

«So was Mißtrauisches wie dieser Mann –»

«Stimmt; also in der Mittagspause hat er es vergessen. Und nachmittags mußte er feststellen, daß die Klischeehersteller etwas Dummes mit der Nutrax-Anzeige angestellt hatten –»

«War er deswegen so spät damit dran?» erkundigte sich Mr. Bredon.

«Ja, das war's. Und wißt ihr was, ich habe noch etwas herausgekriegt. Mr. Drew –»

«Wer ist Mr. Drew?»

«Dieser kleine Dicke von Cormorant Press. Er hat zu Mr. Tallboy gesagt, er findet die Schlagzeile ein bißchen heiß. Und Mr. Tallboy hat gemeint, er habe eine schmutzige Phantasie, und außerdem hätten alle die Schlagzeile genehmigt, und jetzt sei es sowieso zu spät, noch was daran zu ändern –»

«Jemine!» brach es plötzlich aus Mr. Garrett heraus. «Wie gut, daß Copley davon nichts erfahren hat! Das hätte er ihm tüchtig reingerieben. Ich muß schon sagen, ich finde auch, daß Tallboy da was hätte unternehmen sollen.»

«Wer hat Ihnen das erzählt?»

«Mr. Wedderburn. Drew hat ihn heute morgen darauf angesprochen und gemeint, sie hätten es sich ja anscheinend doch noch anders überlegt.»

«Na, nun erzählen Sie mal weiter.»

«Bevor Mr. Tallboy das Klischee korrigiert hatte, war die Bank zu. Daraufhin hat er es wieder vergessen, ist nach Hause gegangen und hat die 50 Pfund im Schreibtisch liegenlassen.»

«Macht er so was öfter?»

«Weiß der Himmel. Und Copley mußte Überstunden machen wegen seiner Gelees –»

Tratsch, tratsch. Nichts von der Geschichte ging in der Erzählung verloren.

«– die arme Mrs. Crump hat geheult wie ein Schloßhund –»

«– Mrs. Johnson hatte *so* eine Wut –»

«– einen *entsetzlichen* Krach gemacht. Mr. Bredon hat es gehört. Wie hat er ihn genannt, Mr. Bredon?»

«– hat ihm vorgeworfen, er hätte das Geld stehlen wollen –»
«– Dieb und Schurke –»
«– was Brotherhood gedacht haben muß –»
«– fliegen raus, mich würd's nicht wundern –»
«– mein Gott, wie *aufregend* es hier zugeht!»

«Und nebenbei», bemerkte Mr. Ingleby schadenfroh, «ich hab's Barrow wegen dieser Skizze ganz schön gegeben.»

«Sie *werden* ihm doch nicht erzählt haben, was Mr. Armstrong gesagt hat!»

«Nein. Wenigstens hab ich ihm nicht gesagt, daß es von Armstrong stammt. Aber ich habe ihm mit eigenen Worten so etwas angedeutet.»

«Sie sind ein schrecklicher Mensch.»

«Er will sich an der Abteilung bitter rächen – besonders an Copley.»

«Weil Copley vorige Woche wegen einer Jamboree-Anzeige zu Hankie gegangen ist und sich beschwert hat, daß Barrow sich nicht an seine Anweisungen hält, und nun meint er, diese Geschichte ist ein Komplott von Copley, um –»

«Ruhe!»

Miss Rossiter sprang an ihre Schreibmaschine und begann wie wild auf die Tasten zu hämmern.

Mitten in den bedeutungsvollen Stillstand der Zungen hinein trat Mr. Copley ins Zimmer.

«Ist dieser Jamboree-Text für mich fertig, Miss Rossiter? Hier scheint ja heute morgen nicht sehr viel gearbeitet zu werden.»

«Sie werden sich ein wenig gedulden müssen, Mr. Copley. Ich muß noch einen Bericht für Mr. Armstrong fertig schreiben.»

«Und ich werde mal mit Mr. Armstrong darüber reden müssen, wie hier gearbeitet wird», sagte Mr. Copley. «In diesem Zimmer geht es zu wie in einer Kneipe. Eine Schande ist das.»

«Warum erschrecken Sie nicht Mr. Hankin mal damit?» fuhr Miss Parton ihn ungnädig an.

«Nein, aber wirklich, Copley, alter Freund», meinte Mr. Bredon ernst. «Sie dürfen sich von solchen Kleinigkeiten nicht gleich so aufregen lassen. Das tut man doch nicht, altes Haus. Wirklich nicht. Sie müßten mal sehen, wie ich von Miss Parton bedient werde. Sie frißt mir aus der Hand. Ein paar Nettigkeiten und ein warmer Händedruck wirken bei ihr Wunder. Wenn Sie recht schön bitten, tut sie alles für Sie.»

«Ein Mann in Ihrem Alter, Bredon, sollte etwas Besseres zu tun wissen», sagte Mr. Copley, «als den ganzen Tag hier herumzulungern. Bin ich der einzige in diesem Haus, der zu arbeiten hat?»

«Wenn Sie nur wüßten», erwiderte Mr. Bredon, «wie ich hier schufte. Paßt mal auf», fügte er hinzu, als der unglückliche Mr. Copley sich verzog, «schreibt doch dem armen alten Knaben rasch sein Zeug. Es ist nicht nett, ihn so auf den Arm zu nehmen. Er war ja furchtbar grün um die Kiemen.»

«Schon recht», meinte Miss Parton liebenswürdig. «Mir macht's ja nichts aus. Ich kann es auch gleich hinter mich bringen.»

Die Schreibmaschinen klapperten wieder.

9

Herzlose Maskerade eines Harlekins

Dian de Momerie behauptete ihren Platz. Gewiß, der große Chrysler und der Bentley vor ihr hatten mehr Pferdestärken, aber der junge Spenlow war zu betrunken, um noch lange durchzuhalten, und Harry Thorne war schon immer ein miserabler Fahrer gewesen. Sie brauchte sich nur in sicherem Abstand anzuhängen und zu warten, bis sie Bruch machten. Wenn «Spot» Lancaster sie doch nur in Ruhe ließe! Es störte sie beim Fahren, wenn er mit seinen plumpen Händen nach ihren Hüften grabschte. Sie nahm die schmale Sandale ein wenig vom Gashebel und stieß ihm zornig den Ellbogen ins erhitzte Gesicht.

«Hör auf damit, du Trottel! Durch dich landen wir noch im Graben, und dann haben wir verloren.»

«He, sag mal!» protestierte Spot. «Mach so was nicht! Das tut weh.»

Sie ignorierte ihn und hielt den Blick auf der Straße. Alles stimmte heute nacht bis aufs I-Tüpfelchen. Bei Todd Milligan hatte es einen sehr anregenden und amüsanten Krach gegeben, und Todd hatte mal so einiges zu hören bekommen. Um so besser. Sie hatte Todds Herumkommandiererei satt. Sie war gerade richtig beschwipst, nicht zuviel und nicht zuwenig. Die Hecken blitzten und brüllten an ihnen vorüber; die Straße, erhellt von den tastenden Scheinwerfern, wirkte wie ein Kriegsschauplatz voller Löcher und Hügel, die sich unter den jagenden Rädern, wie durch ein Wunder glätteten. Der Wagen nahm die Bodenwellen wie ein Schiff. Sie wünschte nur, es wäre ein offener Wagen, nicht Spots ordinäre, spießige Limousine.

Der Chrysler vor ihnen schlingerte bedenklich, schleuderte sein großes Heck hin und her wie ein Fisch den Schwanz. Was hatte Harry Thorne so ein Auto zu fahren, wenn er es nicht einmal auf der Straße halten konnte! Und jetzt nahte eine scharfe S-Kurve. Dian wußte das. Ihre Sinne schienen unnatürlich geschärft – sie sah die Straße vor sich ausgebreitet wie auf einer Landkarte. Thorne nahm die erste Kurve – viel zu weit –, und der junge Spenlow schnitt ihn von links. Jetzt machte sie das Rennen – nichts konnte sie mehr daran hindern. Spot trank schon wieder aus einer Reiseflasche. Sollte er doch. Ihr konnte es nur nützen. Der Chrysler, mit brutaler Gewalt auf die andere Straßenseite gerissen, erwischte den Bentley in der Innenkurve, drückte ihn gegen die Böschung und riß ihn herum, bis er quer auf der Straße stand. War da noch Platz zum Vorbeifahren? Sie scherte aus, ihre Außenräder holperten übers Grasbankett. Der Chrysler taumelte weiter, heftig schlingernd infolge des Anpralls. Er raste die Böschung hinauf und brach durch die Hecke. Sie hörte Thorne einen Schrei ausstoßen – sah den großen Wagen wie durch ein Wunder wieder auf den Rädern landen, ohne sich zu überschlagen, und antwortete mit einem Triumphschrei. Und dann war die Straße plötzlich taghell, wie im Strahl eines Suchscheinwerfers, der den Schein ihrer eigenen Lampen schluckte wie die Sonne ein Kerzenlicht.

Sie beugte sich zu Spot hinüber. «Wer ist das da hinter uns?»

«Weiß nicht», knurrte Spot, indem er vergebliche Verrenkungen ausführte, um durch das kleine Heckfenster hinauszusehen. «Irgendein komischer Trottel.»

Dian schob das Kinn vor. Zum *Teufel*, wer hatte so ein Auto? Im Rückspiegel war nur das grelle Licht des Scheinwerferpaars zu sehen. Sie trat das Gaspedal bis zum Anschlag durch, und der Wagen machte einen Satz nach vorn. Aber der Verfolger hielt mühelos mit. Sie zog zur Straßenmitte. Sollte er sie rammen, wenn er wollte. Er blieb unbarmherzig dran. Aus der Dunkelheit sprang eine schmale, bucklige Brücke auf sie zu. Sie schoß hinüber und schien über den Rand der Welt hinauszuspringen. Dann ein Dorf mit einem breiten, offenen Platz. Das war eine Chance für den Mann. Er nutzte sie. Ein großer dunkler Schatten tauchte neben ihr auf, lang, flach und offen. Aus dem Augenwinkel schielte sie nach dem Fahrer. Für die Dauer von fünf Sekunden blieb er neben ihr, Kopf an Kopf, und sie sah die schwarze Maske und Kappe und einen Blitz von Schwarz und Silber. Dann verengte sich die Straße wieder, und er zog an und setzte sich vor sie. Sie erinnerte sich, was Pamela Dean zu ihr gesagt hatte: «Du wirst ihn sehen, wenn du am allerwenigsten mit ihm rechnest.»

Was immer passierte, sie mußte dranbleiben. Er fuhr vor ihr her, leicht und kraftvoll wie ein Panther, das rote Rücklicht in neckend kurzem Abstand vor ihr. Sie hätte aufschreien mögen vor Wut. Er spielte mit ihr!

«Ist das alles, was dein dämlicher Ofen schafft?»
Spot war eingeschlafen. Sein Kopf fiel gegen ihren Arm, und sie stieß ihn unsanft weg. Zwei Meilen, und die Straße fuhr in einen Tunnel aus Bäumen ein; auf beiden Seiten Wald. Der führende Wagen schwenkte plötzlich in einen Seitenweg ab und durch ein offenes Gatter unter den Bäumen, kurvte tief in den Wald hinein und hielt plötzlich an. Alle Lichter gingen aus.

Sie trat hart auf die Bremse und sprang hinaus. Über ihr neigten sich die Baumkronen im Wind gegeneinander. Sie lief zu dem anderen Wagen. Er war leer.

Sie blickte um sich. Bis auf den Lichtkegel aus ihren eigenen Scheinwerfern herrschte ringsum ägyptische Finsternis. Zwischen Dornengestrüpp und Gras stolperte sie über ihr langes Kleid. Sie rief:

«Wo bist du? Wo hast du dich versteckt? Sei doch nicht so *albern*!»

Keine Antwort. Aber kurz darauf ertönte von weitem, wie zum Hohn, eine hohe, dünne Flötenmelodie. Kein Schlager, sondern ein Lied, das sie aus Kindertagen kannte:

Tom, Tom, des Pfeifers Sohn,
Flötete als Junge schon,
Doch er kannte nur dies Lied:
«Seht, was über die Berge zieht –»

«Das ist doch zu *dumm*!» sagte Dian.

Über die hohen Berge geschwind
Weht mein Haarschopf fort im Wind.

Der Ton war so körperlos, als komme er aus dem Nichts. Sie lief vorwärts – der Ton wurde schwächer. Eine kräftige Brombeerranke schlang sich um ihr Bein und zerriß ihr den Seidenstrumpf und den Knöchel darunter. Sie befreite sich gewaltsam und lief in eine neue Richtung. Die Flötentöne verstummten. Plötzlich bekam sie Angst vor den Bäumen und der Dunkelheit. Der Alkohol versagte ihr die beruhigende Stütze, die er ihr bisher gegeben hatte, und an deren Stelle traten Angst und Grauen. Sie dachte an Toms Schnapsflasche und begann sich zum Wagen zurückzukämpfen. Da gingen die Scheinwerfer aus, und sie stand allein zwischen den Bäumen im Wind.

Die durch Gin und ausgelassene Gesellschaft hervorgerufene

Hochstimmung überlebt keine lange Belagerung durch Dunkelheit und Einsamkeit. Sie rannte jetzt verzweifelt drauflos und schrie. Eine Wurzel griff wie eine Hand nach ihrem Knöchel und brachte sie zu Fall, und sie blieb angstvoll liegen.

Die dünne Melodie begann von neuem.

Tom, Tom, des Pfeifers Sohn –

Sie richtete sich auf.

«Die Angst, die Wald und Dunkelheit uns einflößen», sagte eine spöttische Stimme irgendwo über ihr, «wurde von den Menschen der Antike panische Angst genannt, oder die Angst vor dem großen Gott Pan. Es ist interessant, zu beobachten, daß der moderne Fortschritt es nicht ganz und gar vermocht hat, sie aus disziplinlosen Köpfen zu verbannen.»

Dian starrte nach oben. Ihre Augen gewöhnten sich an die Nacht, und in den Ästen über ihr erblickte sie einen blassen, silbernen Schimmer.

«Was wollen Sie mit diesem idiotischen Benehmen?»

«In erster Linie Reklame für mich machen. Man muß anders sein. Ich bin immer anders. Und genau aus diesem Grund, meine Verehrteste, bin ich der Verfolgte und nicht der Verfolger. Sie können es billige Effekthascherei nennen, und die ist es auch, aber für ginerweichte Gehirne genau das Richtige. Bei Leuten wie Ihnen, wenn ich das sagen darf, wären feinere Methoden für die Katz.»

«Ich wünschte, Sie kämen endlich mal da herunter.»

«Kann schon sein. Aber ich habe es lieber, wenn man zu mir aufblickt.»

«Sie können nicht die ganze Nacht da oben bleiben. Überlegen Sie mal, was Sie am Morgen für eine komische Figur abgäben.»

«Schon, aber verglichen mit Ihnen werde ich immer noch aussehen wie aus dem Ei gepellt. Mein Kostüm ist für mitternächtliche akrobatische Übungen im Wald besser geeignet als Ihres.»

«Wozu machen Sie das überhaupt?»

«Nur zu meinem Vergnügen – das ist doch der einzige Grund, der für Sie zählt.»

«Dann bleiben Sie oben und vergnügen Sie sich allein. Ich mache, daß ich nach Hause komme.»

«Ihr Schuhzeug eignet sich nicht sehr für einen langen Marsch – aber wenn es Ihnen Spaß macht, sollten Sie unbedingt gehen.»

«Wieso soll ich zu Fuß gehen?»

«Weil ich die Zündschlüssel beider Autos in der Tasche habe. Eine einfache Vorsichtsmaßnahme, mein lieber Watson. Auch wäre es nicht sehr sinnvoll, wenn Sie versuchten, Ihren Begleiter mit einer Nachricht fortzuschicken. Er liegt selig in Morpheus' Armen – das ist ein sehr alter und mächtiger Gott, wenn auch nicht so alt wie Pan.»

«Ich hasse Sie», sagte Dian.

«Dann sind Sie auf dem besten Wege, mich zu lieben – was nur natürlich ist. Wir müssen stets das Höchste lieben, das wir sehen. Können Sie mich sehen?»

«Nicht sehr gut. Ich könnte Sie besser sehen, wenn Sie runterkämen.»

«Könnten Sie mich dann auch mehr lieben?»

«Vielleicht.»

«Dann fühle ich mich sicherer, wo ich bin. Ihre Liebhaber haben es an sich, ein schlimmes Ende zu nehmen. Der junge Carmichael zum Beispiel –»

«Dafür konnte ich nichts. Er hatte zuviel getrunken. Er war ein Idiot.»

«Und Arthur Barrington –»

«Dem habe ich gesagt, daß es wenig Sinn hat.»

«Überhaupt keinen. Aber er hat es trotzdem versucht und sich das Gehirn aus dem Schädel gepustet. Wenn es auch kein besonders gutes Gehirn war – es war aber das einzige, das er hatte. Und Victor Dean –»

«Diese kleine Ratte! Das hatte mit mir überhaupt nichts zu tun.»

«Nein?»

«Wieso denn? Er ist eine Treppe hinuntergefallen, nicht?»

«Richtig, aber warum?»

«Das weiß ich doch nicht.»

«Wirklich nicht? Ich dachte, Sie wüßten es vielleicht. Warum haben Sie denn Victor Dean den Laufpaß gegeben?»

«Weil er ein blöder kleiner Langweiler war, genau wie alle anderen.»

«Sie mögen Leute, die anders sind?»

«Ich mag alles, was anders ist.»

«Und wenn Sie einen finden, der anders ist, versuchen Sie ihn zu machen wie alle anderen. Kennen Sie jemanden, der anders ist?»

«Ja, Sie.»

«Nur solange ich auf meinem Ast bleibe, Circe. Wenn ich mich zu Ihnen hinunterbegebe, bin ich genau wie alle anderen.»
«Komm doch mal runter und versuch's.»
«Ich weiß, wo ich sicher bin. Kommen Sie doch rauf zu mir.»
«Sie wissen genau, daß ich nicht zu Ihnen raufkann.»
«Natürlich nicht. Sie können nur immer tiefer sinken.»
«Wollen Sie mich beleidigen?»
«Ja. Aber es ist nicht leicht.»
«Komm runter, Harlekin. Ich will dich hier haben.»
«Das ist wohl ein ganz neues Gefühl für Sie, ja? Etwas zu wünschen, was Sie nicht haben können. Sie sollten mir dankbar sein.»
«Ich wünsche mir immer, was ich nicht haben kann.»
«Was denn?»
«Leben – Aufregung –»
«Sehen Sie, das bekommen Sie jetzt. Erzählen Sie mir alles über Victor Dean.»
«Warum wollen Sie etwas über ihn wissen?»
«Das ist ein Geheimnis.»
«Wenn ich es Ihnen erzähle, kommen Sie dann runter?»
«Vielleicht.»
«Komischer Geschmack, daß Sie über den was hören wollen.»
«Ich bin berühmt für meinen komischen Geschmack. Wie haben Sie ihn sich geangelt?»
«Wir sind mal eines Abends in irgend so ein furchtbar spießiges Tanzlokal gegangen. Wir hatten gedacht, das wird sensationell.»
«Und war's das?»
«Nein, es war ziemlich fad. Aber er war da und hat sich gleich in mich verknallt, und ich fand ihn so putzig. Das war alles.»
«Eine einfache Geschichte, in einfachen Worten wiedergegeben. Wie lange war er Ihr Hündchen?»
«Ungefähr ein halbes Jahr. Aber er war so furchtbar, furchtbar langweilig. Und so ein Spießer. Stell dir vor, Harlekin, er wurde richtig sauer und wollte mich vor den Traualtar schleppen. Lachst du, Harlekin?»
«Ich lache Tränen.»
«Er war gar nicht komisch. Ein Jammerlappen.»
«Mein Kind, Sie erzählen diese Geschichte sehr schlecht. Sie haben ihn zum Trinken verführt, und das hat sein Bäuchlein nicht vertragen. Sie haben ihn mit hohem Einsatz spielen lassen, und er hat gesagt, das könne er sich nicht leisten. Und Sie haben

versucht, ihm Rauschgift zu geben, und das hat ihm nicht geschmeckt. Noch was?»

«Er war ein kleiner Schmarotzer, Harlekin. Wirklich. Er nahm mit, was er kriegen konnte.»

«Sie nicht?»

«Ich?» Dian war wirklich überrascht. «Ich bin ungeheuer großzügig. Ich habe ihm gegeben, was er haben wollte. So bin ich nun mal, wenn ich jemanden mag.»

«Er nahm, was er kriegen konnte, aber er gab es nicht aus wie ein Gentleman?»

«Genau. Weißt du, er hat sich ja sogar selbst mal als Gentleman bezeichnet. Ist das nicht zum Lachen? Wie im Mittelalter. Ein Gentleman tut so was nicht. Er meinte, wir brauchten nicht zu denken, daß er kein Gentleman sei, nur weil er als Angestellter arbeite. Ist das nicht zum Kugeln, Harlekin?»

Sie schüttelte und krümmte sich vor Heiterkeit.

«Paß mal auf, Harlekin! Ich erzähle dir etwas ganz Komisches. Eines Abends kam Todd Milligan rein, und ich hab zu ihm gesagt: ‹Das ist Victor Dean, ein Gentleman, und er arbeitet bei Pyms Werbedienst.› Worauf Todd gemeint hat: ‹Aha, Sie sind das also›, und ganz mörderisch hat er ihn dabei angeguckt. Und hinterher hat er mich auch gefragt, genau wie du, wie ich an Victor herangekommen bin. Das ist doch komisch, oder? Hat Todd dich etwa geschickt, mich danach zu fragen?»

«Nein, ich lasse mich nie schicken. Ich gehe immer, wohin ich will.»

«Also warum willst du denn nun so genau über Victor Dean Bescheid wissen?»

«Das ist doch richtig schön geheimnisvoll, nicht? Und was hat Milligan zu Dean gesagt?»

«Nicht viel, aber zu mir hat er gesagt, ich soll ihn mir warmhalten. Und später hat er dann ganz plötzlich gesagt, ich soll ihn zum Teufel jagen.»

«Und als braves kleines Mädchen haben Sie alles getan, was man Ihnen sagte?»

«Ich hatte Victor sowieso über. Und es ist nicht ratsam, sich mit Todd anzulegen.»

«Sicher nicht – er könnte den Nachschub sperren, wie? Wo kriegt er das Zeug eigentlich her?»

«Den Koks meinst du? Weiß ich nicht.»

«Stimmt vermutlich. Und Sie können es wohl auch nicht aus ihm herausbringen. Nicht mit all Ihrem Charme, Circe?»

«Oh, nicht bei Todd. Der hält dicht. Ein dreckiges Schwein ist er. Ich verachte ihn. Ich würde alles tun, um von Todd loszukommen. Aber er weiß zuviel. Und außerdem hat er den Stoff. Es haben schon viele versucht, von Todd loszukommen, aber sie sind immer wiedergekommen – freitags und samstags.»

«Da verteilt er das Zeug?»

«Meist. Aber –» sie begann wieder zu lachen – «heute abend warst du nicht da, oder? Es war zu komisch. Es muß ihm ausgegangen sein oder so was. Einen Höllenkrach hat's gegeben. Und dieses Furunkelweib, Babs Woodley, die hat das ganze Haus zusammengebrüllt. Gekratzt hat sie ihn. Hoffentlich kriegt er 'ne Blutvergiftung. Er hat versprochen, daß es morgen da ist, aber richtig idiotisch hat er ausgesehen, wie ihm das Blut so übers Kinn gelaufen ist. Sie hat gesagt, sie will ihn erschießen. Es war einfach herrlich.»

«Zweifellos eine Rabelaissche Szene.»

«Zum Glück hatte ich genug und konnte ihr wenigstens so viel geben, daß sie still war, und dann haben wir ein Autorennen beschlossen. Ich hab gewonnen – oder hätte gewonnen, wenn du nicht dazwischengekommen wärst. Wie kommst du überhaupt hierher?»

«Ach, nur so. Ich komme immer nur so.»

«Das stimmt nicht. Du kommst nur manchmal so. Du gehörst nicht zu Todds festem Kreis, oder?»

«Zur Zeit nicht.»

«Willst du vielleicht? Laß das lieber. Ich besorge dir das Zeug, wenn du möchtest. Aber Todd ist ein Tier. Von dem solltest du dich fernhalten.»

«Warnen Sie mich in meinem Interesse?»

«Ja.»

«Welche Liebe!»

«Nein, ich mein's ehrlich. Das Leben ist so schon die Hölle, aber wenn du dich mit Todd einläßt, wird's noch schlimmer.»

«Warum machen Sie dann nicht Schluß mit Todd?»

«Geht nicht.»

«Angst vor ihm?»

«Weniger vor ihm. Mehr vor den Leuten hinter ihm. Todd hat auch Angst. Er würde mich nie freigeben. Eher würde er mich töten.»

«Faszinierend! Ich glaube, ich muß Todd näher kennenlernen.»

«Am Ende hättest du dann auch Angst.»

«So? Nun, auch Angsthaben kann aufregend sein.»

«Komm mal herunter, Harlekin, dann zeig ich dir, wie das Leben auch auf andere Art aufregend sein kann.»

«Könnten Sie das?»

«Versuch's mal.»

Es raschelte im Laub, und er glitt herunter und stand neben ihr.

«Nun?»

«Heb mich hoch. Ich bin ganz verkrampft.»

Er hob sie hoch, und sie fühlte seine Hände hart wie Eisen unter der Brust. Sie war groß, und als sie den Kopf drehte, um ihn anzusehen, konnte sie seine Augäpfel auf gleicher Höhe mit den ihren blitzen sehen.

«Na, wäre ich recht?»

«Wofür?»

«Für dich.»

«Für mich? Wozu sollten Sie für mich gut sein?»

«Ich bin schön.»

«Nicht so schön, wie Sie mal waren. In fünf Jahren werden Sie häßlich sein.»

«In fünf Jahren? Fünf Jahre will ich dich nicht behalten.»

«Ich würde Sie nicht für fünf Minuten haben wollen.»

Das kalte Morgenlicht drang allmählich durch das Gezweig. Es zeigte ihr nur ein vorstehendes, unerbittliches Kinn und den dünnen Bogen eines lächelnden Mundes. Sie wollte rasch nach seiner Maske greifen, aber er war zu flink für sie. Ganz betont langsam wandte er sie zu sich um, drehte ihr beide Arme auf den Rücken und hielt sie so fest.

«Was jetzt?» fragte sie spöttisch.

«Nichts. Ich bringe Sie nach Hause.»

«Du willst also, ja? Du willst?»

«Wie schon einmal.»

«*Genau* wie schon einmal?»

«Nicht ganz genau, denn damals waren Sie betrunken. Jetzt sind Sie nüchtern. Aber abgesehen von diesem winzigen Unterschied wird das Programm nach dem gehabten Schema ablaufen.»

«Du könntest mir einen Kuß geben, Harlekin.»

«Verdienen Sie einen Kuß? Zum einen für Ihre Informationen. Zum zweiten für Ihren selbstlosen Versuch, mich vor Mr. Milligan zu retten. Und zum dritten, weil mir gerade die Laune danach steht.»

Die drei Küsse waren wie vorsätzliche Beleidigungen. Dann hob er sie auf, die Arme immer noch hinter ihrem Rücken festhaltend, und lud sie in den Fond seines offenen Wagens.

«Hier haben Sie eine Decke. Die werden Sie brauchen.»

Sie sagte nichts. Er ließ den Motor an, wendete den Wagen und fuhr langsam den Pfad hinauf. Als sie neben die Limousine kamen, beugte er sich hinüber und warf Spot Lancaster, der selig auf seinem Sitz schnarchte, den Zündschlüssel auf den Schoß. Nach wenigen Minuten waren sie aus dem Wald und auf die Straße eingebogen. Der Himmel war blaß gestreift vom gespenstischen Schimmer der trügerischen Morgendämmerung.

Dian de Momerie schlüpfte unter ihrer Decke hervor und beugte sich nach vorn. Er fuhr lässig, bequem zurückgelehnt in seinen Sitz, den schwarzverkleideten Kopf sorglos nach hinten geneigt, die Hand salopp am Steuer. Mit einem Griff könnte sie ihn und sich in den Graben steuern, und er hätte es verdient.

«Tun Sie's nicht», sagte er, ohne den Kopf zu wenden.

«Sie Teufel!»

Er hielt den Wagen an.

«Wenn Sie sich nicht benehmen, setze ich Sie hier an der Straße ab, dann können Sie auf einem Meilenstein sitzen wie das Töchterlein des Sheriffs von Islington. Oder wenn es Ihnen lieber ist, kann ich Sie auch fesseln. Was darf es also sein?»

«Sei nett zu mir.»

«Das bin ich ja. Ich habe Sie geschlagene zwei Stunden lang vor Langeweile bewahrt. Jetzt bitte ich Sie, uns nicht in das Grauen der Ernüchterung zu stoßen. Warum weinen Sie?»

«Ich bin müde – und du liebst mich nicht.»

«Mein armes Kind, nun reißen Sie sich mal zusammen. Wer würde es für möglich halten, daß Dian de Momerie auf ein Clownskostüm und eine Pennyflöte hereinfällt?»

«Das ist es ja nicht. Du bist es. Du hast etwas Unheimliches an dir. Ich habe Angst vor dir. Du denkst überhaupt nicht an mich. Du denkst an irgend etwas Schreckliches. An was? An was? Halt mal!»

Sie streckte eine kalte Hand aus und packte ihn am Arm.

«Ich sehe etwas, aber ich werde nicht richtig schlau daraus. Jetzt hab ich's. Riemen. Sie binden ihn mit Riemen an den Ellbogen fest und streifen ihm einen weißen Sack über den Kopf. Der Gehenkte. In Ihren Gedanken ist ein Gehenkter. Warum denken Sie an eine Hinrichtung?»

Sie wich vor ihm zurück und verkroch sich in die hinterste

Ecke des Wagens. Wimsey startete den Motor wieder und ließ die Kupplung kommen.

«Auf mein Wort», dachte er, «das ist die merkwürdigste Nachwirkung von Alkohol und Rauschgift, die mir je untergekommen ist. Sehr interessant. Aber nicht ganz ungefährlich. Auf eine Art jedoch auch ein Akt der Vorsehung. Vielleicht kommen wir auf diese Weise nach Hause, ohne uns den Hals zu brechen. Ich wußte gar nicht, daß ich so eine Friedhofsatmosphäre um mich verbreite.»

Dian schlief fest, als er sie aus dem Wagen hob. Sie erwachte halb und schlang die Arme um seinen Nacken.

«Es war wunderschön, Liebling.» Dann kam sie mit einem leichten Schrecken zu sich. «Wo sind wir hier? Was ist passiert?»

«Wir sind zu Hause. Wo ist Ihr Schlüssel?»

«Hier. Küß mich. Nimm die Maske ab.»

«Ab mit Ihnen ins Haus. Der Polizist da hinten findet schon, daß wir uns sehr ungebührlich benehmen.» Er schloß die Tür auf.

«Kommst du nicht mit rein?»

Sie schien die Geschichte mit dem Gehenkten ganz vergessen zu haben.

Er schüttelte den Kopf.

«Also dann, auf Wiedersehen.»

«Auf Wiedersehen.»

Er küßte sie diesmal ganz sanft und schob sie ins Haus. Der Polizist, der neugierig näher gestapft kam, zeigte ein Gesicht, das Wimsey kannte. Er mußte im stillen lächeln, als der Beamte ihn mit amtlichem Blick von oben bis unten maß.

«Guten Morgen.»

«Guten Morgen, Sir», sagte der Polizist unbewegt.

«Moffatt, Moffatt», sagte Seine Lordschaft mißbilligend, «Sie werden es nie weit bringen. Wenn Sie mich schon nicht erkennen, sollte Ihnen wenigstens mein Wagen bekannt vorkommen.»

«Du lieber Gott, Eure Lordschaft! Verzeihung, aber irgendwie hatte ich nicht damit gerechnet, Sie hier zu sehen.»

«Lassen Sie mal die Lordschaften weg, es könnte uns jemand zuhören. Sind Sie auf Ihrer Runde?»

«Gerade auf dem Heimweg, Eu – Sir.»

«Steigen Sie ein, ich fahre Sie. Haben Sie in dieser Gegend je einen gewissen Milligan gesehen?»

«Major Todd Milligan? Ja, hin und wieder. Das ist ein Halunke, wie er im Buche steht. Das Haus unten am Fluß gehört ihm. Er hat mit diesem großen Rauschgiftring zu tun, hinter dem Mr. Parker her ist. Wir könnten ihn jederzeit einbuchten, aber er ist nicht der eigentliche Großmogul.»

«Ist er's wirklich nicht, Moffatt?»

«Nein, Mylord. Dieser Wagen ist 'ne Wucht, was? *Sie* überholt unterwegs bestimmt keiner. Nein. Also, Mr. Parker will, daß er uns zu dem Mann führt, der an der Spitze von allem steht, aber groß ist die Chance da wohl nicht. Die sind schlau wie die Wiesel, diese Burschen. Ich glaube, der weiß selbst nicht, wer der andere ist.»

«Wie ist das organisiert, Moffatt?»

«Also, Mylord, soweit man uns gesagt hat, kommt das Zeug ein- oder zweimal die Woche von der Küste her und wird nach London gebracht. Wir haben schon öfter als einmal versucht, sie unterwegs abzufangen, das heißt, Mr. Parkers Sonderdezernat hat das versucht, aber sie haben uns noch immer das Nachsehen gegeben. Dann wird es irgendwohin gebracht, aber wir wissen nicht, wohin, und an die Großverteiler ausgegeben. Von denen geht es dahin und dorthin. Wir könnten dann zugreifen, aber mein Gott, was soll's? In der nächsten Woche würde es nur wieder woanders auftauchen.»

«Und an welcher Stelle kommt Milligan?»

«Wir nehmen an, daß er einer der Unterverteiler ist, Mylord. Er verteilt es in seinem Haus und anderswo weiter.»

«Zum Beispiel da, wo Sie mich vorhin getroffen haben?»

«Unter anderem.»

«Aber die Frage ist, woher bekommt Milligan seinen Nachschub?»

«Das ist es eben, Mylord.»

«Könnten Sie ihn nicht beschatten und das herauskriegen?»

«Schon, aber er holt es ja nicht selbst, Mylord! Das machen andere für ihn. Und sehen Sie, wenn wir anfingen, die Pakete zu öffnen, die er bekommt, und seine Lieferanten zu durchsuchen, würden die ihn einfach von ihrer Liste streichen, und wir wären wieder am Anfang.»

«Richtig. Wie oft gibt er in diesem Haus eigentlich seine Parties?»

«Fast jeden Abend, Mylord. Scheint ein offenes Haus zu sein.»

«Na, dann halten Sie mal an Freitag- und Samstagabenden die Augen offen, Moffatt.»

«Freitags und samstags, Mylord?»

«An diesen Abenden tut sich was.»

«Tatsächlich, Mylord? Haben Sie herzlichen Dank. Das wußten wir noch gar nicht. Das ist ein guter Hinweis. Wenn Sie mich an der nächsten Ecke absetzen, Mylord, komme ich bestens zurecht. Ich fürchte, Sie haben meinetwegen einen Umweg machen müssen, Mylord.»

«Nicht im mindesten, Moffatt, wirklich nicht. War schön, Sie zu treffen. Und nebenbei – Sie haben mich nicht gesehen. Nicht daß Sie meinen, ich fürchtete um meinen guten Ruf – aber ich habe das Gefühl, daß Major Milligan von meinem Besuch gerade in diesem Haus nicht erbaut wäre.»

«Alles klar, Mylord. Ich war sowieso nicht mehr im Dienst, da brauche ich davon auch nichts in meinem Bericht zu erwähnen. Guten Morgen, Mylord, und vielen Dank noch mal.»

Alarmierende Zuspitzung
eines Bürokrachs

«Du kannst ja gut reden, Bill Jones», sagte Rotfuchs-Joe, «aber ich wette mit dir 'nen halben Shilling, wenn du mal Zeuge vor Gericht wärst, würdst du mit Glanz und Gloria eingehen. Paß auf, die würden dich zum Beispiel fragen, was du heute vor 'nem Monat gemacht hast, und was würdst du davon überhaupt noch wissen?»

«Wetten ich weiß es?»

«Überhaupt nichts weißt du.»

«Jede Wette, daß ich es weiß.»

«Wetten wenn ich 'n Kriminaler wäre –»

«Heiliger Bimbam, du wärst mir vielleicht 'n Kriminaler!»

«Wetten ich wär einer.»

«Hat die Welt schon mal 'nen rotfuchsigen Kriminaler gesehen?»

Dieser Einwand erschien Rotfuchs-Joe irrelevant. Er antwortete jedoch automatisch:

«Wetten ich wär 'n besserer Kriminaler als du.»

«Von wegen.»

«Wetten wenn ich 'n Kriminaler wär und würd dich fragen, wo du warst, wie Mr. Dean die Treppe runtergefallen ist, du hättest kein Alibi.»

«So was Blödes», erwiderte Bill Jones. «Wozu soll ich 'n Alibi brauchen, wie Mr. Dean die Treppe runtergefallen ist? Das war doch 'n Unfall.»

«Meinetwegen, Mondgesicht. Ich sag ja nur, *wenn* ich 'n Kriminaler wär und untersuchen müßte, wie Mr. Dean die Treppe runtergefallen ist, und *wenn* ich dich dann fragen tät, wo du warst und was du gemacht hast, dann hättst du keine Ahnung.»

«Wetten ich weiß es? Im Aufzug war ich, und das kann Harry beweisen. Also steck dir das hinter die Ohren und halt endlich die Klappe.»

«Soso, im Aufzug warst du? Woher weißt du, daß es grad dann war?»

«Wann?»

«Wie Mr. Dean die Treppe runtergefallen ist.»

«Weil ich kaum aus dem Aufzug raus bin, da hör ich, wie Mr. Tompkin es Sam erzählt. Stimmt's etwa nicht, Sam?»

Sam Tabbitt blickte von seiner Amateurfunkzeitschrift auf und nickte kurz.

«Das beweist gar nichts», ließ Rotfuchs nicht locker. «Dazu müßtest du wenigstens wissen, wie lange Mr. Tompkin zum Quasseln gebraucht hat.»

«Nicht lange», sagte Sam. «Ich war gerade aus dem Großen Sitzungssaal gekommen – da hatte ich Tee für Mr. Pym und zwei Kunden hingebracht – von Muggleton, wenn du's ganz genau wissen willst –, und da hab ich einen schrecklichen Schrei gehört und zu Mr. Tompkin gesagt: ‹Mann›, sag ich, ‹was is'n da los?› Und da sagt er, daß Mr. Dean die Treppe runtergefallen ist und sich den Hals gebrochen hat und daß sie gerade nach 'nem Doktor telefoniert haben.»

«Das stimmt», fügte Cyril hinzu, der für das Chefsekretariat und die Telefonvermittlung zuständige Junge. «Mr. Stanley ist Hals über Kopf angekommen bei uns und hat gerufen: ‹Mensch, Miss Fearney, Mr. Dean ist die Treppe runtergefallen, und wir glauben, daß er tot ist, und Sie müssen schnell einen Doktor rufen.› Und Miss Fearney hat zu Miss Beit gesagt, sie soll anrufen, und ich bin schnell zur andern Tür raus, wo Miss Fearney mich nicht sehen kann – das ist die Tür hinter Mr. Tompkins Empfangstisch – und sage: ‹Mr. Dean ist die Treppe runtergefallen und ist tot›, und er sagt: ‹Lauf mal nachsehen, was passiert ist, Cyril.› Da bin ich hin und sehe, wie Sam gerade aus dem Großen Konferenzraum kommt. Stimmt das, Sam?»

Sam bestätigte es.

«Und dann hab ich den Schrei gehört», fügte er an.

«Wer hat denn geschrien?»

«Mrs. Crump hat geschrien, vor dem Chefsekretariat. Sie hat gesehen, wie Mr. Dean die Treppe runtergefallen ist, sagt sie, und er ist tot, und sie bringen ihn gleich her. Da hab ich in den Flur geguckt, und da haben sie ihn gerade gebracht. Furchtbar sah der aus.»

«Und da bin ich raufgekommen», kehrte Bill wieder zur Ausgangsfrage zurück. «Ich höre, wie Mr. Tompkin es Sam erzählt, und laufe hinter Sam her und rufe zu Mr. Tompkin zurück, daß sie ihn gerade herbringen, und da kommt er und guckt auch. Die haben ihn ins Konferenzzimmer getragen, und Miss Fearney hat gesagt: ‹Müssen wir das nicht Mr. Pym sagen?›, und Mr. Tompkin sagt: ‹Der ist noch in einer Besprechung›, und sie sagt: ‹Das weiß ich, und wir wollen ja nicht, daß die Kunden das erfahren.› Da sagt Mr. Tompkin zu ihr: ‹Rufen Sie ihn lieber nur an.› Das hat sie gemacht, und dann hat sie mich geschnappt und gesagt: ‹Bill, hol mal ein Stück braunes Packpapier und lauf damit ins Konferenzzimmer und sag ihnen, sie sollen das vor die Glastür tun›, und gerade wie ich losrennen will, kommt Mr. Atkins vorbei und sagt: ‹Gibt's hier irgendwo was zum Zudecken? Er ist nämlich tot›, sagt er, ‹und wir müssen doch was über ihn legen.› Und Miss Fearney sagt ganz scharf: ‹Für so was sind wir hier nicht zuständig›, sagt sie, ‹oder wie denken Sie sich das? Gehen Sie nach oben und fragen Sie Mrs. Johnson.› Mann, das war vielleicht 'ne Aufregung, kann ich dir sagen.» Bill grinste wie einer, der sich an einen großen Festtag erinnert, an eine leuchtend grüne Oase inmitten einer Wüste der Eintönigkeit. Dann fiel ihm wieder ein, um was der Streit eigentlich gegangen war.

«Und was ist nun mit deinem blöden Alibi?» fragte er streng. «Und wo ist überhaupt deins, Rotfuchs, he?»

Mit solch hinterhältigen, aber wirkungsvollen Methoden betrieb Rotfuchs-Joe seine Ermittlungen. Die Augen eines Botenjungen sind überall, und sein Gedächtnis ist zuverlässig. Nach fünf Tagen war das gesamte Innendienstpersonal der Werbeagentur Pym durchleuchtet – und mehr war nicht nötig, denn an dem Tag, an dem Mr. Dean starb, hatten die Außendienstmitarbeiter nichts in der Agentur zu suchen gehabt.

Von den etwa neunzig Belegschaftsmitgliedern blieben zehn übrig, von denen nichts oder nur wenig bekannt war. Diese waren:

In der Textabteilung:

Mr. Willis. Er war etwa fünf Minuten nach dem Unfall von der Außentreppe hergekommen und geradewegs durch die Empfangshalle, die Treppe hinauf, durch den Versand und in sein Zimmer gegangen, ohne mit jemandem zu sprechen. Etwa eine Viertelstunde später war er in Mr. Deans Zimmer gegangen, hatte ihn nicht angetroffen und das Schreibzimmer aufgesucht, um nach Mr. Dean zu fragen. Dort hatte er die Neuigkeit erfahren, die ihn offenbar erschreckt und entsetzt hatte. (Zeuge: der Botenjunge George Pyke, der gehört hatte, wie Miss Rossiter das alles Mrs. Johnson berichtet hatte.)

Mr. Hankin. Er war ab halb drei nicht mehr in seinem Büro

gewesen, sondern in einer Privatangelegenheit fortgegangen und erst um halb fünf wiedergekommen. Harry hatte ihn sofort von der Katastrophe in Kenntnis gesetzt, und sowie er aus dem Aufzug trat, hatte Mr. Tompkin ihn gebeten, zu Mr. Pym zu gehen. (Zeugen: Harry und Cyril.)

Mr. Copley. Vermutlich war er die ganze Zeit in seinem Zimmer gewesen, aber das konnte nicht nachgeprüft werden, da er nie Tee nahm und gewöhnlich an seinem Stehpult arbeitete, das an der Innenwand stand und von Vorbeikommenden nicht eingesehen werden konnte. Er war ein emsiger Arbeiter und verließ vermutlich nie sein Zimmer, egal wieviel Krach und Gerenne auf den Korridoren herrschen mochte. Um Viertel vor fünf war er auf denkbar normale Weise ins Schreibzimmer gegangen, um zu fragen, warum seine Texte noch nicht getippt seien. Miss Parton hatte ihm recht schnippisch geantwortet, sie verstehe nicht, wie er denn erwarten könne, daß unter den gegebenen Umständen etwas fertig sei, und nachdem er von Mr. Deans tödlichem Unfall informiert worden war, hatte er sein Erstaunen und Bedauern ausgedrückt, aber hinzugefügt, daß er keinen Grund sehe, warum die Arbeit in der Abteilung nicht weitergehen solle. (Zeugen: vier Botenjungen, die zu verschiedenen Zeitpunkten mitgehört hatten, wie dieser schockierende Beweis von Gefühllosigkeit von und mit Mrs. Johnson besprochen wurde.)

Im Archiv:

Mr. Binns. Ein eleganter junger Mann, der um drei Uhr aufgebrochen war, um für Mr. Armstrong den *Connoisseur* vom letzten September zu suchen, und für diesen Auftrag aus unerfindlichen Gründen eineinhalb Stunden gebraucht hatte. (Zeuge: Sam, dessen ältere Schwester als Stenotypistin im Archiv arbeitete und die Vermutung geäußert hatte, der junge Binns sei mit seiner Liebsten zum Tee verabredet gewesen.) (Anmerkung: Mr. Binns war Mr. Bredon bereits als der Pfeilwurfexperte bekannt, der oft mit Mr. Dean zum Lunch gewesen war.)

Von den verschiedenen Gruppenleitern:

Mr. Haagedorn (Sopo und verwandte Produkte). Den ganzen Tag abwesend wegen Beerdigung einer Tante. War aber dem Vernehmen nach im Laufe des Nachmittags in einer Frühvorstellung des Adelphi-Theaters gesehen worden. (Zeugen: Jack Dennis, der Junge, der ihn gesehen zu haben glaubte, und Mr. Tompkins Anwesenheitsliste, in der Cyril nachgeschaut hatte.)

Mr. Tallboy. Genauer Aufenthaltsort zum Zeitpunkt des Geschehens nicht feststellbar. Ungefähr um halb vier war Mr.

Wedderburn ins Archiv hinuntergegangen, um nach ein paar alten Nummern der Fischhändlerzeitschrift zu fragen, wobei er angab, daß Mr. Tallboy sie ganz eilig brauche. Als er zehn Minuten später wieder hinuntergehen wollte, nachdem die Zeitungen für ihn herausgesucht worden waren, geriet er mitten in den Trubel um Mr. Dean hinein und vergaß die Zeitungen. Statt dessen befand er sich im Chefsekretariat und unterhielt sich mit Miss Fearney, als Mr. Tallboy plötzlich eintrat und fragte, ob er vielleicht die ganze Nacht auf seine Fischhändlerzeitschriften warten solle. Mr. Wedderburn erklärte ihm, daß er in der Aufregung um Mr. Dean seinen Auftrag glatt vergessen habe, und Mr. Tallboy antwortete ihm, die Arbeit müsse dessenungeachtet getan werden. (Zeugen: Horace, der Botenjunge im Archiv, und Cyril.)

Mr. McAllister. Gruppensekretär für Dairyfield Ltd., unter Mr. Smayle. Den ganzen Nachmittag abwesend wegen Zahnarztbesuchs. (Zeuge: Mr. Tompkins Liste.)

Im Atelier:

Mr. Barrow. Im Britischen Museum zum Studium griechischer Vasen im Hinblick auf ihre Verwendbarkeit in der Werbung für Klassika-Korsetts. (Zeuge: Mr. Barrows Kontrollkarte.)

Mr. Vibart. Angeblich in Westminster zwecks Anfertigung einer Skizze von der Terrasse des Unterhauses für Farleys Schuhe. («Die Füße, die an dieser historischen Stätte wandeln, sind nicht selten mit Farleys modischem Schuhwerk bekleidet.») Abwesend von halb drei bis halb fünf. (Zeugen: Mr. Vibarts Kontrollkarte und die Skizze selbst.)

Wilfred Cotterill. Klagte um drei Uhr über Nasenbluten und wurde ins Jungenzimmer geschickt, um sich hinzulegen, während die anderen Jungen die Anweisung bekamen, ihn dort in Ruhe zu lassen. Wurde von allen bis fünf Uhr vergessen und erst dann von den Jungen, die zum Umkleiden herunterkamen, fest schlafend angetroffen. Behauptete, die ganze Zeit geschlafen zu haben. (Zeugen: Sämtliche anderen Jungen.) Wilfred Cotterill war ein kleiner, blasser, leicht erregbarer Junge von vierzehn Jahren, sah aber viel jünger aus. Als man ihm erzählte, was er verpaßt hatte, bemerkte er dazu nur: «Uaaah!»

Ein sehr beachtliches Stück Arbeit von Rotfuchs-Joe, dachte Mr. Bredon – den wir während der Arbeitsstunden weiterhin so nennen wollen –, wirklich sehr beachtlich, aber es bedarf noch sehr vieler weiterer Nachforschungen. Seine eigenen Ermittlungen gingen nicht allzugut voran. Bei seiner Suche nach Darlings Drehbleistiften war er mit dem praktizierten Kommunismus des Bürolebens konfrontiert worden. Die Texter zogen zum Schreiben ihrer Rohentwürfe weiche Zeichenbleistifte Nr. 5 B oder sogar 6 B vor und interessierten sich nicht sehr für dieses Darlings-Erzeugnis, abgesehen natürlich von Mr. Garrett, der für eine Darlings-Anzeige einen Einschub entworfen hatte, in dem eigens auf dieses großzügige Drehbleistiftangebot hingewiesen wurde. Er besaß zwei Exemplare, und vier weitere befanden sich in verschiedenen Stadien des Verfalls im Schreibzimmer. Einer lag auf Mr. Armstrongs Schreibtisch. Mr. Hankin hatte keinen. Mr. Ingleby gestand, den seinen in einem Wutanfall aus dem Fenster geworfen zu haben, und Miss Meteyard meinte, sie glaube irgendwo einen zu haben, falls Mr. Bredon unbedingt einen haben wollte, aber besser frage er deswegen einmal bei Miss Parton nach. In den anderen Abteilungen war es noch schlimmer. Die Drehbleistifte waren mit nach Hause genommen, verloren oder weggeworfen worden. Mr. McAllister besaß nach eigenen Angaben nicht weniger als sechs Stück, was ebenso unerklärlich wie typisch für ihn war. Mr. Wedderburn hatte den seinen verloren, dafür aber einen anderen von Mr. Tallboy stibitzt. Mr. Prout sagte, man solle ihn damit in Ruhe lassen; der Drehbleistift sei sowieso nur eine alberne Spielerei; wenn Mr. Bredon einen richtigen Drehbleistift haben wolle, solle er sich einen Eversharp besorgen. Er (Mr. Prout) habe das Ding nicht mehr gesehen, seit er es habe fotografieren müssen, und er fügte hinzu, daß es jeden empfindsamen Menschen zum Selbstmord treiben müsse, wenn ein erstklassiger Fotograf sein Leben lang Bleistifte und Marmeladegläser fotografieren müsse. Es sei geradezu herzzerreißend.

In der Adressenfrage erhielt Mr. Bredon nur eine einzige Auskunft: Mr. Willis hatte irgendwann danach gefragt. Durch behutsames Nachbohren konnte das Datum auf einen Zeitraum von zwei Tagen vor oder nach Chefinspektor Parkers unerfreulicher Begegnung auf der Treppe eingeengt werden. Genauer konnte Miss Beit, die Telefonistin, die auch über das Adreßbuch der Firma wachte, sich nicht festlegen. Es war alles ebenso entnervend wie ärgerlich. Mr. Bredon hoffte, daß der erste fehlgeschlagene Versuch den Attentäter hinreichend erschreckt hatte, um ihn künftig von Gewalttätigkeit und stumpfen Waffen absehen zu lassen; dennoch machte er es sich zur Gewohnheit, sich jedesmal, wenn er das Gebäude verließ, vorsichtig nach eventuellen Verfolgern umzusehen. Er begab sich auf Umwegen nach Hause, und bei Erledigung seiner Tagespflichten ertappte er sich dabei, daß er die Eisentreppe mied.

In der Zwischenzeit tobte der große Nutrax-Krach mit unverminderter Wut weiter und entwickelte in seinem Verlauf ein Gewirr von Verästelungen und Verzweigungen, deren bedeutendste und erschreckendste der gewaltsame Bruch zwischen Mr. Smayle und Mr. Tallboy war.

Dieser begann auf ziemlich absurde Weise unten vor dem Aufzug, wo Mr. Tallboy und Miss Meteyard standen und darauf warteten, daß Harry wieder herunterkam und sie nach oben in ihre Tretmühle beförderte. Zu ihnen gesellte sich Mr. Smayle, aufgekratzt und lächelnd, die blitzenden Zähne wie poliert, eine rote Rosenknospe im Knopfloch, den Schirm säuberlich zusammengerollt.

«Morgen, Miss Meteyard», sagte Mr. Smayle und lüftete die Melone, um sie sich im kecken Winkel wieder auf den Kopf zu setzen. «Ein schöner Tag mal wieder, was?»

Miss Meteyard bestätigte ihm, daß es ein schöner Tag sei, und fügte hinzu: «Wenn die ihn uns nur nicht wieder mit Steuerbescheiden verderben.»

«Erinnern Sie mich nicht an Steuern», antwortete Mr. Smayle mit einem schaudernden Lächeln. «Ich habe erst heute früh zu meiner Frau gesagt: ‹Meine Liebe, wir werden dieses Jahr unseren Urlaub im Garten hinterm Haus verbringen müssen, das sehe ich schon.› Und das ist die Wahrheit. Woher das Geld für unsere gewohnte kleine Reise nach Eastbourne kommen soll, ist mir schleierhaft.»

«Es ist einfach ein Skandal», sagte Mr. Tallboy. «Wenn ich an den letzten Etat denke –»

«Ah, *Sie* müssen ja auch Supersteuern zahlen», sagte Mr. Smayle, indem er Mr. Tallboy seinen Schirm freundlich in die Rippen stieß.

«Lassen Sie das», sagte Mr. Tallboy.

«Tallboy braucht das alles nicht zu kümmern», meinte Mr. Smayle spöttisch. «Er hat so viel Geld, daß er gar nicht weiß, was er damit tun soll. Das wissen wir schließlich alle, nicht wahr, Miss Meteyard?»

«Dann geht's ihm besser als den meisten», fand Miss Meteyard.

«Er kann es sich ja sogar leisten, sein Geld fünfzigpfundweise überall im Büro herumliegen zu lassen», fuhr Mr. Smayle fort. «Möchte nur wissen, woher er's bekommt. Und das Finanzamt würde das sicher auch interessieren. Ich will Ihnen mal was sagen, Miss Meteyard. Dieser Mann ist ein stilles Wasser. Er muß heimlich mit Rauschgift handeln oder an der Börse betrügen. Sie sind mir einer, Sie», sagte Mr. Smayle, indem er einen schelmischen Zeigefinger ausstreckte und ihn Mr. Tallboy auf den zweiten Westenknopf preßte. In diesem Augenblick kam der Aufzug, und Miss Meteyard stieg ein. Mr. Tallboy stieß Mr. Smayle grob beiseite und stieg nach ihr ein.

«Na, na!» sagte Mr. Smayle. «Was sind das für Manieren? Wissen Sie, mein Lieber, Ihr Fehler ist, daß Sie keinen Scherz vertragen können», fuhr er fort. «Was nicht böse gemeint ist und hoffentlich auch nicht so aufgenommen wird.»

Damit gab er Mr. Tallboy einen Klaps auf die Schulter.

«Würd's Ihnen was ausmachen, die Finger von mir zu lassen, Smayle?» sagte Mr. Tallboy.

«Oh, schon gut, schon gut, Euer Hoheit. Er scheint mit dem falschen Bein aus dem Bett gestiegen zu sein, wie?» wandte er sich an Miss Meteyard, von der dunklen Ahnung geplagt, daß Männer sich nicht in Gegenwart einer Dame streiten sollten, weshalb er es als seine Aufgabe betrachtete, Sitte und Anstand zu wahren, indem er alles ins Lächerliche zog.

«Ich fürchte, Geld ist bei uns allen ein wunder Punkt, Mr. Smayle», antwortete Miss Meteyard. «Reden wir von etwas Erfreulicherem. Was haben Sie da für eine hübsche Rose!»

«Aus dem eigenen Garten», antwortete Mr. Smayle voller Stolz. «Meine Frau hat eine glückliche Hand für Rosen. Den Garten überlasse ich ganz ihr, natürlich bis auf das Graben und Düngen.» Sie traten aus dem Aufzug und trugen sich beim Pförtner ein. Miss Meteyard und Mr. Smayle gingen weiter durchs Vorzimmer und wandten sich wie verabredet nach links die Treppe zum Versand hinauf. Mr. Tallboy drängte sich an ihnen vorbei und schlug seinen einsamen, frostigen Weg über den Hauptkorridor ein, um über die Eisentreppe nach oben zu gehen.

«Tut mir wirklich leid», sagte Mr. Smayle, «daß Tallboy und ich uns in Ihrer Gegenwart fast gestritten hätten, Miss Meteyard.»

«Ach, das macht doch nichts. Er scheint ein wenig reizbar zu sein. Ich glaube, er hat es nicht gern, wenn über seine kleine Meinungsverschiedenheit mit Mr. Copley gesprochen wird.»

Ich fürchte ...

... Geld ist bei uns allen ein wunder Punkt, meinte Miss Meteyard.

Kein Wunder: Geld ist für uns alle der springende Punkt, und nur zu oft der wegspringende.

Wenn aber Bares auf die Bank kommt, wird es ein Wunderbares.

Pfandbrief und Kommunalobligation

Meistgekaufte deutsche Wertpapiere - hoher Zinsertrag - schon ab 100 DM bei allen Banken und Sparkassen

Verbriefte  Sicherheit

«Nein, aber wirklich», sagte Mr. Smayle und blieb vor der Tür zu Miss Meteyards Zimmer stehen, «wenn ein Mann einen harmlosen Scherz nicht mehr vertragen kann, ist es doch wirklich ein Jammer.»

«Stimmt», sagte Miss Meteyard. «Hallo! Was habt ihr denn alle hier verloren?»

Mr. Ingleby und Mr. Bredon, die mit einem Band des *Lexikons der Neuzeit* auf Miss Meteyards Heizung saßen, schauten unverfroren zu ihr auf.

«Wir lösen ein Torquemada-Kreuzworträtsel», sagte Ingleby, «und der Band, den wir dafür brauchten, war natürlich in Ihrem Zimmer. Wie üblich.»

«Ich will Ihnen noch mal verzeihen», sagte Miss Meteyard.

«Aber Sie könnten mir einen Gefallen tun und Mr. Smayle nicht hierher mitbringen», meinte Mr. Bredon. «Wenn ich ihn nur schon sehe, muß ich sofort an Grüne-Aue-Margarine denken. Sie sind doch nicht etwa gekommen, um mich wieder wegen dieses Textes zu mahnen, oder? Bitte, bitte, tun Sie's nicht. Ich habe ihn noch nicht fertig und werde ihn auch nie fertig haben. Mein Hirn ist verdorrt. Wie Sie es schaffen, den ganzen Tag mit Margarine zu leben und trotzdem immer so frisch und fröhlich auszusehen, das übersteigt mein Begriffsvermögen.»

«Ich versichere Ihnen, es ist nicht leicht», sagte Mr. Smayle, indem er seine Zähne zur Schau stellte. «Aber es ist wirklich erfrischend, euch Texter immer so nett und gutgelaunt beieinandersitzen zu sehen. Das kann man nicht von jedem behaupten.»

«Mr. Tallboy war garstig zu Mr. Smayle», erklärte Miss Meteyard.

«Ich lebe gern mit jedermann in Frieden», sagte Mr. Smayle, «aber wirklich, wenn es dahin kommt, daß einer sich einfach vor einem in den Aufzug drängt, als wenn man gar nicht vorhanden wäre, und einem dann sagt, man soll die Finger von ihm lassen, als wenn man Dreck wäre, wird man daran wohl noch Anstoß nehmen dürfen. Anscheinend hält Tallboy mich nicht für würdig, mit ihm zu sprechen, nur weil er auf einer Privatschule war und ich nicht.»

«Privatschule?» meinte Mr. Bredon. «Höre ich zum erstenmal. Auf was für einer?»

«In Dumbleton», sagte Mr. Smayle, «aber was ich sagen wollte, ich bin auf eine ganz normale staatliche Schule gegangen und schäme mich deswegen nicht.»

«Wo liegt denn Dumbleton?» fragte Ingleby. «Ich würde mir

darüber nicht den Kopf zerbrechen, Smayle. Dumbleton ist keine Privatschule, nicht im eigentlichen Sinn jedenfalls.»

«Nein?» fragte Mr. Smayle hoffnungsvoll. «Na ja, Sie und Mr. Bredon waren ja auf der Universität, Sie müssen sich da auskennen. Was nennen *Sie* denn Privatschule?»

«Eton», sagte Mr. Bredon wie aus der Pistole geschossen, «– und Harrow», fügte er großzügig hinzu, denn er war in Eton gewesen.

«Rugby», meinte Mr. Ingleby.

«Nein, nein», protestierte Bredon, «das ist ein Eisenbahnknotenpunkt.»

Ingleby ließ eine linke Gerade an Bredons Kinn schießen, die dieser sauber parierte.

«Und dann habe ich gehört», fuhr Bredon fort, «daß es in Winchester noch irgendwas halbwegs Anständiges geben soll, sofern man nicht wählerisch ist.»

«Ich habe mal einen getroffen, der war in Marlborough», überlegte Ingleby.

«Das höre ich mit Bedauern», meinte Bredon. «Da ziehen sie ein paar ganz schöne Rabauken heran. Sie können mit Ihren Bekanntschaften nicht vorsichtig genug sein, Ingleby.»

«Also», sagte Mr. Smayle, «Tallboy behauptet jedenfalls immer, daß Dumbleton eine Privatschule ist.»

«Wird's wohl auch sein – insofern als es eine private Schule mit Aufsichtsrat und so weiter ist», sagte Ingleby, «aber es ist nichts, worauf man sich was einbilden könnte.»

«Worauf kann man das überhaupt?» meinte Bredon. «Sehen Sie, Smayle, wenn Leute wie Sie doch endlich mal einsehen könnten, daß so etwas überhaupt keine Rolle spielt, dann wäre schon viel gewonnen. Wahrscheinlich haben Sie eine fünfzigmal bessere Schulbildung genossen als ich.»

Mr. Smayle schüttelte den Kopf. «O nein», sagte er, «da mache ich mir nichts vor, und ich gäbe alles darum, wenn ich die gleichen Chancen gehabt hätte wie Sie. Es gibt schon einen Unterschied, und ich weiß, daß es ihn gibt, und es macht mir nichts aus, das zuzugeben. Ich will ja auch nur sagen, daß es welche gibt, die es einen fühlen lassen und andere nicht. Ich merke zum Beispiel nichts davon, wenn ich mich mit einem von Ihnen oder mit Mr. Armstrong oder Mr. Hankin unterhalte, obwohl Sie in Oxford und Cambridge und so weiter waren. Vielleicht kommt es aber auch gerade daher, *daß* Sie in Oxford und Cambridge waren.»

Er kämpfte schwer mit diesem Problem und brachte die beiden anderen mit seinem schwermütigen Blick in Verlegenheit.

«Passen Sie mal auf», sagte Miss Meteyard, «ich verstehe schon, was Sie meinen. Aber es ist einfach so: Die beiden hier verschwenden daran keine zwei Gedanken. Das haben sie nicht nötig. Und Sie haben es auch nicht nötig. Sowie aber einer anfängt, sich darüber den Kopf zu zerbrechen, ob er auch so gut ist wie ein anderer, dann melden sich bei ihm solche überheblichen Gefühle, und dann fängt er auch an, andere zu kränken.»

«Aha», sagte Mr. Smayle. «Nun, Mr. Hankin braucht natürlich nicht erst zu beweisen, daß er besser ist als ich, weil er es ist und wir es beide wissen.»

«Besser ist nicht das richtige Wort, Smayle.»

«Gut, besser ausgebildet. Sie wissen, was ich meine.»

«Machen Sie sich darüber keine Gedanken», meinte Ingleby. «Wenn ich bei meiner Arbeit halb so gut wäre wie Sie bei Ihrer, würde ich mich jedem einzelnen in diesem dämlichen Laden überlegen fühlen.»

Mr. Smayle schüttelte den Kopf, schien aber getröstet zu sein.

«Ich wollte, die fingen mit so etwas nicht erst an», sagte Ingleby, als er gegangen war, «da weiß ich nie, was ich antworten soll.»

«Ich dachte, Sie wären Sozialist, Ingleby», meinte Bredon. «Ihnen dürfte das doch nicht peinlich sein.»

«Na und, ich bin Sozialist», antwortete Ingleby, «aber ich kann diesen Quatsch von den alten Dumbletoniern nicht mehr hören. Wenn alle die gleiche staatliche Schulausbildung hätten, könnte so was nicht passieren.»

«Wenn alle die gleichen Gesichter hätten», fand Bredon, «gäb's keine hübschen Frauen.»

Miss Meteyard schnitt eine Grimasse.

«Wenn Sie so weitermachen, bekomme ich auch noch einen Minderwertigkeitskomplex.»

Bredon sah sie ernst an.

«Ich glaube nicht, daß Sie Wert darauf legen würden, hübsch genannt zu werden», sagte er, «aber wenn ich ein Maler wäre, würde ich Sie gern porträtieren. Sie haben sehr interessante Gesichtsknochen.»

«Großer Gott!» rief Miss Meteyard. «Jetzt gehe ich aber. Sagt mir Bescheid, wenn ich wieder in mein Zimmer kann.»

Im Schreibzimmer hing ein Spiegel, vor dem Miss Meteyard neugierig ihr Gesicht studierte.

«Was ist los, Miss Meteyard?» fragte Miss Rossiter. «Kriegen Sie einen Pickel?»

«So was Ähnliches», sagte Miss Meteyard abwesend. «Interessante Knochen, o ja!»

«Wie bitte?» fragte Miss Rossiter.

«Smayle wird langsam unerträglich», murrte Mr. Tallboy bei Mr. Wedderburn. «So eine vulgäre kleine Laus. Ich kann Leute nicht ausstehen, die einem dauernd die Finger in die Rippen bohren.»

«Das meint er doch nicht böse», entgegnete Mr. Wedderburn. «Eigentlich ist er ein ganz netter Kerl.»

«Ich kann diese Zähne nicht mehr sehen», knurrte Mr. Tallboy. «Und wozu muß er sich dieses stinkende Zeug in die Haare schmieren?»

«Mein Gott, ja», meinte Mr. Wedderburn.

«Jedenfalls lasse ich ihn diesmal nicht in der Cricketmannschaft mitspielen», fuhr Mr. Tallboy gehässig fort. «Voriges Jahr hatte er weiße Wildlederschuhe mit Krokodilbesatz und einen unmöglichen Blazer mit den Farben seiner Erziehungsanstalt an.»

Mr. Wedderburn sah ziemlich erschrocken auf.

«Aber Sie werden ihn doch nicht deshalb aus der Mannschaft nehmen? Er ist ein ganz guter Schlagmann und als Feldspieler ziemlich fix am Ball.»

«Wir kommen ohne ihn aus», sagte Mr. Tallboy entschieden.

Mr. Wedderburn antwortete nicht mehr darauf. Pyms Werbedienst hatte keine reguläre Cricketelf, aber jeden Sommer wurde eine Mannschaft zusammengewürfelt, um ein paar Spiele auszutragen, und die Auswahl der Spieler wurde immer Mr. Tallboy überlassen, der voller Tatkraft war und einmal gegen Sopo 52 Läufe gemacht hatte. Seine eigentliche Aufgabe war, Mr. Hankin eine Liste der Cricketspieler zur endgültigen Entscheidung vorzulegen, aber Mr. Hankin stellte seine Wahl selten in Frage, schon aus dem einfachen Grund, weil selten mehr als elf Kandidaten zur Auswahl standen. Wichtig war nur, daß Mr. Hankin dritter Schlagmann war und als Feldspieler die Position Mitte rechts bekam. Wenn diese Punkte berücksichtigt waren, erhob er keine weiteren Einwände.

Mr. Tallboy zog seine Liste hervor.

«Ingleby», sagte er, «und Garrett. Barrow, Adcock, Pinchley, Hankin, ich. Gregory kann nicht spielen, er ist am Wochenende fort, und da nehmen wir lieber McAllister. Und Miller können wir nicht gut weglassen. Ich wünschte es zwar, aber er ist nun mal Direktor. Und Sie.»

«Lassen Sie mich raus», sagte Mr. Wedderburn. «Ich habe seit vorigem Jahr keinen Schläger mehr angefaßt, und da habe ich mich auch schon nicht besonders hervorgetan.»

«Wir haben sonst keinen, der langsame Aufsetzer mit Effet werfen kann», sagte Mr. Tallboy. «Ich setze Sie als Nummer elf ein.»

«Na schön», sagte Mr. Wedderburn, geschmeichelt von dem Lob für seine Wurftechnik, aber irrational verärgert über den Platz elf. Er hatte von seinem Kollegen erwartet, daß er sagen würde: «Na hören Sie, da waren Sie doch nur nicht in Form», und ihn höher auf die Liste gesetzt hätte. «Wie steht's mit einem Wickethüter? Grayson sagt, er macht's nicht mehr, seit ihm voriges Jahr die Schneidezähne ausgeschlagen worden sind. Er scheint die Nase restlos voll zu haben.»

«Wir werden Haagedorn nehmen. Er hat Hände wie Räucherschinken. Wer sonst noch? Ah, ja, dieser Kerl in der Druckerei – Beesely –, mit dem Schlagholz kann er zwar nicht umgehen, aber dafür wirft er einen scharfen Ball.»

«Wie wär's mit diesem Neuen von der Textabteilung? Bredon? Der war in Eton. Taugt er was?»

«Schon möglich. Ein bißchen alt ist er allerdings. Wir haben mit Hankin und Miller schon zwei Mumien drin.»

«Von wegen Mumie. Der Bursche ist ganz schön gelenkig. Ich hab ihn mal beobachtet. Mich würd's nicht überraschen, wenn der uns noch was vormachen könnte.»

«Na ja, ich kann ihn ja mal fragen. Wenn er was taugt, stelle ich ihn statt Pinchley auf.»

«Pinchley hat einen ganz schönen Schlag drauf», sagte Mr. Wedderburn.

«Mehr als hart schlagen kann er aber auch nicht. Er ist für die Feldspieler ein gefundenes Fressen. Voriges Jahr hat er ihnen zehn Chancen gegeben und wurde in beiden Durchgängen abgefangen.»

Mr. Wedderburn gab zu, daß dies so war.

«Aber er wird schwer beleidigt sein, wenn Sie ihn weglassen», meinte er.

«Ich erkundige mich mal wegen Bredon», sagte Mr. Tallboy.

Er suchte besagten Herrn auf, der zur Abwechslung einmal in seinem Zimmer war und Suppenreklamen vor sich hin sang:

Mit Blaggs Tomatensuppe begonnen,
Bringt jede Mahlzeit himmlische Wonnen!

Im Nu ist jeder Ehemann versöhnt,
Den sie mit Blaggs Schildkrötensuppe verwöhnt.

Dem größten Feinschmecker ist alles schnuppe.
Tam-taram-tam – Blaggs Rindfleischsuppe.

«Tam-taram-tam», sagte Mr. Bredon. «Hallo, Tallboy, was gibt's? Sagen Sie bloß nicht, bei Nutrax haben sich neue Zweideutigkeiten eingeschlichen.»

«Spielen Sie Cricket?»

«Tja, ich habe früher mal für –» Mr. Bredon hüstelte; um ein Haar hätte er «für Oxford» gesagt, aber ihm war gerade noch rechtzeitig eingefallen, daß solche Behauptungen nachprüfbar waren. «Ich habe früher ein bißchen Feld-, Wald- und Wiesen-Cricket gespielt. Aber jetzt bin ich ja schon ein Anwärter auf den Titel Veteran. Warum?»

«Ich muß eine Mannschaft für ein Spiel gegen Brotherhood zusammenkratzen. Wir spielen jedes Jahr gegeneinander. Sie schlagen uns natürlich immer, weil sie ein eigenes Spielfeld haben und regelmäßig zusammenspielen, aber Pym will es nun mal so haben. Er meint, das ist dem Zusammengehörigkeitsgefühl zwischen der Agentur und den Kunden dienlich und so weiter.»

«Oh! Wann ist es soweit?»

«Samstag in vierzehn Tagen.»

«Ich würde sagen, da könnte ich auch noch mal die Keule schwingen, wenn Sie keinen Besseren finden.»

«Sind Sie ein guter Werfer?»

«Nichts Besonderes.»

«Besser am Holz als am Leder, wie?»

Mr. Bredon verzog das Gesicht ein wenig ob dieser abgedroschenen Phrase und räumte ein, daß er allenfalls ein brauchbarer Schlagmann sei.

«Schön. Würden Sie mit Ingleby gleich als erster reingehen?»

«Lieber nicht. Setzen Sie mich irgendwo ans Ende.»

Tallboy nickte. «Wie Sie wollen.»

«Wer macht den Mannschaftskapitän?»

«Normalerweise bin ich das. Das heißt, wir fragen immer Hankin oder Miller, um ihnen eine Freude zu machen, aber sie lehnen meist dankend ab. Also gut! Ich muß noch schnell weiter die Runde drehen und zusehen, ob es mit den anderen klappt.»

Um die Mittagsstunde hing die Mannschaftsaufstellung am Schwarzen Brett. Um zehn Minuten nach zwei begann der Ärger mit Mr. McAllister.

«Ich sehe», sagte dieser, indem er mit verdrießlichem Gesicht in Mr. Tallboys Zimmer trat, «daß Sie Smayle nicht gefragt haben, ob er mitspielen will, und ich fände es ein bißchen peinlich für mich, wenn ich mitspiele und er nicht. Ich muß den ganzen Tag unter ihm in seinem Zimmer arbeiten, und das macht meine Lage ein bißchen ungemütlich.»

«Ihre Stellung hier im Haus hat nichts mit Cricketspielen zu tun», antwortete Mr. Tallboy.

«Sicher, das wohl nicht. Aber ich mag's einfach nicht. Also tun Sie mir den Gefallen und lassen Sie mich weg.»

«Wie Sie wollen», sagte Tallboy ärgerlich. Er strich Mr. McAllister von der Liste und setzte für ihn Mr. Pinchley darauf. Der nächste Deserteur war Mr. Adcock, ein phlegmatischer junger Mann aus dem Archiv, der die Rücksichtslosigkeit besaß, zu Hause von einer Trittleiter zu stürzen, während er seiner Mutter beim Aufhängen eines Bildes half, und sich das Wadenbein zu brechen.

In dieser Notlage sah Mr. Tallboy sich gezwungen, zu Mr. Smayle zu gehen und um gut Wetter zu bitten, aber Mr. Smayle war schon zutiefst in seinen Gefühlen verletzt, weil er nicht auf der ursprünglichen Liste gestanden hatte, und zeigte keinerlei Bereitschaft zum Einlenken.

Mr. Tallboy, der sich ja wirklich ein wenig schämte, versuchte die Sache zu bereinigen, indem er so tat, als ob er Mr. Smayle nur übergangen habe, um Platz für Mr. Bredon zu schaffen, der in Oxford studiert habe und sicher ein guter Cricketspieler sei. Mr. Smayle ließ sich von diesem Ablenkungsmanöver jedoch nicht täuschen.

«Wenn Sie von vornherein zu mir gekommen wären», schmollte er, «und mir das in aller Freundschaft erklärt hätten, wäre ich ja nicht so gewesen. Ich kann Mr. Bredon gut leiden, und ich sehe auch ein, daß er Qualitäten hat, die ich nicht habe. Er ist ein sehr feiner Mensch, und ich hätte liebend gerne meinen Platz für ihn geräumt. Aber ich kann es nicht vertragen, wenn solche Dinge still und heimlich hinter meinem Rücken geschehen.»

Wenn Mr. Tallboy nun an diesem Punkt gesagt hätte: «Hören Sie, es tut mir leid, ich war ein bißchen sauer wegen unserer kleinen Auseinandersetzung und möchte mich entschuldigen» – dann hätte Mr. Smayle, der im Grunde ein durchaus liebenswürdiger Mensch war, sicher nachgegeben und alles getan, worum man ihn bat. Aber Mr. Tallboy zog es vor, einen herablassenden Ton anzuschlagen. Er sagte:

«Na, kommen Sie, Smayle. Sie sind schließlich kein Jack Hobbs.»

Selbst das wäre noch angegangen und mit Mr. Smayles Zugeständnis, daß er nicht der beste Cricketspieler Englands sei, zum Guten gewendet worden, hätte Mr. Tallboy nicht den unglückseligen Einfall gehabt, zu sagen:

«Ich weiß natürlich nicht, wie das bei *Ihnen* ist, aber *ich* bin es gewöhnt, solche Entscheidungen dem zu überlassen, der mit der Mannschaftsaufstellung betraut ist, und je nachdem zu spielen oder nicht zu spielen.»

«Aber ja», versetzte Mr. Smayle, an seiner Achillesferse getroffen, «das mußte kommen. Ich bin mir völlig darüber im klaren, Tallboy, daß ich nicht auf einer Privatschule war, aber das ist kein Grund, mich nicht mit der gleichen Höflichkeit zu behandeln wie andere Menschen. Und von Leuten, die auf einer *richtigen* Privatschule waren, werde ich so behandelt. Sie mögen sich ja viel auf Dumbleton einbilden, aber das nenne *ich* keine Privatschule.»

«Und was nennen Sie eine Privatschule?» erkundigte sich Mr. Tallboy.

«Eton», erwiderte Mr. Smayle und leierte die zuvor gelernte Lektion mit verhängnisvoller Leichtigkeit herunter. «Und Harrow, und – äh – Rugby und Winchester und solche Schulen. Wohin die besseren Leute ihre Söhne schicken.»

«So?» meinte Mr. Tallboy. «Dann werden Sie wohl Ihre Söhne nach Eton schicken.»

Bei diesen Worten wurde Mr. Smayles schmales Gesicht so weiß wie ein Blatt Papier.

«Sie Dreckskerl!» schrie er halberstickt. «Sie unaussprechliches Schwein! Raus hier, oder ich bringe Sie um!»

«Zum Teufel, was ist los mit Ihnen, Smayle?» rief Tallboy, nicht wenig überrascht.

«Raus!» schrie Mr. Smayle.

«Ich glaube, ich muß mal ein Wörtchen mit Ihnen reden, Tallboy», mischte sich jetzt Mr. McAllister ein. Er legte Mr. Tallboy eine große, haarige Hand auf den Arm und schob ihn sanft aus dem Zimmer.

«Wie konnten Sie um Gottes willen so etwas zu ihm sagen?» fragte er, kaum daß sie auf dem Flur außer Hörweite waren. «Wissen Sie nicht, daß Smayle nur den einen Sohn hat und der arme Junge schwachsinnig ist?»

Mr. Tallboy war ehrlich entsetzt. Er schämte sich fürchterlich, und wie so viele Menschen, die sich fürchterlich schämen, suchte er Zuflucht in einem Wutausbruch gegen den nächstbesten, dessen er habhaft werden konnte.

«Nein, das wußte ich nicht! Wieso erwartet man von mir, daß ich Smayles Familienverhältnisse kenne? Großer Gott! Es tut mir furchtbar leid und alles, aber wieso muß der Kerl sich auch wie so ein Esel aufführen? Das mit den Privatschulen ist ja schon eine fixe Idee bei ihm. Eton, aber wirklich! Ich wundere mich nicht, daß der Junge schwachsinnig ist, wenn er nach seinem Vater schlägt.»

Mr. McAllister war aufs äußerste schockiert. Sein schottisches Anstandsgefühl war verletzt.

«Sie sollten sich in Grund und Boden schämen», sagte er streng, indem er Mr. Tallboys Arm losließ, trat in das Zimmer zurück, das er mit Mr. Smayle teilte, und schlug die Tür laut zu.

Nun ist auf den ersten Blick nicht ganz ersichtlich, was diese Meinungsverschiedenheit zwischen Mr. Tallboy und Mr. Smayle wegen eines Cricketspiels mit der ursprünglichen Meinungsverschiedenheit zwischen ersterem und Mr. Copley zu tun hat. Gewiß, man könnte am Beginn der Ereignisse einen entfernten Zusammenhang darin sehen, daß der Krach zwischen Tallboy und Smayle durch Mr. Smayles indiskrete Anspielungen auf Mr. Tallboys 50 Pfund ausgelöst wurde. Dies ist jedoch nicht von großer Bedeutung. Wirklich von Bedeutung war hingegen, daß in dem Moment, als Mr. McAllister die Einzelheiten des Krachs zwischen Tallboy und Smayle bekanntmachte (was er tat, sowie er einen Zuhörer fand), die öffentliche Meinung, die im Streit zwischen Tallboy und Copley weitgehend auf Tallboys Seite gewesen war, total umschlug. Man fand, daß Mr. Tallboy, wenn er so ungezogen gegen Mr. Smayle sein konnte, wohl auch gegenüber Copley nicht ganz unschuldig sein könne. Die Belegschaft teilte sich wie das Rote Meer und bildete Mauern zur Rechten und zur Linken. Nur Mr. Armstrong, Mr. Ingleby und Mr. Bredon, die Zyniker, hielten sich aus allem heraus, machten sich weiter keine Gedanken darüber und schürten den Krieg zu ihrem eigenen Amüsement. Sogar Miss Meteyard, die Mr. Copley verabscheute, verspürte plötzlich eine ungewohnte Aufwallung weiblichen Mitgefühls für ihn und nannte Mr. Tallboys Benehmen unerträglich. Der alte Copley, sagte sie, mochte ja ein aufdringlicher kleiner Schnüffler sein, aber er sei kein Schwein. Mr. Ingleby sagte, er könne sich nicht vorstellen, daß Tallboy das so gemeint habe, was er zu Smayle gesagt habe. Miss Meteyard antwortete: «Diesen Bären können Sie einem anderen aufbinden.» Sprach's und fand sofort, daß dieser Satz sich gut als Werbeschlagzeile für irgend etwas machen würde. Aber Mr. Ingleby sagte: «Nein, die hatten wir schon mal.»

Miss Parton war natürlich eine Anti-Copleyanerin, die nichts wanken machen konnte, und darum lächelte sie Mr. Tallboy an, als er zufällig im Schreibzimmer erschien, um sich eine Briefmarke zu borgen. Miss Rossiter dagegen, wenngleich auf den ersten Blick etwas temperamentvoller, brüstete sich mit einer ausgewogeneren Meinung. Immerhin, sagte sie fest, habe Copley die Sache mit den 50 Pfund wahrscheinlich gut gemeint, und wenn man es genau betrachte, habe er Tallboy und allen anderen, die an Nutrax arbeiteten, aus einer sehr unangenehmen Klemme gerettet. Sie finde, daß Mr. Tallboy ein bißchen zu sehr von sich eingenommen sei, und auf jeden Fall habe er kein Recht gehabt, so mit dem armen Mr. Smayle zu reden.

«Und», sagte Miss Rossiter, «seine Freundinnen gefallen mir auch nicht.»

«Freundinnen?» fragte Miss Parton.

«Na, du weißt ja, ich rede nicht gern über andere Leute», sagte Miss Rossiter, «aber wenn du einen verheirateten Mann nach Mitternacht mit einer aus einem Restaurant kommen siehst, die eindeutig nicht seine Frau ist –»

«Nein!» rief Miss Parton.

«O ja! Und aufgetakelt wie sonst was ... so ein Hütchen mit Augenschleier ... zehn Zentimeter hohe Absätze, mit Juwelen besetzt ... so was von schlechtem Geschmack ... und Netzstrümpfe und so weiter ...»

«Vielleicht seine Schwester.»

«Von wegen! ... Und wo seine Frau ein Kind bekommt ... Er hat mich nicht gesehen ... Natürlich würde ich kein Wort sagen, aber ich meine ...»

So klapperten die Schreibmaschinen.

Mr. Hankin, wiewohl offiziell neutral, war ein Tallboyaner. So genau und tüchtig er selbst war, fühlte er sich doch ständig irritiert durch Mr. Copleys Tüchtigkeit und Genauigkeit. Er argwöhnte völlig zu Recht, daß Mr. Copley die Führung der Abteilung kritisierte und selbst gern eine gewisse Autorität zugesprochen bekommen hätte. Mr. Copley hatte so eine Art, mit Vorschlägen zu ihm zu kommen: «Wäre es nicht besser, Mr. Hankin, wenn...» – «Wenn Sie mir gestatten, einen Vorschlag zu machen, Mr. Hankin, könnte man nicht eine strengere Kontrolle...?» – «Natürlich weiß ich, daß ich in einer gänzlich untergeordneten Position bin, Mr. Hankin, aber ich habe über dreißig Jahre Erfahrung in der Werbung, und meiner bescheidenen Meinung nach...» – stets hervorragende Vorschläge, die allerdings den einen Fehler hatten, daß sie entweder dazu angetan waren, Mr. Armstrong zu ärgern, oder ein hohes Maß an langweiliger und zeitraubender Aufsicht erforderten, oder die ganze eigenwillige Textabteilung in Aufruhr zu versetzen und aus dem Tritt zu bringen drohten. Mr. Hankin war es allmählich müde, zu antworten: «Ganz recht, Mr. Copley, aber Mr. Armstrong und ich finden, daß es im ganzen gesehen besser ist, so wenig wie möglich einzugreifen.» Mr. Copley hatte so eine Art, sein Verständnis dafür zu bekunden, die bei Mr. Hankin immer den Eindruck hinterließ, daß Mr. Copley ihn für schwach und unfähig hielt, ein Eindruck, den der Nutrax-Zwischenfall ihm bestätigt hatte. Als eine Lage entstanden war, in der Mr. Hankin hätte gefragt werden können und müssen, hatte Mr. Copley ihn übergangen – für Mr. Hankin ein schlüssiger Beweis, daß Mr. Copleys sämtliche guten Ratschläge in bezug auf die Arbeit der Abteilung nichts als Mache waren, die zeigen sollten, wie gut Mr. Copley war, und nicht im mindesten dafür gedacht, Mr. Hankin oder der Abteilung zu helfen. Insofern durchschaute Mr. Hankins Schläue Mr. Copleys Motive sehr viel klarer als Mr. Copley selbst. Er hatte vollkommen recht. Infolgedessen war er kaum geneigt, sich Mr. Copleys anzunehmen, dafür aber fest entschlossen, Mr. Tallboy jede notwendige Unterstützung zu geben. Die Sache mit Smayle wurde ihm natürlich hinterbracht; er machte daher keinerlei Anmerkungen zur Aufstellung der Cricket-Elf, außer daß er behutsam anfragte, warum Mr. Smayle und Mr. McAllister nicht dabei seien. Mr. Tallboy antwortete kurz und bündig, sie könnten nicht spielen, und damit war der Fall erledigt.

Mr. Tallboy hatte einen weiteren Verbündeten in Mr. Barrow, der die ganze Textabteilung aus Prinzip nicht leiden konnte, weil sie, wie er klagte, ein eingebildeter Haufen waren, die ihm ständig in sein Atelier hineinzureden versuchten und ihm die graphische Gestaltung diktieren wollten. Er räumte ein, daß im Grunde natürlich die Zeichnung den Text illustrieren solle, aber er machte (durchaus zu Recht) geltend, daß die von den Textern vorgeschlagenen Illustrationen oft völlig undurchführbar waren und die Texter unnötigerweise Anstoß an den sehr notwendigen Änderungen nahmen, die er an ihren «Rohentwürfen» machen mußte. Ferner fühlte er sich zutiefst gekränkt durch Mr. Armstrongs Bemerkungen über ihn persönlich, die ihm von Mr. Ingleby, den er verabscheute, nur allzu wortgetreu zugetragen worden waren. Er war in der Tat nahe daran, sich rundweg zu weigern, mit Mr. Ingleby in ein und derselben Mannschaft zu spielen.

«Aber hören Sie mal!» protestierte Mr. Tallboy. «Sie können mich doch nicht so sitzenlassen! Sie sind der beste Schlagmann, den wir haben.»

«Können Sie Ingleby nicht rauslassen?»

Das war mehr als knifflig, denn in Wahrheit war Mr. Barrow, obwohl er ein guter und zuverlässiger Schlagmann war, bei weitem kein so guter Schlagmann wie Mr. Ingleby. Mr. Tallboy zögerte.

«Ich wüßte nicht, wie ich das machen sollte. Er hat voriges Jahr 63 Läufe eingebracht. Aber ich mache Ihnen einen anderen Vorschlag. Ich setze ihn an vierte Stelle und lasse Sie mit noch jemand anderem den Anfang machen – sagen wir, mit Pinchley. Möchten Sie mit Pinchley das erste Paar machen?»

«Sie können Pinchley nicht als ersten nehmen. Der kann doch nur dreschen.»

«Wen hätten wir denn sonst?»

Mr. Barrow ging betrübt die Liste durch.

«Das ist ein schwacher Haufen, Tallboy. Kriegen Sie wirklich nichts Besseres auf die Beine?»

«Leider nicht.»

«Schade, daß Sie sich mit Smayle und McAllister überworfen haben.»

«Schon – aber daran läßt sich nun nichts mehr ändern. Sie *müssen* spielen, Mr. Barrow, sonst müssen wir absagen – entweder – oder.»

«Ich weiß, was Sie machen könnten. Gehen Sie selbst mit mir als erster rein.»

«Das sähen die sicher nicht gern. Sie würden es als Aufschneiderei ansehen.»

«Dann nehmen Sie Garrett.»

«Gut. Spielen Sie dann mit?»

«Ich werd's wohl müssen.»

«Sie sind eben doch ein Sportsmann, Mr. Barrow.»

Mr. Tallboy lief seufzend nach unten, um die revidierte Mannschaftsaufstellung ans Schwarze Brett zu heften:

SPIEL GEGEN BROTHERHOOD

1. Mr. Barrow
2. Mr. Garrett
3. Mr. Hankin
4. Mr. Ingleby
5. Mr. Tallboy (Kapitän)
6. Mr. Pinchley
7. Mr. Miller
8. Mr. Beesely
9. Mr. Bredon
10. Mr. Haagedorn
11. Mr. Wedderburn

Er blieb einen Augenblick davor stehen und betrachtete sie ziemlich hoffnungslos. Dann kehrte er in sein Zimmer zurück und nahm sich ein großes Blatt Papier in der Absicht vor, die Daten für einen über die nächsten drei Monate laufenden Kundenauftrag durchzuackern. Aber seine Gedanken waren nicht bei den Zahlen. Schon bald schob er das Blatt von sich und starrte geistesabwesend zum Fenster hinaus über die grauen Dächer Londons.

«Was ist los, Tallboy?» erkundigte sich Mr. Wedderburn.

«Das Leben ist eine Hölle», sagte Mr. Tallboy. Und plötzlich brach es aus ihm heraus: «Mein Gott, wie ich diesen verdammten Laden hasse! Das halten meine Nerven nicht mehr aus.»

«Es wird Zeit, daß Sie Urlaub bekommen», meinte Mr. Wedderburn sanft. «Wie geht's denn Ihrer Frau?»

«Gut», antwortete Mr. Tallboy, «aber vor September können wir nicht fort.»

«Das ist der Nachteil, wenn man Familienvater ist», entgegnete Mr. Wedderburn. «Dabei fällt mir ein: Haben Sie schon etwas wegen dieser Serie für die *Nursing Times* unternommen über ‹Nutrax für stillende Mütter›?»

Mr. Tallboy verfluchte gedankenlos die stillenden Mütter, dann rief er übers Haustelefon Mr. Hankin an und forderte mit Trauerstimme sechs viertelseitige Zweispalter zu diesem anregenden Thema an.

Unverzeihliche Störung
einer herzoglichen Gesellschaft

Für Lord Peter Wimsey hatten die wenigen Wochen seines Lebens, die er der Lösung des Problems mit der Eisentreppe widmete, etwas traumhaft Unwirkliches, was er seinerzeit bereits spürte, aber erst im Rückblick so richtig begriff. Die Arbeit, die er – oder vielmehr dieses Schattenbild seiner selbst, das sich allmorgendlich unter dem Namen Death Bredon in die Anwesenheitsliste eintrug – verrichtete, versetzte ihn in eine Sphäre nebelhaft geistiger Urgestalten, die mit den Dingen in der Welt der Lebenden kaum eine erkennbare Verwandtschaft aufwiesen. Hier zogen auf ihren verschlungenen Bahnen jene sonderbaren Wesen dahin – die Sparsame Hausfrau, der Mann mit Geschmack, der Scharfe Rechner und der Gute Richter, ewig jung, ewig schön, ewig tugendhaft, sparsam und aufgeschlossen, verglichen Preise und Qualität, machten Reinheitsproben, stellten einander indiskrete Fragen nach Gesundheit, Haushaltskosten, Bettfedern, Rasiercreme, Ernährung, Wascharbeit und Schuhwerk, kauften ständig, um zu sparen, und sparten, um zu kaufen, schnitten Gutscheine aus und sammelten Rabattmarken, überraschten Ehemänner mit Margarine und Ehefrauen mit Waschmaschinen und Staubsaugern, beschäftigten sich von morgens bis abends mit Waschen, Kochen, Staubwischen und Aufräumen, schützten die Kinder vor Krankheitserregern, ihre Haut vor Wind und Wetter, ihre Zähne vor Karies und ihre Mägen vor Verdauungsstörungen, und gewannen dennoch durch arbeitsparende Geräte so viele Stunden am Tag hinzu, daß sie immer noch Zeit und Muße fanden, um ins Kino zu gehen, sich an den Strand zu legen und mit Dosenwurst und Konservenobst ein Picknick zu veranstalten und (sofern verschönt durch Soundsos Seidenstrümpfe, Hinzens Handschuhe und Kunzes Schuhwerk, Krethis Gesichtscreme und Plethis Schönheitsschampoo) sogar Ranelagh, Cowes, die Tribüne in Ascot, Monte Carlo und die Gesellschaftsräume der Königin mit ihrer Anwesenheit zu beehren. Woher, fragte sich Bredon, kam das

Geld, das so vielseitig und großzügig ausgegeben werden sollte? Was würde geschehen, wenn dieser Teufelstanz von Ausgeben und Sparen und Sparen und Ausgeben einmal für einen Augenblick aussetzte? Wenn es ab morgen auf der ganzen Welt keine Werbung mehr gäbe, würden die Leute trotzdem immer mehr Seife kaufen, Äpfel essen, ihren Kindern Vitamine, Ballaststoffe, Milch, Olivenöl, Rollschuhe und Abführmittel geben, noch mehr Sprachen per Grammophon lernen, noch mehr virtuose Musik im Radio hören, ihre Häuser renovieren, sich mit alkoholfreien Getränken erfrischen, immer mehr neue, appetitanregende Gerichte kochen und sich alle diese kleinen Extras leisten, die soviel bedeuteten? Oder würde das ganze wildgewordene Karussell sich langsamer drehen, würde die erschöpfte Masse sich wieder mit schlichtem Essen und Muskelschmalz begnügen? Er wußte es nicht. Wie alle reichen Leute hatte er Reklame bisher in keiner Weise beachtet. Er hatte sich nie die enorme wirtschaftliche Bedeutung der vergleichsweise Armen klargemacht. Nicht auf den Wohlhabenden, die nur kaufen, was sie haben wollen und wann sie es haben wollen, war der gewaltige Überbau der Industrie gegründet und aufgebaut, sondern auf denen, die sich verzehrten nach einem Luxus, der außerhalb ihrer Reichweite lag, nach einer Muße, die ihnen auf ewig versagt blieb, und die man deshalb drangsalieren oder verführen konnte, ihre sauer verdienten paar Pence für Dinge auszugeben, die ihnen wenigstens für einen Augenblick die Illusion von Wohlstand und Luxus gaben. Phantasmagoria – eine Stadt des furchtbaren Tages, der rohen Formen und Farben, babelgleich aufgetürmt in einem Himmel von hartem Kobaltblau, schwankend über einem Abgrund des Bankrotts – ein Wolkenkuckucksheim, bewohnt von jämmerlichen Gespenstern, angefangen bei der Sparsamen Hausfrau, die mit Dairyfields Butterbohnen in Margarine eine Familienmahlzeit für 4 Pence zubereitete, bis hin zur Sekretärin, die durch großzügige Anwendung von Muggins Magnolia-Gesichtscreme die Liebe des Märchenprinzen gewann.

Unter diesen Phantasiegestalten war Death Bredon, wenn er seine Feder über Stapel von Papier gleiten ließ, auch nur eine Phantasiegestalt, emporgehoben aus diesem Jammertal in eine noch phantastischere Welt inmitten von Menschen, deren Ambitionen, Rivalitäten und Denkweisen ihm fremd waren, und ernst wie sonst nichts, was er aus seinem wachen Leben kannte. Und wenn die Greenwich-orientierten Uhren auf halb sechs vorgerückt waren, gab es für ihn auch keine Rückkehr in die Wirklichkeit. Dann löste sich vielmehr der illusionäre Mr. Bredon in nichts auf und verwandelte sich in den erst recht illusionären Harlekin der Träume einer Rauschgiftsüchtigen, eine Reklamefigur, greller und phantastischer als alles, was durch die Spalten des *Morning Star* geisterte; körperlos, aberwitzig, ein bloßer Schalltrichter, der abgestandene Klischees in taube Ohren ohne Gehirn blies. Von dieser abscheulichen Rolle konnte er sich aber jetzt nicht mehr freimachen, denn beim bloßen Klang seines Namens oder beim Anblick seines unmaskierten Gesichts wären alle Tore zu dieser anderen Traumstadt – der Stadt der furchtbaren Nacht – vor ihm ins Schloß gefallen.

Von einer bohrenden Sorge hatte Dian de Momeries Augenblick unerklärlicher Einsicht ihn befreit: Sie begehrte ihn nicht mehr. Eher fürchtete sie ihn wohl, doch jedesmal beim Klang seiner Penny-Flöte kam sie zu ihm und fuhr mit ihm Stunden um Stunden in dem großen schwarzen Daimler durch die Nacht, bis der neue Morgen nahte. Manchmal fragte er sich, ob sie überhaupt an seine Existenz glaubte; sie behandelte ihn, als ob er irgendeine zwar verhaßte, aber doch faszinierende Gestalt in einem Haschischtraum sei. Er fürchtete jetzt allenfalls, daß ihre unausgeglichene Phantasie sie über den Klippenrand des Selbstmordes stoßen könnte. Einmal fragte sie ihn, wer er sei und was er wolle, und er sagte ihr insoweit die nackte Wahrheit.

«Ich bin hier, weil Victor Dean tot ist. Wenn die Welt weiß, wie er gestorben ist, gehe ich wieder dahin zurück, wo ich herkomme.»

«Dahin zurück, wo du herkommst? Das habe ich doch schon einmal gehört, ich weiß nur nicht mehr wo.»

«Wenn Sie je dabei waren, wie ein Mensch zum Tode verurteilt wurde, haben Sie es da gehört.»

«Mein Gott, ja! Das war's. Ich war einmal bei einem Mordprozeß. Da war so ein furchtbarer Mann, der Richter – seinen Namen weiß ich nicht mehr. Er kam mir vor wie ein alter, bösartiger roter Papagei, und er hat das so gesagt, als wenn's ihm Spaß machte. ‹Und möge der Herr deiner Seele gnädig sein.› Haben wir eine Seele, Harlekin, oder ist das alles Unsinn? Es ist Unsinn, ja?»

«Was Sie angeht, sehr wahrscheinlich.»

«Aber was habe ich mit Victor Deans Tod zu tun?»

«Hoffentlich nichts. Das müssen Sie selbst am besten wissen.»

«Natürlich hatte ich nichts damit zu tun.»

Und vielleicht sagte sie die Wahrheit. Das war ja das Phantastischste an der ganzen Illusion – die Grenze, wo Tagtraum und Nachttraum nebeneinander in ewigem Zwielicht einhergingen. Der Mann war ermordet worden – dessen war er jetzt sicher; aber welche Hand den Schlag geführt hatte und warum, war noch jenseits aller Vermutung. Ein Gefühl riet Bredon, sich an Dian de Momerie zu halten. Sie war der Wächter an der Schattengrenze; durch sie war Victor Dean, gewiß ein prosaischer Bewohner jener grellen Stadt des Tageslichts, eingetreten in die Welt der lodernden Fackeln und schwarzen Schlünde, deren Priester Trunk und Drogen waren und deren König Tod hieß. Aber er konnte sie ausfragen, soviel er wollte, er bekam nichts aus ihr heraus. Nur eines hatte sie ihm gesagt, und wieder und wieder ließ er sich das durch den Kopf gehen und fragte sich, wie es in die Geschichte hineinpaßte. Milligan, der finstere Milligan, wußte etwas über Pyms Werbedienst, oder über jemanden, der dort arbeitete. Er hatte es schon gewußt, bevor er Dean kennenlernte, denn bei dieser ersten Begegnung hatte er zu ihm gesagt: «Ach, Sie sind das?» Welche Verbindung bestand da? Was hatte Dean in der Werbeagentur mit Milligan zu tun gehabt, bevor Milligan ihn überhaupt kannte? War es vielleicht nur, daß Dian damit angegeben hatte, in dieser respektablen Firma einen Geliebten zu haben? War Victor Dean nur gestorben, weil Dian eine Schwäche für ihn hatte?

Das konnte Wimsey nicht glauben; diese Schwäche war ja schon vorher gestorben, und danach war Deans Tod gewiß überflüssig gewesen. Außerdem, wenn die Bewohner der Nacht aus Leidenschaft mordeten, schmiedeten sie keine raffinierten Pläne, beseitigten keine Fingerabdrücke und hüllten sich weder vorher noch nachher in diskretes Schweigen. Brüllen und Revolverschüsse, lautes Schluchzen und weinerliche Reue waren die Zeichen und Symbole tödlicher Leidenschaft unter denen, die das süße Leben führten.

In Wahrheit hatte Dian ihm ja noch eine Information gegeben, aber im Augenblick verstand er sie nicht zu deuten, wußte nicht einmal, daß er sie besaß. Er konnte nur warten, warten wie die Katze vor dem Mauseloch, bis etwas herausgesprungen kam, dem er nachsetzen konnte. Und so verbrachte er wachsam seine Abende, fuhr im Wagen umher, spielte auf der Penny-Flöte und gönnte sich nur in den frühen Morgenstunden ein wenig Schlaf, bevor er wieder in die Pymsche Tretmühle stieg.

Wimsey deutete Dian de Momeries Gefühle für ihn völlig richtig. Er erregte und ängstigte sie, und insgesamt durchlief sie beim Klang der Penny-Flöte ein wohliger Schrecken. Aber der eigentliche Grund, weswegen sie ihn bei Laune halten zu müssen glaubte, erwuchs aus einem Zufall, von dem er nichts wissen konnte und von dem sie ihm auch nichts sagte.

Am Tag nach ihrer ersten Begegnung hatte Dian auf einen Außenseiter namens Akrobat gesetzt, und er war mit 50 zu 1 durchs Ziel gegangen. Drei Tage nach ihrem Erlebnis im Wald hatte sie auf einen anderen Außenseiter namens Harlekin gesetzt, und er war als zweiter mit 100 zu 1 eingelaufen. Seitdem stand für sie zweifelsfrei fest, daß er ein mächtiger, vom Himmel gesandter Glücksbringer war. Der Tag nach jeder Begegnung mit ihm war für sie ein Glückstag, und es stimmte einfach, daß sie an diesem Tag meist auf die eine oder andere Weise zu Geld kam. Nach den ersten beiden glänzenden Coups hatten Pferde sie enttäuscht, aber dafür hatte sie beim Kartenspiel Glück gehabt. Wieviel von diesem Glück einfach eine Folge ihres Selbstvertrauens und Siegeswillens war, hätte nur ein Psychologe beantworten können; jedenfalls gewann sie, und woran das lag, war für sie über jeden Zweifel erhaben. Sie sagte ihm nicht, daß er ihr Maskottchen war, da sie der abergläubischen Meinung war, ihr Glücksfaden werde dann reißen, aber sie war bei einer Wahrsagerin gewesen, die ihre Gedanken gelesen hatte wie ein offenes Buch und sie in ihrem Glauben bestärkt hatte, daß ein geheimnisvoller Fremder ihr Glück bringen werde.

Major Milligan lümmelte sich mit einem Whisky-Soda auf Dians Couch und richtete ein ziemlich verdrießliches Augenpaar auf sie. Er war ein großer, schwerfälliger Mann, bar jeder Moral, aber halbwegs mäßig in seinen Gewohnheiten, wie Menschen es sein müssen, die mit anderer Leute Schwächen Geschäfte machen.

«Hast du noch mal was von der kleinen Dean gehört, Dian?»

«Nein», sagte Dian gedankenabwesend. Sie hatte Milligan allmählich über und hätte gern mit ihm Schluß gemacht, wenn er nur nicht so nützlich für sie gewesen wäre und sie nicht zuviel gewußt hätte, um gefahrlos mit ihm brechen zu können.

«Du solltest mit ihr in Verbindung bleiben.»

«Mein Gott, wozu? Die Frau ist die Langeweile in Person.»

«Ich will wissen, ob sie etwas über die Firma weiß, in der Dean gearbeitet hat.»

«Die Werbeagentur? Aber Todd, wie furchtbar langweilig! Was findest du an einer Werbeagentur interessant?»

«Das laß meine Sorge sein. Ich war da hinter einer ziemlich nützlichen Sache her, sonst nichts.»

«Oh!» Dian überlegte. Das klang wieder interessant, fand sie. Vielleicht ließ sich daraus etwas machen. «Wenn du willst, kann ich sie ja mal anrufen. Sie ist nur so entsetzlich spießig. Was willst du denn von ihr wissen?»

«Das geht dich nichts an.»

«Todd, ich wollte dich schon lange etwas fragen. Warum hast du von mir verlangt, Victor aufzugeben? Nicht daß es mir um den armen Teufel leid täte, aber es hat mich eben gewundert, wo du doch zuerst gesagt hattest, ich soll ihn mir warmhalten.»

«Weil», antwortete Major Milligan, «dieses kleine Stinktier versucht hat, mich aufs Kreuz zu legen.»

«Du lieber Himmel, Todd – du solltest zum Film gehen, als Dick Bullenbeißer, der Rauschgiftkönig der Unterwelt. Rede doch mal so, daß man dich versteht.»

«Es ist ja alles schön und gut, mein Kind, aber dein kleiner Victor fing an lästig zu werden. Jemand hat ihm was erzählt – wahrscheinlich du.»

«Ich? Du bist vielleicht gut! Ich konnte ihm doch nichts erzählen, Todd. Du erzählst mir ja selbst nie was.»

«Nein – weil ich noch ein Restchen Verstand habe.»

«Wie grob du manchmal bist. Aber du siehst, ich hätte Victor gar nichts verraten können. Hast du Victor abserviert?»

«Wer sagt, daß er abserviert wurde?»

«Das hat mir ein Vögelchen gesungen.»

«Ist das dein schwarz-weiß karierter Freund?»

Dian zögerte. In einem mitteilsamen und nicht sehr nüchternen Augenblick hatte sie Todd von ihrem Abenteuer im Wald erzählt, und nun hätte sie das gern ungeschehen machen wollen. Milligan nahm ihr Schweigen als Zustimmung und fuhr fort:

«Wer ist dieser Kerl, Dian?»

«Keine Ahnung.»

«Was will er?»

«Mich jedenfalls nicht. Ist das nicht demütigend, Todd?»

«Bestimmt.» Milligan grinste. «Aber was hat er vor?»

«Ich glaube, er treibt Victors Spiel – was der auch für eins getrieben haben mag. Hat gesagt, er wäre nicht hier, wenn Victor nicht abgekratzt wäre. Richtig aufregend, findest du nicht?»

«Hm», machte Milligan. «Ich glaube, ich würde deinen

Freund gern mal kennenlernen. Wann kann man mit ihm rechnen?»

«Wenn ich das nur wüßte! Er kommt einfach. Ich glaube, Todd, an deiner Stelle würde ich nichts mit ihm zu tun haben wollen. Er ist gefährlich – irgendwie unheimlich. Ich habe so ein dummes Gefühl.»

«Dein Gehirn wird langsam weich, mein Schatz», sagte Milligan, «und er rührt kräftig darin herum, das ist alles.»

«Na ja», meinte Dian, «jedenfalls amüsiert er mich, was du nicht mehr tust. Du wirst ein bißchen fett und langweilig, Todd.» Sie gähnte und schlenderte träge zum Spiegel, um ihr Gesicht eingehend zu studieren. «Ich glaube, ich werde den Stoff aufgeben, Todd. Ich bin schon richtig aufgedunsen unter den Augen. Wäre das nicht spaßig, einmal ganz brav und anständig zu werden?»

«So spaßig wie eine Quäkerversammlung. Versucht dein Freund dich zu bekehren? Das wäre ein guter Witz!»

«Von wegen mich bekehren! Aber ich sehe heute abend aus wie ein Gespenst. Ach, zum Teufel, was soll's! Komm, wir tun irgendwas.»

«Gut. Komm mit zu Slinker. Er gibt eine Party.»

«Slinkers Parties hängen mir zum Hals raus. Paß auf, Todd, wir ziehen einfach los und laden uns irgendwo bei pikfeinen Leuten selbst ein. Wer sind die größten Spießer in London, bei denen sich heute abend was tut?»

«Weiß nicht.»

«Ich sag dir was. Wir greifen uns Slinkers Party und machen die Runde, und bei der ersten gestreiften Markise gehen wir rein.»

«Los! Ich bin dabei.»

Eine halbe Stunde später zog ein lärmender Haufen, eingezwängt in fünf Autos und ein Taxi, juchzend durch die stilleren Viertel des West-Ends. Noch heute gibt es in Mayfair ein paar Trutzburgen der Aristokratie, und Dian, die aus dem Fenster des vordersten Wagens hing, stieß plötzlich vor einem großen, altmodischen Haus, dessen Eingang mit einer gestreiften Markise, rotem Teppich und einem Spalier von Treibhauspflanzen auf der Treppe geschmückt war, einen Juchzer aus.

«Juhu! Anhalten, Jungs! Hier ist was! Wem gehört das?»

«Mein Gott!» sagte Slinker Braithwaite. «Wir haben ins Schwarze getroffen. Hier wohnt der Herzog von Denver.»

«Da kommt ihr nicht rein», sagte Milligan. «Die Herzogin ist das zugeknöpfteste Frauenzimmer in ganz London. Sieh dir nur mal den Rausschmeißer vor der Tür an. Wir suchen uns lieber was Leichteres.»

«Von wegen was Leichteres! Das erste Haus, wo was los ist, haben wir gesagt, und das ist das erste. Seid nicht so feige!»

«Also, hört zu», sagte Milligan, «dann versuchen wir's aber beim Hintereingang. Auf der anderen Seite ist ein Tor zum Garten, wo die Autos parken. Da haben wir eine größere Chance.»

Auf der anderen Seite entpuppte es sich wirklich als ein Kinderspiel. Sie ließen die Autos in einer Nebenstraße stehen, und als sie sich dem Tor näherten, sahen sie es weit offen stehen und dahinter ein großes Zelt, in dem zu Abend gegessen wurde. Eine Gruppe Gäste kam aus dem Haus, gerade als sie das Tor erreichten, während zugleich, fast auf ihren Fersen, zwei große Autos vorfuhren und eine große Gesellschaft ausspien.

«Ist mir doch schnuppe, ob ich gemeldet werde», sagte ein tadellos gekleideter Herr, «wir gehen einfach rein und drücken uns um die Botschafter.»

«Freddy, das geht doch nicht.»

«Das geht nicht? Du wirst schon sehen.» Freddy schob den Arm seiner Partnerin fest unter den seinen und ging entschlossen auf das Tor zu. «Im Garten treffen wir garantiert Peter oder sonstwen.»

Dian schnappte sich Milligans Arm, und die beiden schlossen sich den Neuankömmlingen an. Das Tor wurde passiert – aber dahinter präsentierte sich ein Diener als unerwartetes Hindernis.

«Mr. und Mrs. Frederick Arbuthnot», sagte der makellos gekleidete Herr. «Und Freunde», fügte er hinzu, wobei er mit unbestimmter Geste hinter sich deutete.

«Na also, *wir* sind jedenfalls drin», jubilierte Dian.

Helen Herzogin von Denver ließ ihren Blick befriedigt über die Gäste schweifen. Es lief wirklich alles sehr gut. Der Botschafter und seine Frau hatten sich lobend über den Wein geäußert. Die Musik war gut, die gebotenen Erfrischungen mehr als angemessen. Eine geruhsame Würde durchdrang die Atmosphäre. Sie selbst fand, daß ihr Kleid ihr gut stand, obwohl ihre Schwiegermutter, die Herzoginwitwe, etwas Bissiges über ihr Rückgrat gesagt hatte. Aber die Herzoginwitwe war ja immer etwas schwierig und unberechenbar. Man mußte mit der Mode gehen, auch wenn man sich natürlich nie in irgendeiner Weise schamlos präsentieren würde. Helen zeigte nach ihrem eigenen Urteil genau die richtige Anzahl von Rückenwirbeln, die dem Anlaß zukam. Einer weniger wäre inkorrekt gewesen, einer mehr übermodern. Sie dankte der Vorsehung, daß sie mit 45 Jahren noch immer ihre Figur hielt – was wirklich der Fall war, denn sie war zeit ihres Lebens auf beiden Seiten bemerkenswert flach gewesen.

Eben wollte sie ein wohlverdientes Glas Champagner an die Lippen heben, als sie stockte und es wieder absetzte. Irgend etwas stimmte nicht. Sie sah sich rasch nach ihrem Gatten um. Er war nicht da, aber ein paar Schritte abseits zeigten ein eleganter schwarzer Rücken und ein glatt gekämmter strohfarbener Kopf ihr die Anwesenheit ihres Schwagers Wimsey an. Sie entschuldigte sich kurz bei Lady Mendip, mit der sie die jüngsten Ungeheuerlichkeiten der Regierung diskutiert hatte, schob sich durch das Gedränge und faßte Wimseys Arm.

«Peter! Sieh mal, da drüben. Was sind das für Leute?»

Wimsey drehte sich um und sah in die vom Fächer der Herzogin angezeigte Richtung.

«Mein Gott, Helen! Diesmal hast du aber die richtigen Früchtchen erwischt. Das ist die de Momerie mit ihrem zahmen Rauschgifthändler.»

Die Herzogin erschauerte.

«Wie furchtbar! So eine widerwärtige Frau! Wie sind die nur um alles in der Welt hier hereingekommen? . . . Kennst du sie?»

«Nicht offiziell.»

«Gott sei Dank! Ich hatte schon gefürchtet, du hättest sie eingelassen. Man weiß ja nie, was du gerade im Schilde führst. Du kennst so viele unmögliche Leute.»

«Diesmal bin ich unschuldig, Helen.»

«Frag doch mal Bracket, wieso er sie hereingelassen hat.»

«Ich fliege», sagte Wimsey, «Euerm Befehle zu gehorchen.»

Er trank sein Glas leer und machte sich gemächlich auf, den Diener zu suchen. Kurz darauf kam er wieder.

«Bracket sagt, sie sind mit Freddy Arbuthnot gekommen.»

«Dann such Freddy.»

Der Ehrenwerte Freddy Arbuthnot stritt, als man seiner habhaft wurde, jegliche Bekanntschaft mit den Eindringlingen ab. «Aber am Tor war so 'n Gedränge», räumte er treuherzig ein, «und ich würde sagen, da haben sie sich mit reingemogelt. Die de Momerie, sagst du? Wo ist sie? Die muß ich mir mal ansehen. Tolles Weib, wie?»

«Nichts dergleichen werden Sie tun, Freddy. Himmel, wo ist denn nur Gerald? Hier ist er nicht. Er ist nie da, wenn man ihn braucht. Du wirst hingehen und sie hinauswerfen müssen, Peter.»

Wimsey, der inzwischen Zeit gehabt hatte, sich einen genauen Plan zurechtzulegen, wünschte sich nichts Besseres.

«Ich werde sie rausschmeißen», sagte er, «wie weiland John Smith. Wo sind sie?»

Die Herzogin, die sie nicht aus dem starren Auge gelassen hatte, wies mit strenger Hand nach der Terrasse. Wimsey entfernte sich, die Liebenswürdigkeit in Person.

«Verzeihen Sie mir, liebe Lady Mendip», sagte die Herzogin, als sie zu ihrem Gast zurückkehrte. «Ich mußte nur meinem Schwager rasch einen kleinen Auftrag geben.»

Wimsey stieg die schwach erhellten Terrassenstufen hinauf. Die Schatten eines Rosenspaliers fielen auf sein Gesicht und ließen schwarze Pünktchen über sein weißes Hemd tanzen; und im Gehen pfiff er leise: «Tom, Tom, des Pfeifers Sohn.»

Dian de Momerie griff nach Milligans Arm und fuhr herum. Wimsey hörte auf zu pfeifen.

«Äh – guten Abend», sagte er, «ich bitte um Entschuldigung. Miss de Momerie, glaube ich?»

«Harlekin!» rief Dian.

«Wie bitte?»

«Harlekin. Hier bist du also. Diesmal hab ich dich. Und jetzt werde ich auch dein Gesicht sehen, und wenn's mich das Leben kostet.»

«Ich fürchte, hier liegt eine Verwechslung vor», sagte Wimsey.

Milligan hielt den Augenblick zum Eingreifen für gekommen.

«Aha!» sagte er. «Der geheimnisvolle Fremde. Ich glaube, es wird Zeit, daß Sie und ich mal ein Wörtchen miteinander reden, junger Mann. Darf ich fragen, warum Sie dieser Dame in einem Narrenkostüm nachstellen?»

«Ich fürchte», sagte Wimsey noch nachdrücklicher, «daß Sie das Opfer eines Mißverständnisses sind, Sir, wer Sie auch immer sein mögen. Mich hat die Herzogin mit einem – verzeihen Sie – etwas unangenehmen Auftrag geschickt. Sie bedauert, nicht die Ehre der Bekanntschaft mit dieser Dame noch der Ihren zu haben, Sir, und läßt Sie durch mich fragen, auf wessen Einladung Sie hier sind.»

Dian lachte ziemlich laut.

«Du bist ja großartig, Harlekin!» rief sie. «Wir haben uns bei der alten Henne selbst eingeladen, Harlekin, genau wie du, nehme ich an.»

«So etwas hat die Herzogin vermutet», erwiderte Wimsey. «Es tut mir leid. Ich muß Sie leider bitten, diese Gesellschaft unverzüglich zu verlassen.»

«Das hab ich gern», sagte Milligan unbeeindruckt. «Aber daraus wird leider nichts. Es mag ja stimmen, daß wir uneingeladen hier sind, aber wir lassen uns nicht von einem namenlosen Zirkusclown rausschmeißen, der sich nicht mal traut, sein Gesicht zu zeigen.»

«Sie müssen mich mit einem Ihrer Freunde verwechseln», sagte Wimsey. «Sie gestatten.» Er ging zur nächststehenden Säule und betätigte einen Schalter, der diese Seite der Terrasse mit Licht überflutete. «Mein Name ist Peter Wimsey. Ich bin der Bruder des Herzogs von Denver, und mein Gesicht, so unbedeutend es ist, steht Ihnen ganz zu Diensten.»

Er klemmte sich sein Monokel ins Auge und blickte Milligan unfreundlich an.

«Aber sind Sie nicht mein Harlekin?» begehrte Dian auf. «Stell dich doch nicht so an – ich weiß, daß du's bist. Ich kenne deine Stimme genau – und deinen Mund und dein Kinn. Außerdem hast du diese Melodie gepfiffen.»

«Das ist ja sehr interessant», sagte Wimsey. «Wäre es möglich – ich fürchte, ja –, ich glaube, Sie müssen meinem unseligen Vetter Bredon über den Weg gelaufen sein.»

«So hieß der Name –» begann Dian unsicher und stockte.

«Freut mich zu hören», entgegnete Wimsey. «Manchmal gibt er nämlich meinen an, und das kann sehr peinlich werden.»

«Hör mal, Dian», mischte Milligan sich wieder ein, «ich glaube, du hast hier ins Fettnäpfchen getreten. Entschuldige dich, und dann hauen wir ab. Bedaure, daß wir hier hereingeplatzt sind –»

«Einen Augenblick», sagte Wimsey. «Darüber möchte ich doch gern Näheres erfahren. Würden Sie so freundlich sein, einen Augenblick mit ins Haus zu kommen? Bitte hierher.»

Er führte sie höflich um die Terrasse herum, einen Gartenweg hinauf und durch eine Glastür in eine kleine Diele, in der sich ein paar Tischchen und eine Bar befanden.

«Was möchten Sie trinken? Whisky? Das hätte ich mir denken können. Die abscheuliche Angewohnheit, nach Cocktails spätabends Whisky zu trinken, hat schon mehr Leuten den

Teint und den guten Ruf ruiniert als jede andere Ursache für sich allein. So manche Frau steht heute in London an den Straßenecken, weil sie Whisky auf Gin-Cocktails getrunken hat. Zwei Whisky pur, Tomlin, und einen Likör-Brandy.»

«Sehr wohl, Mylord.»

«Sie werden bemerkt haben», sagte Wimsey, indem er mit den Getränken an den Tisch zurückkehrte, «daß es der eigentliche Zweck dieser freundlichen Geste war, Ihnen durch den verläßlichen Tomlin meine Identität bestätigen zu lassen. Suchen wir uns aber jetzt ein Plätzchen, wo wir weniger gestört werden. Ich schlage die Bibliothek vor. Bitte folgen Sie mir. Mein Bruder hat als echt englischer Edelmann in jedem seiner Häuser eine Bibliothek, obwohl er nie ein Buch aufschlägt. Das nennt man Treue zu ehrwürdigen Traditionen. Aber die Stühle sind bequem. Bitte nehmen Sie Platz. Und nun berichten Sie mir ausführlich über Ihre Begegnung mit meinem anstößigen Vetter.»

«Einen Augenblick», sagte Milligan, bevor Dian noch sprechen konnte. «Ich glaube, ich kenne das Zuchtbuch ganz gut. Ich wußte gar nicht, daß Sie einen Vetter namens Bredon haben.»

«Nicht jeder Welpe wird ins Zuchtbuch eingetragen», entgegnete Wimsey gelassen, «und der ist ein weiser Mann, der alle seine Vettern kennt. Aber was soll's? Familie ist Familie, auch wenn ein Schräglinksbalken im Wappen anzeigt, daß der Betreffende nicht ganz reinen Geblüts ist oder, wie man es auch nennt, einer Ehe zur Linken entstammt. Mein bedauernswerter Vetter Bredon, der auf den einen Familiennamen nicht mehr Anspruch hat als auf den andern, benutzt sie alle der Reihe nach und beweist damit eine erfreuliche Unvoreingenommenheit. Bitte, bedienen Sie sich, wenn Sie rauchen möchten. Sie werden die Zigarren ganz annehmbar finden, Mr. – äh – »

«Milligan.»

«Ach! Der berüch-... der bekannte Major Milligan? Sie besitzen ein Anwesen am Fluß, glaube ich? Reizend, reizend. Der Ruhm dieses Etablissements erreicht mich manchmal über meinen lieben Schwager, Chefinspektor Parker von Scotland Yard. Ein hübsches, zurückgezogenes Fleckchen, soviel ich weiß.»

«Ganz recht», sagte Milligan. «Ich hatte das Vergnügen, dort eines Abends Ihren Vetter zu Gast zu haben.»

«So, hat er sich bei Ihnen auch selbst eingeladen? Das sähe ihm ähnlich. Und Sie haben sich dafür an meiner lieben Schwägerin gerächt. Natürlich nur ausgleichende Gerechtigkeit, das sehe ich vollkommen ein – obwohl die Herzogin es vielleicht mit anderen Augen sehen wird.»

«Nein, eine Dame aus meinem Bekanntenkreis hatte ihn mitgebracht.»

«Er macht sich. Major Milligan, so sehr es mich schmerzt, glaube ich doch, Sie vor diesem meinem Vetter warnen zu müssen. Er ist keine erstrebenswerte Bekanntschaft. Wenn er Miss de Momerie mit seinen Aufmerksamkeiten belästigt, hat er dabei wahrscheinlich ein weitergehendes Ziel vor Augen. Nicht daß ein Mann für solche Aufmerksamkeiten ein weitergehendes Ziel brauchte», fügte er hinzu. «Miss de Momerie ist ein Ziel an sich –»

Sein Blick wanderte mit einer kalten Abschätzigkeit, die seine Worte fast beleidigend wirken ließ, an der spärlich bekleideten und leicht berauschten Dian de Momerie auf und ab.

«Aber», nahm er den Faden wieder auf, «ich kenne meinen Vetter Bredon – nur zu gut. Kaum einer kennt ihn besser. Und ich muß gestehen, daß er der letzte ist, bei dem ich eine Zuneigung ohne Hintergedanken erwarten würde. Ich fühle mich zu meinem Kummer genötigt, ein Auge auf ihn zu haben, zu meinem eigenen Schutz, und darum wäre ich Ihnen aufs tiefste verbunden, wenn Sie mir über seine jüngsten Eskapaden Näheres berichten könnten.»

«Na gut, ich erzähl's Ihnen», sagte Dian. Der Whisky hatte sie leichtsinnig gemacht, und sie wurde plötzlich gesprächig, ungeachtet Milligans gerunzelter Stirn. Sie erzählte die ganze Geschichte ihres Abenteuers. Der Sprung vom Springbrunnen schien Wimsey sehr unangenehm zu berühren.

«Vulgäre Angeberei!» sagte er kopfschüttelnd. «Wie oft habe ich Bredon inständig gebeten, sich zurückhaltend vernünftig zu benehmen!»

«Ich fand es einfach herrlich», erwiderte Dian, und dann erzählte sie von der Begegnung im Wald.

«Er spielt immer ‹Tom, Tom, des Pfeifers Sohn›, und als Sie kamen und diese Melodie pfiffen, hab ich natürlich gedacht, daß Sie es sind.»

Wimsey machte eine sehr überzeugend finstere Miene.

«Widerwärtig», sagte er.

«Außerdem sind Sie sich so ähnlich – die gleiche Stimme und das gleiche Gesicht, soweit man etwas davon sehen kann. Aber er hat natürlich noch nie seine Maske abgenommen –»

«Kein Wunder», sage Wimsey, «kein Wunder.» Er rang sich

einen tiefen Seufzer ab. «Die Polizei interessiert sich nämlich für meinen Vetter Bredon.»

«Wie aufregend!»

«Weswegen?» fragte Milligan.

«Unter anderem, weil er sich für mich ausgegeben hat», erklärte Wimsey, der jetzt richtig in Fahrt kam. «Ich kann Ihnen in der kurzen Zeit, die uns zur Verfügung steht, gar nicht sagen, wieviel Ärger und Demütigungen ich Bredons wegen schon habe hinnehmen müssen. Aus polizeilichem Gewahrsam habe ich ihn losgekauft – auf meinen Namen ausgestellte Schecks honoriert – ihn aus Lasterhöhlen befreit – ich erzähle Ihnen alle diese peinlichen Details natürlich im Vertrauen.»

«Wir halten dicht», sagte Dian.

«Er macht sich unsere unglückliche Ähnlichkeit zunutze», fuhr Wimsey fort. «Er imitiert meine Gepflogenheiten, raucht meine Lieblingszigaretten, fährt einen Wagen wie ich, pfeift sogar meine Lieblingsmelodie – die, wie ich sagen darf, sich besonders gut für das Vorspiel auf der Penny-Flöte eignet.»

«Er muß ganz schön betucht sein», meinte Dian, «daß er so einen Wagen fahren kann.»

«*Das*», sagte Wimsey, «ist ja das Traurigste an der Geschichte. Ich habe ihn im Verdacht – aber dazu sollte ich mich vielleicht doch lieber nicht äußern.»

«O doch, erzählen Sie», drängte Dian mit vor Erregung schillernden Augen. «Es klingt einfach unwahrscheinlich aufregend.»

«Ich habe ihn im Verdacht», sagte Wimsey in ernstem, düsterem Ton, «daß er mit – *Raufgischt* – äh, ich meine, hol's der Kuckuck – mit Rauschgiftschmuggel zu tun hat.»

«Was Sie nicht sagen!» entfuhr es Milligan.

«Nun, ich kann es nicht beweisen. Aber ich bin aus einer bestimmten Ecke gewarnt worden. Sie verstehen.» Wimsey nahm sich eine neue Zigarette und stieß sie auf den Tisch wie einer, der den Sargdeckel über einem toten Geheimnis geschlossen hat und ihn gut festnagelt. «Ich will mich in keiner Weise in Ihre Angelegenheiten mischen, Major Milligan. Ich hoffe, daß ich mich nie dazu veranlaßt sehen werde.» Hier durchbohrte er Milligan erneut mit einem harten Blick. «Aber Sie werden mir gestatten, Ihnen und dieser Dame eine Warnung mit auf den Weg zu geben. Lassen Sie sich nicht zu tief mit meinem Vetter Bredon ein.»

«Jetzt verzapfen Sie aber einen schönen Mist», sagte Dian. «Den kriegen Sie nicht mal dazu, daß er –»

«Zigarette, Dian?» unterbrach Milligan sie in scharfem Ton.

«Ich sage nicht», fuhr Wimsey fort, indem er Dian langsam von oben bis unten musterte, «daß mein bedauernswerter Vetter selbst kokain- oder heroinsüchtig ist oder etwas in der Art. In gewisser Weise wäre es fast anständiger, wenn er es wäre. Sich an den Schwächen seiner Mitmenschen zu mästen, ohne diese selbst zu teilen, ist, wie ich zugeben muß, für mich das Ekelhafteste, was es gibt. Vielleicht bin ich altmodisch, aber so ist es nun mal.»

«Sehr richtig», sagte Milligan.

«Ich weiß nicht und will nicht wissen», fuhr Wimsey fort, «wie Sie dazu kamen, meinen Vetter Bredon in Ihr Haus zu lassen, oder was ihn seinerseits dorthin geführt haben könnte. Ich will lieber nicht annehmen, daß er dort außer Gastlichkeit und angenehmer Gesellschaft noch etwas anderes gefunden hat, was ihn anzog. Vielleicht halten Sie mich, Major Milligan, weil ich mich schon für bestimmte Polizeifälle interessiert habe, für einen, der sich immerzu in alles einmischen muß, aber das ist nicht der Fall. Solange ich mich nicht gezwungen sehe, mich um anderer Leute Angelegenheiten zu kümmern, lasse ich sie viel lieber in Ruhe. Aber ich halte es nur für fair, Ihnen zu sagen, *daß* ich mich gezwungen sehe, mich mit meinem Vetter Bredon zu befassen, und daß er ein Mensch ist, den zu kennen sich als – sagen wir peinlich? für jeden erweisen kann, der es vorzieht, ein ruhiges Leben zu führen. Ich glaube, mehr brauche ich nicht zu sagen, oder?»

«Keineswegs», sagte Milligan. «Ich bin Ihnen für die Warnung sehr dankbar, und das gilt gewiß auch für Miss de Momerie.»

«Natürlich, ich bin mächtig froh, das alles jetzt zu wissen», erklärte Dian. «Ihr Vetter scheint ein regelrechter Schatz zu sein. Ich liebe gefährliche Männer. Spießer sind so tödlich langweilig, nicht?»

Wimsey verbeugte sich.

«Die Wahl Ihrer Freunde, meine verehrte Dame, steht ausschließlich in Ihrem Belieben.»

«Freut mich zu hören. Ich hatte den Eindruck, daß die Herzogin nicht allzu scharf darauf ist, mich freudig in die Arme zu schließen.»

«Ah, die Herzogin – nein. Ich fürchte, da steht das Belieben ganz und gar auf der anderen Seite, wie? Wobei mir einfällt –»

«Ganz recht», sagte Milligan. «Wir haben Ihre Gastfreundschaft schon zu lange in Anspruch genommen. Wir müssen uns aufrichtig entschuldigen und uns zurückziehen. Übrigens, wir hatten noch ein paar Freunde bei uns –»

«Ich nehme an, daß meine Schwägerin sich inzwischen um sie gekümmert hat», sagte Wimsey grinsend. «Wenn nicht, werde ich es mir angelegen sein lassen, sie ausfindig zu machen und ihnen zu sagen, daß Sie nach – wohin soll ich sagen – gegangen sind?»

Dian nannte ihre Adresse.

«Kommen Sie doch auch auf ein Gläschen mit», schlug sie vor.

«Leider, leider!» sagte Wimsey. «Verpflichtungen – Sie verstehen. Ich kann meine Schwägerin nicht im Stich lassen, so sehr es mich sonst freuen würde.» Er läutete. «Sie werden mich jetzt sicher entschuldigen. Ich muß mich um unsere anderen Gäste kümmern. Porlock, geleiten Sie die Dame und den Herrn hinaus.»

Er kehrte über die Terrasse in den Garten zurück und pfiff, wie immer, wenn er zufrieden war, eine Melodie von Bach:

«Nun gehn wir, wo der Dudelsack, der Dudel-, Dudel-, Dudel-, Dudel-, Dudelsack ...»

«Ob der Köder vielleicht zu aufdringlich war? Wird er nach ihm schnappen? Wir werden ja sehen.»

«Mein lieber Peter», sagte die Herzogin bekümmert, «was warst du schrecklich lange fort! Geh doch bitte und hole für Madame de Framboise-Douillet ein Eis. Und richte deinem Bruder aus, daß ich ihn sprechen möchte.»

Unverhoffte Errungenschaft
eines jungen Reporters

Eines Morgens, in aller Herrgottsfrühe, trat ein junger Reporter des *Morning Star*, für niemanden wichtig außer für sich selbst und seine verwitwete Mutter, aus dem luxuriösen neuen Verlagsgebäude dieser großen Zeitung und stolperte mitten hinein in die Angelegenheiten Chefinspektor Parkers. Der Name dieses Nichts war Hector Puncheon, und er befand sich nur deshalb noch um diese Zeit in Fleet Street, weil nachts in einem großen Kaufhaus in der City ein Feuer ausgebrochen war, bei dem enormer Sachschaden entstanden und drei Nachtwächter und eine Katze auf spektakuläre Weise von den Dächern der umliegenden Gebäude gerettet worden waren. Hector Puncheon, an den Ort des Geschehens gerufen aus dem einleuchtenden Grund, daß er im Bezirk West Central wohnte und in relativ kurzer Zeit an die Brandstelle transportiert werden konnte, hatte eine Kurzmeldung über die Katastrophe für die frühen Landausgaben, einen längeren und aufregenderen Bericht für die frühe Stadtausgabe und dann eine noch längere, mehr ins einzelne gehende Reportage mitsamt Aussagen der Nachtwächter und einiger Augenzeugen sowie einem persönlichen Interview mit der Katze für die Frühausgaben des *Evening Comet* geschrieben, das Schwesterblatt des *Morning Star*, dessen Redaktion im selben Gebäude untergebracht war.

Nach all dieser Schufterei war er hellwach und hungrig. Er suchte ein durchgehend geöffnetes Restaurant in Fleet Street auf, das den unzeitigen Bedürfnissen der Herren von der Presse gerecht zu werden gewöhnt war, und setzte sich um drei Uhr, nachdem er sich zuvor mit einem noch druckfeucht aus der Presse gerissenen *Morning Star* bewaffnet hatte, zu einem Frühstück aus gegrillten Würstchen, Kaffee und Brötchen nieder.

Er aß mit stillem Behagen, hochzufrieden mit sich und seinem glücklichen Los und zutiefst überzeugt, daß auch der berühmteste und erfahrenste Reporterkollege keine spritzigere, lebendigere und menschlich ansprechendere Reportage hätte schreiben können als die seine. Besonders rührend war sein Interview mit der Katze. Das Tier war offenbar ein gefeierter Rattenfänger, auf dessen Konto manch berühmte Heldentat ging. Und nicht nur das, sie hatte auch als erste den Brandgeruch bemerkt und durch ihr ängstliches und intelligentes Miauen die Aufmerksamkeit des Nachtwächters Nummer eins erregt, der beim Beginn der Ereignisse gerade dabei gewesen war, sich ein Täßchen Tee zu brühen. Drittens stand diese Katze, ein häßliches schwarzweißes Vieh mit geflecktem Gesicht, vor ihrer zehnten Niederkunft, und Hector Puncheon hatte die geniale Idee gehabt, dem *Morning Star* das Vorkaufsrecht für den gesamten Wurf zu sichern, auf daß ein rundes halbes Dutzend glücklicher Leser mittels eines Briefchens an ihre Lieblingszeitung, dem eine kleine Spende für die Tierklinik beigefügt war, stolze Besitzer eines Kätzchens mit vorgeburtlichem Ruhm und einem glänzenden Rattenfängerstammbaum werden konnten. Hector Puncheon fand, daß er seine Sache gut gemacht hatte. Er hatte flink und mutig gehandelt und dem Nachtwächter auf eigene Verantwortung sofort 10 Shilling geboten, als ihm die große Idee gekommen war, und der Nachtredakteur hatte den Coup genehmigt und sogar gemeint, daß damit vielleicht etwas anzufangen sei.

Wohlgefüllt mit Würstchen und Zufriedenheit nahm sich Hector Puncheon seine Zeitung vor, las beifällig die Freitagsglosse und freute sich über die politische Karikatur. Nach einer Weile faltete er das Blatt wieder zusammen, steckte es in die Tasche, gab dem Kellner ein großzügiges Trinkgeld von 6 Pence und trat wieder auf Fleet Street hinaus.

Der Morgen war schön, wenngleich ein wenig kühl, und er fand, daß ihm ein kleiner Spaziergang nach der nächtlichen Arbeit guttun würde. Frohgemut spazierte er am Griffin beim Temple Bar, am Gerichtshof und an den Kirchen St. Clement Danes und St. Mary-le-Strand vorbei und wandte sich den Kingsway hinauf. Erst als er an die Ecke zur Great Queen Street kam, hatte er plötzlich das Gefühl, daß in einem sonst recht zufriedenstellenden Universum noch etwas fehlte. Die Great Queen Street führte in den Long Acre, und abseits vom Long Acre lag Covent Garden; schon jetzt rumpelten Liefer- und Lastwagen, beladen mit Obst und Blumen, aus allen Teilen des Landes heran und rollten leer wieder fort. Lastträger luden bereits die dicken Säcke, großen Kisten, runden Körbe, zerbrechlichen Spankörbchen und länglichen Steigen ab, angefüllt mit lebendigen Düften und Farben, und schwitzten und fluchten dabei, als ob die ganze herrliche Fracht aus Fisch oder Roheisen bestände. Und zum Wohle dieser Männer waren gewiß die Kneipen geöffnet, denn Covent Garden pflegte die Londoner Polizeistundenregelung nach den Erfordernissen seiner verrückten Arbeitszeiten auszulegen. Hector Puncheon hatte eine erfolgreiche Nacht hinter sich und den Erfolg mit Würstchen und Kaffee gefeiert; aber es gab doch wohl, zum Kuckuck noch mal, zum Feiern bessere Methoden!

Wie Hector Puncheon so beschwingt in seiner praktischen grauen Flanellhose, einer Tweedjacke und einem alten Burberry darüber durch die Straßen schlenderte, wurde ihm plötzlich bewußt, daß ihm die ganze Welt gehörte, inklusive alles Bier am Covent Garden. Er bog in die Great Queen Street ein, brachte den halben Long Acre hinter sich, tauchte am Eingang zur U-Bahn-Station unter der Nase eines Karrengauls hindurch und wandte seine Schritte zum Markt, fröhlich um Kisten, Karren, Körbe und Strohballen herumkurvend, die den ganzen Gehweg füllten. Dann trat er, ein lustiges Liedchen summend, durch die Schwingtür in den *Weißen Schwan*.

Obwohl es erst Viertel nach vier war, herrschte hier schon Hochbetrieb. Hector Puncheon zwängte sich zwischen zwei riesenhaften Fuhrmännern an die Bar und wartete bescheiden, bis der Wirt seine Stammkunden bedient hatte und sich ihm zuwandte. Es wurde gerade lebhaft über die Verdienste eines Hundes namens «Kugelblitz» diskutiert. Hector, stets bereit, alles aufzuschnappen, was eine Zeitungsmeldung hergab oder zu einer gemacht werden konnte, zog seinen *Morning Star* aus der Tasche und stellte sich lesend, während er die Ohren spitzte.

«Und ich sag», erklärte Fuhrmann Nummer eins, «– noch mal dasselbe, Joe – und ich sag, wenn ein Hund, der so hochgezüchtet ist wie der, nach der halben Bahn plötzlich stehenbleibt wie abgeschossen, sag ich, dann würd ich gern mal wissen, was dahintersteckt.»

«Tja», sagte Fuhrmann Nummer zwei.

«Wohlgemerkt», sprach Fuhrmann Nummer eins weiter, «ich sag nicht, daß man sich auf Tiere immer verlassen kann. Die haben auch mal ihren schlechten Tag, genau wie du und ich, aber ich sag –»

«Das stimmt», mischte sich ein kleinerer Mann ein, der auf der anderen Seite neben Fuhrmann zwei stand, «das kann man wohl sagen. Und was die manchmal für Mucken haben! Ich hab mal 'nen Hund gehabt, der konnte keine Ziegen sehen. Oder vielleicht nicht riechen. Weiß ich nicht. Aber immer, wenn er 'ne Ziege sah, fing er zu zittern an. Konnte den ganzen Tag nicht mehr rennen. Ich weiß noch, einmal, da fuhr ich gerade mit ihm zum White City-Rennen, und da führte einer zwei Ziegen am Seil auf der Straße lang –»

«Was will einer mit zwei Ziegen?» fragte Fuhrmann zwei argwöhnisch.

«Woher soll ich wissen, was er damit wollte?» versetzte der kleine Mann entrüstet. «Waren doch nicht meine Ziegen, oder? Na ja, jedenfalls, der Hund –»

«Das ist was anderes», sagte der Fuhrmann eins. «Nerven sind Nerven, und so was wie 'ne Ziege kann jedem passieren, aber was ich sage –»

«Was wünschen Sie, Sir?» erkundigte sich der Wirt.

«Ach, ich werde mal ein Guinness trinken», sagte Hector. «Guinness tut gut – besonders am frischen Morgen. Vielleicht», fügte er hinzu, weil er mit sich und der Welt so zufrieden war, «möchten die Herrschaften mir Gesellschaft leisten.»

Die beiden Fuhrmänner und der kleine Mann drückten ihre Dankbarkeit aus und bestellten Bier.

«Ist schon eine komische Sache, das mit den Nerven», sagte der kleine Mann. «Und da gerade von Guinness die Rede ist, eine alte Tante von mir, die hatte mal 'nen Papagei. Das war vielleicht ein Vogel! Bei einem Seemann hatte er reden gelernt. Zum Glück hat die Alte die Hälfte von dem nicht gehört, was er gesagt hat, und die andere Hälfte hat sie nicht verstanden. Also, und der Vogel –»

«Sie scheinen reiche Erfahrung mit dem lieben Vieh zu haben», bemerkte Hector Puncheon.

«O ja, die hab ich», antwortete der Kleine. «Und der Vogel, das wollte ich sagen, der kriegte so nervöse Anfälle, da konnte man nur staunen. Hockte sich auf seine Stange und bibberte, daß man dachte, gleich fällt er auseinander. Und was war der Grund, na, was meinen Sie?»

«Keinen Schimmer», meinte Fuhrmann zwei. «Ihr Wohl, Sir.»

«Mäuse», sagte der kleine Mann triumphierend. «Der konnte keine Mäuse sehen. Und was meinen Sie, was wir ihm geben mußten, damit er wieder zu sich kam, he?»

«Cognac», riet Fuhrmann eins. «Geht nichts über Cognac für 'nen Papagei. Wir hatten zu Hause einen – so einen grünen. Den hatte der Bruder meiner Frau mitgebracht –»

«Die lernen nicht so gut sprechen wie die grauen», sagte Fuhrmann zwei. «In der *Rosenkrone* unten am Seven Dials, da hatten sie 'nen Papagei –»

«Cognac?» höhnte der kleine Mann. «Der nicht. Cognac hätte der nicht mal angeguckt.»

«So, hätte er nicht?» meinte Fuhrmann eins. «Also, unserm alten Vogel brauchte man nur Cognac zu zeigen, schon war er raus aus seinem Käfig wie ein Christenmensch. Nicht zuviel, das ist klar, aber so 'n bißchen in einem Teelöffel –»

«Na, jedenfalls war's kein Cognac», blieb der Kleine bei der Sache. «Der von meiner Tante war ein Antialkoholiker, jawohl. Also, und jetzt dürfen Sie dreimal raten, und wenn Sie richtig raten, geb ich 'ne Runde aus, ist das 'n Angebot?»

«Aspirin», schlug der Wirt vor, dem sehr daran gelegen war, daß jemand die Runde zahlte.

Der Kleine schüttelte den Kopf.

«Ingwerbier», sagte Fuhrmann zwei. «Vögel sind manchmal richtig scharf auf Ingwer. Regt ihre Därme an. Aber manche sagen auch, es ist zu scharf, und da kriegen sie Fieber davon.»

«Nutrax für die Nerven», warf Hector Puncheon ein bißchen aufs Geratewohl in die Debatte, nachdem sein Blick auf den Doppelspalter von heute morgen gefallen war, dessen Überschrift lautete: WARUM DER FRAU DIE SCHULD GEBEN?

«Von wegen Nutrax», schnaubte der kleine Mann, «und auch sonst nichts von diesem patentierten Gesöff. Nein. Starker Kaffee mit Cayennepfeffer drin – das mochte er, dieser Vogel. Da war er schwuppdiwupp wieder fidel. Also, ich sehe, daß die Runde diesmal nicht auf mich –»

Er machte ein trauriges Gesicht, und Hector bestellte brav noch einmal dasselbe für alle. Fuhrmann zwei kippte sein Bier in einem Zug hinunter, sagte der Gesellschaft ein pauschales Lebewohl und boxte sich zur Tür durch, und der kleine Mann schob sich näher an Hector Puncheon heran, um Platz zu machen für einen rotgesichtigen Herrn im Smoking, der gerade zur Tür hereingeschossen war und sich leicht schwankend an die Bar stellte.

«Scotch mit Soda», sagte der Herr ohne Einleitung, «'n doppelten Scotch, und nisch zuviel von dem blöden Soda.»

Der Wirt musterte ihn eingehend.

«Is schon in Ordnung», sagte der Neuankömmling. «Ich weiß, was Sie denken, altesch Hausch, aber ich bin nisch betrunken. Nisch so 'n bißchen. Bißchen mit den Nerven runter, das is alles.» Er verstummte, wohl in der Erkenntnis, daß ihm die Aussprache ein wenig außer Kontrolle geriet. «Hab bei 'nem kranken Freund Wache gehalten», erklärte er langsam und deutlich. «Geht einem ganz schön an die Nieren, so die ganze Nacht rumzusitschen. Sehr schlecht für die Konschi – Konschischuschion – 'tschuldigung – kleine Panne mit meim Gebisch, musch mal nachgucken laschen.»

Er stützte sich mit einem Ellbogen auf die Theke, stieß mit dem Fuß auf der Suche nach der Messingstange ins Leere, schob sich den Seidenhut auf den Hinterkopf und strahlte glücklich in die Runde.

Der Wirt des *Weißen Schwans* musterte ihn noch einmal mit geübtem Blick, schätzte, daß der Gast wohl noch einen Whisky-Soda vertragen konnte, ohne gleich umzukippen, und führte die Bestellung aus.

«Heischen Dank, altesch Hausch», sagte der Fremde. «Also, proschtallemitnander. Wasch trinken die Herrn?»

Hector Puncheon entschuldigte sich höflich und erklärte, er habe genug getrunken und müsse langsam nach Hause.

«Nein, nein», sagte der andere beleidigt. «Dasch gibt es nischt. Noch nisch Zeit zum Nachhausegehen. Isch noch früh am Ahmd.» Er schlang Hector zärtlich den Arm um den Hals. «Du gefällscht mir. Du bischt 'n Kerl, wie ich ihn mag. Muscht mich mal zu Hause besuchen kommen. Lauter Roschen um die Veranda und scho weiter. Hier isch meine Vischitenkarte.» Er kramte in den Taschen und holte eine Brieftasche hervor, die er auf der Theke aufklappte. Eine Anzahl kleiner Zettelchen flatterte nach allen Seiten davon.

«Verdammich», sagte der Herr im Smoking, «will sagen, verdammt.» Hector bückte sich, um die heruntergefallenen Sachen aufzuheben, aber der kleine Mann war ihm zuvorgekommen.

«Danke, danke», sagte der Herr. «Wo isch die Karte? Nein, das isch nisch die Karte, das isch die Einkaufslischte von meiner Frau – ham Sie 'ne Frau?»

«Noch nicht», gestand Hector.

«Glückschpiltsch», stellte der Fremde mit Entschiedenheit fest. «Keine Frau, keine blöde Einkaufschlischte.» Seine unstete Aufmerksamkeit blieb von der Einkaufsliste gefangen, die er mit einer Hand hochhielt und mit zusammengekniffenen Augen vergebens zu entziffern versuchte. «Musch immerschu Päckschen mit nach Hause bringen wie 'n Laufjunge. Wo hab isch jetschst mein Päckschen?»

«Sie hatten kein Päckchen, wie Sie reinkamen, Chef», sagte Fuhrmann eins. Die Frage der Getränke schien auf die lange Bank geschoben, und der ehrbare Mann fand es zweifellos an der Zeit, den Herrn daran zu erinnern, daß noch andere in der Schenke waren, nicht nur der abstinente Mr. Puncheon. «Trokkene Arbeit», sagte er, «immerzu Pakete rumfahren zu müssen.»

«Trocken, jawohl», bestätigte der verheiratete Herr. «Für mich 'n Scotch-Soda. Wasch hascht du noch gesagt, wasch du trinken willscht, Kumpel?» Von neuem umarmte er Hector Puncheon, der sich sanft befreite.

«Ich möchte wirklich nicht –» begann er, doch als er sah, daß die wiederholte Weigerung übelgenommen werden könnte, gab er nach und bestellte ein kleines Bitter.

«Aber von wegen Papageien», sagte eine dünne Stimme hinter ihnen. Hector fuhr zusammen, und als er sich umschaute, sah er einen vertrockneten alten Mann an einem Tischchen in einer Ecke der Schenke sitzen und einen Gin-Tonic schlürfen. Er muß schon die ganze Zeit da sitzen, dachte Hector.

Der Herr im Smoking warf sich so heftig nach ihm herum, daß er das Gleichgewicht verlor und sich an dem kleinen Mann festhalten mußte, um nicht hinzufallen.

«Ich habe nie von Papageien gesprochen», sagte er mit plötzlich sehr deutlicher Aussprache. «Es würde mir nicht im Traum einfallen, von Papageien zu sprechen.»

«Ich hab mal 'nen Pfarrer gekannt, der 'nen Papagei hatte», fuhr der Alte fort. «Joey hieß er.»

«Wer, der Pfarrer?» fragte der Kleine.

«Nein, der Papagei», sagte der Alte nachsichtig, «und der Papagei war noch nie weggewesen von der Pfarrersfamilie. Hat immer mitgebetet, hat er, und ‹Amen› gesagt wie ein richtiger Christenmensch. Ja, und eines Tages sieht der Pfarrer –»

Ein Andrang von Gästen, die vom Markt kamen, lenkte die Aufmerksamkeit des Wirtes ab und ertränkte die nächsten ein, zwei Sätze der Geschichte. Der Fuhrmann begrüßte ein paar Bekannte und schloß sich ihnen zu einer neuen Runde Bier an. Hector schüttelte den beschwipsten Herrn ab, der ihn soeben einzuladen schien, mit ihm zu einer gemütlichen kleinen Angelpartie nach Schottland zu fahren, und wollte gehen, sah sich aber von dem alten Mann dabei ertappt und zurückgehalten.

«– und da sieht der alte Pfarrer den Bischof vor dem Käfig sitzen, mit 'nem Stückchen Zucker in der Hand, und hört ihn sagen: ‹Los, Joey, sag's schon! Sch ... sch ... sch ...!› Und wohl-

gemerkt», sagte der Alte, «das war 'n anglikanischer Bischof! Und was meinen Sie, was der Bischof dann gemacht hat, he?»
«Ich habe keine Ahnung», sagte Hector.
«Den Pfarrer hat er zum Kanonikus gemacht», endete der Alte triumphierend.
«Im Leben nicht!» rief Hector.
«Aber das ist noch gar nichts», fuhr der Alte fort. «Da hab ich doch mal einen Papagei unten in Somerset gekannt –»
Hector glaubte die Geschichte von dem Papagei unten in Somerset nicht auch noch ertragen zu können. Er zog sich höflich zurück und floh.
Als nächstes ging er nach Hause und nahm ein Bad, wonach er sich ins Bett kuschelte und bis zur gewohnten Frühstückszeit um neun Uhr selig schlief.
Er frühstückte im Morgenrock, und erst als er seine Siebensachen aus dem grauen Flanell in den marineblauen Straßenanzug umräumte, stieß er auf das kleine Päckchen. Es war in weißes Papier gewickelt und mit Siegellack verschlossen und trug die unschuldige Aufschrift: «Natriumbikarbonat.» Überrascht starrte er es an.
Hector Puncheon war ein junger Mann mit einer robusten, gesunden Verdauung. Er hatte natürlich schon von Natron und seiner wohltätigen Wirkung gehört, aber nur so, wie ein reicher Mann schon einmal etwas von Mietkauf gehört hat. Im ersten Augenblick nahm er an, er habe das Päckchen wohl versehentlich im Badezimmer in die Hand genommen und unachtsam in die Tasche gesteckt. Dann fiel ihm ein, daß er seine Jacke heute morgen nicht mit ins Badezimmer genommen hatte, und seine Taschen hatte er auch schon am Abend zuvor ausgeleert. Er erinnerte sich genau, daß er, als ihn der Ruf an die Brandstelle erreichte, nur noch eilig die paar Dinge, die er für gewöhnlich bei sich trug, in die Tasche gestopft hatte – Taschentuch, Schlüssel, Kleingeld, Bleistift und dies und das, was alles auf dem Nachttisch lag. Es war vollkommen unvorstellbar, daß sich auf seinem Nachttisch ein Päckchen Natron befunden haben könnte.
Hector Puncheon wunderte sich. Ein Blick auf die Uhr erinnerte ihn jedoch daran, daß er im Moment keine Zeit zum Wundern hatte. Er mußte um halb elf in der Kirche St. Margaret in Westminster sein, um der Hochzeit einer eleganten Schönen beizuwohnen, die dort um diese unelegante Stunde unter strengster Geheimhaltung heiraten sollte. Dann mußte er schleunigst zu einer politischen Versammlung in der Kingsway Hall

eilen und von dort gleich um die Ecke zu einem Mahl, das zu Ehren eines berühmten Fliegers in den *Connaught Rooms* gegeben wurde. Falls die Ansprachen bis drei Uhr vorbei waren, mußte er Hals über Kopf zum Zug nach Esher rasen, wo eine Königliche Hoheit eine neue Schule eröffnete und mit einer Teeparty für die Kinder einweihte. Wenn er bis dahin noch lebte und es schaffte, im Zug seinen Bericht zu schreiben, konnte er diesen in der Redaktion abgeben, und dann erst hatte er Zeit zum Nachdenken.

Dieses anstrengende Programm ging mit nicht mehr als der üblichen Anzahl nervenaufreibender Pannen über die Bühne, und erst als er die letzte Zeile seiner Berichte dem Redaktionsassistenten übergeben hatte und erschöpft, aber im Bewußtsein ordentlich erfüllter Pflicht, im *Hahn* bei einem Beefsteak saß, dachte er wieder an dieses geheimnisvolle Päckchen Natron. Und je mehr er jetzt darüber nachdachte, desto eigenartiger kam ihm das Ganze vor.

Im Geiste vergegenwärtigte er sich noch einmal alles, was er in der vergangenen Nacht getan hatte. Bei dem Brand, daran erinnerte er sich ganz deutlich, hatte er seinen Regenmantel übergezogen und zugeknöpft, um seinen hellgrauen Flanellanzug vor der Flugasche und dem Wasser aus den Feuerwehrschläuchen zu schützen. Dort konnte ihm das geheimnisvolle Päckchen kaum in die Jackentasche gesteckt worden sein. Danach hatte er verschiedene Leute interviewt – darunter die Katze –, hatte seinen Bericht in der Redaktion des *Morning Star* geschrieben und dann in diesem Restaurant in Fleet Street gefrühstückt. Die Vorstellung, daß er bei einer dieser Gelegenheiten vier Unzen Natron gefunden und versehentlich eingesteckt haben könnte, erschien ihm allzu phantastisch. Es sei denn, einer seiner Reporterkollegen habe ihm einen Schabernack spielen wollen und ihm das Päckchen untergeschoben. Aber wer? Und warum?

Er dachte des weiteren an den Heimweg und an die Unterhaltung im *Weißen Schwan*. Dieser alberne Herr im Smoking gehörte nach seiner Einschätzung vielleicht zu der Sorte Menschen, die gelegentlich ein mildes Mittelchen gegen Sodbrennen und Blähungen gebrauchen konnten. Vielleicht hatte er bei einem seiner Zärtlichkeitsanfälle das Päckchen in Hectors Tasche gesteckt, die er mit der seinen verwechselte. Die beiden Fuhrmänner, dessen war Mr. Puncheon ganz sicher, trugen gewiß keine Medikamente und Drogen mit sich herum ...

Drogen. Während das Wort in seinen Gedanken sich formte – denn Hector Puncheon dachte stets artikuliert und führte oft sogar ganz vernünftige, laute Gespräche mit seiner Seele –, schoß ihm plötzlich eine ungeheuerliche Frage durch den Kopf. Von wegen Natriumbikarbonat! Er war bereit, seinen Ruf als Journalist dafür aufs Spiel zu setzen, daß dies *kein* Natron war. Seine Finger suchten das Päckchen, das er wieder in die Tasche zurückgesteckt hatte, in der er es gefunden hatte, und er wollte es gerade öffnen und den Inhalt untersuchen, als ihm eine bessere Idee kam. Er ließ sein Steak halbgegessen stehen, murmelte dem erstaunten Kellner zu, daß er gleich zurück sein werde, und lief ohne Hut in die nächste Apotheke, deren Besitzer, ein Mr. Tweedle, ihn gut kannte.

Mr. Tweedles Apotheke war schon geschlossen, aber drinnen brannte noch Licht, und Hector hämmerte wie wild an die Tür, bis diese von einem Gehilfen geöffnet wurde. Ob Mr. Tweedle noch da sei? Ja, er sei da, wolle aber gerade gehen. Nachdem ihm versichert wurde, daß Mr. Puncheon Mr. Tweedle persönlich sprechen wolle, erklärte der Gehilfe sich bereit, zu sehen, was er tun könne.

Mr. Tweedle kam in Hut und Mantel aus den hinter dem Laden gelegenen Räumen, gerade als Hector die ersten Bedenken kamen, ob er nicht doch etwas voreilig gehandelt hatte und einer Schimäre nachjagte. Aber jetzt hatte er damit angefangen und mußte es auch zu Ende führen.

«Hören Sie, Tweedle», sagte er, «es tut mir leid, wenn ich Sie störe, und wahrscheinlich ist ja auch gar nichts damit, aber ich hätte gern, daß Sie sich das einmal ansehen. Ich bin nämlich auf so merkwürdige Weise darangekommen.»

Der Apotheker nahm das Päckchen und wog es kurz in der Hand.

«Was soll damit sein?»

«Ich weiß eben nicht, ob überhaupt etwas damit ist. Das möchte ich von Ihnen wissen.»

«Doppelkohlensaures Natrium», sagte Mr. Tweedle nach einem Blick auf das Etikett und die versiegelte Verpackung. «Kein Apothekername – nur das normale vorgedruckte Etikett. Sie scheinen es noch nicht geöffnet zu haben.»

«Nein, und ich möchte, daß Sie das nötigenfalls bezeugen. Es sieht doch so aus, als wenn es frisch aus der Apotheke käme, nicht?»

«Ja, gewiß, so sieht es aus», erwiderte Mr. Tweedle, nicht wenig überrascht. «Das Etikett scheint original zu sein, und die Verpackung wurde offenbar nur einmal versiegelt, falls Sie das wissen wollen.»

«Eben. Ich könnte es also nicht selbst so verschlossen haben, oder? Ich meine, es sieht fachmännisch aus.»

«Durchaus.»

«Also gut, wenn Sie davon überzeugt sind, dann öffnen Sie es jetzt bitte.»

Mr. Tweedle schob behutsam eine Messerklinge unter die eine Klappe, erbrach das Siegel und öffnete des Päckchen. Es war, wie zu erwarten, mit einem feinen weißen Pulver gefüllt.

«Was weiter?» fragte Mr. Tweedle.

«Nun, ist das Natron oder nicht?»

Mr. Tweedle schüttelte sich ein wenig von dem Pulver auf die Hand, betrachtete es eingehend, roch daran, feuchtete einen Finger an, nahm damit ein paar Körnchen auf und beförderte sie auf seine Zunge. Plötzlich veränderte sich sein Gesichtsausdruck. Er riß sein Taschentuch heraus, wischte sich den Mund ab, schüttete das Pulver vorsichtig von der Hand wieder in das Päckchen zurück und fragte:

«Wie sind Sie darangekommen?»

«Das sage ich Ihnen gleich», antwortete Hector. «Was ist es denn?»

«Kokain», sagte Mr. Tweedle.

«Sind Sie sicher?»

«Vollkommen.»

«Mein Gott!» jubelte Hector. «Ich habe was entdeckt! Was für ein Tag! Haben Sie einen Augenblick Zeit, Tweedle? Ich möchte, daß Sie mit in die Redaktion kommen und das Mr. Hawkins erzählen.»

«Wo, was?» fragte Mr. Tweedle.

Hector Puncheon verlor keine Worte, sondern packte ihn am Arm. Und so platzte zu Mr. Hawkins, dem Nachrichtenredakteur des *Morning Star*, ein aufgeregter Mitarbeiter seiner Abteilung herein, im Schlepptau einen atemlosen Zeugen, in der Hand ein Päckchen Kokain.

Mr. Hawkins war Journalist mit Leib und Seele und hatte für Sensationen durchaus etwas übrig. Allerdings hatte er in solchen Dingen, wo die Polizei benachrichtigt gehörte, auch so etwas wie ein Gewissen. Zum einen tut es nämlich einer Zeitung nicht gut, mit der Polizei auf schlechtem Fuß zu stehen, und zum andern hatte es erst kürzlich Ärger in einem anderen Fall gegeben, in dem Informationen zurückgehalten worden waren. Nachdem er also Hector Puncheons Geschichte vernommen und ihn gehörig gescholten hatte, weil er sich mit der Untersuchung des geheimnisvollen Päckchens so viel Zeit gelassen hatte, rief er bei Scotland Yard an.

Chefinspektor Parker, den Arm in einer Schlinge und mit den Nerven ziemlich am Ende, erhielt die Nachricht zu Hause, gerade als er glaubte, seine Tagesarbeit glücklich getan zu haben. Er knurrte fürchterlich; aber es hatte in letzter Zeit beim Yard einiges Theater im Zusammenhang mit Rauschgifthandel gegeben, und dabei waren Worte gefallen, die ihn wurmten. Gereizt bestellte er ein Taxi und begab sich zum Verlagsgebäude des *Morning Star*, begleitet von einem verdrießlichen Sergeant namens Lumley, der ihn nicht leiden konnte und den er nicht leiden konnte, der aber zufällig der einzige erreichbare Sergeant war.

In der Zwischenzeit war Hector Puncheons Erregung weitgehend verraucht. Nach der kurzen Nacht und dem schweren Tag wurde er langsam schläfrig und ein wenig begriffsstutzig. Er konnte sein Gähnen nicht mehr unterdrücken, und der Chefinspektor schnauzte ihn an. Auf Fragen konnte er jedoch noch einigermaßen ausführlich über sein Tun und Lassen während der Nacht und des frühen Morgens berichten.

«Sie können also», sagte Parker, nachdem er zu Ende erzählt hatte, «nicht mit Sicherheit angeben, wann Sie in den Besitz des Päckchens gekommen sind?»

«Nein, kann ich nicht», antwortete Hector böse. Er kam nicht gegen das Gefühl an, daß es doch sehr klug von ihm gewesen war, überhaupt in den Besitz des Päckchens gekommen zu sein, und daß ihm alle Welt dafür irgendwie dankbar sein müsse. Statt dessen schienen diese Leute aber zu glauben, daß er für irgend etwas Vorwürfe verdiente.

«Sie sagen, Sie haben es in der rechten Jackentasche gefunden. Haben Sie niemals vorher aus irgendeinem Grund die Hand in diese Tasche gesteckt?»

«Muß ich wohl», sagte Hector. Er gähnte. «Aber ich kann mich nicht genau erinnern.» Er gähnte wieder; er war machtlos dagegen.

«Was haben Sie für gewöhnlich in dieser Tasche?»

«Dies und das», sagte Hector. Er faßte in die Tasche und holte ein buntes Sammelsurium daraus hervor – einen Bleistift, ein Döschen Streichhölzer, eine Nagelschere, ein Stück Bindfaden, einen Flaschenöffner für Kronkorken, einen Korkenzieher, ein sehr schmutziges Taschentuch und ein paar Krümel.

«Wenn Sie sich erinnern könnten, ob Sie irgend etwas davon im Laufe der Nacht benutzt haben –» soufflierte Parker.

«Ich muß das Taschentuch benutzt haben», sagte Hector, indem er es in ziemlicher Verlegenheit ansah. «Eigentlich hatte ich mir heute morgen ein frisches nehmen wollen. Hab ich sogar. Wo ist es denn? Ah, ja, in meiner Hosentasche. Hier. Aber natürlich», fügte er hilfsbereit hinzu, «ist das nicht der Anzug, den ich gestern nacht anhatte. Da hatte ich meine alte Tweedjacke an. Ich muß das alte Taschentuch zusammen mit den anderen Sachen in diese Tasche umgeräumt haben, statt es in den Wäschekorb zu tun. Ich weiß, daß es dasselbe ist, das ich bei der Brandstelle bei mir hatte. Sehen Sie sich nur mal den Ruß an.»

«Sehr richtig», sagte Parker, «aber können Sie sich erinnern, wann Sie das Taschentuch letzte Nacht benutzt haben? Wenn Sie irgendwann in die Tasche gefaßt haben, kann Ihnen dieses Päckchen doch kaum entgangen sein, falls es schon da war.»

«O doch», erwiderte Hector strahlend. «So was würde ich nicht merken. Ich habe immer so viel Zeug in meinen Taschen. Da kann ich Ihnen leider nicht helfen, fürchte ich.»

Wieder packte ihn ein fürchterlicher Gähnanfall. Er unterdrückte ihn mannhaft, aber das Gähnen erzwang sich schmerzhaften Ausgang durch die Nase und zerriß ihm unterwegs fast die Trommelfelle. Parker musterte böse sein verzerrtes Gesicht.

«Versuchen Sie mit Ihren Gedanken bei dem zu bleiben, was ich Sie frage, Mr. Firkin», sagte er. «Wenn Sie wenigstens –»

«Puncheon», verbesserte Hector ihn beleidigt.

«Puncheon», sagte Parker. «Verzeihung, Mr. Puncheon, haben Sie zu irgendeinem Zeitpunkt –?»

«Ich weiß es nicht», unterbrach Hector ihn. «Ich weiß es ehrlich nicht. Es hat gar keinen Zweck, daß Sie fragen. Ich kann es Ihnen nicht sagen. Ich würd's ja sagen, wenn ich könnte, aber ich kann einfach nicht.»

Mr. Hawkins, der von einem zum andern sah, entdeckte plötzlich in sich einen Hauch von Menschenkenntnis.

«Ich glaube», sagte er, «ein Schluck zu trinken wäre jetzt angebracht.»

Er holte eine Flasche Johnnie Walker und ein paar Gläser aus einem Schrank und stellte sie mitsamt einem Siphon auf den Schreibtisch. Parker dankte ihm und schämte sich plötzlich seiner Gereiztheit. Er entschuldigte sich.

«Es tut mir leid», sagte er, «ich fürchte, ich war ein bißchen barsch. Ich habe mir vor kurzem das Schlüsselbein gebrochen, und das tut noch weh und macht mich abscheulich zänkisch. Gehen wir die Geschichte einmal von einer anderen Seite an. Mr. Puncheon, was glauben Sie, warum Sie jemand dazu ausersehen haben könnte, diese beträchtliche Menge Rauschgift in Verwahrung zu nehmen?»

«Ich denke, man hat mich mit jemandem verwechselt.»

«Das würde ich auch meinen. Und Sie glauben, daß dies eher in der Kneipe passiert sein könnte als woanders?»

«Ja; höchstens noch in dem Gedränge bei der Brandstelle. Denn überall sonst – ich meine, hier in der Redaktion und bei den Interviews mit den Leuten, da kannte mich ja jeder oder wußte zumindest, weshalb ich da war.»

«Das klingt plausibel», stimmte Parker zu. «Wie steht es mit diesem Restaurant, wo Sie Ihre Würstchen gegessen haben?»

«Das käme natürlich auch noch in Frage, aber ich kann mich nicht erinnern, daß mir da jemand nahe genug gekommen wäre, um mir etwas in die Tasche zu stecken. Und an der Brandstelle kann es eigentlich auch nicht gewesen sein, denn da hatte ich meinen Regenmantel an, bis obenhin zugeknöpft. Aber in der Kneipe, da hatte ich den Regenmantel offen, und da haben sich mindestens vier Leute an mich herangemacht – einer der beiden Fuhrmänner, die vor mir da waren, und ein kleiner Mann, der aussah wie ein Buchmacherspitzel, und der Betrunkene im Smoking und der alte Mann in der Ecke. Ich glaube aber nicht, daß es der Fuhrmann war, denn der sah echt aus.»

«Sind Sie schon einmal im *Weißen Schwan* gewesen?»

«Einmal, glaube ich, aber das war vor Urzeiten. Jedenfalls nicht oft. Und ich glaube, seitdem hat auch der Wirt gewechselt.»

«Also, dann», sagte Parker, «was haben Sie an sich, Mr. Puncheon, das jemanden verleitet haben könnte, Ihnen blindlings und ohne Bezahlung eine wertvolle Packung Rauschgift zu übergeben?»

«Weiß der Himmel», sagte Hector.

Das Telefon auf dem Schreibtisch summte wütend, und Mr. Hawkins riß den Hörer herunter und stürzte sich in eine lange Unterhaltung mit einem Unbekannten. Die beiden Polizisten zogen sich mit ihrem Zeugen in eine Ecke zurück und setzten das Verhör mit leiser Stimme fort.

«Entweder», sagte Parker, «müssen Sie der Doppelgänger eines gewohnheitsmäßigen Rauschgifthändlers sein, oder Sie müssen jemanden in irgendeiner Weise zu der Annahme verleitet haben, daß Sie derjenige seien, den er erwartet hatte. Worüber haben Sie sich unterhalten?»

Hector Puncheon kramte in seinem Gedächtnis.

«Über Windhunde», sagte er endlich, «und Papageien. Hauptsächlich über Papageien. Ach ja – und über Ziegen.»

«Über Windhunde, Papageien und Ziegen?»

«Wir haben Anekdoten über Papageien ausgetauscht», sagte Hector Puncheon. «Nein, warten Sie, angefangen hatte es mit Hunden. Der kleine Buchmacherspitzel erzählte, er hätte mal einen Hund gehabt, der Ziegen nicht ausstehen konnte, und darüber kamen wir auf Papageien und Mäuse (die Mäuse hatte ich vergessen) und einen Papagei, den sie mit Kaffee und Cayennepfeffer aufgeputscht haben.»

«Aufgeputscht?» fragte Parker rasch. «Ist dieses Wort gefallen?»

«Nein, nicht daß ich wüßte. Der Papagei hatte Angst vor Mäusen, und dann haben sie ihn mit Kaffee und Cayennepfeffer von dem Schrecken geheilt.»

«Wessen Papagei war das?»

«Der von dem Kleinen, oder von seiner Tante, glaube ich. Der Alte kannte auch einen Papagei, aber der gehörte einem Pfarrer, und dem hat der Bischof beibringen wollen, zu fluchen, und dann hat er den Pfarrer befördert. Ob das nun Erpressung war, oder ob er nur den Papagei mochte, weiß ich nicht.»

«Aber was haben Sie selbst zur Unterhaltung beigetragen?»

«Fast nichts. Ich habe zugehört und das Bier bezahlt.»

«Und der Mann im Smoking?»

«Ach, der hat was von der Einkaufsliste seiner Frau und von einem Päckchen gesagt – ja, da war was mit einem Päckchen, das er hätte mitbringen sollen.»

«Hat er das Päckchen vorgezeigt?»

«Nein, er hatte gar keins.»

«Na schön», sagte Parker, nachdem diese unbefriedigende Unterhaltung noch eine Weile weitergelaufen war. «Wir werden uns um die Sache kümmern, Mr. Puncheon. Wir sind Ihnen und – äh – Mr. Hawkins sehr dankbar, daß Sie uns darauf aufmerksam gemacht haben. Das Päckchen stellen wir sicher, und wenn wir noch etwas von Ihnen wissen wollen, melden wir uns.»

Er stand auf. Mr. Hawkins kam von seinem Schreibtisch herübergeschossen.

«Haben Sie alles, was Sie brauchen? Sie wollen sicher nicht, daß die Geschichte in Druck geht, wie?» fügte er bedauernd an.

«Nein. Sie dürfen im Augenblick nichts darüber verlauten lassen», sagte Mr. Parker bestimmt. «Aber wir stehen sehr in Ihrer Schuld, und wenn sich etwas daraus ergibt, bekommen Sie die Geschichte als erster, mit allen Einzelheiten, die wir Ihnen geben können. Ein faireres Angebot kann ich Ihnen nicht machen.»

Er verließ die Redaktion, Sergeant Lumley mürrisch und schweigend auf seinen Fersen.

«Es ist tausendmal schade, Lumley, daß wir diese Information nicht früher bekommen haben. Dann hätten wir für den Rest des Tages jemanden in diese Kneipe setzen können. Jetzt ist es zu spät, um noch was zu tun.»

«Ja, Sir», sagte Sergeant Lumley.

«Ich nehme stark an, daß es in der Kneipe war.»

«Sehr wahrscheinlich, Sir.»

«Es ist eine ziemlich große Menge Rauschgift. Das heißt, daß es für jemanden gedacht war, der das Zeug im großen Stil weiterverteilt. Und es wurde kein Geld dafür verlangt. Daraus schließe ich, daß der erwartete Mann nur ein Beauftragter dieses Verteilers war, der die Bezahlung zweifellos über einen anderen Kanal direkt mit dem Mann an der Spitze abwickelt.»

«Sehr gut möglich, Sir», sagte Sergeant Lumley in ungläubigem Ton.

«Die Frage ist, was können wir tun? Wir könnten natürlich dort eine Razzia machen, aber das würde ich nicht unbedingt für ratsam halten. Wahrscheinlich würden wir ja doch nichts finden, und dann hätten wir die Leute nur gewarnt, ohne etwas erreicht zu haben.»

«Das wäre nichts Ungewöhnliches», brummte der Sergeant unfreundlich.

«Wie wahr! Wir haben nichts gegen den *Weißen Schwan* vorliegen, oder?»

«Nicht daß ich wüßte, Sir.»

«Wir müssen uns da jedenfalls zuerst vergewissern. Der Wirt könnte etwas mit der Geschichte zu tun haben oder auch nicht. Sehr wahrscheinlich nicht, aber da müssen wir ganz sichergehen. Sorgen Sie dafür, daß sich mindestens zwei Mann den *Weißen Schwan* einmal vornehmen. Sie dürfen dort in keiner Weise auffallen. Sie könnten hin und wieder hineingehen und sich über Papageien und Ziegen unterhalten und abwarten, ob ihnen dabei etwas Merkwürdiges widerfährt. Und sie können versuchen, etwas über diese Leute herauszubekommen – den Kleinen, den Alten und den Kerl mit dem gestärkten Hemd. Das dürfte nicht schwer sein. Schicken Sie zwei gescheite, taktvolle Beamte hin, die keine Abstinenzler sind, und wenn sie in ein, zwei Tagen noch nichts herausbekommen haben, schicken Sie zwei andere. Und sehen Sie zu, daß man sie auch für das halten kann, was sie zu sein vorgeben. Nicht daß sie womöglich Uniformschuhe tragen oder etwas ähnlich Dummes.»

«Jawohl, Sir.»

«Und machen Sie um Gottes willen mal ein freundlicheres Gesicht, Lumley», sagte der Chefinspektor. «Ich sehe es gern, wenn jemand seine Pflicht freudig tut.»

«Ich tue mein Bestes», erwiderte Sergeant Lumley gekränkt.

Chefinspektor Parker ging entschlossen nach Hause und legte sich schlafen.

Peinliche Verstrickung
eines Gruppenleiters

«Entschuldigung, Miss», sagte Mr. Tompkin, der Pförtner, zu Miss Rossiter, «aber haben Sie zufällig Mr. Wedderburn irgendwo gesehen? Er ist nicht in seinem Zimmer.»

«Ich glaube, ich habe ihn bei Mr. Ingleby gesehen.»

«Vielen, vielen Dank, Miss.»

Tompkins sonst heiteres Gesicht wirkte sorgenvoll; dies noch mehr, als er Mr. Inglebys Zimmer aufsuchte und dort niemanden antraf als Mr. Ingleby selbst und Mr. Bredon.

Er wiederholte seine Frage.

«Er ist wegen eines Inserats für irgendeine Illustrierte zum Breams-Haus gegangen», sagte Ingleby.

«Oh!» Mr. Tompkin machte ein so bekümmertes Gesicht, daß Ingleby fragte: «Warum? Was gibt's?»

«Tja, Sir, also, aber ganz unter uns, es ist etwas ziemlich Peinliches passiert, und ich weiß nicht genau, wie ich mich verhalten soll.»

«In allen Benimmfragen», sagte Bredon, «wenden Sie sich vertrauensvoll an Onkel Garstig. Wollen Sie wissen, wie viele Knöpfe eine Frackweste haben muß? Wie man in der Öffentlichkeit eine Orange ißt? Wie man seine erste Ex-Frau seiner dritten Zukünftigen vorstellt? Onkel Garstig hilft Ihnen in jeder Lage.»

«Nun, Sir, wenn Sie die Angelegenheit bitte vertraulich behandeln würden, Sie und Mr. Ingleby –»

«Nur Mut, Tompkin. Wir werden verschwiegen sein wie ein Stummfilm. Jede Summe zwischen 5 und 5 000 Pfund erhalten Sie sofort. Postkarte genügt. Keine peinlichen Erkundigungen. Keine Sicherheiten erforderlich – oder angeboten. Was haben Sie für Kummer?»

«Es ist nicht mein Kummer, Sir. Um es direkt zu sagen, Sir, da ist eine junge Frau gekommen und fragt nach Mr. Tallboy, aber er ist in einer Konferenz mit Mr. Armstrong und Mr. Toule, und da möchte ich nicht gern so eine Nachricht reingeben.»

«Tja», meinte Mr. Ingleby, «dann sagen Sie ihr, sie soll warten.»

«Das ist es ja, Sir, das hab ich gesagt, und darauf hat sie mir vorgeworfen, ich sag es nur, um sie hinzuhalten, damit Mr. Tallboy inzwischen verschwinden kann, und sie hat sich furchtbar aufgeregt und gesagt, sie will Mr. Pym sprechen. Nun weiß ich natürlich nicht, Sir, um was es geht –» hier machte Mr. Tompkin ein betont unwissendes und unschuldiges Gesicht – «aber ich glaube nicht, daß Mr. Tallboy davon besonders erbaut wäre, und Mr. Pym auch nicht. Und da hab ich gedacht, da Mr. Wedderburn doch sozusagen derjenige ist, der am meisten mit Mr. Tallboy zu tun hat –»

«Verstehe», sagte Ingleby. «Wo ist die junge Frau?»

«Nun ja, ich habe sie vorerst mal ins Kleine Konferenzzimmer gesetzt», erklärte Mr. Tompkin mit merkwürdiger Betonung auf «gesetzt», «aber wenn sie da wieder rauskommt (woran ich sie ja nicht hindern kann) und zu Mr. Pym geht, oder schon zu Miss Fearney – Sehen Sie, Sir, wenn jemand wie Miss Fearney in einer amtlichen Stellung ist, muß sie ja sozusagen bestimmte Dinge zur Kenntnis nehmen, ob sie will oder nicht. Es ist nicht so, als wenn Sie oder ich es wären, Sir.» Tompkin sah von Ingleby zu Bredon, um das «Sir» gerecht zwischen ihnen zu teilen.

Bredon, der auf seinem Notizblock Männchen malte, sah auf.

«Was ist sie für eine?» fragte er. «Ich meine –» als Tompkin zögerte – «haben Sie den Eindruck, daß sie echte Sorgen hat, oder will sie nur Krawall machen?»

«Nun, Sir», meinte Tompkin, «wenn Sie mich so fragen, würde ich sagen, sie ist mit allen Wassern gewaschen.»

«Ich gehe mal hin und sorge dafür, daß sie sich still verhält», sagte Bredon. «Aber sagen Sie auf jeden Fall Mr. Tallboy Bescheid, sobald er frei ist.»

«Jawohl, Sir.»

«Und sehen Sie zu, daß es nicht gleich die Runde macht. Vielleicht steckt gar nichts dahinter.»

«Ja, Sir. Ich bin keine Klatschbase. Aber der Junge, der bei mir am Empfang sitzt, Sir –»

«Ach ja! Sagen Sie ihm, er soll den Mund halten.»

«Ja, Sir.»

Bredon verließ das Zimmer mit einer Miene, als ob er von der selbstgestellten Aufgabe wenig erbaut sei. Bis er jedoch die Tür zum kleinen Konferenzzimmer öffnete, stand in seinem Gesicht nur noch liebenswürdige Hilfsbereitschaft. Er trat forsch ein, und sein geübtes Auge erfaßte mit einem Blick das ganze Erscheinungsbild der jungen Frau, die bei seinem Eintreten aufsprang: von den harten Augen über den verschlagenen Mund und die blutroten, spitzen Fingernägel bis zu den übereleganten Schuhen.

«Guten Tag», sagte er munter. «Sie wollen zu Mr. Tallboy? Er wird gleich kommen, aber im Augenblick sitzt er in einer Konferenz mit ein paar Kunden, und wir können ihn da unmöglich loseisen, darum hat man mich geschickt, damit ich Ihnen Gesellschaft leiste, bis er kommt. Rauchen Sie, Miss – äh – der Pförtner hat Ihren Namen nicht erwähnt.»

«Vasavour – Miss Ethel Vasavour. Wer sind Sie? Mr. Pym?»

Bredon lachte.

«Du lieber Himmel, nein! Ich bin ein ganz unwichtiges Rädchen – ein kleiner Texter, nichts weiter.»

«Aha. Sind Sie ein Freund von Jim?»

«Von Tallboy? Nicht direkt. Ich war nur zufällig da, und da bin ich eben hergekommen. Man hat mir nämlich gesagt, da sei eine sehr hübsche junge Dame für Mr. Tallboy, und ich hab mir gedacht, oho, da solltest du gleich mal hingehen, um ihr die trübe Wartezeit zu verkürzen.»

«Das ist sicher sehr nett von Ihnen», meinte Miss Vasavour mit einem etwas schrillen Lachen. «Aber wahrscheinlich hat Jim Sie nur geschickt, damit Sie versuchen, mich rumzukriegen. Das sieht Jim ähnlich. Sicher hat er sich schon durch den Hinterausgang aus dem Staub gemacht.»

«Ich versichere Ihnen, meine Verehrteste, daß ich Tallboy heute nachmittag noch gar nicht gesehen oder gesprochen habe. Und wenn er hört, daß ich hier war und mit Ihnen geplaudert habe, wird er sogar ziemlich sauer auf mich sein. Kein Wunder. Wenn Sie zu mir gekommen wären, würde ich mich auch ärgern, wenn irgendeiner hinginge und mir dazwischenfunkte.»

«Schenken Sie sich den Schmus», versetzte Miss Vasavour. «Eure Sorte kenne ich. Ihr quasselt einem die Ohren vom Kopf. Aber das sage ich Ihnen, wenn Jim Tallboy sich einbildet, er kriegt mich rum, indem er seine geleckten Freunde zum Süßholzraspeln schickt, dann irrt er sich.»

«Liebe Miss Vasavour, kann Sie denn nichts von diesem Mißverständnis abbringen? Mit anderen Worten, Sie sehen mich völlig falsch. Ich bin nicht hier, um in irgendeiner Weise Tallboys Interessen zu vertreten – höchstens insofern, als ich mir den sanften Hinweis gestatte, daß dieses Haus vielleicht nicht der geeignete Ort für Gespräche persönlicher und vertraulicher Natur ist. Wenn ich mir erlauben dürfte, Ihnen einen Rat zu geben, wäre nicht ein Treffen an einem anderen Ort und zu anderer Zeit –?»

«Aha!» sagte Miss Vasavour. «Das hab ich mir doch gedacht. Aber wenn einer Ihre Briefe nicht beantwortet und Sie nicht besucht, und Sie wissen nicht einmal, wo er wohnt, was soll denn ein Mädchen da tun? Ich will bestimmt keinen Ärger machen.»

An dieser Stelle schluchzte Miss Vasavour leise auf und führte ein Tüchlein vorsichtig an die getuschten Wimpern.

«Mein Gott!» sagte Bredon. «Das ist wirklich nicht nett von ihm!»

«Das kann man wohl sagen», fand Miss Vasavour. «Von einem Kavalier würde man es jedenfalls nicht erwarten, oder? Aber da haben wir's! Erst erzählt so ein Kerl einem Mädchen alles mögliche, und wenn sie dann in der Tinte sitzt, ist alles nicht mehr wahr. Da ist dann plötzlich von Heiraten nicht mehr die Rede. Aber sagen Sie ihm ruhig, daß er muß, sonst schreie ich nämlich, bis ich bei Mr. Pym bin, und dann werde ich ihn zwingen. Heutzutage muß ein Mädchen zusehen, wo es bleibt. Wenn ich doch nur jemand hätte, der das für mich tut, aber seit mein armes Tantchen tot ist, habe ich keinen Menschen mehr, der für mich kämpft.»

Und wieder trat das Taschentüchlein in Aktion.

«Aber meine Liebe», sagte Bredon, «Mr. Pym mag ja noch so ein gebieterischer Herr sein, aber selbst er könnte Mr. Tallboy nicht zwingen, Sie zu heiraten. Er ist nämlich schon verheiratet.»

«Verheiratet?» Miss Vasavour ließ das Taschentuch sinken, und zum Vorschein kam ein Paar völlig trockener und sehr zorniger Augen. «Der Dreckskerl! *Darum* hat er mich also nie mit zu sich nach Hause genommen. Da tischt er mir ein Märchen auf, daß er nur ein Zimmer hat und seine Wirtin so streng ist. Aber das ist mir egal. Er muß. Seine Frau kann sich ja von ihm scheiden lassen. Grund hat sie weiß Gott genug. Ich hab seine Briefe.»

Ihr Blick wanderte unwillkürlich zu der großen, reich verzierten Handtasche. Das war ein Fehler, und sie merkte es sofort und richtete die Augen flehend auf Bredon, der aber wußte jetzt, woran er war.

«Sie haben die Briefe also bei sich? Das war sehr weitsichtig von Ihnen. Sehen Sie, Miss Vasavour, was hat es für einen Sinn, so zu reden? Sie können mir gegenüber ganz ehrlich sein. Sie wollten Tallboy drohen, daß sie diese Briefe Mr. Pym zeigen würden, falls er sich nicht fügte, stimmt's?»

«Nein, natürlich nicht.»

«Hängen Sie so sehr an Tallboy, daß Sie seine Korrespondenz ständig mit sich herumtragen?»

«Ja – nein. Ich habe nie gesagt, daß ich die Briefe bei mir habe.»

«Nein? Aber jetzt haben Sie es zugegeben. Und nun nehmen Sie einmal einen Rat von einem Mann an, der doppelt so alt ist wie Sie.» (Das war eine großzügige Schätzung, denn Miss Vasavour brachte es leicht auf 28 Jahre.) «Wenn Sie hier einen Skandal machen, erreichen Sie gar nichts, höchstens daß Tallboy seine Stelle verliert und dann überhaupt kein Geld mehr hat, weder für Sie noch für sonst jemanden. Und wenn Sie versuchen wollten, ihm die Briefe zu verkaufen – dafür gäbe es eine Bezeichnung, und die ist nicht schön.»

«Das mag ja alles sein», sagte Miss Vasavour mürrisch, «aber was ist mit mir und meiner Lage? Ich bin nämlich Mannequin. Und wenn ein Mädchen seinen Beruf aufgeben muß und für den Rest des Lebens die Figur verdorben hat –»

«Sind Sie sicher, daß Sie sich diesbezüglich auch nicht irren?»

«Natürlich bin ich sicher. Was denken Sie von mir? Halten Sie mich vielleicht für naiv?»

«Ganz gewiß nicht», sagte Bredon. «Zweifellos wird Tallboy zu einem angemessenen Arrangement bereit sein. Aber – wenn ich mir die Freiheit nehmen darf, Ihnen zu raten – keine Drohungen und keinen Skandal. Und – verzeihen Sie – es gibt noch andere Leute auf der Welt.»

«Ja, die gibt's», räumte Miss Vasavour freimütig ein, «aber die sind nicht versessen darauf, ein Mädchen mit Anhang zu nehmen, wenn Sie wissen, was ich meine. Das würden Sie ja selbst auch nicht wollen, oder?»

«Oh, ich? Von meiner Kandidatur ist nicht die Rede», sagte Bredon, vielleicht etwas prompter und betonter, als schmeichelhaft gewesen wäre. «Aber allgemein gesprochen, Sie werden es bestimmt auch günstiger finden, die Bombe nicht platzen zu lassen – wenigstens nicht hier. Ich meine, das ist nämlich hier der springende Punkt, nicht? Pyms Werbedienst ist eine von diesen altmodischen Firmen, die keine solchen Unannehmlichkeiten in ihren Mauern wünschen.»

«Eben», meinte Miss Vasavour schlau. «Darum bin ich ja hier.»

«Gewiß, aber glauben Sie mir, Sie tun sich keinen Gefallen, wenn Sie hier Theater machen. Wirklich nicht. Und – ah, da ist ja der Langersehnte! Dann werde ich mich mal verdrücken. Hallo, Tallboy – ich habe die Dame in Ihrer Abwesenheit ein wenig unterhalten.»

Tallboys Augen brannten; sein Gesicht war sehr weiß und seine Mundwinkel zuckten. Er sah Bredon ein paar Sekunden stumm an, dann sagte er:

«Vielen Dank.» Seine Stimme klang gepreßt.

«Nicht doch, danken Sie nicht mir», sagte Bredon. «Zu danken habe höchstens ich.»

Damit verließ er die beiden und zog die Tür hinter sich zu.

«Nun möchte ich doch wissen», sagte Mr. Bredon, der, während er nach oben zu seinem Zimmer zurückging, wieder in seine andere Haut als Detektiv schlüpfte, «ob es möglich ist, daß ich mich in unserem Freund Victor Dean ganz und gar getäuscht habe. Könnte es sein, daß er ein ganz gewöhnlicher Wald- und Wiesenpresser war, der nur die menschlichen Schwächen seiner Kollegen zu seinem Vorteil ausnutzen wollte? Wäre das ein hinreichender Grund gewesen, ihm den Schädel einzuschlagen und ihn eine Eisentreppe hinunterpurzeln zu lassen? Der einzige, der mir das wahrscheinlich sagen kann, ist Willis, aber der gute Willis ist für meiner Rede wohlbekannten Zauber so taub wie eine Otter. Hat es einen Sinn, ihn noch einmal auszuhorchen? Wenn ich doch nur sicher sein könnte, daß er nicht der Herr ist, der meinem armen Schwager Charles eins übergezogen hat, und daß er nicht immer noch finstere Pläne gegen meinen unwürdigen Leib hegt. Nicht daß mir finstere Pläne gegen mich etwas ausmachten, aber ich möchte auch nicht ausgerechnet den, der es auf mich abgesehen hat, zu meinem Vertrauten machen, wie der hohlköpfige Held einer dieser Detektivgeschichten, in der sich der Detektiv als der Schurke entpuppt. Wenn ich Willis doch wenigstens irgendwann einmal bei Spiel und Sport gesehen hätte, wüßte ich besser, wie ich mit ihm dran bin, aber er scheint Bewegung und frische Luft zu verabscheuen – und das ist, wenn man's bedenkt, auch wieder irgendwo unheimlich.»

Nach kurzem weiterem Nachdenken suchte er Willis' Zimmer auf.

«Ach, Willis», begann Bredon. «Störe ich?»

«Nein. Kommen Sie nur rein.»

Willis sah von einem Blatt Papier auf, das die einnehmende Überschrift trug: «MAGNOLIA-WEISS, MAGNOLIA-WEICH – das wird man von Ihren Händen sagen.» Er wirkte niedergeschlagen und krank.

«Hören Sie, Willis», sagte Bredon, «ich brauche mal Ihren Rat. Ich weiß, daß wir beide es anscheinend nicht sehr gut miteinander können –»

«Nein, nein – das ist meine Schuld», sagte Willis. Er schien eine Sekunde lang mit sich zu kämpfen, dann brachen die Worte aus ihm heraus, als ob sie ihm mit Gewalt entrissen würden: «Ich glaube, ich muß mich bei Ihnen entschuldigen. Anscheinend war ich im Irrtum.»

«Was hatten Sie eigentlich gegen mich? Ich muß ehrlich zugeben, daß ich das nie ganz begriffen habe.»

«Ich hatte geglaubt, Sie gehörten zu Deans Kokser- und Säuferverein und wollten Pamela – Miss Dean – da wieder hineinziehen. Sie streitet das ab. Ich habe Sie aber dort mit ihr gesehen, und nun sagt sie, es ist meine Schuld, daß Sie – daß Sie – O verdammt!»

«Was *ist* denn?»

«Ich werde Ihnen sagen, was ist», erwiderte Willis heftig. «Sie haben sich an Miss Dean herangemacht – weiß der Himmel, was Sie ihr erzählt haben, und sie will es mir nicht sagen. Sie haben ihr vorgemacht, daß Sie ein Freund ihres Bruders sind oder so was – stimmt das bis hierher?»

«So wie Sie es ausdrücken, nicht ganz. Ich habe Miss Deans Bekanntschaft in einer Angelegenheit gemacht, die mit ihrem Bruder zu tun hat, aber ich bin ihm nie begegnet, und das weiß sie auch.»

«Was hatte es dann überhaupt mit ihm zu tun?»

«Das kann ich Ihnen leider nicht sagen.»

«Für mich klingt es jedenfalls ganz schön komisch», sagte Willis, während seine Miene sich argwöhnisch verfinsterte. Dann schien ihm einzufallen, daß er sich ja eigentlich entschuldigen wollte, und er fuhr fort:

«Na ja, jedenfalls sind Sie mit ihr in dieses gräßliche Haus gegangen, da unten am Fluß.»

«Das stimmt auch nicht ganz. Ich habe Miss Dean gebeten, mich dorthin zu begleiten, denn ganz ohne Einführung wäre ich da nicht hineingekommen.»

«Das ist gelogen; ich war ja auch darin.»

«Miss Dean hatte Anweisung gegeben, Sie einzulassen.»

«Oh!» Willis war momentan ein wenig aus der Fassung. «Jedenfalls hatten Sie kein Recht, ein anständiges Mädchen um so etwas zu bitten. Das ist es doch gerade, weswegen ich mit Dean aneinandergeraten bin. So ein Haus ist nicht der richtige Ort für sie, und das wissen Sie auch.»

«Stimmt; und ich bedaure, daß ich mich leider genötigt sah, sie darum zu bitten. Aber wie Sie bemerkt haben werden, habe ich dafür gesorgt, daß ihr nichts passieren konnte.»

«Davon weiß ich nichts», knurrte Willis.

«Sie sind kein sehr guter Detektiv», meinte Bredon lächelnd. «Sie müssen mir schon abnehmen, daß sie vollkommen sicher war.»

«Ihnen nehme ich zwar nichts ab, aber Pamela sagt dasselbe, und ihr werde ich wohl glauben müssen. Aber wenn Sie nicht selbst so ein Schweinehund sind, warum wollten Sie dann dorthin?»

«Das ist wieder eine Frage, die ich Ihnen nicht beantworten kann. Aber ich kann Ihnen ein paar plausible Erklärungen zur Auswahl anbieten. Zum Beispiel könnte ich ein Journalist sein, der den Auftrag hat, von innen heraus eine Reportage über diese neueste Art von Nachtclubs zu schreiben. Oder ich könnte ein Detektiv und auf einen Rauschgiftschmugglerring angesetzt sein. Oder ich könnte ein Fanatiker irgendeiner nagelneuen Religion sein und es mir zur Aufgabe gemacht haben, die sündigen Seelen der Nachkriegsgesellschaft zu retten. Oder ich könnte verliebt sein – meinetwegen in die berüchtigte Dian de Momerie – und mit Selbstmord gedroht haben, falls ich ihr nicht vorgestellt werde. Ich nenne Ihnen diese vier Möglichkeiten einfach aufs Geratewohl, und ich traue mir zu, noch weitere zu finden, wenn ich mir Mühe gebe.»

«Vielleicht sind Sie auch selbst ein Rauschgifthändler», meinte Willis.

«Sehen Sie, das war mir nicht eingefallen. Aber wenn ich einer wäre, glaube ich kaum, daß ich Miss Deans Hilfe gebraucht hätte, um in diese Kreise hineinzukommen.»

Willis brummelte etwas Unverständliches.

«Aber wenn ich recht verstehe», sagte Bredon, «hat Miss Dean mich schon von dem Verdacht gereinigt, ein ganz und gar verkommenes Subjekt zu sein. Also, wo liegt der Hund begraben?»

«Das Gemeine ist», stöhnte Willis, «daß Sie – mein Gott, Sie Schwein! – daß Sie Miss Dean sitzengelassen haben, und jetzt sagt sie, daß ich daran schuld bin.»

«So etwas sollten Sie nicht sagen, mein Lieber», antwortete Bredon aufrichtig bekümmert. «Das tut man nicht.»

«Nein – ich weiß, daß ich mich nicht wie ein Gentleman benehme. Ich war ja auch nie –»

«Wenn Sie jetzt sagen, daß Sie nie auf einer Privatschule waren», unterbrach ihn Bredon, «schreie ich. Ich habe einfach die Nase voll von den Copleys und Smayles und all den anderen Heulsusen, die in der Gegend herumrennen und ihre Minderwertigkeitskomplexe pflegen, indem sie die Vorzüge dieser oder jener Schule gegeneinander abwägen, wo das doch nicht den Hauch einer Rolle spielt. Reißen Sie sich zusammen. Niemand, egal wo er zur Schule gegangen ist, sollte so über eine Frau reden. Schon gar nicht, wenn es jeglicher Grundlage entbehrt.»

«Das tut es eben nicht!» widersprach Willis. «Sie sind sich vielleicht gar nicht darüber im klaren, aber ich bin es. Ich weiß, Mann ist Mann und so weiter, aber Leute wie Sie haben etwas in ihrem Auftreten, worauf die Frauen fliegen. Ich weiß, daß ich nicht schlechter bin als Sie, aber ich sehe nicht so aus, und das macht es.»

«Ich kann Ihnen nur versichern, Willis –»

«Ich weiß, ich weiß. Sie haben Miss Dean nie den Hof gemacht – das wollten Sie doch sagen –, Sie haben ihr weder mit Worten, Blicken oder Taten irgendwelche Hoffnungen gemacht – pah! Das weiß ich. Sie gibt es ja zu. Und das macht es nur noch schlimmer.»

«Ich habe den Eindruck», sagte Mr. Bredon, «daß Sie beide ein ziemlich albernes Pärchen sind. Und ich bin sicher, daß Sie sich in Miss Deans Gefühlen gewaltig täuschen.»

«Aber natürlich!»

«Ganz sicher. Jedenfalls hätten Sie mir davon nichts sagen dürfen. Und außerdem könnte ich daran gar nichts ändern.»

«Sie hat von mir verlangt», sagte Willis zerknirscht, «daß ich mich bei Ihnen entschuldige und dafür sorge – und Sie bitte – und die Sache wieder in Ordnung bringe.»

«Da gibt es nichts in Ordnung zu bringen. Miss Dean weiß genau, daß meine Gespräche mit ihr rein geschäftlicher Natur waren. Und Ihnen kann ich nur eines sagen, Willis – wenn Sie so einen Auftrag angenommen haben, müssen Sie ja in ihren Augen ein Waschlappen sein. Warum in aller Welt haben Sie ihr nicht geantwortet, eher würden Sie mich in der Hölle besuchen? Wahrscheinlich hat sie das nämlich von Ihnen erwartet.»

«Meinen Sie?»

«Ich bin sogar sicher», antwortete Bredon, der gar nicht sicher war, es aber für das Beste hielt, so zu tun als ob. «Sehen Sie mal, Sie dürfen nicht solch unmögliche Situationen heraufbeschwören. Das ist sehr unangenehm für mich, und ich kann mir vorstellen, daß Miss Dean sehr aufgebracht wäre, wenn sie wüßte, was Sie über sie gesagt haben. Wahrscheinlich hat sie Ihnen doch nur sagen wollen, daß Sie einen völlig falschen Eindruck von einer ganz gewöhnlichen geschäftlichen Beziehung hatten und sich unnötig auf die Hinterbeine gestellt haben, und nun wollte sie, daß Sie das in Ordnung bringen, damit keine Peinlichkeit zwischen uns steht, wenn ich sie wieder einmal um Hilfe bitten muß. Ist das nicht, mit anderen Worten ausgedrückt, was sie von Ihnen verlangt hat?»

«Doch», sagte Willis. Es war gelogen, und er wußte, daß Bredon wußte, daß es gelogen war, aber er log mannhaft. «Natürlich hat sie eigentlich nur das gesagt. Ich habe es nur falsch ausgelegt, fürchte ich.»

«Nun gut», sagte Bredon, «dann wäre das erledigt. Bestellen Sie Miss Dean, daß meine Arbeit sehr gut vorangeht und ich keine Hemmungen haben werde, sie wieder um ihre freundliche Hilfe zu bitten, wenn ich sie brauche. So, ist das alles?»

«Ja, das ist alles.»

«Sind Sie sicher – da wir einmal dabei sind –, daß es nicht noch etwas gibt, was Sie sich von der Seele reden möchten?»

«Ich – wüßte nicht was.»

«Das klang nicht sehr überzeugend. Ich nehme an, Sie wollten mir das alles schon lange einmal sagen.»

«Nicht schon lange. Erst seit ein paar Tagen.»

«Sagen wir, seit der monatlichen Teegesellschaft?»

Willis schrak fürchterlich zusammen. Bredon machte sich, ohne den wachsamen Blick von ihm zu lassen, den Vorteil zunutze.

«Sind Sie deshalb abends in die Great Ormond Street gekommen, um mir das zu sagen?»

«Woher wissen Sie davon?»

«Ich wußte es nicht. Ich habe nur geraten. Wie ich vorhin schon sagte, Sie würden keinen guten Detektiv abgeben. Sie haben bei der Gelegenheit einen Drehbleistift verloren, wenn mich nicht alles täuscht.»

Er nahm den Stift aus der Tasche und zeigte ihn Willis.

«Einen Drehbleistift? Nicht daß ich wüßte. Wo haben Sie den gefunden?»

«In der Great Ormond Street.»

«Ich glaube nicht, daß es meiner ist. Ich weiß es aber nicht. Ich glaube, ich habe meinen noch.»

«Na ja, macht nichts. Waren Sie an dem Abend gekommen, um sich zu entschuldigen?»

«Nein – das nicht. Ich war gekommen, um eine Erklärung zu verlangen. Ich wollte Ihnen die Zähne einschlagen, wenn Sie's genau wissen wollen. Kurz vor zehn war ich da.»

«Haben Sie an meiner Wohnung geläutet?»

«Nein. Ich will Ihnen auch sagen, warum. Ich habe in Ihren Briefkasten geguckt und einen Brief von Miss Dean darin gesehen und da – habe ich mich nicht mehr getraut, hinaufzugehen. Ich hatte Angst, ich könnte mich vergessen. Am liebsten hätte ich Sie nämlich umgebracht. Darum bin ich weggegangen und in der Gegend herumgelaufen, bis ich so kaputt war, daß ich nicht mehr denken konnte.»

«Aha. Sie haben also gar nicht mehr versucht, mich zu erwischen?»

«Nein.»

«So. Na, das war's dann.» Bredon wischte die Angelegenheit mit einer Handbewegung fort. «Ist schon gut. Unwichtig. Ich hatte mich nur wegen des Bleistifts ein wenig gewundert.»

«Wieso wegen des Bleistifts?»

«Tja, den habe ich nämlich auf dem obersten Treppenabsatz gefunden, vor meiner Wohnungstür. Nun verstehe ich nur nicht ganz, wie er dahin gekommen ist.»

«Durch mich nicht. Ich war nicht oben.»

«Wie lange waren Sie im Haus?»

«Nur ein paar Minuten.»

«Die ganze Zeit im Treppenhaus unten?»

«Ja.»

«So. Nun, dann kann es nicht Ihr Bleistift sein. Das ist allerdings sehr merkwürdig, denn diese Stifte sind noch nicht auf dem Markt, wie Sie wissen.»

«Vielleicht haben Sie ihn selbst verloren.»

«Vielleicht. Das scheint noch die plausibelste Erklärung zu sein, nicht? Es ist ja auch nicht wichtig.»

Es trat eine kurze, etwas peinliche Pause ein. Willis beendete sie, indem er mit gepreßter Stimme fragte:

«Was für einen Rat wollten Sie eigentlich von mir?»

«Es ist noch immer das alte Thema», sagte Bredon. «Und nachdem wir dieses klärende Gespräch hinter uns haben, fällt es Ihnen vielleicht etwas leichter, mir zu sagen, was ich wissen will. Ich habe durch die Umstände mit den Deans zu tun bekommen, und jetzt bin ich ein bißchen neugierig geworden, was den verstorbenen Victor Dean angeht. Von seiner Schwester höre ich, daß er ein guter, liebevoller Bruder war, nur leider ein wenig locker in seinen Moralvorstellungen – was vermutlich heißen soll, daß er Dian de Momerie hörig war. Wie seine Schwester sagt, hat er sie dahin und dorthin mitgenommen, um sie der lieben Dian vorzustellen; Sie haben sich eingemischt; Miss Dean hat dann die Situation begriffen und sich aus diesen Kreisen zurückgezogen, während sie gleichzeitig Ihnen die Einmischung übelnahm, was ebenso natürlich wie unlogisch ist. Und schließlich hat Dian de Momerie Victor den Laufpaß gegeben. Ist das bis hierher richtig?»

«Ja», sagte Willis, «nur glaube ich nicht, daß Dean dieser de Momerie wirklich hörig war. Ich nehme an, er hat sich geschmeichelt gefühlt und geglaubt, dort etwas für sich herausholen zu können. Er war nämlich so eine schäbige kleine Kreatur.»

«Hat sie ihm Geld gegeben?»

«O ja, aber davon hatte er nicht viel, denn es war teuer, in diesen Kreisen mitzuhalten. Es entsprach auch nicht seinem Naturell. Glücksspiele mochte er nicht, aber er mußte mitmachen, um zu ihnen zu gehören; und er war auch kein Trinker. Auf eine Weise hätte ich ihn besser verstanden, wenn er einer gewesen wäre. Rauschgift mochte er auch nicht. Wahrscheinlich hatte Miss de Momerie ihn deshalb schließlich über. Das Schlimme an dieser Gesellschaft ist ja, daß sie keine Ruhe geben kann, bevor nicht jeder, mit dem sie zu tun hat, so schlecht ist wie sie selber. Wenn die sich doch nur selbst ins Grab koksen würden, je eher, desto besser für alle Beteiligten. Mit Freuden würde ich ihnen das Zeug gleich waggonweise geben. Aber sie machen sich an anständige Menschen heran und ruinieren sie fürs Leben. Deswegen hatte ich mir solche Sorgen um Pamela gemacht.»

«Aber Sie sagen doch, daß Victor sich da heraushalten konnte.»

«Schon. Aber Pamela ist anders. Sie ist impulsiver und läßt sich leichter – nein, nicht verführen, aber leicht für etwas begeistern. Sie ist übermütig und möchte alles einmal probieren. Wenn sie einmal für eine bestimmte Sorte Menschen eingenommen ist, will sie alles genauso machen wie sie. Sie braucht jemanden – ach, lassen wir das. Ich möchte nicht über Pamela sprechen. Ich meine nur, daß Victor das genaue Gegenteil davon war. Er war selbst immer sehr vorsichtig und hatte einen guten Riecher für seinen Vorteil.»

«Sie meinen, er verstand seine Freunde auszunutzen?»

«Er war einer von denen, die nie eigene Zigaretten bei sich haben und nie da sind, wenn die Reihe an ihnen ist, einen auszugeben. Und er klaute einem natürlich auch ständig Ideen.»

«Dann muß er einen triftigen Grund gehabt haben, sich mit der de Momerie-Clique einzulassen. Denn wie Sie sagen ist das Leben in diesen Kreisen teuer.»

«Ja, er muß irgend etwas Lohnendes in Aussicht gehabt haben. Und als es dahin kam, daß er seine Schwester opfern wollte –»

«Genau. Aber das tut jetzt eigentlich nichts zur Sache. Ich wollte von Ihnen folgendes wissen: Angenommen, er hätte entdeckt, daß jemand – sagen wir in diesem Haus – vielleicht sogar Sie – eine Leiche im Keller hatte, um dieses schöne alte Bild zu bemühen – wäre Victor Dean der Mann gewesen, der – äh – diese Leiche einem Pathologen zugespielt hätte?»

«Sie reden von Erpressung?» fragte Willis unverblümt.

«Das ist ein hartes Wort. Aber ich würde es so nennen.»

«Ich weiß es nicht genau», sagte Willis nach ein paar Sekunden des Nachdenkens. «Das wäre schon eine schwerwiegende Unterstellung, nicht? Aber ich muß Ihnen sagen, daß die Frage mich nicht schockiert. Wenn Sie mir jetzt sagen würden, daß er jemanden erpreßt hätte, wäre ich nicht einmal sehr überrascht. Nur müßte er sich bei einem so schweren Verbrechen schon sehr sicher gefühlt haben, ich meine, das Opfer müßte jemand gewesen sein, der es unmöglich auf einen Prozeß ankommen lassen konnte. Wohlgemerkt, ich habe nicht den geringsten Grund zu der Annahme, daß er wirklich so etwas getan hat. Zumindest schien er nie besonders im Geld zu schwimmen. Das hätte allerdings bei einem vorsichtigen Menschen wie ihm nicht viel zu bedeuten. Bei *ihm* wäre nie ein Packen Banknoten aus dem Schreibtisch geflattert.»

«Sie meinen, daß herumliegende Banknotenbündel auf eine gewisse Unschuld schließen lassen?»

«Keineswegs. Nur auf Leichtsinn, und leichtsinnig war Dean bestimmt nicht.»

«Vielen Dank für diese offenen Worte.»

«Nichts zu danken. Aber lassen Sie um Gottes willen Pamela

nicht erfahren, was ich über Victor gesagt habe. Deswegen hatte ich schon Ärger genug.»

Bredon versicherte ihm, daß er eine solch ungeheuerliche Indiskretion nicht zu befürchten habe, und verabschiedete sich freundlich, wenn auch leicht verwirrt.

Am Ende des Korridors lauerte Mr. Tallboy schon auf ihn.

«O Bredon, ich bin Ihnen natürlich sehr dankbar. Und ich kann mich doch darauf verlassen, daß diese Geschichte sich nicht weiterverbreitet, als sie es schon ist, ja? Eine idiotische Geschichte, versteht sich. Dieser Tompkin scheint von allen guten Geistern verlassen zu sein. Ich habe ihm schon gehörig die Meinung gesagt.»

«O ja, ganz recht», meinte Bredon. «Völlig klar. Viel Lärm um nichts. Ich hätte mich da auch nicht unbedingt einmischen müssen, aber man kann ja nie wissen. Ich meine, wenn Sie noch länger aufgehalten worden wären und Miss Vasavour vom Warten die Nase voll gehabt hätte oder – Sie wissen schon, was ich meine.»

«Ja.» Tallboy leckte sich über die trockenen Lippen. «Es hätte sehr peinlich werden können. Wenn Frauen hysterisch werden, sagen sie oft Dinge, die sie eigentlich nicht sagen wollten. Ich habe eine Dummheit gemacht, wie Sie sich wohl schon gedacht haben. Aber jetzt mache ich reinen Tisch. Ich habe die Sache geregelt. Es ist natürlich unangenehm, aber kein Grund zum Verzweifeln.» Er lachte gequält.

«Sie sehen ein wenig mitgenommen aus.»

«So fühle ich mich auch. Ich war nämlich die ganze Nacht auf. Meine Frau – na ja, meine Frau hat letzte Nacht ein Kind bekommen. Das war zum Teil auch der Grund – ach was, das spielt ja keine Rolle.»

«Verstehe vollkommen», sagte Bredon. «Sehr aufreibend, so etwas. Warum haben Sie sich heute nicht frei genommen?»

«Das wollte ich nicht. Heute ist der Tag, an dem ich die meiste Arbeit habe. Es ist auch besser, man beschäftigt sich mit etwas. Außerdem bestand ja kein Anlaß. Es ist alles gutgegangen. Sie halten mich wahrscheinlich für ein ausgesprochenes Schwein.»

«Sie sind ja keineswegs der erste», sagte Bredon.

«Nein – ich glaube, es ist nicht so ungewöhnlich. Aber ich sage Ihnen, das passiert mir nicht noch einmal.»

«Es muß Sie in eine ziemlich verzwickte Lage gebracht haben – das Ganze.»

«Ja – das heißt – es war nicht so schlimm. Wie Sie sagen, ich bin nicht der erste Mann, dem so etwas passiert. Es lohnt sich nicht, sich deswegen graue Haare wachsen zu lassen. Also, wie gesagt, vielen Dank und alles – und – na, das wär's, oder?»

«Selbstverständlich. Und nichts zu danken. Na, mein Kleiner, was willst du denn?»

«Haben Sie irgendwas zur Post zu geben, Sir?»

«Danke, nein», sagte Bredon.

«Halt, Moment!» sagte Tallboy. «Ich habe was.» Er suchte in seiner Brusttasche und holte einen bereits verschlossenen Brief heraus. «Haben Sie mal was zu schreiben für mich, Bredon? Hier, mein Junge, geh mit diesem Geld zu Miss Rossiter und kauf eine Briefmarke für mich.»

Er nahm den Füller, den Bredon ihm reichte, beugte sich über den Tisch und adressierte den Umschlag hastig mit «T. Smith, Esq.». Bredon sah ihm gedankenlos dabei zu, fühlte sich ertappt und entschuldigte sich.

«Verzeihung, ich habe spioniert. Häßliche Angewohnheit. Von so was wird man im Schreibzimmer angesteckt.»

«Ist schon gut – das war nur ein Brief an meinen Börsenmakler.»

«Glücklich, wer was zum Börsenmakeln hat.»

Tallboy lachte und warf den Brief dem wartenden Jungen zu.

«Und so endet ein anstrengender Tag», meinte er.

«Hat Toule sich wieder sehr angestellt?»

«Nicht schlimmer als sonst. Hat ‹Wie Niobe, ganz Tränen› abgelehnt. Weiß angeblich nicht, wer Niobe ist, und schließt daraus, daß andere es auch nicht wissen. Aber ‹Tränen, eitle Tränen› hat er für diese Woche genehmigt, weil sein Vater ihm früher, als er noch klein war, immer Tennyson vorgelesen hat.»

«Wenigstens etwas aus dem Scherbenhaufen gerettet.»

«Doch, ja. Die Idee mit den literarischen Zitaten gefällt ihm schon. Er findet, sie geben seinen Anzeigen Niveau. Sie werden sich noch ein paar in der Art einfallen lassen müssen. Vor allem, wenn sie sich gut illustrieren lassen, mag er sie.»

«Meinetwegen. ‹Wie ein sommerlich Gewitter stürzten ihre Tränen.› Das ist auch Tennyson. Bild von der neunzigjährigen Amme mit dem Baby auf dem Schoß. Babies kommen immer gut an. (Entschuldigung, wir kommen anscheinend nicht von den Babies weg.) Der Text beginnt mit: ‹Tränen sind oft ein Ventil für überbeanspruchte Nerven, aber wenn sie zu oft, zu leicht fließen, ist es ein Zeichen, daß Sie Nutrax brauchen.› Das mache ich. Und dann: ‹Fürwahr, ich weiß nicht, was mich traurig macht.› Antonio zu Salarino und Solanio. Das Zitat wird dann im Text weiter ausgewalzt: ‹Grundlose Niedergeschlagenheit, wie bei Antonio, nimmt nicht nur den Betroffenen mit, sondern auch seine Freunde. Packen Sie das Übel an der Wurzel und stärken Sie Ihre überreizten Nerven mit Nutrax.› Davon liefere ich Ihnen, soviel Sie wollen.»

Mr. Tallboy lächelte dünn.

«Schade, daß wir uns mit unserem Patentrezept nicht selbst kurieren können, nicht?»

Mr. Bredon musterte ihn kritisch.

«Was Sie brauchen», sagte er, «ist ein gutes Abendessen und eine Flasche Schampus.»

Hoffnungsvolle Konspiration
zweier schwarzer Schafe

Der Herr im Harlekinkostüm nahm betont langsam seine Maske ab und legte sie auf den Tisch.

«Da mein tugendhafter Vetter Wimsey die Katze schon aus dem Sack gelassen hat», sagte er, «muß ich das Ding wohl nicht mehr anbehalten. Ich fürchte –» wandte er sich an Dian – «daß meine Erscheinung Sie enttäuschen wird. Abgesehen davon, daß ich schöner bin und nicht so ein Karnickelgesicht habe wie Wimsey, hat jede Frau, die ihn gesehen hat, auch mich gesehen. Die Bürde ist schwer zu tragen, doch ich kann nichts daran ändern. Ich darf aber zu meiner Freude sagen, daß die Ähnlichkeit nicht tiefer geht als bis zur Haut.»

«Man soll es fast nicht glauben», sagte Major Milligan. Er beugte sich vor, um das Gesicht des anderen näher in Augenschein zu nehmen, aber Mr. Bredon streckte einen lässigen Arm aus und stieß ihn, scheinbar ohne jede Kraftanstrengung, auf seinen Platz zurück.

«Sie brauchen mir nicht zu nahe zu kommen», bemerkte er frech. «Selbst ein Gesicht wie Wimseys ist immer noch besser als Ihres. Sie haben Pickel. Sie essen und trinken zuviel.»

Major Milligan, der heute morgen zu seinem großen Kummer wirklich ein paar beginnende Pickel auf der Stirn entdeckt, aber gehofft hatte, sie seien nicht zu sehen, grunzte böse. Dian lachte.

«Ich nehme an», fuhr Mr. Bredon fort, «daß Sie etwas von mir wollen. Leute Ihrer Art wollen das immer. Worum geht es?»

«Ich bin nicht abgeneigt, offen mit Ihnen zu reden», antwortete Major Milligan.

«So etwas freut einen immer zu hören. Man weiß dann schon, daß gleich eine Lüge kommt. Und gewarnt ist gewappnet, nicht?»

«Wenn Sie es so sehen sollen. Aber ich glaube, Sie werden es vorteilhaft finden, mir zuzuhören.»

«Finanziell vorteilhaft?»

«Was für Vorteile gäbe es sonst noch?»

«Wie wahr! Allmählich gefällt Ihr Gesicht mir schon etwas besser.»

«Ach ja? Vielleicht gefällt es Ihnen so sehr, daß Sie mir ein paar Fragen beantworten möchten?»

«Möglich.»

«Woher kennen Sie Pamela Dean?»

«Pamela? Ein reizendes Kind, nicht wahr? Ich bin ihr einmal vorgestellt worden, von einem gemeinsamen Freund, wie die breite Masse, verführt durch das unglückliche Beispiel jenes unvergleichlichen Vulgarisators Charles Dickens, so etwas abscheulicherweise nennt. Ich muß zugeben, daß der Zweck dieser Bekanntschaft für mich ein rein geschäftlicher war; ich kann nur sagen, daß ich mir wünsche, alle geschäftlichen Bekanntschaften wären so angenehm.»

«Was waren das für Geschäfte?»

«Das Geschäft, mein lieber Freund, hatte mit einem weiteren gemeinsamen Freund von uns allen zu tun – dem seligen Victor Dean, der unter größter allgemeiner Anteilnahme auf einer Treppe starb. Ein bemerkenswerter junger Mann, nicht wahr?»

«Inwiefern?» fragte Major Milligan rasch.

«Wissen Sie das nicht? Ich dachte, Sie wüßten es. Wozu wäre ich sonst hier?»

«Ihr beiden Idioten langweilt mich», mischte sich Dian ein. «Was hat das für einen Sinn, so umeinander herumzuschleichen? Ihr aufgeblasener Vetter hat uns alles über Sie erzählt, Mr. Bredon – haben Sie übrigens auch einen Vornamen?»

«O ja. Er schreibt sich ‹Death› wie Tod. Aussprechen können Sie ihn, wie Sie wollen. Die meisten Leute, die damit geschlagen sind, sprechen ihn so aus wie Keith, aber ich persönlich finde es romantischer, wenn man ihn wie Beth ausspricht. Was hat mein liebenswerter Vetter über mich erzählt?»

«Er hat gemeint, Sie wären ein Rauschgiftschmuggler.»

«Woher mein Vetter Wimsey seine Informationen hat, möchte ich nur zu gern wissen. Manchmal stimmen sie sogar.»

«Und Sie wissen, daß man bei Todd bekommen kann, was man braucht. Warum also nicht gleich zur Sache kommen?»

«Sie haben recht, warum nicht? Ist das derjenige Aspekt meiner strahlenden Persönlichkeit, der Sie interessiert, Milligan?»

«Ist das derjenige Aspekt an Victor Deans Persönlichkeit, der *Sie* interessiert?»

«Ein Punkt für mich», sagte Mr. Bredon. «Bis zu diesem Augenblick wußte ich nicht mit Bestimmtheit, ob es ein Aspekt seiner Persönlichkeit war. Jetzt weiß ich es. Ach nein! Wie interessant das alles ist! Aber wirklich.»

«Wenn Sie genau herausfinden könnten, in welcher Weise Victor Dean mit dieser Geschichte zu tun hatte», meinte Milligan, «würde es sich wahrscheinlich für uns beide lohnen.»

«Nur heraus mit der Sprache.»

Major Milligan überlegte kurz und schien sich zu entschließen, seine Karten auf den Tisch zu legen.

«Haben Sie von Pamela Dean erfahren, welcher Arbeit ihr Bruder nachging?»

«Natürlich. Er hat in einer Werbeagentur namens Pym Anzeigentexte geschrieben. Soweit gibt es da kein Geheimnis.»

«Eben doch. Und wenn dieser unsägliche kleine Trottel nicht hingegangen und sich zu Tode gestürzt hätte, wären wir vielleicht dahintergekommen, was das für ein Geheimnis war, und dabei hätten wir ganz schön etwas für uns herausholen können. So aber –»

«Aber nun hör mal, Todd», sagte Dian. «Ich denke, es war genau umgekehrt. Hattest du nicht Angst, daß *er* zuviel herauskriegen könnte?»

«Doch», sagte Milligan mit gerunzelter Stirn. «Denn was hätte es uns genützt, wenn er's zuerst herausgekriegt hätte?»

«Jetzt komme ich nicht mehr mit», sagte Bredon. «War es denn nicht *sein* Geheimnis? Reden Sie doch nicht wie in einem Kitschroman. Warum rücken Sie nicht endlich damit heraus?»

«Weil ich glaube, daß Sie über den Kerl nicht einmal soviel wissen wie ich.»

«Stimmt. Ich habe ihn nie im Leben gesehen. Aber ich weiß eine Menge über Pyms Werbedienst.»

«Woher?»

«Ich arbeite da.»

«Was?»

«Ich arbeite da.»

«Seit wann?»

«Seit Deans Tod.»

«Sie meinen, wegen Deans Tod?»

«Ja.»

«Wie kam das?»

«Ich habe, wie die Polizeifreunde meines lieben Vetters Wimsey sagen würden, Informationen erhalten, daß Dean in der Agentur Pym hinter etwas her war, was stank. Aber wo es stinkt, da ist meist Fisch, und da habe ich mir gedacht, es kann nicht schaden, über diesem Teich mal ein paar Angeln auszuwerfen.»

«Und was haben Sie gefangen?»

«Mein lieber Milligan, Sie bringen ja die Hühner zum Lachen. Ich verschenke keine Informationen. Ich verwerte sie – mit Gewinn.»

«Ich auch.»

«Wie Sie wollen. Sie haben mich heute abend hierher eingeladen. Ich habe mich Ihnen nicht aufgedrängt. Aber eines kann ich Ihnen vielleicht sagen, weil ich es Miss de Momerie auch schon gesagt habe, nämlich daß Victor Dean vorsätzlich um die Ecke gebracht wurde, damit er nicht reden konnte. Der einzige, von dem ich bisher feststellen konnte, daß er ihn aus dem Weg haben wollte, sind Sie. Die Polizei könnte sich für diesen Umstand interessieren.»

«Die Polizei?»

«Ach ja! Ich bin ganz Ihrer Meinung. Ich mag die Polizei auch nicht. Sie bezahlt sehr schlecht und stellt eine Menge Fragen. Aber es könnte nützlich sein, sich einmal wenigstens auf ihre Seite zu stellen.»

«Das ist doch alles Quatsch», sagte Milligan. «Sie haben den falschen Hund am Schwanz. Ich habe den Kerl nicht umgebracht. Ich *wollte* nicht einmal, daß er umgebracht wurde.»

«Beweisen Sie das», versetzte der andere kalt.

Er beobachtete Milligans unbewegtes Gesicht und Milligan beobachtete seines.

«Geben Sie's auf», riet Wimsey nach einigen Minuten gegenseitigen Anstarrens. «Ich spiele so gut Poker wie Sie. Aber diesmal habe ich, wie mir scheint, die besseren Karten.»

«Also, was wollen Sie wissen?»

«Ich will wissen, was Dean Ihrer Ansicht nach hätte herausbekommen können.»

«Das kann ich Ihnen sagen. Er wollte herausfinden –»

«Hatte herausgefunden.»

«Woher wollen Sie das wissen?»

«Wenn Sie Nachhilfeunterricht in meinen kriminalistischen Methoden haben wollen, müssen Sie extra bezahlen. Ich sage, er hatte herausgefunden.»

«Meinetwegen. Er hatte also herausgefunden, wer von Pym aus die Fäden zog.»

«Die Fäden im Drogenhandel?»

«Ja. Und vielleicht hatte er auch schon entdeckt, wie es gemacht wird.»

«Gemacht *wird*?»

«Ja.»

«Es wird also immer noch genauso gemacht?»

«Soviel ich weiß.»

«Soviel Sie wissen? Sehr viel scheinen Sie nicht zu wissen.»

«Na und? Wieviel wissen denn Sie davon, wie es in Ihrem Verein gemacht wird?»

«Überhaupt nichts. Es werden Anweisungen gegeben –»

«Übrigens, wie sind Sie da hineingekommen?»

«Bedaure. Das kann ich Ihnen nicht sagen. Nicht einmal, wenn Sie extra bezahlen.»

«Woher soll ich dann wissen, ob ich Ihnen trauen kann?»

Bredon lachte.

«Vielleicht möchten Sie bei mir kaufen», sagte er. «Wenn Sie mit Ihren Zuteilungen nicht zufrieden sind, tragen Sie sich in meine Kundenliste ein. Lieferung sonntags und donnerstags. Inzwischen – sozusagen als Gratisprobe – interessieren Sie sich vielleicht einmal für meinen Rockkragen. Ist er nicht schön? Feinster Samt. Ein bißchen protzig, finden Sie vielleicht – ein bißchen viel Steifleinen? Sie haben womöglich recht. Aber sehr gut gearbeitet. Die Öffnung ist fast unsichtbar. Wir schieben vorsichtig Daumen und Zeigefinger hinein, ziehen behutsam an dem Zipfel, und zum Vorschein kommt dieses zierliche Tütchen aus imprägnierter Seide – dünn wie eine Zwiebelschale, aber erstaunlich fest. Darin werden Sie genug Inspiration für viele, viele Enthusiasten finden. Ein Zaubermantel. Aus solchem Stoff, aus dem die Träume sind.»

Milligan prüfte schweigend den Inhalt des kleinen Beutels. Es handelte sich in der Tat um einen Teil des Inhalts aus jenem berühmten Päckchen, das Hector Puncheon im *Weißen Schwan* ergattert hatte.

«Soweit in Ordnung. Woher haben Sie das?»

«Ich hab's in Covent Garden erhalten.»

«Nicht bei Pym?»

«Nein.»

Milligan machte ein enttäuschtes Gesicht.

«An was für einem Tag haben Sie es bekommen?»

«Freitag morgen. Ich bekomme meine Ware immer freitags, genau wie Sie.»

«Hören Sie», sagte Milligan, «wir beide müssen uns in dieser

Sache zusammentun. Dian, mein Kind, geh ein bißchen draußen spielen. Ich muß mit deinem Freund über Geschäfte reden.»

«Das ist vielleicht eine Art, mich in meinem eigenen Haus zu behandeln», schmollte Miss de Momerie, aber als sie sah, daß es Milligan ernst war, packte sie sich und ihre Siebensachen und zog sich ins Schlafzimmer zurück. Milligan lehnte sich über den Tisch.

«Ich will Ihnen sagen, was ich weiß», sagte er. «Wenn Sie mich aufs Kreuz legen, tun Sie's auf eigene Gefahr. Ich will keine Schererein mit diesem komischen Vetter von Ihnen haben.»

Mr. Bredon drückte mit ein paar wohlgesetzten Worten seine Meinung über Lord Peter Wimsey aus.

«Na schön», sagte Milligan. «Ich habe Sie jedenfalls gewarnt. Also, passen Sie auf. Wenn wir herauskriegen, wer den Karren lenkt und wie er es macht, können wir ganz oben einsteigen. Auf eine Art rentiert es sich auch so schon ganz ordentlich, aber man geht ein teuflisches Risiko ein und hat eine Menge Schererein, und teuer ist es auch. Sehen Sie sich nur mal den Laden an, den ich führen muß. Die dicken Gewinne streicht der Mann ein, der in der Mitte des Netzes sitzt. Sie und ich wissen, was wir für das Zeug bezahlen müssen, und dann kommt noch die Plackerei, es an die Idioten alle zu verteilen und das Geld dafür zu kassieren. So, und nun weiß ich folgendes: Der ganze Laden wird von dieser Werbeagentur aus geschmissen – von Pym. Das habe ich von einem erfahren, der jetzt tot ist. Ich will Ihnen nicht erzählen, wie ich an ihn gekommen bin – das ist eine lange Geschichte. Aber ich sage Ihnen, was er mir erzählt hat. Eines Abends saß ich mit ihm im *Carlton* beim Essen, und er war schon ein bißchen beschwipst. Da kam einer mit einer ganzen Gesellschaft herein, und dieser Mann fragte mich: ‹Wissen Sie, wer das ist?› – ‹Keine Ahnung›, sagte ich, und er: ‹Na, das ist doch der alte Pym, der mit der Werbeagentur.› Und dann lachte er und sagte: ‹Wenn der wüßte, was in seinem wunderschönen Laden vorgeht, würde ihn der Schlag treffen.› – ‹Wieso?› fragte ich. ‹Aber›, sagte er, ‹wissen Sie das nicht? Der ganze Handel wird von dort abgewickelt.› Natürlich habe ich da angefangen, bei ihm nachzubohren, woher er das weiß und so weiter, aber plötzlich bekam er einen Anfall von Vorsicht und tat auf einmal ganz geheimnisvoll, und ich habe kein weiteres Wort aus ihm herausbekommen.»

«Diese Art von Betrunkenen kenne ich», sagte Bredon. «Glauben Sie, er wußte wirklich, wovon er sprach?»

«Ja, das glaube ich. Am nächsten Tag habe ich ihn nämlich wiedergesehen, aber da war er nüchtern und hat den Schrecken seines Lebens bekommen, als ich ihm sagte, was er mir erzählt hatte. Er gab aber zu, daß es stimmte, und flehte mich an, den Mund zu halten. Mehr bekam ich nicht aus ihm heraus, und am selben Abend kam er unter einen Lastwagen.»

«So? Was für ein Zufall!»

«Das habe ich mir auch gedacht», sagte Milligan. «Es hat mich ein bißchen nervös gemacht.»

«Aber wie kommt nun Victor Dean ins Spiel?»

«Tja», räumte Milligan ein, «da habe ich mich böse in die Brennesseln gesetzt. Dian hatte ihn eines Abends mitgebracht –»

«Moment. Wann hatte Ihre Unterhaltung mit diesem indiskreten Freund stattgefunden?»

«Vor knapp einem Jahr. Natürlich habe ich versucht, der Sache nachzugehen, und als Dian mir dann Dean vorstellte und sagte, daß er bei Pym arbeitete, dachte ich, das muß der Mann sein. Offenbar war er's nicht. Aber ich fürchte, er ist durch mich auf einen Gedanken gebracht worden. Nach einer Weile mußte ich entdecken, daß er versuchte, in mein Geschäft einzusteigen, und da habe ich Dian gesagt, sie soll Schluß mit ihm machen.»

«Das heißt also», sagte Bredon, «Sie haben versucht, ihn auszuhorchen, wie Sie jetzt mich auszuhorchen versuchen, und mußten feststellen, daß er statt dessen Sie aushorchte.»

«So ungefähr», gestand Milligan ein.

«Und kurz danach ist er eine Treppe hinuntergefallen.»

«Ja. Aber ich habe ihn nicht hinuntergestoßen. Das brauchen Sie nicht zu denken. Ich wollte ihn gar nicht beseitigen. Er sollte mir nur zwischen den Füßen wegbleiben. Dian redet zu gern, besonders wenn sie einen sitzen hat. Das Ärgerliche ist ja, daß man vor diesen Leuten nie sicher ist. Man sollte meinen, der gesunde Menschenverstand würde ihnen raten, im eigenen Interesse den Mund zu halten, aber die haben nicht mehr Verstand als ein Käfig voller Affen.»

«Na ja», meinte Wimsey, «wenn wir sie mit diesem Zeug vollpumpen, das ihnen bekanntlich jede Selbstkontrolle nimmt, dürfen wir uns über die Konsequenzen nicht beklagen.»

«Vielleicht nicht, aber es ist manchmal doch ganz schön lästig. Auf der einen Seite sind sie schlau wie die Wiesel und auf der andern die reinsten Idioten. Und gehässig dazu.»

«Richtig. Dean wurde nie süchtig, oder?»

«Nein. Sonst hätten wir ihn besser im Griff gehabt. Aber leider war sein Kopf richtigherum aufgeschraubt. Trotzdem, er wußte recht gut, daß er für Informationen aller Art sehr gut bezahlt worden wäre.»

«Sehr wahrscheinlich. Das Dumme ist nur, daß er auch von der anderen Seite Geld genommen hat – glaube ich wenigstens.»

«Versuchen Sie dieses Spielchen nicht», sagte Milligan.

«Ich habe keine Lust, eine Treppe hinunterzufallen. Wenn ich Sie richtig verstehe, wollen Sie also wissen, wie die Geschichte funktioniert und wer dahintersteckt. Ich denke, das kann ich für Sie feststellen. Wie steht's mit den Bedingungen?»

«Meine Vorstellung ist, daß wir die Informationen benutzen, um selber in den inneren Zirkel vorzustoßen, und dort bedient sich dann jeder selbst.»

«Richtig. Und wenn das nicht klappt, schlage ich vor, wir legen dem Herrn bei Pym die Daumenschrauben an, sobald wir ihn haben, und teilen uns die Beute. In diesem Falle gedenke ich, da ich die meiste Arbeit mache und das größte Risiko trage, 75 Prozent zu nehmen.»

«So haben wir nicht gewettet. Halbe-halbe. Ich werde nämlich die Verhandlungen führen.»

«So? Sie sind gut! Wozu soll ich Sie überhaupt mit hineinbringen? Sie können doch erst verhandeln, wenn ich Ihnen sage, mit wem. Sie glauben wohl, ich sei von gestern.»

«Nein. Aber da ich weiß, was ich weiß, kann ich dafür sorgen, daß Sie schon morgen bei Pym rausfliegen. Oder meinen Sie, wenn Pym wüßte, wer Sie sind, würde er Sie auch nur noch einen Tag länger in seiner tugendhaften Firma haben wollen?»

«Also gut. Wir führen die Verhandlungen gemeinsam, und ich bekomme 60 Prozent.»

Milligan zuckte mit den Schultern.

«Lassen wir's fürs erste mal dabei. Ich hoffe, daß es dazu gar nicht kommt. Denn eigentlich wollen wir ja selbst die Zügel in die Hand bekommen, oder?»

«Sie sagen es. Und wenn wir das geschafft haben, können wir noch in Ruhe entscheiden, wer von uns beiden die Peitsche schwingt.»

Nachdem Bredon gegangen war, ging Todd Milligan ins Schlafzimmer, wo Dian in der Fensternische kniete und auf die Straße hinunterstierte.

«Hast du dich mit ihm geeinigt?»

«Ja. Er ist zwar ein Gauner, aber ich werde ihm schon noch

klarmachen, daß er besser daran tut, mit mir ein ehrliches Spiel zu treiben.»

«Du solltest lieber die Finger von ihm lassen.»

«Du redest dummes Zeug», sagte Milligan, aber er gebrauchte einen härteren Ausdruck.

Dian drehte sich um und sah ihn an.

«Ich habe dich gewarnt», sagte sie. «Nicht daß mir irgend etwas daran läge, was mit dir passiert. Du gehst mir nämlich langsam auf die Nerven, Todd. Es würde mir einen Heidenspaß machen, dich vor die Hunde gehen zu sehen. Aber laß die Finger von diesem Mann.»

«Hast du vor, mich an ihn zu verkaufen?»

«Das werde ich gar nicht nötig haben.»

«Du solltest es auch lieber bleiben lassen. Du hast wohl den Verstand an diesen hauteng gekleideten Herrn verloren, wie?»

«Warum mußt du immer so ordinär sein?» fragte sie verächtlich.

«Was ist denn sonst mit dir los?»

«Angst habe ich, das ist alles. Sieht mir gar nicht ähnlich, wie?»

«Angst vor diesem Werbeheini?»

«Wirklich, Todd, manchmal bist du richtig beschränkt. Da liegt etwas vor deiner Nase und du siehst es nicht. Wahrscheinlich ist es zu groß geschrieben, als daß du's sehen könntest.»

«Du bist ja betrunken», sagte Milligan. «Nur weil du bei diesem Komiker nicht gelandet bist —»

«Halt den Mund», sagte Dian. «Nicht gelandet? Eher würde ich mich mit dem Henker von London einlassen.»

«Das kriegtest du fertig. Jeder neue Nervenkitzel wäre dir recht. Worauf legst du es eigentlich an? Auf einen Krach? Damit kann ich dir jetzt leider nicht dienen.»

Es ist eine traurige Übereinkunft, daß dem endgültigen Zusammenbruch einer schmutzigen Liaison eine Reihe nicht minder schmutziger Zankereien vorauszugehen habe. Diesmal aber schien Miss de Momerie bereit zu sein, mit dieser Konvention zu brechen.

«Nein. Ich bin mit dir fertig, sonst nichts. Mir ist kalt. Ich gehe zu Bett. ... Todd, *hast* du Victor Dean umgebracht?»

«Nein.»

Major Milligan träumte in dieser Nacht, daß Death Bredon ihn im Harlekinkostüm wegen Mordes an Lord Peter Wimsey aufhängte.

Plötzliches Hinscheiden
eines befrackten Herrn

Chefinspektor Parker war immer noch zutiefst verstört. In Essex hatte es ein erneutes Fiasko gegeben. Ein privates Motorboot, das im Verdacht stand, etwas mit dem Rauschgiftschmuggel zu tun zu haben, war angehalten und durchsucht worden, ohne Erfolg – abgesehen von dem unerwünschten Ergebnis, daß nun alle Beteiligten gewarnt waren, falls es sie überhaupt interessierte. Außerdem hatte man einen schnellen Wagen, der durch seine häufigen mitternächtlichen Fahrten zwischen Hauptstadt und Küste aufgefallen war, mühsam bis an sein Ziel verfolgt, wo sich herausstellte, daß er einem hochstehenden Angehörigen des diplomatischen Korps gehörte, der höchst inkognito eine in einem bekannten Seebad ansässige Dame zu besuchen pflegte. Mr. Parker, der an solchen mitternächtlichen Exkursionen noch immer nicht persönlich teilnehmen konnte, blieb nur die traurige Genugtuung, sagen zu können, daß nie etwas klappte, wenn er nicht selbst dabei war. Außerdem ärgerte er sich wider alle Vernunft über Wimsey, weil dieser der eigentliche Grund für seine Dienstunfähigkeit war.

Auch die Ermittlungen im *Weißen Schwan* hatten bisher nicht viel Früchte getragen. Eine ganze Woche lang hatten taktvolle und erfahrene Beamte sich abwechselnd an die Bar gestellt und sich mit aller Welt über Windhunde, Ziegen, Papageien und andere sprachlose Freunde des Menschen unterhalten, ohne dafür irgendeinen Gegenwert in Gestalt geheimnisvoller Päckchen zu erhalten.

Der alte Mann mit der Papageiengeschichte war leicht ausfindig zu machen. Er war hier Stammgast. Jeden Morgen und jeden Nachmittag saß er da, und er verfügte über ein großes Repertoire solcher Geschichten. Die geduldigen Polizisten legten sich eine Sammlung davon an. Der Wirt – gegen den nichts Nachteiliges vorlag – kannte diesen Gast gut. Er war ein altgedienter Lastträger des Covent Garden-Markts, der jetzt von einer Altersrente lebte, und sein ganzes unschuldiges Leben war wie ein offenes Buch. Dieser verdiente alte Herr erinnerte sich auf Befragen noch an das Gespräch mit Mr. Hector Puncheon, war aber sicher, daß er keinen von den übrigen Gästen je gesehen hatte, ausgenommen die beiden Fuhrmänner, die er gut kannte. Diese Herren bestätigten, daß auch ihnen der Mann im Smoking und der Kleine mit den Windhunden gleichermaßen unbekannt seien. Es war jedoch nicht ungewöhnlich, daß Herren im Smoking – oder auch Herren ohne Smoking – sich in den *Weißen Schwan* verirrten, sozusagen zum Abschluß eines fröhlichen Abends. Nichts von alldem brachte irgendwelches Licht in die geheimnisvolle Geschichte mit dem Päckchen Kokain.

Zu einer gewissen Begeisterung fühlte Parker sich hingegen von Wimseys Bericht über sein Gespräch mit Milligan hingerissen.

«Was du doch für ein unwahrscheinliches Glück hast, Peter! Leute, die dich unter normalen Umständen meiden würden wie die Pest, kommen gerade im entscheidenden Moment uneingeladen auf deine Feste und halten dir ihre Nasen hin, damit du sie daran herumführen kannst.»

«Das war nicht nur Glück, mein Alter», sagte Wimsey. «Eher ein guter Riecher. Ich habe der schönen Dian einen anonymen Brief geschickt, in dem ich sie eindringlich vor mir warnte und ihr mitteilte, daß sie Näheres über mich im Hause meines Bruders erfahren könne. Es ist schon merkwürdig, aber die Leute *können* anonymen Briefen einfach nicht widerstehen. Das ist wie mit Gratisproben. Sie appellieren an die niederen Instinkte.»

«Du bist ein Teufelskerl», sagte Parker. «Eines schönen Tages bringst du dich noch mal in Schwierigkeiten. Wenn Milligan dich nun erkannt hätte?»

«Ich hatte ihn schon geistig auf eine verblüffende Ähnlichkeit vorbereitet.»

«Ein Wunder, daß er dich nicht durchschaut hat. Familiäre Ähnlichkeit geht selten bis zu den Zähnen und sonstigen Einzelheiten.»

«Ich habe ihn nicht so nahe an mich herangelassen, daß er Einzelheiten hätte erkennen können.»

«Das hätte ihn schon mißtrauisch machen müssen.»

«Nein. Ich war nämlich ungezogen zu ihm. Er hat mir jedes Wort geglaubt, nur weil ich ungezogen war. Wenn einer sich bemüht, einen guten Eindruck zu machen, begegnet ihm jeder mit Mißtrauen, aber Ungezogenheit wird aus irgendwelchen Gründen immer als Garantie für Ehrlichkeit genommen. Der einzige, der Ungezogenheit je durchschaut hat, war Augustinus, und ich glaube nicht, daß Milligan die *Confessiones* gelesen hat. Außerdem wollte er mir ja glauben. Er ist nämlich raffgierig.»

«Nun, du wirst zweifellos wissen, was du tust. Aber nun zu der Sache mit Victor Dean. Glaubst du wirklich, daß der Kopf dieser Drogenbande in der Werbeagentur Pym sitzt? Das klingt doch völlig unglaublich.»

«Ein ausgezeichneter Grund, es zu glauben. Ich meine nicht im Sinne von *credo quia impossibile*, sondern einfach weil die Belegschaft einer angesehenen Werbeagentur so ein hervorragendes Versteck für einen großen Verbrecher wäre. Die Werbung ist ein völlig anderes Verbrechen als der Rauschgifthandel.»

«Wieso? Soweit ich sehen kann sind Werbeleute auch nur Rauschgifthändler.»

«Richtig. O ja, wenn ich darüber nachdenke, entdecke ich eine feine Symmetrie von höchster künstlerischer Qualität. Trotzdem, Charles, ich muß gestehen, daß es auch mir schwerfällt, Milligan hier ganz und gar zu folgen. Ich habe mir das Personal von Pyms Werbedienst genau angesehen und bisher niemanden gefunden, der auch nur entfernt nach einem Napoleon des Verbrechens aussähe.»

«Andererseits bist du aber überzeugt, daß der Mord an Victor Dean von jemandem *in* der Agentur begangen wurde. Oder hältst du es jetzt für möglich, daß ein Außenstehender sich auf dem Dach versteckt und Dean beseitigt hat, weil er drauf und dran war, die Bande hochgehen zu lassen? Ich nehme doch an, daß ein Außenstehender auf das Pymsche Dach käme?»

«O ja, ganz leicht. Aber das würde die Schleuder in Mrs. Johnsons Schreibtisch nicht erklären.»

«Oder den Angriff auf mich.»

«Jedenfalls dann nicht, wenn es derselbe war, der Dean getötet und dich überfallen hat.»

«Du meinst, das könnte Willis gewesen sein? Ich glaube nicht, daß Willis dieser Napoleon des Verbrechens ist.»

«Willis ist in keiner Weise ein Napoleon. Und auch der Kerl mit der Schleuder nicht. Sonst hätte er soviel Verstand gehabt, eine eigene Schleuder zu benutzen und sie hinterher zu verbrennen. Ich sehe den Betreffenden als einen Menschen von großem Einfallsreichtum, aber begrenztem Weitblick; es ist einer, der nach allem greift, was sich ihm bietet, und das Beste daraus macht, aber ohne dieses eine zusätzliche Quentchen Überlegung, das die Sache erst zum richtigen Erfolg macht. Er lebt sozusagen von der Hand in den Mund. Ich möchte behaupten, daß ich ihn ohne große Schwierigkeiten fassen könnte – aber das ist es ja nicht, was du willst, oder?»

«Natürlich», sagte Parker mit Nachdruck.

«Das habe ich mir gedacht. Was ist bei näherem Hinsehen schon ein kleiner Mord oder Totschlag gegen eine Methode des Rauschgiftschmuggels, aus der Scotland Yard nicht schlau wird? Gar nichts.»

«So ist es wirklich», antwortete Parker ernsthaft. «Rauschgifthändler sind fünfzigmal schlimmer als Mörder. Sie morden Hunderte an Seele und Leib und verschulden nebenbei noch alle möglichen anderen Verbrechen unter ihrer Kundschaft. Dagegen ist einer, der einem unbedeutenden kleinen Würstchen den Schädel einschlägt, geradezu ein Wohltäter.»

«Ich muß sagen, Charles, für einen Mann mit deiner frommen Erziehung ist deine Einstellung geradezu aufgeklärt.»

«Und nicht einmal so unfromm. Fürchtet nicht den, der tötet, sondern den, der Macht hat, zu werfen in die Hölle. Was hältst du davon?»

«Tja, was wohl? Den einen hängen und den anderen für ein paar Wochen ins Gefängnis schmeißen – oder, wenn er eine gute gesellschaftliche Stellung hat, ihn mit Bewährung laufenlassen oder unter der Auflage guter Führung sechs Monate in Untersuchungshaft stecken.»

Parker verzog den Mund.

«Ich weiß, ich weiß. Aber was würde es nützen, die armen Opfer oder die kleinen Gauner zu hängen? Es träten schnell andere an ihre Stelle. Wir wollen die Leute an der Spitze. Nimm doch mal diesen Milligan. Er ist ein Schwein erster Güte und hat nicht die kleinste Entschuldigung, denn er ist nicht einmal selbst süchtig – aber angenommen, wir ergreifen und verurteilen ihn an Ort und Stelle. Die würden einen neuen Verteiler in ein neues Haus setzen, und was wäre damit gewonnen?»

«Stimmt genau», sagte Wimsey. «Und wieviel mehr wäre gewonnen, wenn du den Nächsthöheren über Milligan fangen könntest? Dasselbe würde passieren.»

Parker machte eine hilflose Gebärde.

«Ich weiß nicht, Peter. Es hat keinen Sinn, sich darüber den Kopf zu zerbrechen. Meine Aufgabe ist, die Köpfe dieser Banden zu fangen, wenn es geht, und danach erst von den kleinen Fischen so viele wie möglich. Ich kann nicht Städte abreißen und ihre Einwohner verbrennen.»

«Das Feuer des Jüngsten Gerichts allein vermag diesen Ort zu reinigen», deklamierte Wimsey, «seine Scholle auszuglühen und seine Gefangenen freizusetzen. Es gibt Augenblicke, Charles, da finde ich die einfallslose Anständigkeit meines Bruders und die boshafte Tugend seiner Frau geradezu bewundernswert. Mehr kann ich kaum sagen.»

«Du selbst hast eine Art von Anständigkeit, Peter», erwiderte Parker, «die mir besser gefällt, weil sie nicht negativ ist.» Und nach diesem geschmacklosen Sentimentalitätsausbruch wurde er prompt knallrot im Gesicht und beeilte sich, den Fehltritt wiedergutzumachen. «Aber im Augenblick muß ich sagen, daß du nicht besonders hilfreich bist. Du bist jetzt seit Wochen einem Verbrechen – wenn es ein Verbrechen ist – auf der Spur, und das einzige spürbare Ergebnis ist bisher ein gebrochenes Schlüsselbein meinerseits. Wenn du dich wenigstens darauf beschränken könntest, dir dein eigenes Schlüsselbein bre –»

«Das war auch schon mal gebrochen», sagte Wimsey, «und in einer nicht minder guten Sache. Was steckst du auch dein blödes Schlüsselbein in meine Angelegenheiten!»

In diesem Augenblick klingelte das Telefon.

Es war halb neun Uhr morgens, und Wimsey hatte mit seinem Schwager ein frühes Frühstück eingenommen, bevor jeder von ihnen an seinen Arbeitsplatz mußte. Lady Mary, die für ihr leibliches Wohl gesorgt und sie dann ihrem Streitgespräch überlassen hatte, nahm den Hörer ab.

«Ein Anruf vom Yard, Charles. Etwas wegen dieses Mr. Puncheon.»

Parker übernahm den Hörer und stürzte sich in eine angeregte Diskussion, die er mit den Worten beendete:

«Schicken Sie sofort Lumley und Eagles hin, und sagen Sie Puncheon, er soll mit Ihnen in Verbindung bleiben. Ich komme.»

«Was gibt's?» fragte Wimsey.

«Unser kleiner Freund Puncheon hat den Kerl im Smoking wiedergesehen», sagte Parker und versuchte fluchend, seinen Rock über die lädierte Schulter zu ziehen. «Trieb sich heute früh beim Verlagsgebäude des *Morning Star* herum und kaufte sich eine Frühausgabe oder so ähnlich. Offenbar ist Puncheon ihm seitdem auf den Fersen. Mittlerweile ist er schon in Finchley, ausgerechnet! Er sagt, er hätte nicht eher anrufen können. Ich muß weg. Bis später. Mach's gut, Mary. Tschüs, Peter.»

Und draußen war er.

«So, so», sagte Wimsey. Er stieß seinen Stuhl zurück und starrte abwesend auf die gegenüberliegende Wand, an der ein Kalender hing. Dann packte er plötzlich die Zuckerschale, leerte sie auf dem Tischtuch aus und begann mit wütend gerunzelter Stirn einen Turm aus den Würfeln zu bauen. Mary erkannte die Zeichen der Inspiration und stahl sich still hinaus zu ihren Hausfrauenpflichten.

Als sie 45 Minuten später wiederkam, war ihr Bruder fort, und die hinter ihm zuschlagende Wohnungstür hatte den Zuckerwürfelturm auf dem Tischtuch einstürzen lassen, aber sie sah noch, daß er sehr hoch gewesen sein mußte. Mary seufzte.

«Peters Schwester zu sein ist fast so, als hätte man den Henker von London in seiner Verwandtschaft», dachte sie, womit sie die Worte einer Dame wiederholte, mit der sie sonst wenig gemeinsam hatte. «Und mit einem Polizisten verheiratet zu sein ist fast noch schlimmer. Wahrscheinlich freut sich die Familie des Henkers, wenn das Geschäft blüht. Aber immerhin», dachte sie, denn sie war nicht ohne Humor, «man könnte auch an einen Bestattungsunternehmer geraten sein, dann müßte man sich über den Tod rechtschaffener Menschen freuen, und das wäre noch viel, viel schlimmer.»

Sergeant Lumley und Konstabler Eagles trafen in dem kleinen Schnellimbiß in Finchley, von wo er angerufen hatte, keinen Hector Puncheon mehr an. Dafür wartete eine Nachricht auf sie.

«Er hat gefrühstückt und ist wieder weg», lautete die hingekritzelte Meldung auf dem Zettel, der aus einem Reporternotizbuch herausgerissen war. «Ich rufe Sie hier so bald wie möglich wieder an. Ich fürchte, er hat gemerkt, daß ich ihm folge.»

«Da», sagte Sergeant Lumley verdrießlich. «Diese Amateure! Muß den Kerl natürlich merken lassen, daß er ihm nachläuft. Wenn irgend so ein Zeitungsmensch eine Schmeißfliege wäre und müßte einem Elefanten folgen, er würde ihm genau im Ohr herumsummen, damit er nur ja weiß, was los ist.»

Konstabler Eagles, von Bewunderung erfaßt ob dieses Gedankenfluges, lachte lauthals los.

«Wette zehn zu eins, daß er ihm jetzt ganz durch die Lappen geht», fuhr Sergeant Lumley fort. «Und dafür muß er uns hier rausjagen, ohne Frühstück.»

«Spricht eigentlich nichts dagegen, daß wir jetzt frühstücken, wenn wir einmal hier sind», meinte sein Untergebener, der die glückliche Veranlagung hatte, aus allem das Beste zu machen. «Wie wär's mit 'nem schönen Bückling?»

«Hab nichts dagegen», sagte der Sergeant. «Hoffentlich können wir ihn in Ruhe essen. Aber Sie werden sehen, der Kerl ruft an, bevor wir den ersten Bissen runter haben. Da fällt mir was ein. Ich rufe besser mal im Yard an und sorge dafür, daß Seine Exzellenz Mr. Parker hier nicht auch noch aufkreuzt. Den darf man nicht umsonst in der Gegend herumjagen!»

Konstabler Eagles bestellte Bücklinge und ein Kännchen Tee. Er gebrauchte seinen Mund lieber zum Essen als zum Reden. Der Sergeant erledigte seinen Anruf und kehrte an den Tisch zurück, gerade als die Mahlzeit aufgetragen wurde.

«Er sagt, wenn er von anderswoher anruft, sollen wir lieber ein Taxi nehmen», berichtete er. «Das spart Zeit, sagt er. Wie stellt er sich vor, daß wir hier ein Taxi kriegen sollen? Nichts als blödsinnige Straßenbahnen.»

«Rufen wir doch das Taxi jetzt gleich», riet Mr. Eagles mit vollem Mund, «dann sind wir für alle Fälle bereit.»

«Damit der Zähler für nichts und wieder nichts läuft? Meinen Sie, das würden die als Spesen anerkennen? Im Leben nicht. ‹Das zahlen Sie aus der eigenen Tasche, mein Lieber›, werden sie sagen, diese Pennyfuchser.»

«Na ja, essen Sie erst mal», schlug Mr. Eagles friedfertig vor.

Sergeant Lumley nahm seinen Bückling in Augenschein.

«Hoffentlich ist er wenigstens gut», brummelte er. «Sieht so fettig aus. Hoffentlich ist er durch. Wenn ein Bückling nicht richtig durch ist, riecht man den ganzen Tag danach.» Er beförderte einen großen Happen in seinen Mund, ohne vorher die Gräten zu entfernen, und verbrachte eine unangenehme Minute damit, sie mit den Fingern aus dem Mund zu klauben. «Menschenskind! Ich kapier nicht, wieso der Herrgott diesen Biestern so viele Gräten geben mußte.»

Konstabler Eagles war schockiert.

«Sie sollten dem Herrgott nicht ins Handwerk reinreden», sagte er tadelnd.

«Nur nicht so vorlaut, mein Junge», erwiderte Sergeant Lumley, womit er unfair seinen höheren Dienstgrad in die theologische Debatte brachte. «Sie sollten wissen, wie man mit einem Vorgesetzten spricht.»

«Vor Gott gibt es keine Vorgesetzten», versetzte Konstabler Eagles eigensinnig. Sein Vater und seine Schwester hatten hohe

Positionen in der Heilsarmee inne, und er selbst fühlte sich auf diesem Gebiet zu Hause. «Wenn es dem Herrgott gefällt, Sie zum Sergeant zu machen, ist das eine Sache, aber der Sergeant nützt Ihnen gar nichts, wenn Sie mal vor ihm stehen und sich dafür verantworten müssen, daß Sie ihm wegen der Bücklinge Vorschriften machen wollen. Vor seinen Augen sind Sie und ich überhaupt nur Würmer, mit gar keinen Gräten.»

«Hören Sie auf von Würmern», sagte Sergeant Lumley. «Man redet nicht von Würmern, wenn einer gerade frühstückt. Da verdirbt man einem doch den Appetit. Und eines will ich Ihnen sagen, Eagles, ob Wurm oder nicht, wenn ich von Ihnen noch mehr solche Frechheiten höre – zum Kuckuck mit dem Telefon! Was hab ich Ihnen gesagt?»

Er stapfte mit schweren Schritten zu dem schmuddeligen kleinen Kästchen, in dem das Telefon hing, und kam kurz darauf mit grimmig triumphierender Miene zurück.

«Das war er. Jetzt ist er in Kensington. Gehen Sie mal raus und besorgen Sie ein Taxi, während ich hier die Rechnung bezahle.»

«Wären wir mit der U-Bahn nicht schneller?»

«Die haben Taxi gesagt, also holen Sie jetzt gefälligst ein Taxi», sagte Sergeant Lumley. Während Eagles das Taxi holen ging, ergriff der Sergeant schnell die Gelegenheit, seinen Bückling aufzuessen und sich wenigstens auf diese Weise für die Niederlage im Religionsstreit zu entschädigen. Das besserte seine Laune so sehr, daß er sich damit einverstanden erklärte, von der nächsten erreichbaren Station aus die U-Bahn zu nehmen, und so begaben sie sich in relativer Harmonie bis zum U-Bahnhof South Kensington und von da zu dem Ort, den ihnen Hector Puncheon bezeichnet hatte, nämlich zum Eingang des Naturhistorischen Museums.

In der Eingangshalle war niemand zu sehen, der Hector Puncheon auch nur entfernt ähnlich gesehen hätte.

«Wahrscheinlich ist er schon wieder fort?» mutmaßte Konstabler Eagles.

«Wahrscheinlich», antwortete der Sergeant. «Da kann man nichts machen. Ich hab ihm gesagt, er soll in diesem Fall hier anrufen oder im Yard Bescheid geben. Mehr kann ich ja wohl nicht tun, oder? Am besten gehe ich mal rund, und Sie setzen sich hier hin und sehen, ob die wieder rauskommen. *Wenn* sie rauskommen, hängen Sie sich an den einen dran und sagen Puncheon, er soll hier auf mich warten. Und passen Sie bloß auf, daß der Kerl Sie nicht mit Puncheon reden sieht. Und wenn sie rauskommen und Sie sehen mich hinterherkommen, hängen Sie sich hintendran, bleiben aber außer Sichtweite, klar?»

Mr. Eagles sah völlig klar, denn schließlich kannte er seine Pflichten ebensogut wie Sergeant Lumley. Aber noch regte der Wurm sich in des Sergeant Brust. Mr. Eagles schlenderte hinüber zu einer Vitrine mit Kolibris und betrachtete sie mit ungeteiltem Interesse, während Mr. Lumley schwer die Treppe hinaufstapfte und sich bemühte, wie ein Tourist aus der Provinz auszusehen.

Mr. Eagles stand schon zehn Minuten in der Eingangshalle und hatte die Kolibris fast alle durch, als er im spiegelnden Glas der Vitrine etwas sah, was ihn veranlaßte, sich ein wenig zur Seite zu drehen, so daß er die Treppe im Blickfeld hatte. Dort kam soeben eine stattliche Person in Mantel und Zylinder langsam herunter, eine Hand tief in der Manteltasche, während die andere lässig an seiner Seite baumelte. Konstabler Eagles sah an ihm vorbei die Treppe hinauf, aber weder von Sergeant Lumley noch von Hector Puncheon war etwas zu sehen, und im ersten Moment war der Konstabler unsicher. Dann fiel ihm etwas ins Auge. In der linken Manteltasche des Herrn steckte ein zusammengefalteter *Morning Star*.

Nun ist es eigentlich nichts Besonderes, einen Herrn mit einem *Morning Star* zu sehen. Die Leser dieses großen Blattes schreiben regelmäßig an die Redaktion und liefern Statistiken, wie viele Fahrgäste des Acht-Uhr-fünfzehn-Zuges den *Morning Star* anderen Zeitungen vorziehen, und ihre Briefe werden abgedruckt, damit jeder sie lesen kann. Nichtsdestoweniger entschloß sich Konstabler Eagles, das Wagnis einzugehen. Er kritzelte rasch eine Nachricht auf die Rückseite eines Umschlags und ging damit zum Portier.

«Wenn Sie meinen Freund sehen, der mit mir hier hereingekommen ist», sagte er, «geben Sie ihm das bitte und sagen Sie ihm, ich kann nicht länger warten. Ich muß wieder an meine Arbeit.»

Aus dem Augenwinkel beobachtete er, wie der Herr im Mantel durch die Schwingtür hinausging. Unauffällig nahm er die Verfolgung auf.

Oben am Kopfende einer dunklen Treppe, die mit einem Seil und einem Schild mit der Aufschrift DURCHGANG VERBOTEN abgesperrt war, beugte Sergeant Lumley sich besorgt über Hector

Puncheons leblose Gestalt. Der Atem des Reporters ging schwer und hatte einen Klang, der dem Sergeant nicht gefallen wollte, und an der Schläfe hatte er eine häßliche Schlagwunde.

«Diese Amateure müssen doch immer alles verpfuschen», dachte Sergeant Lumley erbittert. «Hoffentlich hat Eagles wenigstens richtig geschaltet. Aber so ist das nun mal. Ich kann nicht überall gleichzeitig sein.»

Der Mann im Mantel ging rasch die Straße hinunter in Richtung U-Bahn-Station. Er schaute sich nicht um. Ein paar Schritte hinter ihm folgte gemächlich Konstabler Eagles, den Blick auf seine Beute geheftet. Keiner von beiden sah einen dritten Mann, der irgendwoher aus dem Nichts aufgetaucht war und ein paar Schritte hinter Konstabler Eagles herging. Keiner der Passanten würdigte die kleine Prozession auch nur eines Blickes, als sie die Cromwell Road überquerte und sich der U-Bahn-Station näherte.

Der Mann im Mantel warf einen Blick zum Taxistand; dann schien er es sich anders zu überlegen. Zum erstenmal sah er sich jetzt um. Alles, was er sah, war Konstabler Eagles, der sich eine Zeitung kaufte, und an diesem Anblick war nichts Bedrohliches. Den anderen Verfolger hätte er gar nicht sehen können, denn dieser war, wie die spanische Flotte, noch gar nicht in Sicht, aber Konstabler Eagles hätte ihn sehen können, wenn er in diese Richtung geschaut hätte. Der Mann im Mantel schien den Gedanken an ein Taxi endgültig zu verwerfen und wandte sich zum Eingang der U-Bahn-Station. Mr. Eagles, den Blick scheinbar interessiert auf eine Schlagzeile über Lebensmittelbesteuerung geheftet, schlenderte hinterdrein und kam gerade rechtzeitig, um seinem Beispiel zu folgen und eine Fahrkarte zum Charing Cross zu lösen. Verfolgter und Verfolger traten zusammen in den Aufzug, der Herr stellte sich ans gegenüberliegende Gitter, Eagles blieb bescheiden vorne stehen. Etwa ein halbes Dutzend Leute, meist Frauen, standen schon im Aufzug, und gerade als das Gitter sich schließen wollte, kam noch ein anderer Mann angerannt. Er ging an Eagles vorbei und stellte sich in die Mitte, genau zwischen die Frauen. Unten angekommen, stiegen alle gleichzeitig aus, wobei der Fremde sich ziemlich hastig an dem Mann im Mantel vorbeidrängte und als erster den Bahnsteig betrat, wo soeben ein in Richtung Osten fahrender Zug einlief.

Was dann genau geschah, durchschaute Konstabler Eagles im Augenblick des Geschehens nicht ganz, aber im Licht der darauffolgenden Ereignisse erinnerte er sich an das eine oder andere, das ihm zunächst nicht weiter aufgefallen war. Er sah den dritten Mann dicht an der Bahnsteigkante stehen, ein dünnes Spazierstöckchen in der Hand. Er sah den Mann im Mantel an ihm vorbeigehen, plötzlich stehenbleiben und taumeln. Er sah den Mann mit dem Stöckchen die Hand nach ihm ausstrecken und ihn am Arm packen, sah beide an der Bahnsteigkante schwanken und hörte den Schrei einer Frau. Dann stürzten beide zusammen unter den herannahenden Zug.

Eagles kämpfte sich durch den Menschenauflauf.

«Platz da!» sagte er. «Ich bin Polizist. Zurücktreten bitte.»

Sie traten zurück, mit Ausnahme eines Gepäckträgers und noch eines Mannes, die etwas zwischen Zug und Bahnsteigkante herauszogen. Ein Arm kam zum Vorschein, dann ein Kopf – dann der zerschundene Körper des dritten Mannes, des Mannes mit dem Spazierstock. Sie legten ihn, zerbeult und blutig, auf den Bahnsteig.

«Wo ist der andere?»

«Der ist hin, der arme Kerl.»

«Ist der hier tot?»

«Ja.»

«Nein.»

«O Betty, ich werde ohnmächtig.»

«Der lebt noch – sieh mal, er macht die Augen auf!»

«Ja, aber der andere?»

«Nicht drängeln, bitte!»

«Paß auf, das ist ein Polizist.»

«Das da unten ist doch die Stromschiene!»

«Wo ist hier ein Arzt? Holt doch einen Arzt!»

«Zurücktreten, bitte, weiter zurücktreten.»

«Warum wird die Stromschiene nicht abgeschaltet?»

«Wird ja schon. Eben ist einer weggelaufen, um das zu erledigen.»

«Wie wollen die ihn da rausziehen, ohne den Zug wegzufahren?»

«Der ist ja doch in tausend Stücke zerrissen, der arme Teufel.»

«Der hier hat versucht, ihn zu retten.»

«Sah aus, als wenn er krank wäre, oder vielleicht auch betrunken.»

«Betrunken? So früh am Morgen?»

«Man sollte ihm einen Brandy geben.»

«Schaffen Sie mal die Leute alle weg», sagte Eagles. «Der hier kommt durch. Aber der andere ist hin, glaube ich.»

«Völlig zermatscht. Entsetzlich!»

«Dann können Sie ihm sowieso nicht mehr helfen. Räumen Sie den Bahnsteig, und rufen Sie einen Krankenwagen und noch einen Polizisten.»

«Wird gemacht.»

«Der da kommt zu sich», sagte der Mann, der geholfen hatte, ihn auf den Bahnsteig zu ziehen. «Wie fühlen Sie sich denn, Sir?»

«Scheußlich», sagte der Gerettete mit schwacher Stimme. Dann schien er zu begreifen, wo er war, und fragte:

«Was ist passiert?»

«Nun, Sir, irgend so ein armer Kerl ist auf die Schienen gestürzt und hat Sie mitgerissen.»

«Ach ja, stimmt. Wie geht's ihm?»

«Ich glaube, es hat ihn böse erwischt, Sir. Ah!» Soeben kam jemand mit einer Flasche angerannt. «Trinken Sie mal einen Schluck davon, Sir. Seien Sie etwas vorsichtiger! Heben Sie seinen Kopf. Nicht so ruckartig. So, jetzt.»

«Ah!» sagte der Mann. «Das tut gut. Schon recht. Nur keine Umstände. Mein Rückgrat ist in Ordnung, und ich glaube sonst ist auch nichts Nennenswertes gebrochen.» Er bewegte versuchsweise Arme und Beine.

«Gleich wird ein Arzt hier sein, Sir.»

«Pfeif auf den Arzt. Bin selber Arzt. Gliedmaßen in Ordnung. Kopf offenbar heil geblieben, obwohl er entsetzlich weh tut. Rippen – da bin ich nicht so sicher. Ich fürchte, da ist was kaputt. Becken noch ganz – Gott sei Dank.»

«Freut mich zu hören», sagte Eagles.

«Ich glaube, das Trittbrett war's, das mich erwischt hat. Ich weiß noch, daß ich durchgewalkt worden bin wie ein Batzen Butter zwischen zwei so Dingern», sagte der Fremde, dessen beschädigte Rippen ihn überhaupt nicht beim Atmen zu behindern schienen. «Und dann sah ich die Räder des Zuges immer langsamer werden und stehenbleiben und hab gedacht: ‹Das war's. Jetzt bist du hinüber, mein Junge. Die Zeit ist stehengeblieben, und das ist die Ewigkeit.› Aber wie ich sehe war das ein Irrtum.»

«Glücklicherweise, Sir», sagte Eagles.

«Wenn ich doch nur den anderen armen Teufel noch hätte festhalten können!»

«Sie haben jedenfalls Ihr möglichstes getan, Sir», sagte Eagles und holte sein Notizbuch hervor. «Entschuldigen Sie, Sir, aber ich bin Polizist, und wenn Sie mir ein wenig berichten könnten, wie das passiert ist –»

«Das weiß ich doch selbst nicht», erwiderte der andere. «Ich weiß nur noch, daß ich ungefähr hier stand, als der Mann an mir vorbeiging.» Er machte eine kleine Pause, um Luft zu holen. «Ich bemerkte, daß er ziemlich komisch aussah. Herzkrank, würde ich sagen. Plötzlich hielt er an und taumelte, und dann kam er auf mich zu. Ich habe ihn am Arm zu fassen bekommen, und dann kippte er mit seinem ganzen Gewicht auf mich und riß mich mit. Und von da an erinnere ich mich an gar nichts mehr, nur noch an den Krach des Zuges und die ungeheuer großen Räder und dieses Gefühl, als wenn mir die Luft aus dem Leib gequetscht würde. Da muß ich ihn dann wohl losgelassen haben.»

«Kein Wunder», sagte Eagles mitfühlend.

«Mein Name ist Garfield», fuhr der Retter fort. «Dr. Herbert Garfield.» Er nannte eine Adresse in Kensington und eine in der Harley Street. «Ich glaube, da sehe ich einen meiner Kollegen kommen, der wird wahrscheinlich sagen, ich darf nicht reden.» Er grinste schwach. «Jedenfalls werde ich Ihnen wohl die nächsten Wochen zur Verfügung stehen, wenn Sie weitere Informationen wollen.»

Konstabler Eagles dankte Dr. Garfield und wandte sich der Leiche des Mannes im Mantel zu, die mittlerweile zwischen den Rädern des Zuges hervorgezogen und auf den Bahnsteig gelegt worden war. Es war ein unerfreulicher Anblick. Sogar Eagles, der schließlich an derartiges gewöhnt war, empfand einen heftigen Widerwillen gegen die notwendige Aufgabe, die Taschen des Toten nach Hinweisen auf seine Identität zu durchsuchen. Merkwürdigerweise fand er nichts in Gestalt von Visitenkarten oder Papieren. Er fand eine Brieftasche mit ein paar Pfund-Noten, ein silbernes Zigarettenetui, gefüllt mit einer beliebten Sorte Orientzigaretten, ein paar Münzen, ein Taschentuch ohne Monogramm und einen Sicherheitsschlüssel. Außerdem – und das freute ihn sehr – fand er in der Manteltasche einen kleinen Gummiknüppel, wie sie als Verteidigungswaffe gegen Straßenräuber verkauft wurden. Gerade wollte er im Frack nach dem Namensschild des Schneiders suchen, als ihn ein Polizeiinspektor des hiesigen Bezirks ansprach, der mit dem Krankenwagen gekommen war.

Eagles war sehr erleichtert, die Hilfe eines Kollegen zu bekommen. Er wußte, daß er sich mit Sergeant Lumley und Scotland Yard in Verbindung setzen mußte. Eine Stunde tatkräftiger Arbeit seitens aller Beteiligten endete mit einem fröhlichen Wiedersehen auf dem nächstgelegenen Polizeirevier, wo Lumley inzwischen auch schon eingetroffen war, nachdem er den bewußtlosen Mr. Puncheon im Krankenhaus abgeliefert hatte. Chefinspektor Parker kam schnurstracks nach Kensington heraus, hörte sich Eagles' und Lumleys Berichte an, besichtigte die Unglücksstelle und die Überreste des befrackten Herrn und war verärgert. Wenn ein Mann, auf den man mit großer Mühe in ganz London Jagd gemacht hat, die Unverschämtheit besitzt, gerade in dem Augenblick umzukommen, wenn man drauf und dran ist, ihn zu verhaften, und dann nicht einmal ein Schneideretikett in seinem Anzug hat; wenn er außerdem so rücksichtslos ist, sich sein Gesicht von einer U-Bahn so verunstalten zu lassen, daß man nicht einmal sein Foto zum Zwecke der Identifizierung herumgehen lassen kann, dann wird die ganze schöne Überzeugung, daß mit ihm etwas nicht in Ordnung ist, überlagert von dem Gedanken an die aufreibende Arbeit, die seine Identifizierung mit sich bringen wird.

«Wir haben überhaupt nichts», sagte Chefinspektor Parker, «bis auf sein Wäschezeichen, wie ich annehme. Und natürlich seine Zahnplomben, falls vorhanden.»

Zu seinem Ärger zeigte sich, daß der Tote noch ein ausgezeichnetes Gebiß und mindestens drei verschiedene Wäschezeichen hatte. Seine Schuhe halfen auch nicht weiter, denn sie waren Konfektionsware, allerdings von einer guten und durch Werbung sehr bekanntgewordenen Firma. Genauer gesagt war der unglückliche Mensch in Farleys Schuhen zu seinem Schöpfer gegangen und somit bis zuletzt der kühnen Behauptung gerecht geworden, daß man auch bei erhabensten Anlässen mit Farleys Schuhwerk weiterkommt.

In dieser höchsten Not rief Mr. Parker – angeregt vielleicht durch den Gedanken an die Inserate der Firma Farley – bei Pyms Werbedienst an und verlangte Mr. Bredon zu sprechen.

Besagter Herr befand sich soeben in einer Besprechung mit Mr. Armstrong, als der Anruf kam. Die Zigarettenfirma Whifflets machte Ärger. Die Werbemethoden der Konkurrenzfirma Puffins hatten ihren Umsatz spürbar beeinträchtigt. Bei Puffins hatte man nämlich einen Geistesblitz gehabt. Die Firma verschenkte Flugzeuge. In jeder Puffins-Packung steckte ein Bon, auf dem irgendein Bestandteil eines beliebten kleinen Sportflugzeugs bezeichnet war, das sich auch für Privatflieger eignete. Wenn man seinen vollständigen Satz Einzelteile (genau einhundert) zusammen hatte, schickte man ihn zusammen mit einem kurzen Aufsatz über die Bedeutung der Flugbegeisterung britischer Schuljungen an die Firma ein. Der Verfasser des besten Aufsatzes des Tages wurde stolzer Besitzer eines Privatflugzeugs und kam in den Genuß kostenloser Flugstunden, die ihn oder sie bis zur Pilotenprüfung brachten. Begleitet wurde diese hübsche Idee von einer großangelegten, modern und stimulierend konzipierten Werbekampagne: «Die Zukunft gehört den Flugbegeisterten» – «Ein Höhenflug moderner Zigarettenherstellung» – «Wer Puffins pafft, gelangt ans Ziel seiner höchsten Träume» – und so weiter. Wer aus Alters- oder Krankheitsgründen nicht in der Lage war, die Freude am Besitz eines Flugzeugs auszukosten, erhielt statt dessen einige Anteile an der neuen Kapitalauflage der beteiligten Flugzeugfirma. Die Kampagne wurde unterstützt von mehreren bekannten Fliegern, deren Gesichter, mit Pilotenhelmen geschmückt, einen von allen Zeitungsseiten angrinsten, und im dazugehörigen Text taten sie ihre wohlabgewogene Meinung kund, daß Puffins einen unschätzbaren Beitrag zur Schaffung einer britischen Vorherrschaft in der Luft leiste.

Die Whifflets-Leute waren außer sich. Zornig begehrten sie zu wissen, warum Pyms Werbedienst nicht zuerst auf diese grandiose Idee gekommen war. Sie schrien nach einer eigenen Flugzeugkampagne, mit einem größeren Flugzeug nebst Flugzeughalle zum Unterstellen. Mr. Armstrong wies sie darauf hin, daß dies die Öffentlichkeit nur dazu bringen werde, die beiden Zigarettenmarken miteinander zu verwechseln, die sich in Qualität und Aussehen ohnehin schon zum Verwechseln ähnlich seien.

«Sie sind alle gleich», sagte er zu Mr. Bredon, diesmal nicht auf die Zigaretten bezogen, sondern auf die Hersteller. «Sie laufen einander nach wie die Schafe. Wenn Whifflets mit Fotos von Filmstars wirbt, will Puffins größere Fotos von noch größeren Filmstars bringen. Wenn Gasperettes Armbanduhren verschenkt, zieht Puffins mit Großvateruhren und Whifflets mit Chronometern nach. Wenn Whifflets verkündet, ihre Zigaretten schadeten der Lunge nicht, behauptet Puffins, die ihren stärkten das Bronchialsystem, und Gasperettes zitiert Ärzte, die ihre Zigaretten bei Tuberkulose empfehlen. Jeder will dem andern den Knalleffekt stehlen, und was kommt dabei heraus? Die Leute rauchen die verschiedenen Marken reihum, genau wie vorher.»

«Aber ist das nicht gut für die Wirtschaft?» fragte Bredon unschuldig. «Wenn alle nur noch eine Marke rauchten, gingen die anderen bankrott.»

«Nein, nein», sagte Mr. Armstrong. «Dann würden sie fusionieren. Aber schlecht für uns wäre das, denn dann würden sie alle nur noch eine Werbeagentur in Anspruch nehmen.»

«Nun, und was jetzt?» fragte Bredon.

«Wir müssen uns was einfallen lassen. Wir müssen die Leute von den Flugzeugen wegbringen. Die Begeisterung hält sowieso nicht lange an. Das Land ist nicht bereit, sich mit Flugzeugen zudecken zu lassen, und schon jetzt fangen Familienväter an, sich zu beklagen. Selbst heute sehen nur wenige Väter es gern, wenn ihre Töchter in ruhigen Wohngebieten mit Privatflugzeugen ankommen. Wir brauchen etwas Neues, das auf der gleichen Linie liegt, aber familienfreundlicher ist. Und das Vaterland muß groß dabei herauskommen. Wir müssen eine patriotische Note hineinbringen.»

Es geschah in diesem Augenblick, zur selben Zeit, als Chefinspektor Parker sich noch mit der Telefonistin stritt, daß Mr. Death Bredon jene großartige Idee gebar, von der heutzutage noch jedermann spricht – jenen Plan, der mit dem Satz «Wir whiffeln durch das ganze Land» Berühmtheit erlangte –, den Plan, der den Whifflet-Umsatz in drei Monaten um 500 Prozent steigerte und das britische Hotelgewerbe und die Straßen- und Schienenverkehrsunternehmen zu Wohlstand brachte. Es ist hier nicht nötig, auf Einzelheiten einzugehen. Wahrscheinlich haben auch Sie gewhiffelt. Sie wissen noch, wie das ging. Man sammelte Gutscheine für alles – Eisenbahnfahrkarten, Busfahrten, Hotelübernachtungen, Theaterkarten – alles, was zu einem anständigen Urlaub gehört. Wenn man für die Zeit, die man auf Reisen verbringen wollte, genug gesammelt hatte, steckte man seine Gutscheine ein (man brauchte nichts einzuschicken, nichts auszufüllen) und ging auf die Reise. Am Bahnhof legte man seine Gutscheine vor, die zu soundsoviel Kilometern in der ersten Klasse berechtigten, und erhielt seine Fahrkarte zum gewünschten Ziel. Man suchte sich ein Hotel aus (fast sämtliche Hotels in Großbritannien schlossen sich der Aktion begeistert an) und legte dort Gutscheine für soundso viele Übernachtungen nach einem Whifflets-Spezialtarif vor. Für Omnibusausflüge, Kurpromenaden und Vergnügungen bezahlte man mit Whifflets-Gutscheinen. Alles war höchst einfach und mit keinerlei Umständen verbunden. Und es kam dem fröhlichen Hang zur Geselligkeit entgegen, der die Freude des reisenden englischen Mittelstandes ist. Wenn man an der Bar eine Packung Whifflets verlangte, fragte einen der Nachbar mit Sicherheit: «Whiffeln Sie auch?» Whiffel-Vereine whiffelten gemeinsam und tauschten Whifflets-Gutscheine untereinander aus. Der große Whiffler-Club gründete sich praktisch von selbst, und wenn Whiffler sich beim gemeinsamen Whiffeln kennen- und lieben gelernt hatten, gab es für sie Whifflets-Sondergutscheine für eine Whifflets-Hochzeit mit Whifflets-Hochzeitskuchen und Fotos in den Zeitungen. Nachdem dies einige Male vorgekommen war, wurde ein Arrangement getroffen, wonach Whiffler-Paare für ein Whifflets-Haus sammeln konnten, dessen Whifflets-Mobiliar einen repräsentativen Rauchsalon umfaßte, vollkommen werbungsfrei und vollgepfropft mit allen möglichen unnötigen Spielereien. Danach war es nur noch ein kleiner Schritt zum Whifflets-Baby. Fürwahr, diese Whifflets-Kampagne ist und bleibt das herausragendste Beispiel für das, was man in der Werbung einen großen Wurf nennt. Das einzige, was man durch Whiffeln nicht bekommen konnte, war ein Sarg; der Gedanke verbot sich, daß ein Whiffler so etwas jemals brauchen könnte.

Nun soll aber niemand glauben, diese schöne Whiffel-Welt sei in ihrer ganzen runden Vollkommenheit bereits gestiefelt und gespornt in dem einen Augenblick Mr. Bredons Gehirn entsprungen, als Mr. Armstrong das Wort «familienfreundlich» fallenließ. Da geschah nichts weiter, als daß sich in seinem Geiste eine Verbindung zu «Familienhotel» knüpfte und er irgendwo tief drinnen eine Erleuchtung in sich aufglimmen fühlte. Er antwortete bescheiden: «Ja, Sir, ich werde versuchen, mir etwas einfallen zu lassen», sammelte ein paar Blatt Papier ein, auf die Mr. Armstrong ein paar unleserliche Notizen hingeschmiert und etwas dazugemalt hatte, das aussah wie ein Igel, und entfernte sich. Er hatte auf dem Flur gerade sechs Schritte hinter sich, als die idiotische Schlagzeile von ihm Besitz ergriff: «Wenn Sie sich das wünschen, können Sie dafür whiffeln.» Zwei Schritte weiter hatte dieser häßliche Satz sich schon umformuliert in: «Whiffeln Sie sich ans Ziel Ihrer Wünsche», und auf der Schwelle zu seinem Zimmer traf ihn die erste praktische Anwendungsmöglichkeit des Whiffeltums wie ein Vorschlaghammer. Ganz Feuer und Flamme, stürzte er an seinen Schreibtisch, schnappte sich einen Block und hatte soeben das Wort «WHIFFELN» in zweieinhalb Zentimeter hohen Großbuchstaben daraufgeschrieben, als Miss Rossiter mit der Mitteilung hereinkam, daß Mr. Parker dringend von Mr. Bredon unter seiner Nummer in Whitehall angerufen zu werden wünsche. Lord Peter Wimsey steckte so fest in der Haut des Mr. Death Bredon, daß er ein lautes, von Herzen kommendes «Verdammt!» ausstieß.

Dennoch gehorchte er der Aufforderung, nahm sich unter dem Vorwand einer dringenden Privatangelegenheit frei und fuhr zu Scotland Yard, wo er die Kleidungsstücke und Habseligkeiten des befrackten Herrn in Augenschein nahm.

«Es wird uns wohl nichts anderes übrigbleiben», sagte Parker, «als mit den Wäschezeichen hausieren zu gehen. Vielleicht sollten wir auch ein Foto davon in einigen Londoner und anderen Zeitungen veröffentlichen. Ich hasse Zeitungen, aber zum Inserieren sind sie zu gebrauchen, und das eine oder andere von diesen Wäschezeichen könnte von außerhalb Londons stammen...»

Wimsey sah ihn an.

«Inserate, mein lieber Charles, mögen für Wäschereien empfehlenswert sein, aber für unsereinen existieren sie nicht. Ein Herr, der einen so gut geschneiderten Anzug trägt und dennoch seinem Schneider nicht den Ruhm dafür gönnt, gehört, wie wir, nicht zur inserierenden Spezies. Das da ist sein Zylinder, wie ich sehe, und wie durch ein Wunder unbeschädigt.»

«Er war vor dem Zug aufs Nachbargleis gerollt.»

«Eben. Und auch hier wieder wurde das goldene Etikett des Hutmachers entfernt. Wie widersinnig, Charles! Man sieht doch nicht – oder du und ich und dieser Herr zumindest tun das nicht – die Marke als Bürgen für die Qualität an. Für unsereinen bürgt die Qualität für die Marke. Es gibt nur zwei Hutmacher in London, die diesen Hut hätten machen können, und du wirst zweifellos schon bemerkt haben, daß der Zylinder ausgesprochen länglich und auch die Wölbung der Krempe charakteristisch ist. Er ist eine Idee hinter der jetzigen Mode, wurde aber zweifellos erst kürzlich angefertigt. Schick mal zu jedem dieser beiden Hutmacher einen deiner Spürhunde und laß sie nach dem Kunden mit dem länglichen Kopf fragen, der eine Vorliebe für diese Krempenform hat. Verschwende deine Zeit nicht mit der Jagd auf Wäschezeichen, die bestenfalls mühsam und schlimmstenfalls irreführend ist.»

«Danke», sagte Parker. «Ich habe mir doch gedacht, daß du

entweder den Hutmacher oder den Schneider erkennen würdest.»

Der erste Hutmacher, den sie aufsuchten, entpuppte sich schon als der richtige. Er gab ihnen die Adresse eines Mr. Horace Mountjoy, wohnhaft in Kensington. Sie bewaffneten sich mit einem Haussuchungsbefehl und begaben sich zu der angegebenen Wohnung.

Mr. Mountjoy war, wie sie vom Hausmeister erfuhren, ein Junggeselle mit ruhigen Lebensgewohnheiten, außer daß er häufig bis ziemlich spät in die Nacht außer Haus war. Er lebte allein und wurde vom hauseigenen Personal bedient.

Der Dienst des Hausmeisters begann morgens um neun. Einen Nachtportier gab es nicht. Zwischen elf Uhr abends und neun Uhr morgens war die Haustür abgeschlossen und konnte von den Mietern mit ihrem eigenen Schlüssel geöffnet werden, ohne daß sie ihn in seiner Kellerwohnung stören mußten. Er hatte Mr. Mountjoy gestern abend gegen Viertel vor acht in Frack und Zylinder ausgehen, aber nicht mehr zurückkommen sehen. Withers, der Hausdiener, könne wahrscheinlich sagen, ob Mr. Mountjoy die Nacht zu Hause verbracht habe.

Withers konnte mit Bestimmtheit sagen, daß dies nicht der Fall war. Niemand außer ihm und dem Stubenmädchen, das die Zimmer aufräumte, habe Mr. Mountjoys Wohnung betreten. Das Bett sei unberührt gewesen. Dies sei bei Mr. Mountjoy nichts Ungewöhnliches. Er sei oft die ganze Nacht fort, komme aber für gewöhnlich zum Frühstück um halb zehn nach Hause.

Parker zeigte seinen Dienstausweis, und sie gingen zu der Wohnung im dritten Stock hinauf. Withers wollte mit seinem Hauptschlüssel, den er, wie er sagte, morgens immer benutzte, um die Mieter nicht zu stören, die Wohnung aufschließen, aber Parker hielt ihn zurück und holte die beiden Schlüssel hervor, die er bei dem Toten gefunden hatte. Einer von ihnen paßte, und damit war nahezu zweifelsfrei erwiesen, daß sie hier richtig waren.

Alles in der Wohnung war in vollkommener Ordnung. Im Wohnzimmer stand ein Schreibtisch, der ein paar Rechnungen und einen Notizblock enthielt, aber die Schubladen waren alle unverschlossen und schienen keine Geheimnisse zu bergen. Auch im Schlafzimmer und dem kleinen Eßzimmer gab es nichts Besonderes. Im Bad hing ein Schränkchen mit den üblichen Toilettenartikeln und der Hausapotheke. Parker ging rasch deren

Inhalt durch und hielt sich ein paar Minuten an einem Päckchen auf, das die Aufschrift «Natriumbikarbonat» trug, aber Fingerspitzen und Zunge belehrten ihn bald, daß es genau das enthielt, was es zu enthalten vorgab. Das einzige, was in der ganzen Wohnung als ein ganz klein wenig ungewöhnlich betrachtet werden konnte, waren ein paar (ebenfalls im Badezimmerschränkchen liegende) Päckchen Zigarettenpapier.

«Hat Mr. Mountjoy sich seine Zigaretten selbst gedreht?»

«Ich habe es nie gesehen», antwortete Withers. «In der Regel hat er türkische Abdullas geraucht.»

Parker nickte und beschlagnahmte das Zigarettenpapier. Bei der weiteren Suche fand sich nirgendwo loser Tabak. Aus dem Eßzimmerbüfett wurden ein paar Zigarren- und Zigarettenschachteln sichergestellt. Sie sahen harmlos aus, und als Parker einige von ihnen aufschlitzte, enthielten sie nichts als ausgezeichneten Tabak. Parker schüttelte den Kopf.

«Sie werden alles sehr gründlich durchsuchen müssen, Lumley.»

«Ja, Sir.»

«Ist irgend etwas mit der ersten Post gekommen?»

Nichts.

«War heute schon Besuch hier?»

«Nein, Sir. Höchstens wenn Sie den Mann von der Post mitzählen.»

«Oh. Was wollte *der* denn?»

«Nichts weiter», antwortete Withers. «Nur das neue Telefonbuch bringen.» Er zeigte auf die beiden nagelneuen Bände, die auf dem Schreibtisch im Wohnzimmer lagen.

«Oh!» sagte Parker wieder. Das klang nicht vielversprechend. «Ist er ins Zimmer gekommen?»

«Nein, Sir. Er hat an die Tür geklopft, als Mrs. Trabbs und ich hier drinnen waren. Mrs. Trabbs war beim Fegen, Sir, und ich habe gerade Mr. Mountjoys Straßenanzug ausgebürstet. Ich habe die neuen Bücher angenommen und ihm die alten zurückgegeben.»

«Aha. Gut. Und außer dem Fegen und Bürsten haben Sie hier nichts verändert?»

«Nein, Sir.»

«Lag etwas im Papierkorb?»

«Das kann ich nicht sagen, Sir. Mrs. Trabbs müßte das wissen.»

Mrs. Trabbs wurde geholt und sagte, daß im Papierkorb nur

ein Weinprospekt gelegen habe. Mr. Mountjoy habe wenig geschrieben und selten Post bekommen.

Überzeugt, daß in der Wohnung nichts verändert worden war, seit ihr Bewohner sie gestern abend verlassen hatte, wandte Mr. Parker seine Aufmerksamkeit dem Kleiderschrank und der Wäschekommode zu, wo er die verschiedensten Kleidungsstücke fand, und zwar alle, wie es sich gehörte, mit dem Etikett des Schneiders oder Hemdenmachers darin. Er stellte fest, daß sie samt und sonders von Künstlern ihrer Zunft angefertigt worden waren. Im Hutfach fand sich noch ein seidener Zylinder, ähnlich dem, der jetzt bei Scotland Yard lag, nur daß sein Schweißband mit dem Etikett des Hutmachers unbeschädigt war; außerdem lagen dort noch ein paar Filzhüte und eine Melone, alle von erstklassigen Hutmachern.

«War Mr. Mountjoy ein reicher Mann?»

«Er schien in sehr guten Verhältnissen zu leben, Sir. Er hat es sich gutgehen lassen; von allem das Beste. Besonders in den letzten zwei Jahren.»

«Was war er von Beruf?»

«Ich glaube, er war ein vermögender Herr. Ich habe nie gehört, daß er einer Arbeit nachging.»

«Wußten Sie, daß er einen Zylinder hatte, aus dem der Name des Hutmachers entfernt war?»

«Ja, Sir. Darüber hat er sich sehr geärgert. Er sagte, ein Freund von ihm habe das aus Jux getan. Ich habe ihm mehrmals angeboten, den Schaden beheben zu lassen, Sir, aber nachdem sein Zorn sich gelegt hatte, hat er gemeint, es sei nicht so wichtig. Er hat den Hut nicht oft getragen, Sir. Und außerdem hat er gemeint, er sehe nicht ein, wieso er als lebende Reklame für seinen Hutmacher herumlaufen soll.»

«Wußten Sie, daß in seinem Frack ebenfalls das Schneideretikett fehlte?»

«Wirklich, Sir? Nein, das ist mir nicht aufgefallen.»

«Was war Mr. Mountjoy für ein Mensch?»

«Er war ein sehr angenehmer Herr, Sir. Es tut mir sehr leid, zu hören, daß ihm so ein trauriges Unglück zugestoßen ist.»

«Wie lange hat er hier gewohnt?»

«Sechs oder sieben Jahre, glaube ich, Sir. Ich selbst bin erst seit vier Jahren hier.»

«Wann wurde ihm dieser Streich mit dem Zylinder gespielt?»

«Vor etwa anderthalb Jahren, Sir, wenn ich mich recht erinnere.»

«Schon vor so langer Zeit? Ich hätte den Hut für neuer gehalten.»

«Nun, Sir, wie gesagt, er hat ihn höchstens ein- oder zweimal die Woche getragen. Und auf die Mode seiner Hüte hat Mr. Mountjoy nie Wert gelegt. Er liebte eine bestimmte Form und hat alle seine Hüte in dieser Art machen lassen.»

Parker nickte. Das wußte er schon von dem Hutmacher und von Wimsey, aber es war immer gut, der Sache auf den Grund zu gehen. Er hatte noch nie erlebt, daß Wimsey sich in bezug auf Kleidung geirrt hatte.

«Also gut», sagte er. «Wie Sie sich gewiß denken können, Withers, wird Mr. Mountjoys Tod noch Gegenstand einer Untersuchung sein. Sagen Sie Außenstehenden so wenig wie möglich darüber. Sie werden mir alle Wohnungsschlüssel aushändigen, und ich werde die Wohnung für ein paar Tage in die Obhut der Polizei geben.»

«Sehr wohl, Sir.»

Parker blieb noch, bis er Namen und Adresse des Hausbesitzers hatte, dann überließ er Lumley seiner Arbeit. Von dem Hausbesitzer erfuhr er sehr wenig. Mr. Mountjoy, ohne Beruf, habe die Wohnung vor sechs Jahren gemietet. Er habe regelmäßig seine Miete bezahlt. Es habe nie Klagen über ihn gegeben. Über Mr. Mountjoys Freunde und Verwandte sei nichts bekannt. Es sei bedauerlich, daß ein so guter Mieter ein so plötzliches und trauriges Ende gefunden haben solle. Es sei nur zu hoffen, daß daraus kein Skandal erwachse, denn diese Wohnungen hätten stets einen ausgezeichneten Ruf genossen.

Parkers nächster Besuch galt Mr. Mountjoys Bank. Hier begegnete er der üblichen abwehrenden Haltung, aber schließlich bekam er doch Einblick in die Bücher. Mr. Mountjoy bezog aus soliden Anlagen ein regelmäßiges Jahreseinkommen von rund tausend Pfund. Keine Unregelmäßigkeiten. Keine geheimnisvollen Geldbewegungen. Parker verließ die Bank mit dem unguten Gefühl, daß Hector Puncheon Gemseneier gefunden hatte.

Exzentrisches Verhalten einer Postdienststelle

Der Chefinspektor teilte Wimsey noch am selben Abend seine Ansicht mit. Seine Lordschaft, dessen Gedanken immer noch zwischen der Kriminalistik und der neuen Whifflets-Kampagne, die im Laufe des Nachmittags deutliche Formen angenommen hatte, geteilt waren, gab sich kurz angebunden.

«Gemseneier? Und wer hat Puncheon k. o. geschlagen? Vielleicht die Gemse?»

«Vielleicht hatte Mountjoy einfach die Nase voll. Dir ginge es auch auf die Nerven, wenn du von diesem Puncheon durch ganz London verfolgt würdest.»

«Schon möglich. Aber ich würde ihn nicht niederschlagen und seinem Schicksal überlassen. Ich würde ihn der Polizei in Gewahrsam geben. Wie geht es Puncheon überhaupt?»

«Er ist noch bewußtlos. Gehirnerschütterung. Scheint einen schweren Schlag an die Schläfe und ein böses Ding an den Hinterkopf bekommen zu haben.»

«Hm. Wahrscheinlich gegen die Wand geknallt, als Mountjoy ihm eins mit dem Totschläger überzog.»

«Da dürftest du recht haben.»

«Ich habe immer recht. Und ich hoffe, du hast ein Auge auf diesen Garfield.»

«Der käme vorerst nicht weit. Warum?»

«Nun – es ist doch merkwürdig, daß Mountjoy zu einem für dich so ungelegenen Zeitpunkt umkam.»

«Du willst doch nicht sagen, daß Garfield etwas damit zu tun hatte? Hör mal, der Mann ist beinahe selbst dabei umgekommen. Außerdem haben wir uns schon mit ihm befaßt. Er ist ein bekannter Arzt und hat eine große Praxis im West-End.»

«Vielleicht für Rauschgiftsüchtige?»

«Er ist Nervenspezialist.»

«Eben.»

Parker stieß einen Pfiff aus. «Ach, so siehst du das?»

«Paß mal auf», sagte Wimsey, «deine grauen Zellen scheinen

heute nicht so zu funktionieren, wie sie sollten. Bist du müde von der Arbeit? Leidest du unter Stumpfheit und Lethargie nach dem Essen? Versuch's mal mit Brausefrisch, der belebenden, entschlackenden Kräutersalzlösung. Manche Zufälle sind zu zufällig, um wahr zu sein. Wenn ein Herr das Schneideretikett aus seinem Frack entfernt und sich die Mühe macht, das Etikett des Hutes mit einem Rasiermesser aus dem Schweißband seines Zylinders zu trennen, danach ohne ersichtlichen Grund in Frack und Zylinder zu unchristlicher Morgenstunde von Finchley nach South Kensington ins Museum hüpft, hat er etwas zu verbergen. Wenn er dann noch seinem merkwürdigen Betragen die Krone aufsetzt, indem er ohne den kleinsten sichtbaren Anlaß vor einen Zug stürzt, muß noch jemand anderes ein Interesse daran haben, genau dasselbe zu verbergen. Und je mehr dieser Jemand bei dem Unternehmen riskiert, desto sicherer kannst du annehmen, daß es sich um etwas handelt, was das Verbergen lohnt.»

Parker sah ihn an und grinste sich eins.

«Du bist ein großer Kombinierer, Peter. Wärst du überrascht, zu hören, daß du nicht der einzige bist?»

«Nein, gar nicht. Du verschweigst mir doch etwas! Was ist es? Ein Zeuge des tätlichen Angriffs? Jemand, der auf dem Bahnsteig war? Jemand, dem du zuerst nicht recht glauben wolltest? Du alter Geheimniskrämer, ich sehe es deinem Gesicht an. Jetzt aber raus damit – wer war's? Eine Frau. Eine hysterische Frau. Eine hysterische alte Jungfer. Habe ich recht?»

«Hol dich der Kuckuck, ja.»

«Dann los. Erzähl schon.»

«Also, als Eagles auf dem Bahnsteig die Zeugenaussagen aufnahm, waren sich alle einig, daß Mountjoy ein paar Schritte an Garfield vorbeigegangen und plötzlich getaumelt sei; daß Garfield ihn am Arm gepackt habe und beide gemeinsam gestürzt seien. Aber diese Frau, eine Miss Eliza Tebbutt, 52 Jahre alt, ledig, Haushälterin, wohnhaft in Kensington, will ein paar Schritte weiter als die beiden gestanden und deutlich gehört haben, wie jemand ‹mit furchtbarer Stimme› sagte: ‹Rausch weg, du bist *dran*!› Daß Mountjoy augenblicklich wie vom Blitz getroffen stehenblieb und daß Garfield ‹mit schrecklichem Gesicht› ihn am Arm packte und zu Fall brachte. Es erhöht vielleicht dein Vertrauen in die gute Dame, wenn du erfährst, daß sie ein Nervenleiden hat, schon einmal im Irrenhaus war und überzeugt ist, daß Garfield ein prominentes Mitglied einer Bande ist, die das

Ziel hat, alle Engländer zu ermorden und in Großbritannien eine jüdische Vorherrschaft zu errichten.»

«Bleib mir mit diesem Quatsch vom Leibe. Aber wenn jemand fixe Ideen hat, muß er deswegen noch nicht grundsätzlich unrecht haben. Sie hat sich vielleicht ein Großteil von alldem eingebildet oder frei erfunden, aber so etwas Idiotisches wie ‹Rausch weg› kann sie sich weder eingebildet noch erfunden haben, das war nämlich eindeutig ein Hörfehler für ‹Mountjoy›. Garfield ist dein Mann – wenn ich auch zugeben muß, daß ihm schwer etwas nachzuweisen sein wird. Aber wenn ich du wäre, würde ich mal eine Haussuchung bei ihm machen – falls es dafür nicht schon zu spät ist.»

«Ich fürchte, es ist zu spät. Wir haben eine Stunde gebraucht, bis wir aus dieser Miss Tebbutt etwas halbwegs Vernünftiges herausbrachten, und in der Zwischenzeit hatte der tapfere Dr. Garfield natürlich schon zu Hause und in seiner Praxis angerufen, um zu erklären, was ihm passiert war. Trotzdem werden wir ein Auge auf ihn haben. Aber am meisten interessiert uns im Augenblick Mountjoy. Wer war dieser Mann? Was trieb er? Warum mußte er aus dem Weg geräumt werden?»

«Was er trieb ist ziemlich klar. Er war im Rauschgifthandel tätig und wurde beseitigt, weil er so dumm gewesen war, sich von Puncheon erkennen und beschatten zu lassen. Jemand muß ihn beobachtet haben; diese Bande scheint jeden Schritt ihrer Mitglieder zu überwachen. Oder der unglückselige Mountjoy hat womöglich um Hilfe gebeten, und da hat man ihm aus der Welt geholfen, weil damit das ganze Problem am schnellsten aus der Welt war. Schade, daß Puncheon noch nicht reden kann – er könnte uns sagen, ob Mountjoy auf seiner Irrfahrt quer durch die Stadt einmal von irgendwoher angerufen oder mit jemandem gesprochen hat. Jedenfalls hatte er einen Fehler gemacht, und Leute, die Fehler machen, dürfen nicht weiterleben. Am seltsamsten von allem erscheint es mir ja, daß du nichts von irgendwelchen Besuchen in seiner Wohnung gehört hast. Man sollte meinen, die Bande würde dort als erstes eine Durchsuchung vornehmen, um sicherzugehen. Diesem Personal ist doch hoffentlich zu trauen?»

«Ich glaube, ja. Wir haben uns erkundigt. Sie haben alle einen tadellosen Leumund. Der Hausmeister ist ein Kriegsveteran mit hervorragenden Beurteilungen. Der Hausdiener und das Stubenmädchen sind unbescholtene Leute – es liegt nicht das mindeste gegen sie vor.»

«Hm. Und du hast nichts weiter als ein Päckchen Zigarettenpapier gefunden? Das eignet sich natürlich bestens zum Verpakken kleiner Mengen Kokain, beweist aber für sich allein noch nichts.»

«Daß du die Bedeutung des Zigarettenpapiers sehen würdest, war mir schon klar.»

«Ich bin ja noch nicht blind oder schwachsinnig.»

«Aber wo ist der Koks?»

«Der Koks? Aber wirklich, Charles! Den wollte er doch gerade holen, als Freund Puncheon ihm in die Quere kam. Hast du noch immer nicht mitgekriegt, daß hier der Milligan-Haufen mit drinhängt? Und daß der Freitag der Tag ist, an dem das Zeug verteilt wird? Die Milligans bekommen es freitags und geben ihre Parties freitags und samstags abends, da wird es dann an die eigentlichen Verbraucher ausgegeben. Das hat mir Dian de Momerie gesagt.»

«Ich frage mich nur», meinte Parker, «wieso es immer derselbe Wochentag ist. Das erhöht doch das Risiko.»

«Offenbar ist es ein wesentlicher Bestandteil des ganzen Systems. Das Zeug kommt ins Land – sagen wir donnerstags. Das ist dein Teil der Geschichte. Da hast du übrigens noch nicht viel erreicht, wie's scheint. In der Nacht wird es – na ja, irgendwohin gebracht. Am nächsten Tag wird es von den Mountjoys abgeholt und an die Milligans weitergeschickt, wobei die sich untereinander höchstwahrscheinlich gar nicht kennen. Und bis Samstag ist alles verteilt, und alle feiern ein fröhliches Wochenende.»

«Klingt einleuchtend. Es erklärt jedenfalls, warum wir in Mountjoys Wohnung oder bei seiner Leiche nicht die kleinste Spur gefunden haben. Außer dem Zigarettenpapier. Übrigens, ist das richtig? Wenn Mountjoy das Zigarettenpapier hat, muß er eigentlich derjenige sein, der es an die Konsumenten verteilt.»

«Nicht unbedingt. Er selbst bekommt es en gros – getarnt als Natron oder was weiß ich. Er macht daraus kleine Portionen und verteilt sie – soundso viele an Milligan, soundso viele an den oder an jenen; wann oder wie, weiß ich nicht. Und wie die Bezahlung organisiert ist, weiß ich auch nicht.»

«Freut mich zu hören, daß du einmal etwas nicht weißt.»

«Wenn ich sage, ich weiß es nicht, heißt das nicht, daß ich es mir nicht denken kann. Aber ich will dich nicht mit Spekulationen aufhalten. Trotzdem ist es sehr verwunderlich, daß Garfield & Co. die Wohnung in Ruhe gelassen haben sollen.»

«Vielleicht wollte Garfield später noch hin, wenn er nicht selbst unter die Räder gekommen wäre.»

«Nein, das hätte er nicht so lange hinausgeschoben. Erzähl mir doch noch einmal alles über die Wohnung.»

Parker wiederholte geduldig seinen Bericht von dem Besuch in der Wohnung und den Gesprächen mit dem Personal. Noch bevor er halb fertig war, hatte Wimsey den Kopf gehoben und lauschte mit gebannter Aufmerksamkeit.

«Charles! Was sind wir für Schwachköpfe! Natürlich, das war's!»

«Was war was?»

«Das Telefonbuch natürlich. Der Mann, der die beiden neuen Bände gebracht und die alten mitgenommen hat. Seit wann gibt die Post denn beide Bände gleichzeitig heraus?»

«Beim Zeus!» rief Parker.

«Du sagst es. Ruf sofort an und frag, ob heute zwei neue Bände des Telefonbuchs an Mountjoys Adresse geschickt worden sind.»

«Es dürfte nicht leicht sein, so spät am Abend den dafür zuständigen Beamten zu erreichen.»

«Allerdings. Warte mal. Ruf in den anderen Wohnungen an und frag, ob sonst noch jemand heute morgen neue Telefonbücher bekommen hat. Nach meiner Erfahrung erledigen selbst staatliche Behörden so etwas lieber auf einmal und schicken nicht jedem Kunden die Bücher einzeln.»

Parker befolgte den Rat. Nach einigen Schwierigkeiten bekam er Verbindung mit drei weiteren Mietern des Hauses, in dem Mountjoys Wohnung lag. Alle drei gaben die gleiche Antwort: Sie hatten ihren neuen Band L–Z vor etwa vierzehn Tagen bekommen. Der neue Band A–K sei noch nicht fällig. Einer ging sogar weiter. Sein Name war Barrington, und er war erst vor kurzem eingezogen. Er hatte sich erkundigt, wann der neue Band A–K mit seiner neuen Nummer erscheinen werde, und die Auskunft erhalten, daß dieser voraussichtlich im Oktober herauskommen werde.

«Damit ist alles klar», sagte Wimsey. «Unser Freund Mountjoy hatte sein Geheimnis in den Telefonbüchern versteckt. Dieses große Werk enthält Inserate, postalische Bestimmungen und Namen und Adressen, vor allem Namen und Adressen. Können wir annehmen, daß das Geheimnis zwischen den Namen und Adressen schlummerte? Ich glaube, ja.»

«Es erscheint mir logisch.»

«Sehr logisch. Nun, und wie versuchen wir jetzt an diese Namen und Adressen heranzukommen?»

«Das wird eine Heidenarbeit. Wahrscheinlich könnten wir eine Beschreibung des Mannes bekommen, der die Bücher heute morgen abgeholt hat –»

«Um die ganze Millionenstadt London nach ihm abzusuchen? Gäb es in Fülle Welt und Zeit! Wohin kommen brave Telefonbücher, wenn sie gestorben sind?»

«Wahrscheinlich in die Papiermühle, zum Einstampfen.»

«Und der Band L–Z wurde zuletzt vor vierzehn Tagen ausgetauscht. Da haben wir die Chance, daß er noch nicht eingestampft ist. Mach dich an die Arbeit, Charles. Außerdem besteht mehr als eine Chance, daß dieses Buch mit Markierungen versehen war und die alten Markierungen jeweils in das neue Buch übertragen wurden.»

«Wozu das? Mountjoy hätte ohne weiteres den alten markierten Band behalten können.»

«Das glaube ich nicht, sonst hätten wir ihn entweder gefunden oder der Hausdiener hätte etwas davon gewußt. Der Fremde kam, die beiden derzeit gültigen Bände wurden ihm ausgehändigt, und er ging zufrieden damit weg. In meinen Augen bestand der ganze Trick darin, jeweils den neuesten Band zu benutzen, um keinen Argwohn zu erregen, nichts verstecken zu müssen und die Beweise in kürzester Zeit verschwinden lassen zu können.»

«Vielleicht hast du recht. Jedenfalls ist es eine Chance, wie du sagst. Ich setze mich morgen früh gleich mit dem Fernmeldeamt in Verbindung.

Das Glück schien sich gewendet zu haben. Am Ende eines anstrengenden Vormittags wußten sie, daß die alten Telefonbücher schon in Säcke verpackt und an die Papiermühlen abgegangen, aber bisher noch nicht eingestampft worden waren. Sechs Arbeiter, die sich übers Wochenende mit den im Postbezirk Kensington eingesammelten Bänden L–Z befaßten, brachten den erfreulichen Umstand an den Tag, daß neun von zehn Leuten irgendwelche Dinge in ihren Telefonbüchern anstrichen. Die Berichte kamen am laufenden Band. Wimsey, der mit Parker in dessen Büro bei Scotland Yard saß, studierte sie.

Am späten Sonntagabend hob Wimsey den Kopf von einem Stapel Papiere.

«Ich glaube, das ist es, Charles.»

«Was?» Parker war müde, seine Augen waren rot und entzündet, aber in seiner Stimme klang Hoffnung.

«Das hier. Da ist eine ganze Liste von Wirtshäusern in der Londoner Innenstadt abgehakt – drei in der Mitte von L, zwei am Ende von M, eins bei N, eins bei O und so weiter, und zwei in der Mitte von W. Die zwei bei W sind der *Weiße Hirsch* in Wapping und das *Weiße Roß* in der Nähe Oxford Street. Das nächste W danach ist der *Weiße Schwan* in Covent Garden. Ich wette jede Summe, daß in dem verschwundenen neuen Band der *Weiße Schwan* ebenfalls abgehakt ist.»

«Ich weiß im Moment nicht, worauf du hinaus willst.»

«Es ist eine ziemlich gewagte Vermutung, aber mir kommt es so vor: Wenn das Zeug donnerstags nach London kommt, wird es jeweils in das Wirtshaus gebracht, das nach dem Telefonbuch als nächstes an der Reihe ist. Eine Woche ist es eines mit A – etwa der *Anker*. In der nächsten Woche kommt ein B – vielleicht der *Bär* oder der *Bussard*. Dann C und so weiter bis W, X, Y, Z – sofern es da etwas gibt. Die Leute, die das Rauschgift abholen sollen, begeben sich in das betreffende Wirtshaus, wo es ihnen vom Oberverteiler und seinen Gehilfen zugesteckt wird, wahrscheinlich ohne daß der Wirt etwas davon ahnt. Und da sie nie zweimal in dieselbe Wirtschaft kommen, können deine lieben Polizisten in den *Weißen Schwan* gehen und über Papageien reden, bis sie schwarz sind. Sie hätten ins *York* oder *Yucatán* gehen sollen.»

«Gute Idee, Peter. Sehen wir uns die Liste noch einmal an.»

Wimsey reichte sie ihm.

«Du hast recht. Diese Woche war W dran, und als nächstes käme eine X-Woche. Das ist unwahrscheinlich, denn bei X gibt es nichts. Also Y. Das nächste Y nach dem zuletzt hier abgehakten ist das *Yak* in Soho. Aber Moment mal, wenn die alphabetisch vorgehen, wieso sind sie dann in einem Fall bis ans Ende von M gekommen und im andern nur bis WE?»

«Sie müssen die Ws schon einmal durchgehabt und wieder von vorn angefangen haben.»

«Ach ja – es gibt wahrscheinlich viele Ms. Aber es gibt auch Hunderte von Ws. Trotzdem, wir werden's versuchen, Peter. Was gibt's, Lumley?»

«Bericht aus dem Krankenhaus, Sir. Puncheon ist wieder bei Bewußtsein.»

Parker blätterte den Bericht durch.

«So ungefähr hatten wir es uns schon vorgestellt», sagte er, indem er Wimsey den Bericht weiterreichte. «Mountjoy scheint gemerkt zu haben, daß er verfolgt wurde. Er hat von der U-Bahn-Station Piccadilly aus angerufen und ist dann kreuz und quer durch London gezogen.»

«Und so konnte die Bande ihm schön auflauern.»

«Ja. Als er sah, daß er Puncheon nicht abschütteln konnte, hat er ihn ins Museum gelockt und ihn dort in einem stillen Eckchen niedergeschlagen. Puncheon glaubt, er sei mit irgendeiner Waffe geschlagen worden. Stimmt genau. Er hat nicht mit Mountjoy gesprochen. Eigentlich sagt dieser Bericht uns nichts, was wir nicht schon wußten, außer daß Mountjoy, als Puncheon ihn sah, sich gerade vor dem Verlagsgebäude eine Frühausgabe des *Morning Star* kaufte.»

«So? Das ist interessant. Na ja, behalte jedenfalls mal das *Yak* im Auge.»

«Und du behalte Pyms Werbedienst im Auge. Du weißt, wir wollen den Mann an der Spitze haben.»

«Das will auch Major Milligan. Der Mann an der Spitze scheint ein sehr gefragter Mensch zu sein. Also, Wiedersehen. Wenn ich nichts mehr für dich tun kann, gehe ich jetzt lieber ins Bettchen. Ich muß morgen meine Whifflets-Kampagne in Gang bringen.»

«Die Idee gefällt mir, Mr. Bredon», sagte Mr. Pym und klopfte mit dem Finger auf die vor ihm liegenden Entwürfe. «Sie hat Größe. Und Weitblick. Werbung bedarf mehr als alles andere der Größe und des Weitblicks. Das macht ihre Anziehungskraft aus. Meiner Meinung nach besitzt Ihr Plan Anziehungskraft. Natürlich ist er teuer und muß genau ausgearbeitet werden. Wenn zum Beispiel alle Gutscheine sofort eingelöst würden, stiegen die Unkosten für jede verkaufte Packung derart, daß sie durch den Gewinn nicht mehr aufgefangen werden könnten. Aber ich glaube, diese Schwierigkeit ist zu überwinden.»

«Sie werden nicht alle sofort eingelöst», sagte Mr. Armstrong. «Jedenfalls nicht, wenn wir sie richtig mischen. Die Leute werden Zeit zum Sammeln und Tauschen brauchen. Das gibt uns einen Vorsprung. Whifflets muß die Kosten dafür als Werbekosten kalkulieren. Am Anfang brauchen wir eine große Pressekampagne, und wenn die Sache erst mal läuft, genügen kleine Inserate vollkommen.»

«Schön und gut, Armstrong, aber wir müssen auch an uns selbst denken.»

«Das ist klar. Wir treffen die Arrangements mit den Hotels und der Eisenbahn und so weiter und verlangen für unsere Mühen Honorar oder Provision. Wir müssen nur dafür sorgen, daß insgesamt der monatliche Werbeetat nicht durch die eingelösten Gutscheine überschritten wird. Wenn es ein Erfolg ist, wird Whifflets gern bereit sein, den Etat zu erhöhen. Außerdem müssen wir dafür sorgen, daß alle Gutscheine ungefähr den gleichen Wert ausmachen, damit wir nicht mit dem Lotteriegesetz in Konflikt geraten. Das Ganze läuft auf die Frage hinaus, wieviel von jeder Shilling-Packung die Firma bereit ist, in die Werbung zu stecken. Wobei wir davon ausgehen, daß diese Kampagne, wenn sie richtig durchgeführt wird, alle anderen Zigaretten vorerst vom Markt fegen wird. Die Gutscheine werden dann auf diesen Wert abzüglich der Kosten für die Eröffnungskampagne gebracht. Derzeit liegt ihr Umsatz ... haben wir die Unterlagen für den Umsatz?»

Die beiden Direktoren stürzten sich in eine Zahlenschlacht, und Mr. Bredons Aufmerksamkeit schweifte ab.

«Druckkosten ... für eine ausreichende Streuung sorgen ... Prämie für die Einzelhändler ... kostenlose Schaufensterdekoration ... zuerst die Hotels ansprechen ... Nachrichtenwert ... Der *Morning Star* kann da was daraus machen ... ja, ich weiß, aber nicht zu vergessen der patriotische Anstrich ... Mit Jenks werde ich mich schon einigen ...'. Die allgemeinen Unkosten reduzieren um ... sagen wir 200 Pfund täglich ... das müssen Puffins die Flugzeuge kosten ... große Anzeige auf der ersten Seite, gleich mit fünf Gratisgutscheinen ... na ja, das sind Detailfragen ...»

«Auf jeden Fall müssen wir *etwas* tun.» Mr. Armstrong entstieg der Diskussion mit leicht gerötetem Gesicht. «Es hat keinen Sinn, den Leuten zu erklären, daß die Kosten für die Werbung durch die Qualität der Ware gedeckt sein müssen. Das interessiert sie nicht. Sie wollen nur etwas umsonst haben. Bezahlung? Ja, natürlich bezahlen sie am Ende alles selbst, jemand muß es ja bezahlen. Gegen Geschenke kommt man nicht mit feierlichen Qualitätsversicherungen an. Außerdem, wenn Whifflets-Zigaretten ihren Marktanteil verlieren, verlieren sie bald auch ihre Qualität – oder wofür sind wir sonst hier?»

«Das brauchen Sie mir nicht zu erzählen, Armstrong», sagte Mr. Pym. «Ob es den Leuten gefällt oder nicht, es ist und bleibt eine Tatsache, daß man ständig den Absatz steigern muß, sonst büßt man entweder Geld ein oder muß Abstriche an der Qualität machen. Ich hoffe doch, daß wir das inzwischen gelernt haben.»

«Und was passiert», fragte Mr. Bredon, «wenn man den Absatz bis zum Sättigungspunkt gesteigert hat?»

«So was dürfen Sie nicht fragen, Bredon», sagte Mr. Armstrong amüsiert.

«Doch, ganz im Ernst. Angenommen, Sie erreichen es, daß alle Männer und Frauen in Großbritannien immer mehr rauchen, bis sie entweder aufhören oder an Nikotinvergiftung sterben müssen, was dann?»

«Davon sind wir noch weit entfernt», antwortete Mr. Pym im Brustton der Überzeugung. «Aber dabei fällt mir ein, daß die Kampagne sich besonders an die Frauen wenden sollte. ‹Für die Kinder ein Urlaub am Meer – rauchen Sie Whifflets.› In dieser Art. Wir wollen die Frauen zu echten Raucherinnen machen. Bei den meisten ist es bisher nur Spielerei. Man muß sie von dem parfümierten Zeug wegbringen und an eine gute, echte Virginia gewöhnen –»

«An den Sargnagel.»

«An Whifflets», sagte Mr. Pym. «Davon kann man am Tag noch viel mehr rauchen, ohne sich umzubringen. Und sie sind billiger. Wenn wir den Zigarettenkonsum der Frauen um 500 Prozent steigern könnten – dafür ist noch genug Spielraum vorhanden –»

Mr. Bredons Aufmerksamkeit schweifte wieder ab.

«– gut, man könnte die Gutscheine datieren. Gültigkeitsdauer drei Monate. Dann können wir jede Menge Nieten einkalkulieren. Und Whifflets muß dafür sorgen, daß die Händler immer frische Ware haben. Das ist dann übrigens auch noch ein Verkaufsargument –»

Mr. Bredon versank in einen Traum.

«– aber eine gute Pressekampagne gehört dazu. Plakate sind gut und billig, aber wenn man den Leuten wirklich etwas klarmachen will, braucht man eine Pressekampagne. Sie muß nicht unbedingt groß sein; nach dem ersten Paukenschlag genügt schon jede Woche eine gute, kurze, witzige Erinnerung –»

«Also, Mr. Bredon.» Der Vater des Whiffel-Plans schreckte aus seinem Traum empor. «Wir werden Ihren Vorschlag Whifflets unterbreiten. Könnten Sie sich schon einmal ein paar Texte einfallen lassen? Und am besten setzen Sie noch ein paar Leute zusätzlich darauf an, Armstrong. Ingleby – das ist seine Richtung. Und Miss Meteyard. Bis Ende der Woche brauchen wir etwas zum Vorzeigen. Sagen Sie Mr. Barrow, er soll alles andere stehen- und liegenlassen und sich ein paar gute, durchschlagende Illustrationen dazu ausdenken.» Mr. Pym gab das Zeichen zum Aufbruch, doch dann rief er Bredon noch einmal zurück, als ob ihm plötzlich etwas eingefallen wäre.

«Noch ein Wort mit Ihnen, Bredon. Fast hätte ich vergessen, wozu Sie eigentlich hier sind. Gibt es in dieser Angelegenheit irgendwelche Fortschritte?»

«Ja.» Die Whifflets-Kampagne trat in Lord Peter Wimseys Gedanken weit in den Hintergrund und verblaßte irgendwo in der Ferne. «Die bisherigen Ermittlungsergebnisse sind von einer solchen Tragweite, daß ich nicht einmal weiß, ob ich Sie ins Vertrauen ziehen kann.»

«Das ist doch Unsinn», sagte Mr. Pym. «Ich habe Sie engagiert –»

«Nein. Hier geht es nicht mehr darum, wer mich engagiert hat. Ich fürchte, das ist eine Sache für die Polizei.»

Die Schatten der Unruhe verdunkelten und verdichteten sich in Mr. Pyms Blick.

«Wollen Sie sagen, daß Ihr anfänglicher Verdacht, den Sie mir gegenüber einmal erwähnt haben, sich bestätigt hat?»

«Ja. Aber die Sache geht noch weiter als angenommen.»

«Ich wünsche keinen Skandal.»

«Sicher nicht. Ich weiß nur nicht, wie er vermieden werden soll, wenn es zu einem Prozeß kommt.»

«Hören Sie, Bredon», sagte Mr. Pym, «Ihr Benehmen gefällt mir nicht. Ich habe Sie hier als meinen Privatdetektiv angestellt. Ich gebe zu, daß Sie sich auch auf anderen Gebieten nützlich gemacht haben, aber Sie sind nicht unentbehrlich. Wenn Sie glauben, Ihre Befugnisse überschreiten zu müssen –»

«Sie können mich selbstverständlich hinauswerfen. Aber ob das klug wäre?»

Mr. Pym wischte sich den Schweiß von der Stirn.

«Können Sie mir folgendes beantworten?» fragte er besorgt nach einer kurzen Pause, in der er sich die Bedeutung dessen, was sein Angestellter da gesagt hatte, gründlich durch den Kopf gehen zu lassen schien. «Richtet sich Ihr Verdacht gegen eine bestimmte Person? Wäre es möglich, diese Person kurzfristig aus unserem Haus zu entfernen? Sie verstehen, was ich meine. Wenn wir, bevor es zum Skandal kommt – worum es auch immer gehen mag –, und ich finde wirklich, daß ich darüber informiert sein sollte – jedenfalls, wenn wir dann sagen können, daß der Betreffende nicht mehr zu unserem Haus gehört, sieht die Sache schon ganz anders aus. Unser Name braucht dann gar nicht hineingezogen zu werden – oder? Der gute Ruf der Firma Pym bedeutet mir sehr viel, Mr. Bredon –»

«Ich kann es Ihnen nicht sagen», antwortete Wimsey. «Vor ein paar Tagen glaubte ich es noch zu wissen, aber inzwischen sind mir andere Dinge zur Kenntnis gelangt, die es möglich erscheinen lassen, daß der Mann, den ich ursprünglich im Verdacht hatte, doch nicht derjenige ist. Und solange ich nicht genau Bescheid weiß, kann ich weder etwas tun noch etwas sagen. Im Augenblick könnte es jeder sein. Sogar Sie selbst.»

«Das ist eine Unverschämtheit!» schrie Mr. Pym. «Holen Sie sich Ihr Geld und verschwinden Sie!»

Wimsey schüttelte den Kopf.

«Wenn Sie mich zum Teufel jagen, wird die Polizei wahrscheinlich jemanden an meine Stelle setzen wollen.»

«Wenn ich die Polizei hier hätte», versetzte Mr. Pym, «wüßte ich wenigstens, woran ich bin. Ich weiß nichts über Sie, außer daß Mrs. Arbuthnot Sie empfohlen hat. Ich war von der ganzen Idee mit einem Privatdetektiv von vornherein nicht begeistert, obwohl ich Sie zuerst wirklich für etwas Besseres gehalten habe als diesen üblichen Schnüfflertyp. Aber ich kann und werde keine Unverschämtheiten dulden. Ich werde mich auf der Stelle mit Scotland Yard in Verbindung setzen und nehme an, daß die Polizei von Ihnen verlangen wird, offen zu sagen, was Sie entdeckt zu haben glauben.»

«Sie weiß es schon.»

«So? Sie scheinen nicht eben ein Muster an Diskretion zu sein, Mr. Bredon.» Er läutete. «Miss Hartley, rufen Sie bitte einmal bei Scotland Yard an, man soll uns einen zuverlässigen Beamten schicken.»

«Sehr wohl, Mr. Pym.»

Miss Hartley tänzelte davon. Das war ein gefundenes Fressen. Sie hatte ja schon immer gesagt, daß an Mr. Bredon etwas faul sein müsse, und jetzt hatte man ihn also erwischt. Vielleicht wollte er die Kasse plündern. Sie wählte die Vermittlung und verlangte Whitehall 1212.

«Einen Augenblick», sagte Wimsey, als die Tür hinter ihr zu war. «Wenn Sie wirklich Scotland Yard wollen, lassen Sie sich Chefinspektor Parker geben und sagen Sie ihm, Lord Peter Wimsey möchte ihn sprechen. Dann weiß er, worum es geht.»

«Sie sind –? Warum haben Sie mir das nicht gesagt?»

«Ich dachte, das könnte Schwierigkeiten wegen des Gehalts mit sich bringen und auch sonst peinlich werden. Ich habe diesen Auftrag angenommen, weil ich dachte, die Werbung könne ganz amüsant sein. Was sie auch ist», fügte er liebenswürdig hinzu, «was sie auch ist.»

Einzig Mr. Pym steckte den Kopf in Miss Hartleys Vorzimmer.

«Legen Sie das Gespräch zu mir herein», sagte er kurz.

Sie saßen eine Weile stumm da, bis die Verbindung hergestellt war. Mr. Pym ließ sich Chefinspektor Parker geben.

«Hier ist einer von meinen Mitarbeitern, der angibt, er sei –»

Die Unterredung war kurz. Mr. Pym gab den Hörer an Wimsey weiter.

«Er möchte mit Ihnen sprechen.»

«Hallo, Charles! Bist du das? Hast du meine Glaubwürdigkeit bestätigt? Gut... Nein, keine Schwierigkeiten, nur Mr. Pym glaubt, er müsse wissen, worum es geht... Soll ich's ihm sagen?... Unklug?... Ehrlich gesagt, Charles, ich kann mir nicht vorstellen, daß er unser Mann ist... Tja, das ist eine andere Frage... Der Chefinspektor möchte wissen, ob Sie den Mund halten können, Mr. Pym.»

«Ich wünschte nur, alle anderen könnten den Mund halten», stöhnte Mr. Pym.

Wimsey gab diese Antwort weiter. «Ich glaube, ich werd's riskieren, Charles. Wenn danach jemand im Dunkeln überfallen wird, wirst du es nicht sein, und ich kann selbst auf mich aufpassen.»

Er legte auf und wandte sich Mr. Pym zu.

«Hier ist die brutale Wahrheit», sagte er. «Jemand leitet von dieser Agentur aus einen riesigen Rauschgiftring. Wen gibt es hier, der viel mehr Geld hat, als er haben dürfte, Mr. Pym? Wir suchen einen sehr reichen Mann. Können Sie uns da helfen?»

Mr. Pym war nicht mehr imstande, jemandem zu helfen. Er war kreidebleich.

«Rauschgift? Von hier aus? Um Gottes willen, was werden unsere Kunden sagen? Wie soll ich vor den Aufsichtsrat hintreten? Diese Schlagzeilen...»

«Eine gute Schlagzeile ist die halbe Werbung», sagte Lord Peter und lachte.

Heiße Tränen
eines Herzogsneffen

Die Woche ging ruhig dahin. Am Dienstag genehmigte Mr. Jollop gnädig eine neue Anzeige aus der «Zitaten»-Serie für Nutrax – «Und küßten uns in Tränen» («Aber Tränen und Zank, und seien sie noch so poetisch, sind fast immer ein Zeichen für überreizte Nerven»); am Mittwoch senkte Grüne-Aue-Margarine den Preis trotz verbesserter Qualität («Man sollte es nicht für möglich halten, daß man etwas Vollkommenes noch verbessern kann, aber es ist uns gelungen!»); Sopo adoptierte eine neue Werbefigur («Susan Sopo macht die Schmutzarbeit für Sie»); Tomboy-Toffee beendete seine Cricket-Serie mit einer Großanzeige mit den Porträts einer vollständigen Elf berühmter Cricketspieler, die alle Tomboy-Toffees aßen; fünf Leute gingen in Urlaub; Mr. Prout sorgte für eine Sensation, indem er in einem schwarzen Hemd zur Arbeit erschien; Miss Rossiter verlor ihre Handtasche, in der sich ihre Prämie befand, und bekam sie auf dem Fundbüro zurück; in der Damengarderobe wurde ein Floh entdeckt und sorgte für große Unruhe, grundlose Verdächtigungen und viel Herzeleid. Im Schreibzimmer verdrängte der Floh momentan sogar das viel saftigere und ergiebigere Thema des Besuchs, den Mr. Tallboy erhalten hatte. Denn ob nun Mr. Tompkin oder der Botenjunge am Empfang oder sonst jemand (allerdings weder Mr. Ingleby noch Mr. Bredon, die sich nicht soweit vergessen hätten) den Mund nicht hatte halten können, die Geschichte war jedenfalls irgendwie durchgesickert.

«Und wie er das von seinem Gehalt macht, weiß ich auch nicht», bemerkte Miss Parton. «Ich finde jedenfalls, daß es eine Schande ist. Dabei ist seine Frau so nett. Wir haben sie voriges Jahr bei der Gartenparty kennengelernt, weißt du noch?»

«Die Männer sind alle gleich», sagte Miss Rossiter verächtlich. «Auch dein Mr. Tallboy. Ich hab dir ja gleich gesagt, Parton, daß der alte Copley in dieser anderen Sache gar nicht so allein schuld war, wie du meintest, und jetzt glaubst du's mir vielleicht. Ich meine, wenn ein Mann irgendwo etwas tut, was sich nicht gehört, tut er es auch anderswo. Und wie er das von seinem Gehalt schafft – na, was ist denn mit diesen 50 Pfund in einem Umschlag? Wohin *die* gegangen sind, ist ja wohl klar.»

«Wohin das Geld geht, ist immer klar», meinte Miss Meteyard sarkastisch. «Die Frage ist nur, woher es kommt.»

«Das hat Mr. Dean auch immer gesagt», fiel Miss Rossiter ein. «Wissen Sie noch, wie er Mr. Tallboy immer wegen seiner Börsenmakler gehänselt hat?»

«Die berühmte Firma Smith», sagte Mr. Garrett. «Smith, Smith, Smith, Smith, Smith & Smith ohne Ende.»

«Geldverleiher, wenn Sie mich fragen», sagte Miss Rossiter. «Gehen Sie zum Cricketspiel, Miss Meteyard? *Meiner* Ansicht nach sollte Mr. Tallboy als Kapitän zurücktreten und jemand anderen an seine Stelle lassen. Kein Wunder, daß keiner scharf darauf ist, unter ihm zu spielen, wenn solche Geschichten im Umlauf sind. Finden Sie nicht auch, Mr. Bredon?»

«Ganz und gar nicht», sagte Mr. Bredon. «Solange der Mann ein guter Kapitän ist, soll es mir egal sein, ob er so viele Frauen hat wie Salomon und obendrein ein Schwindler und Betrüger ist. Was macht das schon?»

«Mir würde es viel ausmachen», meinte Miss Rossiter.

«Wie weiblich sie ist», beklagte Mr. Bredon sich bei niemand im besonderen. «Immer muß sie Persönliches in die Sache mit einfließen lassen.»

«Kann schon sein», entgegnete Miss Rossiter, «aber verlassen Sie sich darauf, wenn Hankie oder Pymmie das wüßten, wär's um Mr. Tallboy bald geschehen.»

«Direktoren erfahren immer als letzte, was sich in der Belegschaft tut», sagte Miss Meteyard, «sonst könnten sie sich bei der Betriebsfeier nicht immer so schön hinstellen und glühende Reden über gute Zusammenarbeit und die große, glückliche Familie halten.»

«Familienzank, Familienzank.» Mr. Ingleby machte eine wegwerfende Gebärde. «Kindlein, liebet einander und steckt nicht überall eure kleinen Näschen rein. Was ist dir Hekubas Bankkonto, was deines ihr?»

«Bankkonto? Ach so, Sie meinen Mr. Tallboys. Also, *ich* weiß überhaupt nichts, höchstens was der kleine Dean immer gesagt hat.»

«Und woher wußte Dean soviel darüber?»

«Er hat ein paar Wochen unter Mr. Tallboy gearbeitet. Die Arbeit der anderen Abteilungen kennenlernen, nennen sie das.

Sie werden wahrscheinlich auch demnächst von Pontius zu Pilatus geschoben werden, Mr. Bredon. Da werden Sie in der Druckerei aufpassen müssen, daß Sie p und q nicht verwechseln. Mr. Thrale ist übrigens ein Tyrann. Der läßt Sie nicht einmal zu einem Täßchen Kaffee weg.»

«Dann muß ich für den Kaffee zu Ihnen kommen.»

«Vorerst wird man Mr. Bredon nicht aus seiner Abteilung weglassen», sagte Miss Meteyard. «Sie sind ja alle von dem Whifflets-Zauber so begeistert. Bei Dean haben sie immer gehofft, daß er anderswo besser zurechtkäme. Er war wie ein Lieblingsbuch – man liebte ihn so, daß man es nie erwarten konnte, ihn jemand anderem zu leihen.»

«Was sind Sie für eine bösartige Frau», bemerkte Mr. Ingleby kühl belustigt. «Mit solchen Bemerkungen bringen sich die studierten Frauen in Verruf.» Er warf einen Blick zu Willis, der sagte:

«Es ist nicht die Bosheit an sich. Es kommt daher, daß keine Feindschaft dahintersteckt. Das ist bei Ihnen allen so.»

«Sie halten es also mit Shaw – wenn du dein Kind schlägst, sei sicher, daß du es im Zorn tust.»

«Shaw ist Ire», sagte Bredon. «Willis hat den Finger auf das wahrhaft Anstößige am gebildeten Engländer gelegt – daß es ihm noch zu lästig ist, wütend zu werden.»

«Stimmt genau», sagte Willis. «Es ist diese schreckliche, öde, leere –» er winkte hilflos ab – «diese Fassade.»

«Meinen Sie Bredons Gesicht?» erkundigte Ingleby sich boshaft.

«Eisig beherrscht, wunderbar ausdruckslos», meinte Bredon, indem er sich in Miss Rossiters Spiegel betrachtete. «Eine sonderbare Vorstellung, daß hinter dieser massiven elfenbeinfarbenen Stirn eine ganze Whifflets-Kampagne siedet und sprießt.»

«Gemischte Metapher», tadelte Miss Meteyard. «Kessel sieden, Pflanzen sprießen.»

«Natürlich; es ist ja eine Blume der Rhetorik, aus dem Krätergärtlein gezupft.»

«Sinnlos, Miss Meteyard», meinte Ingleby. «Sie könnten ebensogut mit einem Aal diskutieren.»

«Apropos Aal», wechselte Miss Meteyard das Thema, «was ist mit unserer Miss Hartley los?»

«Miss Ohne-Hüften? Warum?»

«Neulich kam sie und verkündete aller Welt, daß bald die Polizei kommen und jemanden verhaften würde.»

«Was?» fragte Willis.

«Sie meinen, wen?»

«Meinetwegen, wen?»

«Bredon.»

«Mr. Bredon?» rief Miss Parton. «Was denn!»

«Sie meinen, weswegen denn? Wenn ihr Leute euch doch endlich angewöhnen könntet, zu sagen, was ihr meint!»

Miss Rossiter drehte ihren Stuhl um und starrte Mr. Bredon an, um dessen Mundwinkel es leise zuckte.

«Das ist komisch», sagte sie. «Wissen Sie, Mr. Bredon, wir haben es Ihnen ja nie gesagt, aber Miss Parton und ich haben eines Abends wirklich geglaubt, zu sehen, wie Sie verhaftet wurden; am Piccadilly Circus.»

«So?»

«Es waren natürlich *nicht* Sie.»

«Wirklich und wahrhaftig, ich war's nicht. Aber laßt den Kopf nicht hängen, was nicht ist, kann noch werden. Ich fürchte nur, daß Pymmie seine Millionen nicht hier im Firmensafe aufbewahrt.»

«Und nicht in eingeschriebenen Umschlägen», ließ Miss Meteyard beiläufig fallen.

«Sagen Sie bloß nicht, die sind hinter unserem Mr. Copley her!»

«Das wollen wir nicht hoffen. Brot und Wasser verträgt er sicher nicht.»

«Aber wofür sollte Bredon verhaftet werden?»

«Vielleicht fürs Herumlungern», sagte eine sanfte Stimme an der Tür. Mr. Hankin schob seinen Kopf um den Türpfosten und grinste ironisch. «Ich will ja nicht stören, aber wenn Mr. Bredon mir ein paar Augenblicke die Gunst seiner Aufmerksamkeit schenken könnte ... in Sachen Twentyman's Tee –»

«Bitte um Verzeihung, Sir», sagte Bredon in Habachtstellung, dann ließ er sich willig abführen.

Miss Rossiter schüttelte den Kopf.

«Denkt an meine Worte, dieser Mr. Bredon hat etwas Geheimnisvolles an sich.»

«Er ist süß», protestierte Miss Parton gefühlvoll.

«Bredon ist schon in Ordnung», meinte Ingleby.

Miss Meteyard sagte nichts. Sie ging hinunter ins Chefsekretariat und borgte sich das derzeit gültige *Who's Who*. Sie ließ den Zeigefinger an den Ws hinuntergleiten, bis sie an die folgende Eintragung kam: «WIMSEY, Peter Death Bredon (Lord);

Kriegsverdienstorden D.S.O.; geb. 1890; zweiter Sohn des Mortimer Gerald Bredon Wimsey, 15. Herzog von Denver, und der Honoria Lucasta, Tochter des Francis Delagardie von Bellingham Manor, Buckinghamshire. *Schulen:* Eton College und Balliol.» Sie las bis zum Ende.

«Da hätten wir's», sagte Miss Meteyard bei sich. «Ich hab's mir doch gedacht. Und was nun? Kann man da was machen? Ich glaube nicht. Besser die Finger davon lassen. Aber es kann nicht schaden, schon einmal die Fühler nach einer neuen Stelle auszustrecken. Man muß ja sehen, wo man bleibt.»

Ohne zu ahnen, daß sein Inkognito durchschaut war, widmete Mr. Bredon den Interessen von Twentyman's Tee nur flüchtige Aufmerksamkeit. Ergeben nahm er den Auftrag an, ein Schaufensterplakat mit zwei Spruchbändern zum Thema «Mehr Tee aus weniger Blättern» zu entwerfen, und steckte eine milde Ermahnung wegen des Herumlungerns im Schreibzimmer ein. Seine Gedanken waren in der Old Broad Street.

«Ich sehe, daß Sie am Samstag für uns spielen», bemerkte Mr. Hankin am Ende des Gesprächs.

«Ja, Sir.»

«Hoffentlich hält das Wetter. Sie haben Cricket in erstklassigen Mannschaften gespielt, glaube ich?»

«Das ist lange her.»

«Sie werden denen schon noch zeigen können, was Stil ist», meinte Mr. Hankin gutgelaunt. «Stil – heutzutage sieht man so etwas selten. Sie werden uns ganz schön stümperhaft finden, fürchte ich, und leider können ein paar unserer besten Spieler diesmal aus irgendwelchen Gründen nicht mitspielen. Schade. Aber Sie werden Mr. Tallboy sehr gut finden. Ein rundum versierter Mann und ein ausgezeichneter Feldspieler.»

Mr. Bredon sagte, auf das Feldspiel werde leider allzu selten Wert gelegt, und Mr. Hankin gab ihm recht.

«Mr. Tallboy ist in allen Sportarten gut; schade, daß er so wenig Zeit dafür hat. Ich persönlich sähe es gern, wenn die sportliche Seite unserer geselligen Aktivitäten hier etwas besser organisiert wäre. Aber Mr. Pym meint, das wäre vielleicht zu zeitraubend, und da hat er wahrscheinlich recht. Trotzdem kann ich nicht umhin, zu glauben, daß eine Pflege des Mannschaftsgeistes dieser Firma guttäte. Ich weiß nicht, ob Sie als Neuling hier schon etwas von den Spannungen bemerkt haben, die es von Zeit zu Zeit gibt –»

Bredon gestand, daß ihm etwas in der Art schon aufgefallen sei.

«Wissen Sie, Mr. Bredon», sagte Mr. Hankin ein bißchen wehmütig, «es ist für uns Direktoren manchmal schwierig, die Situation in der Belegschaft ganz zu durchschauen. Sie packen uns ein bißchen in Watte, nicht? Natürlich kann man da nichts machen, aber manchmal habe ich das Gefühl, daß da Strömungen unter der Oberfläche...»

Offenbar, dachte Bredon, hat Mr. Hankin bemerkt, daß irgendwo etwas auf Messers Schneide steht. Plötzlich hatte er Mitleid mit ihm. Sein Blick irrte zu einem Spruchband, das, mit Reißzwecken an Mr. Hankins Anschlagbrett befestigt, in grellbunten Lettern verkündete:

EINIGKEIT HERRSCHT SEIT EH UND JE
ÜBER PREIS UND GESCHMACK VON TWENTYMAN'S TEE

Nur weil in einer zerstrittenen Welt so selten über irgend etwas Einigkeit herrschte, beriefen sich die albernen Sprüche der Werbung stets so entschieden und abgeschmackt darauf. In Wahrheit gab es keine Einigkeit, weder bei so trivialen Dingen wie Tee noch in wichtigeren Punkten. Hier in diesem Haus, wo ein Chor von über hundert Mitarbeitern von morgens bis abends das Hohelied der Sparsamkeit, Tugend, Harmonie, der guten Verdauung und des häuslichen Friedens sang, herrschten hinter den Kulissen Geldsorgen, Intrigen, Unzufriedenheit, Verstopfung und eheliche Untreue. Und Schlimmeres – Mord en gros und en detail, an Seele und Leib; Mord mit Waffen und mit Gift. Solche Dinge machten nicht für sich Reklame, oder wenn doch, gaben sie sich einen anderen Namen.

Er gab Mr. Hankin eine unverbindliche Antwort.

Um ein Uhr verließ er die Werbeagentur und fuhr mit einem Taxi stadteinwärts. Er fühlte sich von einer plötzlichen Neugier gepackt und gedachte Mr. Tallboys Börsenmakler einen Besuch abzustatten.

Um zwanzig nach eins stand er auf der Old Broad Street, und sein Blut wallte vor Erregung, wie immer, wenn er eine Entdeckung machte.

Mr. Tallboys Börsenmakler residierte in einem kleinen Tabakwarenladen, und über der Tür stand nicht «Smith», sondern «Cummings».

«Eine Tarnadresse», bemerkte Lord Peter Wimsey. «Höchst

ungewöhnlich für einen Börsenmakler. Gehen wir der Sache doch etwas tiefer auf den Grund.»

Er trat in den Laden, der klein, beengt und über die Maßen düster war. Ein älterer Mann kam heraus, um ihn zu bedienen. Wimsey ging sofort aufs Ganze.

«Kann ich Mr. Smith sprechen?»

«Hier wohnt kein Mr. Smith.»

«Würden Sie mir dann freundlicherweise gestatten, eine Nachricht für ihn zu hinterlegen?»

Der ältere Mann schlug mit der flachen Hand auf die Theke.

«Ich hab's schon hundertmal gesagt, und ich sag's noch einmal», fauchte er böse. «Hier wohnt kein Mr. Smith, und meines Wissens hat auch nie einer hier gewohnt. Und wenn Sie der Herr sind, der seine Briefe immer hierherschickt, wäre ich froh, wenn Sie sich das mal gesagt sein ließen. Ich hab es bis obenhin satt, dem Postboten immerzu Briefe zurückzugeben.»

«Sie setzen mich in Erstaunen. Ich kenne Mr. Smith ja nicht persönlich, aber ein Bekannter von mir hat mich gebeten, hier eine Nachricht für ihn abzugeben.»

«Dann sagen Sie Ihrem Freund, was ich Ihnen sage. Es ist sinnlos, hierher Briefe zu schicken. Vollkommen sinnlos. Die Leute glauben wohl, ich habe nichts Besseres zu tun, als den Postboten Briefe zurückzugeben. Wenn ich nicht so ein gewissenhafter Mensch wäre, würde ich sie alle miteinander verbrennen. Jawohl, das täte ich. Verbrennen. Und wenn das noch lange so weitergeht, tu ich's auch. Das können Sie Ihrem Freund von mir bestellen.»

«Ich bitte sehr um Entschuldigung», sagte Wimsey. «Da scheint ein Irrtum vorzuliegen.»

«Irrtum?» rief Mr. Cummings zornig. «Ich glaube nicht an einen Irrtum. Ein dämlicher Streich soll das sein und sonst nichts. Und ich habe die Nase voll davon, das kann ich Ihnen sagen.»

«Wenn es ein Streich ist», sagte Wimsey, «dann bin ich das Opfer. Man hat mich einen Umweg geschickt, um jemandem eine Nachricht zu übermitteln, den es gar nicht gibt. Ich werde mir meinen Freund vorknöpfen.»

«Das täte ich an Ihrer Stelle auch», sagte Mr. Cummings. «Dumme Witze sind das. Sagen Sie Ihrem Freund, er soll mal selbst hierherkommen, verstanden? Ich weiß schon, was ich ihm erzähle.»

«Das ist eine gute Idee», sagte Wimsey. «Dann sagen Sie ihm mal tüchtig Bescheid.»

«Darauf können Sie Ihren letzten Penny wetten, Sir.» Mr. Cummings schien, nachdem er seiner Empörung ein Ventil gegeben hatte, etwas ruhiger zu werden. «Wenn Ihr Freund hier aufkreuzen sollte, Sir, welchen Namen wird er angeben?»

Wimsey, der schon im Begriff gestanden hatte, den Laden zu verlassen, hielt mitten im Schritt inne. Mr. Cummings hatte, wie er jetzt bemerkte, ein Paar sehr listige Augen hinter seinen Brillengläsern. Sofort kam ihm ein Gedanke.

«Passen Sie mal auf», sagte er, indem er sich vertraulich über die Theke lehnte. «Mein Freund heißt Milligan. Sagt Ihnen das etwas? Er hat mir gesagt, ich soll mich wegen einer gewissen Sache an Sie wenden. Sie verstehen?»

Das saß; ein rotes Aufglimmen in Mr. Cummings' Augen sagte Wimsey alles.

«Ich weiß nicht, wovon Sie reden», war jedoch alles, was Mr. Cummings sagte. «Ich habe nie von einem Mr. Milligan gehört und will auch nichts von ihm wissen. Und von Ihrer gewissen Sache schon gar nichts.»

«Nichts für ungut, mein Bester, nichts für ungut», sagte Wimsey.

«Und außerdem», sagte Mr. Cummings, «will ich von Ihnen auch nichts wissen, verstanden?»

«Verstehe», sagte Wimsey. «Verstehe vollkommen. Guten Tag.»

«Das war ein Volltreffer», dachte er. «Jetzt muß ich schnell handeln. Als nächstes zum St. Martin's-le-Grand, denke ich mir.»

Ein bißchen Druck von oben machte der Postdirektion Beine. Die für die Old Broad Street zuständigen Briefträger wurden ausfindig gemacht und verhört. Ja, es stimmte, sie brachten öfter Briefe für einen Mr. Smith in Mr. Cummings' Laden, und diese wurden ihnen jedesmal mit dem Vermerk «Empfänger unbekannt» zurückgegeben. Wohin gingen die Briefe dann? In die Abteilung für unzustellbare Sendungen. Wimsey rief bei Pym an, erklärte, daß er verhindert sei, und suchte die Poststelle für unzustellbare Sendungen auf. Nach kleiner Verzögerung fand er den Beamten, der über alles Bescheid wußte.

Die Briefe für Mr. Smith kamen regelmäßig jede Woche. Sie wurden nie, wie sonst üblich, an den Absender zurückgeschickt. Warum nicht? Weil sie keinen Absender trugen. Außerdem sei immer nur ein leeres Blatt Papier darin.

Ob sie den Brief vom letzten Dienstag noch hätten? Nein, er

wurde bereits geöffnet und vernichtet. Ob sie den nächsten, der käme, zurückbehalten und ihm schicken könnten? Da Lord Peter Wimsey, wie sie sähen, Scotland Yard hinter sich habe, ja. Wimsey dankte dem Beamten und ging nachdenklich seines Weges.

Beim Verlassen der Agentur um halb sechs ging er die Southampton Row hinunter zur Teobald's Road. An der Ecke stand ein Zeitungsverkäufer. Wimsey kaufte sich einen *Evening Comet* und blätterte geistesabwesend die Nachrichten durch. Da fiel ihm ein kurzer Absatz unter «Letzte Meldungen» ins Auge:

LEBEMANN TÖDLICH VERUNGLÜCKT

Heute nachmittag um 3 Uhr geriet ein schwerer Lastwagen auf dem Piccadilly ins Schleudern, erfaßte den auf dem Trottoir stehenden Major Todd Milligan, einen bekannten Lebemann, und verletzte ihn tödlich.

«Die arbeiten schnell», dachte er schaudernd. «Wieso in Gottes Namen laufe ich noch frei herum?» Er verwünschte seinen eigenen Leichtsinn. Er hatte sich gegenüber Cummings verraten; er war ohne jede Tarnung in seinen Laden gegangen; inzwischen wußten sie, wer er war. Schlimmer noch, sie mußten ihm zur Postdirektion und zu Pyms Werbedienst gefolgt sein. Wahrscheinlich folgten sie ihm auch jetzt. Hinter der Zeitung hervor warf er einen raschen Blick über die belebte Straße. Jeder von diesen herumstehenden Männern konnte *der* Mann sein. Phantastische, romantische Pläne schossen ihm durch den Kopf. Er würde seine Meuchelmörder an einen entlegenen Ort locken, etwa in die Blackfriars-Unterführung oder unter die Treppe von Cleopatra's Needle, sich ihnen dort entgegenstellen und sie mit bloßen Händen töten. Er würde Scotland Yard anrufen und ein paar Kriminalbeamte als Begleitschutz anfordern. Er würde mit einem Taxi («Nicht mit dem ersten, das kommt, und nicht mit dem zweiten», dachte er mit einer flüchtigen Erinnerung an Professor Moriarty) geradewegs zu seiner Wohnung fahren, sich dort verbarrikadieren und warten – worauf? Auf einen Luftangriff?... In diesem Augenblick der Ratlosigkeit erblickte er plötzlich eine bekannte Gestalt – Chefinspektor Parker persönlich, offenbar auf einem frühen Heimweg, in der einen Hand eine Fischhändlertüte, in der andern eine Aktentasche.

Er ließ die Zeitung sinken und sagte: «Hallo!»

Parker blieb stehen. «Hallo!» antwortete er zögernd. Er war sich offenbar nicht ganz sicher, ob er von Lord Peter Wimsey oder von Mr. Death Bredon angesprochen wurde. Wimsey trat auf ihn zu und erlöste ihn von der Fischtüte.

«Das trifft sich gut. Du kommst sekundengenau aufs Stichwort, um zu verhindern, daß ich ermordet werde. Was ist das? Hummer?»

«Nein, Steinbutt», antwortete Parker gelassen.

«Ich lade mich bei euch zum Essen ein. Sie werden uns ja wohl nicht beide zusammen angreifen. Ich habe eine Dummheit gemacht und alles verraten. Also können wir uns auch gleich offen zeigen und guter Dinge sein.»

«Schön. Ich möchte so gern mal guter Dinge sein.»

«Stimmt etwas nicht? Warum gehst du so früh nach Hause?»

«Ich habe die Nase voll. Das *Yak* war ein Reinfall, fürchte ich.»

«Habt ihr eine Razzia gemacht?»

«Noch nicht. Den ganzen Vormittag ist gar nichts passiert, aber beim Mittagsandrang sah Lumley, wie ein Kerl, der aussah wie ein Schieber, einem anderen etwas zusteckte. Sie haben sich den Kerl gegriffen und durchsucht. Es kamen aber nur ein paar Wettscheine zum Vorschein. Möglicherweise ist erst für heute abend etwas geplant. Wenn nichts passiert, mache ich eine Razzia. Kurz vor der Polizeistunde dürfte die beste Zeit sein. Ich will selbst dabei sein, darum gehe ich jetzt ein bißchen früher zum Abendessen nach Hause.»

«Gut. Ich habe dir etwas zu erzählen.»

Schweigend bogen sie in die Great Ormond Street ein.

«Cummings?» meinte Parker, nachdem Wimsey ihm die Geschichte erzählt hatte. «Über den ist mir nichts bekannt. Aber du sagst, er kannte Milligans Namen?»

«Ganz gewiß. Hier ist übrigens der Beweis.»

Er zeigte Parker die Zeitungsmeldung.

«Aber dieser Tallboy – ist das der Kerl, hinter dem du her bist?»

«Ehrlich gesagt, Charles, ich verstehe das nicht. Ich kann ihn einfach nicht als den großen Drahtzieher ansehen. Sonst wäre er doch viel zu reich, um durch ein billiges Mädchen in Verlegenheit zu geraten. Und sein Geld käme auch nicht in Raten zu 50 Pfund. Aber eine Verbindung besteht. Sie muß bestehen.»

«Vielleicht ist er nur ein kleines Rädchen im Getriebe.»
«Möglich. Aber ich komme nicht um Milligan herum. Nach seinen Informationen wird der ganze Laden von Pym aus geleitet.»
«Vielleicht stimmt es. Tallboy ist womöglich nur die Marionette eines anderen. Vielleicht ist es Pym selbst – reich genug ist er ja, oder?»
«Ich glaube nicht, daß es Pym ist. Armstrong vielleicht, oder selbst der stille kleine Hankie. Natürlich könnte es reiner Bluff sein, daß Pym mich angestellt hat, aber diese Art Raffinesse traue ich ihm eigentlich nicht zu. Es wäre so unnötig gewesen. Es sei denn, er wollte durch mich herausbekommen, wieviel Dean tatsächlich wußte. In welchem Falle er Erfolg gehabt hätte», fügte Wimsey betrübt hinzu. «Aber ich kann nicht glauben, daß einer so dumm wäre, sich einem seiner eigenen Mitarbeiter in die Hand zu geben. Denk an die Möglichkeiten der Erpressung! Mit zwölf Jahren Gefängnis kann man einen Menschen ganz schön auf Trab halten. Trotzdem – Erpressung. Jemand wurde erpreßt, das steht so gut wie fest. Aber Pym kann Dean nicht erschlagen haben; er war zu der Zeit in einer Konferenz. Nein, ich glaube, wir müssen Pym freisprechen.»
«Ich sehe eines nicht ganz», sagte Lady Mary. «Wieso muß Pym überhaupt damit zu tun haben? Jemand *bei* Pym wäre eine Sache, aber wenn ihr sagt, daß der ganze Laden von Pym aus geleitet wird, heißt das eigentlich etwas ganz anderes – für mich jedenfalls. Für mich hört es sich so an, als ob Pyms Werbedienst von jemandem benutzt würde – für euch nicht?»
«Doch, schon», stimmte ihr Mann ihr zu. «Aber wie? Und warum? Was hat Reklame damit zu tun? Verbrechen brauchen im allgemeinen keine Reklame, ganz im Gegenteil.»
«Ich weiß nicht», meinte Wimsey plötzlich ganz leise. «Ich weiß nicht.» Seine Nase zuckte wie bei einem Kaninchen. «Pymmie hat heute morgen erst gesagt, daß eine Pressekampagne immer noch das beste Mittel ist, wenn man eine möglichst große Zahl von Leuten im ganzen Land in möglichst kurzer Zeit erreichen will. Moment, Polly – ich weiß nicht, ob du da nicht etwas sehr Nützliches und Wichtiges gesagt hast.»
«Was ich sage ist immer nützlich und wichtig. Denkt mal darüber nach, während ich zu Mrs. Gunner gehe und ihr erkläre, wie man Steinbutt zubereitet.»
«Und das Komische ist», sagte Parker, «daß es ihr Spaß zu machen scheint, Mrs. Gunner zu erklären, wie man Steinbutt

zubereitet. Wir könnten uns ohne weiteres mehr Dienstboten leisten –»

«Mein lieber Junge», sagte Wimsey, «Dienstboten sind des Teufels. Ich nehme meinen Diener Bunter aus, weil er eine Ausnahme ist, aber für Polly ist es einfach ein Fest, die ganze Sippschaft abends aus dem Haus zu schmeißen. Hab keine Angst. Wenn sie Dienstboten will, verlangt sie welche.»

«Ich gebe zu», sagte Parker, «daß ich selbst froh war, als die Kinder so groß waren, daß sie kein ständiges Kindermädchen mehr brauchten. Aber ich glaube, Peter, im Augenblick brauchst du selbst ein ständiges Kindermädchen, damit dir nichts Häßliches zustößt.»

«Das ist es ja gerade. Hier sitze ich. Und warum? Wofür sparen die mich auf? Für etwas ganz besonders Gemeines?»

Parker ging ruhig ans Fenster und warf durch einen kleinen Spalt in der Jalousie einen Blick nach draußen.

«Da ist er, glaube ich. Ein abstoßend wirkender junger Mann mit Schottenmütze; steht drüben auf dem Trottoir und spielt mit einem Jo-Jo. Spielt sogar sehr gut, bewundert von einem Haufen Kinder. Ein großartiger Vorwand zum Herumstehen. Jetzt legt er wieder los. Dreiblättriges Kleeblatt, Über den Damm, Rund um die Welt. Einfach meisterhaft. Ich muß Mary sagen, sie soll ihn sich mal ansehen, da kann sie noch was lernen. Am besten schläfst du heute nacht hier.»

«Danke. Das glaube ich auch.»

«Und halte dich morgen vom Büro fern.»

«Da wäre ich sowieso nicht hingegangen. Ich muß gegen Brotherhood Cricket spielen. Ihr Platz ist in Romford.»

«Pfeif auf das Spiel. Halt! Das ist schön öffentlich. Sofern dich nicht der schnelle Werfer mit einem harten Ball abschießt, bist du dort so sicher wie sonstwo. Wie kommst du hin?»

«Die Firma hat einen Bus gemietet.»

«Gut. Ich lasse dich bis zur Abfahrt abschirmen.»

Wimsey nickte. Es wurde nicht mehr von Rauschgift und Gefahren gesprochen, bis das Essen vorüber war und Parker sich zum *Yak* verabschiedet hatte. Dann nahm Wimsey einen Kalender, das Telefonbuch, eine Abschrift des Berichts über den Band aus Mountjoys Wohnung, Schreibblock und Bleistift zur Hand und machte es sich mit einer Pfeife auf der Couch bequem.

«Du hast doch nichts dagegen, Polly? Ich muß etwas ausbrüten.»

Lady Mary drückte ihm einen Kuß auf die Stirn.

«Brüte nur schön. Ich werde dich nicht stören. Ich gehe ins Kinderzimmer. Und wenn das Telefon klingelt, gib acht, daß es nicht die geheimnisvolle Aufforderung ist, zu einem einsamen Lagerhaus am Fluß zu kommen oder der falsche Ruf zu Scotland Yard.»

«Schon gut. Und wenn es an der Haustür klingelt, hüte dich vor dem verkleideten Gasmann oder dem falschen Kriminalinspektor ohne Ausweis. Vor dem verfolgten blonden Mädchen oder dem schlitzäugigen Chinesen oder dem würdigen grauhaarigen Herrn mit einer Brust voller fremdländischer Orden brauche ich dich wohl nicht erst zu warnen.»

Er brütete.

Er holte aus seiner Brieftasche den Zettel hervor, den er vor Wochen aus Victor Deans Schreibtisch genommen hatte, und verglich die Daten mit dem Kalender. Es waren lauter Dienstage. Nach weiterem Nachdenken setzte er das Datum vom vorletzten Dienstag darunter, dem Tag, an dem Miss Vasavour die Werbeagentur besucht und Tallboy sich von ihm einen Füllfederhalter geliehen hatte, um einen Brief in die Old Broad Street zu adressieren. Neben dieses Datum setzte er ein T. Dann ging er in Gedanken langsam zurück und erinnerte sich, daß er an einem Dienstag in die Werbeagentur gekommen war und Tallboy sich im Schreibzimmer eine Briefmarke geholt hatte. Miss Rossiter hatte den Namen auf dem Umschlag vorgelesen – wie hatte da noch die Abkürzung des Vornamens gelautet? K, natürlich. Er schrieb das K daneben. Dann schlug er, diesmal noch zögernder, das Datum des Dienstags vor Mr. Puncheons historischem Abenteuer im *Weißen Schwan* nach und setzte daneben ein W mit Fragezeichen.

Soweit, so gut. Zwischen K und T lagen neun Buchstaben, aber es waren keine neun Wochen dazwischen gewesen. Außerdem hätte W nicht zwischen K und T kommen dürfen. Welche Regel lag dieser Buchstabenfolge zugrunde? Er zog nachdenklich an seiner Pfeife und versank in einen Traum, schwebte in einem Luftschloß aus Tabaksqualm dahin, bis ein sehr lauter, aus Geschrei und Kampfgetümmel bestehender Lärm in den oberen Zimmern ihn aufschreckte. Kurz darauf öffnete sich die Tür, und seine Schwester erschien mit leicht gerötetem Gesicht.

«Entschuldige, Peter. Hast du diesen Krach gehört? Dein kleiner Namensvetter war unartig. Er hatte Onkel Peters Stimme gehört und wollte um keinen Preis im Bett bleiben. Er will herunterkommen und dich begrüßen.»

«Sehr schmeichelhaft», sagte Wimsey.

«Aber auch sehr anstrengend», entgegnete Mary. «Ich spiele so ungern die gestrenge Mutter. Warum soll er seinen Onkel nicht sehen dürfen? Warum muß sich der Onkel mit so langweiligem Detektivkram beschäftigen, wo sein Neffe doch soviel interessanter ist?»

«Richtig», sagte Wimsey. «Das habe ich mich auch schon oft gefragt. Ich vermute, du hast dein Herz verschlossen.»

«Halb und halb. Ich habe gesagt, wenn er brav ist und wieder ins Bett geht, kommt Onkel Peter vielleicht nach oben und sagt ihm gute Nacht.»

«Und . . . war er brav?»

«Ja. Zu guter Letzt. Das heißt, er liegt im Bett. Zumindest lag er, als ich herunterkam.»

«Na schön», sagte Wimsey, indem er seine Siebensachen beiseite legte. «Dann will ich auch ein braver Onkel sein.»

Er ging gehorsam nach oben und fand Peterchen, drei Jahre alt, dem Buchstaben nach im Bett. Das heißt, er saß aufrecht darin, hatte die Decken abgeworfen und brüllte aus Leibeskräften.

«Nanu!» sagte Wimsey schockiert.

Das Gebrüll ließ nach.

«Was soll denn das heißen?» Wimsey folgte mit tadelndem Finger der Spur einer dicken, hinunterkullernden Träne. «Tränen, eitle Tränen! . . . Du lieber Himmel!»

«Onkel Peter, ich hab ein Lugzeug.» Peterchen zupfte energisch am Ärmel seines plötzlich still gewordenen Onkels. «Schau mal, mein Lugzeug, Onkel. Lugzeug! Lugzeug!»

«Entschuldige, mein Kleiner», riß Wimsey sich wieder in die Gegenwart zurück. «Ich war nicht ganz da. Ein schönes Flugzeug. Kann es auch fliegen? . . . Halt, du brauchst jetzt nicht aufzustehen, um es mir zu zeigen! Ich glaub's dir ja.»

«Mami kann das.»

Es flog sehr ordentlich und landete sauber auf der Kommode. Wimsey sah ihm mit leerem Blick nach.

«Onkel Peter!»

«Ja, mein Sohn, großartig. Hör mal, hättest du gern ein Motorboot?»

«Was ist ein Motobot?»

«Ein kleines Schiff, das auf dem Wasser fährt – tuck-tuck-tuck – so.»

«Kann es auch in meiner Badefanne fahren?»

«Natürlich, auch auf dem Teich in Kensington Garden.»
Peterchen überlegte.

«Kann ich es mit in die Badefanne nehmen?»

«Gewiß, wenn Mami es erlaubt.»

«Ich will ein Motobot für meine Badefanne.»

«Du sollst eins bekommen, mein Kleiner.»

«Wann, jetzt?»

«Morgen.»

«Wirklich morgen?»

«Ehrenwort.»

«Sag, danke, Onkel Peter.»

«Danke, Onkel Peter. Ist bald morgen?»

«Wenn du dich sofort hinlegst und schläfst.»

Klein Peter, der ein praktisch veranlagter Junge war, schloß unverzüglich die Augen, legte sich hin und wurde prompt von fester Hand zugedeckt.

«Aber Peter, du sollst ihn wirklich nicht bestechen, nur damit er schläft. Wo bleibt denn da die Disziplin?»

«Zum Teufel mit der Disziplin», sagte Peter an der Tür.

«Onkel!»

«Gute Nacht!»

«Ist schon morgen?»

«Noch nicht. Schlaf erst mal. Morgen wird es erst, wenn du geschlafen hast.»

«Warum?»

«Das gehört dazu.»

«Ah. Ich schlaf schon, Onkel Peter.»

«Gut. Dann schlaf weiter.» Wimsey zog seine Schwester aus dem Zimmer und schloß die Tür.

«Polly, ich werde nie wieder sagen, daß Kinder lästig sind.»

«Was ist los? Ich sehe doch, daß du etwas hast. Du platzt ja förmlich.»

«Ich hab's! Tränen, eitle Tränen. Der Junge hätte 50 Motorboote zur Belohnung fürs Heulen verdient.»

«O Gott.»

«Das konnte ich ihm natürlich nicht sagen, oder? Komm mal runter, ich zeige dir etwas.»

Er zerrte Mary ins Wohnzimmer, so schnell er konnte, nahm die Liste mit den Daten und stach triumphierend mit dem Bleistift darauf.

«Siehst du dieses Datum? Das ist der Dienstag vor dem Freitag, an dem der Koks im *Weißen Schwan* ausgegeben wurde. An diesem Dienstag wurde die Nutrax-Schlagzeile für den folgenden Freitag festgelegt. Und», fragte Wimsey rhetorisch, «wie lautete die Schlagzeile?»

«Ich habe nicht die mindeste Ahnung. Ich lese nie Anzeigen.»

«Dich hätte man bei der Geburt ersticken sollen. Die Überschrift lautete: ‹Warum der Frau die Schuld geben?› Du wirst bemerkt haben, daß sie mit einem W beginnt. Verstehst du?»

«Ich glaube, ja. Es kommt mir sehr einfach vor.»

«Eben. Und nun zu diesem Datum. Da lautete die Nutrax-Schlagzeile: ‹Tränen, eitle Tränen› – das ist aus einem Gedicht.»

«Soweit kann ich folgen.»

«Das hier ist das Datum, an dem die Schlagzeile zur Veröffentlichung freigegeben wurde, verstehst du?»

«Ja.»

«Auch ein Dienstag.»

«Das habe ich schon begriffen.»

«Am selben Dienstag schickte Mr. Tallboy, der Gruppenleiter für Nutrax, einen Brief ab, adressiert an ‹T. Smith, Esq.›. Verstanden?»

«Ja.»

«Sehr gut. Diese Anzeige erschien an einem Freitag.»

«Versuchst du mir zu erklären, daß alle diese Anzeigen jeweils dienstags für den Druck freigegeben werden und jeweils freitags erscheinen?»

«Genau.»

«Warum sagst du das nicht gleich, statt dich dauernd zu wiederholen?»

«Schon gut. Und nun merket auf und gebet acht. Mr. Tallboy hat also die Angewohnheit, dienstags Briefe an einen Mr. Smith zu schicken, den es, nebenbei bemerkt, gar nicht gibt.»

«Ich weiß. Das hast du uns schon alles erzählt. Mr. T. Smith ist Mr. Cummings, aber Mr. Cummings bestreitet es.»

«Er bestreitet die Aussage, versetzte der König. Aber laß das jetzt mal beiseite. Das Entscheidende ist, daß Mr. Smith nicht immer Mr. T. Smith heißt. Manchmal ist er ein anderer Mr. Smith. Aber an dem Tag, an dem die Nutrax-Schlagzeile mit einem T anfing, war er Mr. T. Smith.»

«Und was für ein Mr. Smith war er, als die Schlagzeile mit einem W anfing?»

«Leider weiß ich das nicht. Aber ich kann mir denken, daß er da Mr. W. Smith hieß. Jedenfalls begann die Nutrax-Schlagzeile an dem Tag, als ich zu Pym kam, mit ‹Kribbel-Krabbel›. Und an diesem Tag war Mr. Smith ein –»

«Halt! Laß mich raten. Er war Mr. K. Smith.»

«So ist es. Vielleicht Kenneth oder Kirkpatrick oder Killarney. Killarney Smith wäre doch ein hübscher Name.»

«Und wurde am darauffolgenden Freitag das Rauschgift in der *Krone* ausgeteilt?»

«Darauf wette ich mein letztes Hemd. Was hältst du davon?»

«Ich fürchte, da brauchst du noch einiges mehr an Beweisen. Du hast nicht ein einziges Mal alle drei beieinander – den abgekürzten Vornamen, die Schlagzeile und das Wirtshaus.»

«Das ist der schwache Punkt», räumte Wimsey ein. «Aber sieh mal her. Dieser Dienstag, den ich jetzt aufschreibe, liegt in der Woche, in der es den großen Nutrax-Krach gab – als die Schlagzeile donnerstags abends in letzter Sekunde geändert wurde. Am Freitag dieser Woche ist irgend etwas mit dem Nachschub für Major Milligan schiefgegangen. Er hat das Zeug nie bekommen.»

«Peter, ich glaube, da bist du auf einer Spur.»

«Glaubst du, Polly? Nun, ich auch. Ich war mir nur nicht sicher, ob es noch jemand anderem außer mir einleuchten würde. Paß mal auf – da fällt mir noch ein anderer Tag ein.» Wimsey mußte lachen. «Ich weiß das Datum nicht mehr, aber da bestand die Schlagzeile nur aus einem Gedankenstrich und einem Ausrufezeichen, und Tallboy hat darüber furchtbar gemault. Ich möchte wissen, was sie in dieser Woche gemacht haben. Wahrscheinlich haben sie den ersten Buchstaben des Untertitels genommen. Was für ein Witz!»

«Aber wie funktioniert das weiter, Peter?»

«Nun, die Einzelheiten kenne ich auch nicht, aber ich stelle es mir so vor: Sobald am Dienstag die Schlagzeile festliegt, schickt Tallboy einen Umschlag an Cummings' Tabakladen, adressiert an A. Smith, Esq., B. Smith, Esq. und so weiter, je nach dem ersten Buchstaben der Annonce. Cummings wirft einen Blick darauf, schimpft und gibt dem Postboten den Brief zurück. Dann informiert er den oder die Oberverteiler. Ich weiß nicht, wie. Möglicherweise inseriert er auch, denn der große Trick an der Sache ist ja, daß zwischen den verschiedenen Leuten so wenig Kontakte wie möglich bestehen. Donnerstags wird das Zeug ins Land geschmuggelt, ein Agent nimmt es an und packt es, getarnt als Natron oder etwas ähnlich Harmloses, in kleine Päckchen ab. Dann nimmt er das Londoner Telefonbuch und sucht die nächste Wirtschaft heraus, die mit dem Buchstaben anfängt, den Cummings ihm mitgeteilt hat. Sowie das Wirtshaus am Freitag öffnet, ist er da. Die Unterverteiler, wenn wir sie mal so nennen wollen, haben inzwischen den *Morning Star* und ebenfalls das Telefonbuch studiert. Sie eilen in das betreffende Wirtshaus und bekommen dort die Päckchen zugesteckt. Der selige Mr. Mountjoy muß einer von diesen Herrschaften gewesen sein.»

«Und wie erkennen sich die Ober- und Unterverteiler?»

«Es muß irgendein Losungswort geben, und unser verprügelter Freund Hector Puncheon muß es zufällig ausgesprochen haben. Wir müssen ihn mal fragen. Er ist vom *Morning Star,* und mit dem *Morning Star* hat es möglicherweise zu tun. Mountjoy muß übrigens viel von der Morgenstunde gehalten haben, denn es schien seine Angewohnheit zu sein, sich sofort die Zeitung zu besorgen, wenn sie aus der Presse kam – womit auch erklärt ist, daß er schon morgens um halb fünf in Covent Garden war und sich eine Woche später wieder in aller Herrgottsfrühe in Fleet Street herumtrieb. Er muß das Erkennungswort gesagt haben, was es auch war; vielleicht kann Puncheon sich erinnern. Danach packte er die Ware in kleinere Portionen ab (daher sein Vorrat an Zigarettenpapier) und verteilte diese nach eigenem Geschmack und Gutdünken weiter. Natürlich weiß ich vieles noch nicht. Zum Beispiel, wie dafür bezahlt wurde. Von Puncheon hat niemand Geld verlangt. Tallboy scheint seinen Anteil in Scheinen bekommen zu haben. Aber das sind Details. Das Geniale an der Sache ist, daß der Koks nie zweimal an derselben Stelle verteilt wurde. Kein Wunder, daß Charles damit Schwierigkeiten hatte. Übrigens habe ich ihn heute in die falsche Wirtschaft geschickt. Armer Teufel; er wird mich verfluchen!»

Mr. Parker fluchte aus vollem Herzen, als er nach Hause kam.

«Es ist allein meine Schuld», meinte Wimsey vergnügt. «Ich habe dich ins *Yak* geschickt. Dabei hättest du in der *Unke* oder im *Uhu* sein müssen. Aber nächste Woche machen wir's besser – wenn wir bis dahin noch leben.»

«Wenn», sagte Parker ernst, «wir bis dahin noch leben.»

Unerwartetes Ende
eines Cricketspiels

Der Pym-Troß füllte einen großen Autobus; außerdem fuhren noch ein paar in ihren eigenen Austins mit. Das Spiel sollte zwei Durchgänge haben und um 10 Uhr beginnen, und Mr. Pym legte Wert darauf, daß es gut besucht war. In der Agentur hielt während des Samstagvormittags nur noch eine Rumpfmannschaft die Stellung, und es wurde erwartet, daß möglichst viele von ihnen nachmittags mit dem Zug nach Romford nachkamen. Mr. Death Bredon, eskortiert von Lady Mary und Chefinspektor Parker, stieg als einer der letzten in den Bus.

Die Firma Brotherhood legte großen Wert auf ein ideales Arbeitsklima. Das war ihre bevorzugte Form von praktiziertem Christentum; außerdem machte es sich gut in ihrer Werbung und war zudem eine wirksame Waffe gegen Gewerkschaften. Natürlich hatte die Firma Brotherhood nicht das allermindeste gegen Gewerkschaften als solche einzuwenden. Man hatte lediglich erkannt, daß satte, zufriedene Menschen von Natur aus wenig zu gemeinschaftlichem Handeln in irgendeiner Form neigten – was ja auch die Eselsgeduld der Steuerzahler erklärt.

In Brotherhoods Brot-und-Spiele-Politik nahmen organisierte Sportveranstaltungen natürlich einen wichtigen Platz ein. Über dem Pavillon, von dem aus man das ganze geräumige Spielfeld überblickte, wehte eine prächtige knallrote Fahne, bestickt mit dem Firmenzeichen, zwei ineinander verschlungenen Händen. Das gleiche Emblem zierte die knallroten Blazer und Mützen der elf Brotherhood-Cricketspieler. Dagegen waren die elf Männer der Werbeagentur Pym eine mäßige Werbung für sich selbst. Mr. Bredon bildete geradezu einen leuchtenden Fleck in der Landschaft, denn seine Flanellhose war makellos, und sein etwas antiquierter Balliol-Blazer verbreitete eine Aura von Echtheit. Mr. Ingleby war ebenfalls korrekt gekleidet, wenn auch ein wenig schäbig. Mr. Hankin verdarb seine sonst tadellose Erscheinung mit einem braunen Filzhut, während Mr. Tallboy, in jeder anderen Beziehung korrekt, eine fatale Neigung zeigte, an der Taille etwas zu vertuschen, wofür zweifellos sein Schneider und Hemdenmacher gemeinsam verantwortlich zeichneten. Die Anzüge der übrigen waren verschiedene Kombinationen aus weißen Flanellhosen und braunen Schuhen, weißen Schuhen und dem falschen Hemd dazu, Tweedjacken mit weißen Leinenmützen, bis hinunter zu dem schmählichen Schauspiel, das Mr. Miller bot, der nicht einsah, warum er sich eines bloßen Spieles wegen in Schale werfen sollte, und das Auge mit einer grauen Flanellhose nebst gestreiftem Hemd und Hosenträgern beleidigte.

Der Tag begann schon schlecht, denn Mr. Tallboy hatte seinen Glücks-Shilling verloren, worauf Mr. Copley spitz bemerkte, er wolle vielleicht lieber eine Pfund-Note werfen. Das machte Mr. Tallboy nervös. Brotherhood gewann die Auslosung und beschloß, den ersten Durchgang zu bestreiten. Mr. Tallboy, immer noch nervös, baute seine Feldspieler auf, vergaß in seiner Aufregung Mr. Hankins Vorliebe für die Position Mitterechts und setzte ihn auf Halblinks ein. Bis dieser Fehler ausgebügelt war, hatte sich herausgestellt, daß Mr. Haagedorn seine Wickethüterhandschuhe vergessen hatte, und man mußte sich ein Paar vom Pavillon ausleihen. Dann stellte Mr. Tallboy fest, daß er seine beiden schnellen Werfer zusammen aufgestellt hatte. Er bereinigte dies, indem er Mr. Wedderburn vom Spielfeldrand wegholte, damit er seine «Langsamen mit Effet» werfen solle, und Mr. Barrow zugunsten von Mr. Beeseley herausnahm. Dies kränkte Mr. Barrow so, daß er sich grollend in den äußersten Winkel des Spielfelds verzog und dort offenbar ein Schläfchen halten wollte.

«Was soll diese Verzögerung?» fragte Mr. Copley.

Mr. Willis antwortete, Mr. Tallboy sei wohl ein wenig mit der Werferfolge durcheinandergeraten.

«Schlechte Organisation», sagte Mr. Copley. «Er hätte eine Liste aufstellen und sich daran halten sollen.»

Der erste Durchgang für Brotherhood verlief ziemlich ereignislos. Mr. Miller verpaßte zwei leichte Bälle, und Mr. Barrow ließ, um seine Verstimmung über seine Feldplacierung zu zeigen, einen wirklich völlig harmlosen Ball ins Aus gehen, statt ihm nachzusetzen. Der älteste Mr. Brotherhood, ein quirliger alter Herr von 75 Jahren, kam vergnügt vom Pavillon angewatschelt, um sich liebenswürdig Mr. Armstrongs anzunehmen. Er tat dies, indem er in Erinnerungen an alle großen Cricketspiele schwelgte, die er in seinem ganzen langen Leben je gesehen hatte, und da er von Kindesbeinen an diesem Spiel zugetan war und nie ein Turnier von Bedeutung verpaßt hatte, nahm das einige Zeit in Anspruch und war sehr ermüdend für Mr. Armstrong, der Cricket langweilig fand und den Spielen der Belegschaft nur mit Rücksicht auf Mr. Pyms Grillen beiwohnte. Mr. Pym, dessen Begeisterung nur noch von seiner Ahnungslosigkeit übertroffen wurde, spendete schlechten wie guten Schlägen gleichermaßen Beifall.

Schließlich ging die Brotherhood-Mannschaft mit 155 Läufen vom Platz, und die Pym-Elf kam aus allen Winkeln des Spielfelds zusammen – die Gentlemen Garrett und Barrow, beide schlecht gelaunt, um ihre Beinschoner anzulegen, die übrigen, um sich unter die Zuschauer zu mischen. Mr. Bredon, träge in seinen Bewegungen, aber gutgelaunt, legte sich Miss Meteyard zu Füßen, während Mr. Tallboy vom alten Mr. Brotherhood geangelt wurde, wodurch Mr. Armstrong erlöst war und sofort die Einladung eines jüngeren Brotherhood annahm, sich eine neue Maschine anzusehen.

Der Durchgang begann furios. Mr. Barrow, ein guter Schlagmann, wenngleich unbeständig, nahm das Wicket auf der fabrikwärtigen Seite des Spielfelds und erzielte schon gegen den ersten Werfer ein paar Zweierläufe. Mr. Garrett, listig und vorsichtig, mauerte die ersten fünf Würfe, den sechsten lenkte er so raffiniert durch das Feld, daß es für ordentliche drei Läufe reichte. Ein Einzellauf beim nächsten Ball brachte wieder Mr. Barrow ans Schlagen, und dieser legte nach dem guten Anfang einen munteren Überlegenheitskomplex an den Tag und machte sich daran, Läufe einzuheimsen. Mr. Tallboy seufzte erleichtert auf. Wenn Mr. Barrow sein Selbstvertrauen gefunden und ein paar Erfolge erzielt hatte, war er immer für ein paar Punkte gut; wurde er durch einen knapp vorbeizischenden Ball, die Sonne in den Augen oder durch eine Bewegung vor den weißen Wänden aus dem Takt gebracht, neigte er zu Defätismus und Unzuverlässigkeit. An dieser Stelle wechselte der Kapitän der Brotherhood-Mannschaft, als er sah, daß der Schlagmann die Werfer in den Griff bekommen hatte, den Mann am fabrikseitigen Ende gegen einen gedrungenen, kampflustig aussehenden Menschen mit finsteren Zügen aus, bei dessen Anblick Mr. Tallboy aufs neue verzagte.

«Sie bringen Simmonds sehr früh hinein», sagte er. «Ich hoffe nur, daß niemand zu Schaden kommt.»

«Ist das ihr Teufelswerfer?» fragte Bredon, als er sah, daß der

Wickethüter sich schleunigst auf eine respektvolle Distanz vom Wicket zurückzog.

Tallboy nickte. Der wüste Mr. Simmonds spuckte sich gehässig in die Hände, zog sich die Mütze mit einem Ruck über die Augen, fletschte haßerfüllt die Zähne, stürmte heran wie ein wilder Stier und schoß den Ball mit der Geschwindigkeit eines schweren Artilleriegeschosses in Mr. Barrows Richtung.

Wie die meisten harten Werfer hatte Mr. Simmonds kein gutes Gefühl für Entfernungen. Sein erstes Wurfgeschoß kam zu kurz, schwirrte vom Boden empor wie ein aufgescheuchter Fasan, zischte an Mr. Barrows Ohr vorbei und wurde vom Langstopper, einem Mann von unerschütterlichem Gemüt und Händen aus Leder, geschickt gefangen. Die nächsten beiden gingen zu weit. Der vierte Ball kam schnurgerade und genau richtig. Mr. Barrow nahm ihn mutig an. Die Wucht des Aufpralls wirkte auf ihn wie ein elektrischer Schlag; er mußte kurz die Augen schließen und schüttelte seine Hände, als wisse er nicht genau, ob noch alle Knochen an ihrem Platz waren. Der fünfte Wurf war leichter zu bewältigen; er schlug ihn schön davon und lief.

«Noch mal!» brüllte Mr. Garrett, schon zum zweitenmal auf halbem Wege zwischen den beiden Wickets. Also machte Mr. Barrow noch einen Lauf und stand dann wieder zum nächsten Angriff bereit. Dieser kam; der Ball sauste am Schlagholz hinauf wie ein Eichhörnchen, erwischte ihn schmerzhaft an den Fingerknöcheln, glitt im rechten Winkel davon und gab Mittellinks eine Chance, die dieser aber zum Glück vertat. Die Feldspieler wechselten die Seiten, und Mr. Barrow konnte beiseite treten und seine Verwundungen pflegen.

Mr. Garrett, der eine Politik des «Sturheit siegt» verfolgte, mauerte systematisch weiter und blockte die ersten vier Würfe nur ab. Der fünfte Wurf brachte zwei Läufe ein; beim sechsten, der weitgehend vom gleichen Kaliber war, begnügte er sich wieder mit Abblocken.

«Mir gefällt dieses Zeitlupen-Cricket nicht», beklagte sich der betagte Mr. Brotherhood. «Als ich ein junger Mann war –»

Mr. Tallboy schüttelte den Kopf. Er wußte sehr gut, daß Mr. Garrett eine gewisse Angst vor schnellen Werfern hatte. Er wußte auch, daß Garrett einigen Grund dazu hatte, denn er war Brillenträger. Aber er wußte ebensogut, wie Mr. Barrow darüber denken würde.

Der verärgerte Mr. Barrow stellte sich dem verabscheuungswürdigen Simmonds mit der Miene eines Gekränkten. Der erste

Ball war ebenso harmlos wie unbrauchbar; der zweite tat weh, aber den dritten konnte er schlagen, und das tat er. Er hieb ihn genußvoll zur Spielfeldgrenze und holte unter lautem Jubel vier Läufe. Der vierte Wurf verfehlte das Wicket nur durch Gottes Barmherzigkeit, aber den sechsten lenkte er zu einem Lauf nach rechts ab. Danach tat er es Mr. Garrett gleich und mauerte einen ganzen Wechsel lang, so daß als nächstes wieder Mr. Garrett dem Teufelswerfer gegenüberstand.

Mr. Garrett tat sein Bestes. Aber der erste Ball schoß ihm senkrecht unters Kinn und nahm ihm den Schneid. Der zweite setzte auf halbem Wege zwischen den Wickets auf und sauste ihm bedenklich dicht über den Kopf. Der dritte war besser gezielt und schien zu heulen, als er ihm entgegengerast kam. Garrett wollte ihn annehmen, verlor den Mut, zuckte zurück und wurde glatt abgeschossen.

«Ogottogott», sagte Mr. Hankin. «Es scheint, jetzt bin ich dran.» Mit nervösem Blinzeln zupfte er seine Beinschoner zurecht. Mr. Garrett trollte sich verdrießlich zum Pavillon. Mr. Hankin begab sich mit aufreizender Langsamkeit zum Wicket. Er hatte seine eigenen Methoden, mit Teufelswerfern fertig zu werden und ließ sich nicht erschrecken. Umständlich klopfte er den Rasen vor der Aufstellungslinie platt, ließ sich dreimal vom Schiedsrichter in die Position einweisen, rückte seine Mütze zurecht, bat um ein Verrücken der weißen Wand, ließ sich erneut einweisen und stellte sich Mr. Simmonds mit dem liebenswürdigsten Lächeln, sehr gerade ausgestrecktem Schlagholz, leicht vorgewinkelten Ellbogen und korrekt placierten Füßen. Die Folge war, daß der nervös gewordene Mr. Simmonds einen viel zu hohen Ball warf, der bis zur Spielfeldgrenze flog, worauf er zwei weiche, mäßig gezielte Bälle folgen ließ, die Mr. Hankin in angemessener Weise bestrafte. Das alles munterte Mr. Barrow wieder auf und gab ihm Rückhalt. Voll Selbstvertrauen schwang er die Keule, und die Zahl der Läufe stieg auf fünfzig. Der Beifall hatte sich kaum gelegt, als Mr. Hankin einen hurtigen Schritt vor das Wicket machte, um einen langsam und harmlos aussehenden Ball anzunehmen, der jedoch aus unerfindlichen Gründen unter seinem Schlagholz durchschlüpfte und ihm gegen den linken Schenkel klatschte. Der Wickethüter hob anklagend die Hände.

«Aus!» sagte der Unparteiische.

Mr. Hankin vernichtete ihn mit einem Blick und stolzierte sehr langsam und würdevoll vom Spielfeld, wo ihn ein teilnahmsvoller Chor mit einem einstimmigen «Wirklich, das war Pech, Sir» in Empfang nahm.

«Es war *allerdings* Pech», entgegnete Mr. Hankin. «Ich muß mich sehr über Mr. Grimbold wundern.» (Mr. Grimbold war der Schiedsrichter, ein älterer, ruhiger Mitarbeiter der Pymschen Außenabteilung.) «Der Ball war weit daneben. Er wäre dem Wicket nie zu nahe gekommen.»

«Er hatte ein wenig Effet», wandte Mr. Tallboy vorsichtig ein.

«Effet hatte er, das stimmt schon», räumte Mr. Hankin ein, «aber er wäre trotzdem danebengegangen. Ich glaube, mir kann niemand Unsportlichkeit vorwerfen, und wenn ich wirklich das Bein dazwischen gehabt hätte, wäre ich der erste, der es zugeben würde. Haben Sie es gesehen, Mr. Brotherhood?»

«O ja, ich hab's sehr wohl gesehen», antwortete der alte Herr mit leisem Lachen.

«Ich unterwerfe mich Ihrem Urteil», sagte Mr. Hankin. «Hatte ich das Bein dazwischen oder nicht?»

«Natürlich nicht», sagte Mr. Brotherhood. «Niemand hat je das Bein dazwischen. Ich sehe mir jetzt schon seit sechzig Jahren jedes Cricketspiel an, mein Verehrter, seit sechzig Jahren, und das geht in eine Zeit zurück, da waren Sie noch gar nicht geboren, da hat noch niemand an Sie gedacht, und ich habe noch nie erlebt, daß einer wirklich das Bein dazwischen hatte – wenn es nach ihm gegangen wäre, heißt das.» Er lachte wieder. «Ich erinnere mich noch, wie 1892 . . .»

«Nun, Sir, ich muß mich Ihrem erfahrenen Urteil beugen», sagte Mr. Hankin. «Und jetzt gedenke ich erst mal ein Pfeifchen zu rauchen.» Er machte sich davon und setzte sich neben Mr. Pym.

«Der arme Mr. Brotherhood», sagte er, «wird auch schon sehr alt und tatterig. Wirklich, sehr tatterig. Ich weiß nicht, ob wir ihn nächstes Jahr noch einmal hier sehen werden. Das war eine sehr unglückliche Entscheidung von Grimbold. Natürlich kann man sich in solchen Sachen leicht täuschen, aber Sie haben doch sicher selbst gesehen, daß ich nicht mehr das Bein dazwischen hatte als er selbst. Sehr ärgerlich, wo ich gerade so richtig in Schwung gekommen war.»

«Dummes Pech», stimmte Mr. Pym ihm fröhlich zu. «Ah, jetzt geht Ingleby hinein. Ich sehe ihm immer gern zu. Im allgemeinen macht er seine Sache sehr gut, nicht?»

«Kein Stil», meinte Mr. Hankin mißvergnügt.

«Nein?» fragte Mr. Pym friedfertig. «Sie wissen das natürlich am besten, Hankin. Aber er schlägt den Ball immer zurück. Das sehe ich so gern, wenn ein Schlagmann den Ball zurückschlägt. Da! Guter Schlag! Guter Schlag! O Gott!»

Denn Mr. Ingleby hatte ein wenig zu eifrig geschlagen, wurde von einem Feldspieler erwischt und war schneller wieder draußen, als er hineingegangen war.

«Quakquak», machte Mr. Bredon.

Mr. Ingleby warf sein Schlagholz nach Mr. Bredon, und Mr. Tallboy murmelte schnell «Pech!» und ging, seinen Platz einzunehmen.

«So was Ärgerliches», sagte Miss Rossiter besänftigend. «Ich finde es sehr tapfer von Ihnen, daß Sie überhaupt zu schlagen versucht haben. Das war nämlich ein furchtbar schneller Ball.»

«Hm», machte Mr. Ingleby.

Mr. Inglebys vorzeitiger Hinauswurf war jedoch des schrecklichen Mr. Simmonds' Schwanengesang. Er hatte sich mit seiner eigenen Wildheit fertiggemacht kam aus dem Tritt, warf noch ungenauer als sonst und wurde nach einem teuren Wechsel gegen einen Herrn ausgetauscht, der gefährliche Aufsetzer warf. Ihm fiel Mr. Barrow zum Opfer, der sich ruhmbedeckt mit 27 Läufen vom Platz begab. An seine Stelle trat Mr. Pinchley, der sich mit einer Triumphgebärde und dem Versprechen, ihnen die Fetzen um die Ohren zu schlagen, von den Zuschauern verabschiedete.

Mr. Pinchley hielt sich an keinerlei Mätzchen wie Rasenglätten und Einweisenlassen auf. Er schritt energisch an seinen Platz, hob sein Schlagholz fast schulterhoch und stand wie ein Fels, bereit zu nehmen, was ihm der Himmel schickte. Viermal jagte er das Leder himmelhoch zur Spielfeldgrenze, dann fiel er mit einem gefährlichen Aufsetzer den Philistern in die Hände und schlenzte den Ball in die gefräßigen Handschuhe des Wickethüters.

«Kurz und schmerzlos», meinte Mr. Pinchley, als er mit einem breiten Grinsen auf dem geröteten Gesicht zurückkam.

«Vier Vierer kann man immer brauchen», sagte Mr. Bredon freundlich.

«Eben, das sage ich ja auch», bestätigte Mr. Pinchley. «Nichts wie ran, damit die Geschichte weiterläuft, das stelle ich mir unter Cricket vor. Dieses ewige Getue kann ich nicht ausstehen.»

Die Bemerkung galt Mr. Miller, dessen Spielweise sehr pedantisch war. Es folgte ein etwas mühsamer Spielabschnitt, in dem die Zahl der Läufe langsam auf 83 stieg, bis Mr. Tallboy bei einem Flugball einen etwas unvorsichtigen Schritt nach rückwärts machte, auf dem Rasen ausrutschte und sich auf sein Wicket setzte.

Innerhalb der nächsten fünf Minuten wurde Mr. Miller, tapfer einem etwas leichtsinnigen Zuruf von Mr. Beeseley folgend, mitten zwischen den Wickets erwischt und mußte hinaus, nachdem er mühsame zwölf Läufe zusammengebracht hatte. Mr. Bredon ging, während er sich gelassen zu seinem Wicket begab, mit sich selbst zu Rate. Er ermahnte sich, daß er immer noch, zumindest für die Firmen Pym und Brotherhood, Mr. Death Bredon von Pyms Werbedienst war. Eine stille, unaufdringliche Mittelmäßigkeit mußte sein Ziel sein. Nichts, was an Peter Wimsey aus der Zeit vor zwanzig Jahren erinnerte, als er einmal für Oxford in aufeinanderfolgenden Durchgängen 200 Läufe geholt hatte. Keine raffiniert angeschnittenen Bälle. Nichts Aufsehenerregendes. Andererseits hatte er von sich behauptet, einmal ein Cricketspieler gewesen zu sein. Er durfte hier also auch kein Schauspiel der Unfähigkeit liefern. Also beschloß er, zwanzig Läufe zu machen, nicht mehr und nach Möglichkeit auch nicht weniger.

Es war leicht beschlossen; indessen ward ihm die Gelegenheit nicht beschieden. Bevor er mehr als zwei Dreier und ein paar armselige Einer einheimsen konnte, ereilte Mr. Beeseley die Strafe für Voreiligkeit, und er wurde auf Mitterechts erwischt. Mr. Haagedorn, der gar nicht erst vorgab, ein Schlagmann zu sein, überstand die ersten sechs Würfe und wurde dann kurz und schmerzlos abgeschossen. Mr. Wedderburn versuchte einen tückischen Ball zu schlagen, von dem er lieber die Finger gelassen hätte, lenkte den Ball genau dem Wickethüter in die Hände, und die Pym-Elf ging mit 99 Läufen vom Platz, wobei Mr. Bredon immerhin die Genugtuung hatte, sein Holz mit vierzehn Läufen ungeschlagen in die Kabinen zu tragen.

«Gut gespielt, alle», sagte Mr. Pym. «Der eine oder andere hat ein wenig Pech gehabt, aber das gehört nun einmal zum Spiel. Wir müssen versuchen, es nach der Mittagspause besser zu machen.»

«Eines muß man ihnen lassen», bemerkte Mr. Armstrong zu Mr. Miller, «sie bewirten einen hier immer sehr gut. Das ist für meinen Geschmack das Beste an dem ganzen Tag.»

Mr. Ingleby machte Mr. Bredon ungefähr die gleiche Mitteilung. «Übrigens», fügte er hinzu, «ich finde, Tallboy sieht ziemlich elend aus.»

«O ja, und eine Flasche hat er bei sich», warf Mr. Garrett ein, der neben ihnen saß.

«Das macht ihm nichts», sagte Ingleby. «Eines muß man Tallboy lassen, er kann was vertragen. Ein Schnaps tut ihm jedenfalls besser als dieser eklige Pompagner. Davon kriegt man nur einen Blähbauch. Leute, laßt um Gottes willen die Finger davon!»

«Irgend etwas ist Tallboy aber über die Leber gekrochen», sagte Garrett. «Ich verstehe ihn nicht. Er kommt mir in letzter Zeit völlig konfus vor, schon seit diesem dämlichen Krach mit Copley.»

Mr. Bredon sagte zu alldem nichts. Ihm war nicht ganz wohl in seiner Haut. Er hatte das Gefühl, als wenn sich irgendwo ein Gewitter zusammenbraute, und war nicht sicher, ob er den Sturm noch einmal lebend überstehen würde. Er wandte sich an Simmonds, den Teufelswerfer, der links von ihm saß, und verwickelte ihn in ein Gespräch über Cricket.

«Was ist nur heute mit unserer Miss Meteyard los?» erkundigte sich Mrs. Johnson schelmisch am Besuchertisch. «Sie sind so still.»

«Ich habe Kopfweh. Es ist so heiß. Ich glaube, es gibt ein Gewitter.»

«Bestimmt nicht», sagte Miss Parton. «Es ist so ein herrlicher, klarer Tag.»

«*Ich* glaube», versicherte Mrs. Johnson, indem sie Miss Meteyards düsterem Blick folgte, «*ich* glaube, sie interessiert sich nur mehr für den *anderen* Tisch. Na, Miss Meteyard, gestehen Sie schon, wer ist es? Mr. Ingleby? Hoffentlich nicht mein Mr. Bredon. Ich *könnte* es nämlich nicht dulden, daß sich jemand zwischen uns drängt.»

Der Scherz über Mr. Bredons angebliche Schwäche für Mrs. Johnson war schon ein wenig schal, und Miss Meteyard nahm ihn entsprechend kühl auf.

«Jetzt ist sie beleidigt», erklärte Mrs. Johnson. «Ich glaube, es *ist* Mr. Bredon. Und nun wird sie auch noch rot! Wann dürfen wir gratulieren, Miss Meteyard?»

«Sagen Sie mal», meinte Miss Meteyard, plötzlich mit harter, lauter Stimme, «erinnern Sie sich an den Rat, den die alte Dame dem gescheiten jungen Mann gab?»

«Also nicht daß ich wüßte. Was war das denn?»

«Manche Menschen können witzig sein, ohne vulgär zu werden, und manche können sowohl witzig als vulgär sein. Ich würde Ihnen empfehlen, entweder das eine oder das andere zu sein.»

«So, so», machte Mrs. Johnson ausweichend. Nach kurzem Überlegen begriff sie die Bedeutung dieses alten Spottwortes; sie sagte noch einmal: «So, so!» und lief rot an. «Mein Gott, wie ungezogen wir doch sein können, wenn wir uns ein bißchen Mühe geben. Ich kann Leute nicht leiden, die keinen Spaß verstehen.»

Der zweite Durchgang für Brotherhood brachte ein wenig Balsam für die Gefühle der Pymmiter. Ob es nun am Pompagner oder an der Hitze lag («Ich glaube, Sie hatten mit dem Gewitter doch recht», bemerkte Miss Parton), jedenfalls verriet mehr als einer ihrer Schlagmänner ein unsicheres Auge und nachlassende Energie. Nur einer ihrer Leute sah wirklich gefährlich aus, nämlich ein baumlanger Kerl mit verdrießlichem Gesicht, sehnigen Armen und einem Yorkshire-Akzent; kein Wurf schien ihn zu schrecken, und dabei zeigte er noch die eklige Neigung, den Ball extrem hart durch die Lücken im Feld zu jagen. Dieser anstößige Mensch hielt verbissen seine Stellung und erzielte unter frenetischem Jubel seiner Seite 58 Läufe. Aber nicht diese Leistung allein war so besorgniserregend, hinzu kamen die Verschleißerscheinungen, die er unter den Feldspielern hervorrief.

«Ich hab – zuviel – Luft im Bauch», keuchte Ingleby, als er nach einem wilden Galopp zur Spielfeldgrenze an Garrett vorbeilief, «und der Kerl scheint bis Weihnachten durchhalten zu wollen.»

«Passen Sie auf, Tallboy», sagte Mr. Bredon, als sie wieder einmal die Seiten wechselten. «Behalten Sie den kleinen Dicken am anderen Wicket im Auge. Dem geht bald die Luft aus. Wenn dieser Yorkshire-Lümmel ihn weiter so hetzt, passiert noch was.»

Es passierte im nächsten Wechsel. Der Schlagmann jagte einen harten Ball vom fabrikseitigen Wicket aus, ein wenig zu hoch für ein sicheres Aus, aber für einen fast sicheren Dreier immer noch gut. Er spurtete los, und der Dicke spurtete los. Der Ball jagte über den Rasen, und Tallboy versuchte ihn abzufangen, während die Schlagmänner gerade auf dem Rückweg waren.

«Los!» rief der Lange; schon zum drittenmal auf halbem Wege zwischen den Wickets. Aber der Dicke hatte keine Luft mehr; bei einem Blick über die Schulter sah er, wie Tallboy sich nach dem Ball bückte. «Nein!» keuchte er und blieb wie angewurzelt stehen. Der andere sah, was sich anbahnte, und machte kehrt. Tallboy ignorierte Haagedorns und Garretts verzweifeltes Gestikulieren; jetzt wollte er's wissen. Statt den Ball an Garret weiterzuspielen, schleuderte er ihn von da, wo er stand, direkt auf das ungeschützte Wicket zu. Der Ball pfiff durch die Luft und warf die Hölzer um, während der Schlagmann, der noch über einen Meter von seiner Aufstellungslinie entfernt war, in einem verzweifelten Versuch, zu retten, was zu retten war, das Schlagholz von sich warf und längelang auf den Bauch flog.

«Oh, wunderbar, wunderbar!» jubilierte der alte Mr. Brotherhood. «Gut gemacht, Sir, gut gemacht!»

«Das war aber gut gezielt!» sagte Miss Parton.

«Was ist denn mit Ihnen los, Bredon?» fragte Ingleby, als die Mannschaft sich dankbar bei den Wickets versammelte, um auf den nächsten Schlagmann zu warten. «Sie sind ja ganz weiß. Sonnenstich?»

«Zuviel Licht in den Augen», sagte Bredon.

«Na, machen Sie sich nichts daraus», riet ihm Ingleby. «Von jetzt an haben wir nicht mehr viel Mühe mit ihnen. Tallboy ist der Held des Tages. Alle Achtung vor ihm.»

Bredon fühlte eine leichte Übelkeit.

Die restlichen Schlagmänner von Brotherhood brachten nichts Erwähnenswertes mehr zuwege und verließen schließlich mit 114 Läufen das Feld. Um vier Uhr, nach einem spektakulären Abwurf, schickte Mr. Tallboy wieder seine Schlagmänner in die Schlacht, konfrontiert mit der schweren Aufgabe, 171 Läufe erzielen zu müssen, um zu siegen.

Um halb sechs sah es durchaus noch so aus, als ob das zu schaffen wäre. Die ersten vier Schläger kamen auf 79, bevor sie abgeworfen wurden. Dann versuchte Mr. Tallboy einen Lauf zu holen, wo es keinen Lauf zu holen gab, und mußte mit ganzen sieben ausscheiden, und unmittelbar danach hieb der kraftstrotzende Mr. Pinchley, ungeachtet der eindringlichen Ermahnungen seines Kapitäns, sich vorzusehen, den Ball genau in die Hände von Linksvorn. Jetzt war der Wurm drin. Mr. Miller mauerte gewissenhaft zwei Wechsel lang, Mr. Beeseley erzielte mühsame sechs Läufe und verlor dann sein Wicket an den Herrn mit den Aufsetzern. Mit 92 Läufen und nur noch drei Schlagmännern, von denen einer der wohlmeinende, aber unfähige Mr. Haagedorn war, schien an der Niederlage kein Weg mehr vorbeizuführen.

«Na ja», meinte Mr. Copley griesgrämig, «es ist immer noch besser als voriges Jahr. Da haben sie uns um etwa sieben Wickets geschlagen. Hab ich nicht recht, Mr. Tallboy?»

«Nein», sagte Mr. Tallboy.

«Entschuldigung, ich bin mir ganz sicher», sagte Mr. Copley. «Vielleicht war's aber auch das Jahr davor. Sie müßten es ja wissen, denn ich glaube, Sie waren beide Male Kapitän.»

Mr. Tallboy beendete die Diskussion um Statistiken, indem er zu Mr. Bredon sagte: «Um halb sieben ist Schluß; versuchen Sie bis dahin durchzuhalten, wenn's geht.»

Mr. Bredon nickte. Das paßte ihm ausgezeichnet. Ein hübsches, ruhiges, defensives Spiel war das am wenigsten charakteristische für Lord Peter Wimsey. Er begab sich gemächlich ans Wicket, vergeudete ein paar kostbare Minuten mit der Aufstellung und stellte sich mit einer Miene höflicher Erwartung den Werfern.

Alles wäre wahrscheinlich nach Plan gegangen, wäre nicht der Werfer am gartenseitigen Ende ein Mann mit einer Eigentümlichkeit gewesen. Er begann seinen Anlauf irgendwo in der dunstigen blauen Ferne, stürmte bis auf einen Meter an das gartenseitige Wicket heran, bremste, machte einen Luftsprung und feuerte dann mit einer Bewegung, die an Radschlagen erinnerte, einen mittellangen, mittelschnellen, harmlos geraden Ball von phantasieloser, aber untadeliger Zielgenauigkeit ab. Als er dieses Manöver zum zweiundzwanzigstenmal vollführte, rutschte er beim Luftsprung aus, landete in einer Art Spagat, erhob sich humpelnd und rieb sich das Bein. Infolgedessen wurde er herausgenommen, und an seine Stelle kam Simmonds, der Teufelswerfer.

Der Rasen zwischen den Wickets war inzwischen nicht nur glatt und schnell, sondern auch uneben geworden. Mr. Simmonds' dritter Wurf prallte bösartig von einem Stückchen nackter Erde hoch und traf Mr. Bredon schmerzhaft am Ellbogen.

Nichts läßt einen Mann so schön rot sehen wie ein kräftiger Schlag auf den Musikantenknochen, und so geschah es in diesem Augenblick, daß Mr. Death Bredon plötzlich sich, seine Vorsicht, seine Rolle und Mr. Millers Hosenträger vergaß und sich nur noch bei schönem Wetter auf dem grünen Rasen des Ovals gegenüber der gedrungenen Majestät des Gaswerks sah. Der nächste Ball war wieder einer von Simmonds' mörderischen kurzen Aufsetzern, und Lord Peter Wimsey zog rachsüchtig die Schultern hoch, trat vor sein Wicket wie der leibhaftige Geist der Vergeltung und jagte ihn mit wuchtigem Schlag weit übers Feld. Den nächsten knüppelte er zu einem Dreier nach links, wobei er einen der Feldspieler fast erschoß und einen anderen so irritierte, daß er den Ball zur falschen Seite zurückwarf und den Pymmitern einen vierten Lauf schenkte. Mr. Simmonds' letzten Wurf strafte er mit der Verachtung, die er verdiente, indem er ihn nur leicht antippte, so daß er haarscharf am nächststehenden Feldspieler vorbeizischte und ihm einen Einer brachte.

Nun sah er sich dem Kerl mit dem Effet gegenüber. Seine ersten beiden Würfe behandelte er mit Vorsicht, den dritten jagte er zu einem Sechser über die Spielfeldgrenze. Der vierte kam gefährlich hoch an, und er stoppte ihn nur, aber der fünfte und sechste folgten dem Dritten. Beifall brandete auf, angeführt von einem Bewunderungsschrei von Miss Parton. Lord Peter grinste freundlich und richtete sich darauf ein, die Feldspieler wie die Hasen übers Rund zu scheuchen.

Während Mr. Haagedorn zwischen den Wickets hin und her raste, bewegten sich seine Lippen im Gebet: «O mein Gott, o mein Gott, mach, daß ich mich nicht blamiere!» Eine Vier wurde angezeigt, und die Feldspieler wechselten die Seiten. Er packte grimmig sein Schlagholz, entschlossen, sein Wicket bis zum letzten Blutstropfen zu verteidigen. Der Ball kam, setzte auf, stieg hoch, und er hämmerte ihn unbarmherzig in den Boden. Nummer eins. Wenn er doch nur die anderen fünf noch überlebte! Den zweiten erledigte er auf gleiche Weise. Ein gewisses Selbstvertrauen kam über ihn. Den nächsten Ball lenkte er nach links und sah sich zu seiner eigenen Verwunderung einen Lauf machen. Als die beiden Schlagmänner sich in der Mitte begegneten, hörte er seinen Kollegen rufen: «Guter Mann! Lassen Sie mich jetzt machen.»

Mr. Haagedorn wünschte sich nichts Besseres. Er würde laufen bis zum Umfallen oder stillstehen, bis er zu Marmor erstarrte, wenn er nur dazu beitragen konnte, daß dieses Wunder anhielt. Er war ein schlechter Schlagmann, aber ein Sportsmann durch und durch. Wimsey beendete den Wechsel mit einem sauber placierten Dreier, wodurch er selbst am Schlag blieb. Er begegnete Mr. Haagedorn in der Mitte.

«Ich nehme alles, was ich kann», sagte Wimsey, «aber wenn Sie doch noch einmal drankommen, mauern Sie nur. Lassen Sie mich für die Läufe sorgen.»

«Ja, Sir», antwortete Mr. Haagedorn inbrünstig. «Ich tue alles, was Sie sagen, nur machen Sie so weiter, machen Sie bitte so weiter.»

«Gern», sagte Wimsey. «Wir schlagen die Brüder noch. Nur keine Angst vor ihnen. Sie machen es genau richtig.»

Sechs Würfe später wurde Mr. Simmonds, nachdem er sechsmal hintereinander ins Aus geschlagen worden war, als allzu kostspieliger Luxus abgelöst. Für ihn kam einer, den man bei Brotherhood als den «Schlenzer» kannte. Wimsey empfing ihn mit Begeisterung und jagte seine Bälle beständig und mit Erfolg nach rechts, bis der Kapitän von Brotherhood dort seine Feldspieler zusammenzog. Wimsey sah sich den Auflauf mit nachsichtigem Lächeln an und schickte die nächsten sechs Bälle beständig und erfolgreich nach links. Als sie darauf in ihrer Verzweiflung ein enges Netz von Feldspielern um ihn zusammenzogen, jagte er alles, was sich jagen ließ, schnurgerade wieder dahin zurück, woher es kam. Auf der Tafel erschien die Zahl 150.

Den betagten Mr. Brotherhood hielt es nicht mehr auf seinem Sitz. Er geriet in Ekstase. «O herrlich, Sir! Noch einmal! Ja, Sir, gut gespielt!» Sein langer Schnurrbart flatterte wie zwei Fahnen. «Mr. Tallboy», fragte er streng, «warum in aller Welt schicken Sie diesen Mann erst als Nummer neun? Das ist ein Cricketspieler! Er ist der einzige Cricketspieler in Ihrem ganzen Haufen. Ja! Herrlich placiert!» Der Ball fegte soeben zwischen zwei aufgeregten Feldspielern hindurch, die bei dem Versuch, ihn abzufangen, fast mit den Köpfen zusammenstießen. «Sehen Sie sich das an! Immerzu sage ich den Jungs, daß eine saubere Placierung zu 90 Prozent das Spiel macht. Dieser Mann weiß es. Wer ist das?»

«Ein neuer Kollege», sagte Tallboy. «Er hat studiert und sagt, er habe früher viel Wald- und Wiesen-Cricket gespielt, aber ich hatte keine Ahnung, daß er so gut ist. Mein Gott!» unterbrach er sich, um einem besonders eleganten Schlag zu applaudieren. «So was hab ich noch nie gesehen.»

«Haben Sie nicht?» erwiderte der alte Herr streng. «Also, ich verfolge alle Cricketspiele seit sechzig Jahren, von Kindesbeinen an, und ich habe so etwas schon gesehen. Lassen Sie mich mal nachdenken. Vor dem Krieg muß das gewesen sein. Mein Gott, mein Gedächtnis für Namen scheint manchmal auch nicht mehr das zu sein, was es mal war, aber ich glaube, das war beim Universitätsturnier von 1910, oder es könnte auch 1911 gewesen sein – nein, nicht 1910, das war nämlich das Jahr, als –»

Seine dünne Stimme ging in einem Aufschrei unter, als auf der Anzeigetafel die Zahl 170 erschien.

«Noch einer, und wir haben gewonnen!» stöhnte Miss Rossiter. «Oh!» Denn in diesem Augenblick fiel Mr. Haagedorn, der für einen unseligen Augenblick die Werfer vor sich hatte, einem wirklich bösen und fast unspielbaren Ball zum Opfer, der ihm um die Beine kurvte wie ein verspieltes Kätzchen und sein Wicket zum Einsturz brachte.

Mr. Haagedorn kam fast in Tränen auf die Tribüne zurück, und Mr. Wedderburn trat zitternd vor Nervosität in die Bresche. Er hatte nichts weiter zu tun, als vier Bälle zu überstehen, dann war das Spiel, wenn nicht ein Wunder geschah, gewonnen. Der erste Ball stieg verführerisch in die Höhe, ein wenig kurz, und Mr. Wedderburn machte einen Schritt nach vorn, verfehlte ihn und huschte in letzter Sekunde zu seinem Wicket zurück. «Vorsicht, Vorsicht!» stöhnte Miss Rossiter, und der alte Mr. Brotherhood fluchte. Den nächsten Ball konnte Mr. Wedderburn ein Stückchen zurückschlagen. Er wischte sich über die Stirn. Der nächste Wurf war ein Schlenzer, und bei dem Versuch, ihn abzublocken, jagte er ihn senkrecht in die Luft. Für die Dauer einer Sekunde, die ihnen wie Stunden erschien, sahen die Zuschauer den wirbelnden Ball – die ausgestreckte Hand – dann fiel der Ball zu Boden – haarscharf vorbei.

«Ich schreie gleich», sagte Mrs. Johnson zu niemandem im besonderen. Mr. Wedderburn, jetzt vollends mit den Nerven am Ende, wischte sich erneut die Stirn ab. Zum Glück war aber auch der Werfer mit den Nerven am Ende. Der Ball rutschte ihm aus den verschwitzten Fingern und ging viel zu weit nach links.

«Finger weg! Finger weg!» schrie Mr. Brotherhood und schlug wie wild mit seinem Stock um sich. «Laß die Finger davon, du Holzkopf! Du Schwachkopf! Du –»

Mr. Wedderburn, der mittlerweile restlos den Kopf verloren hatte, hob sein Schlagholz, holte weit aus, verfehlte sein Ziel, hörte das Klatschen von Leder auf Leder, als der Ball in den Händen des Wickethüters landete, und tat das einzig mögliche. Er warf sich mit dem ganzen Körper nach hinten und landete auf dem Hosenboden im Aufstellungsraum, und im selben Moment, als er sich hinsetzte, hörte er das helle Klappern der fallenden Stäbe.

«Bitte, Sir!» ertönte die Aufforderung an den Schiedsrichter.

«Nicht aus!» lautete die Entscheidung.

«Der Dussel! Dieser hohlköpfige, begriffsstutzige Laffe!»

kreischte Mr. Brotherhood. Er hüpfte vor Wut auf und nieder. «Hätte beinahe das ganze Spiel verdorben! Weggeworfen! Der Mann ist ein Idiot! Ein Idiot, sage ich! Ein Idiot, sag ich Ihnen!»

«Nun, nun, es ist doch gutgegangen, Mr. Brotherhood», sagte Mr. Hankin begütigend. «Das heißt, für Ihre Seite ist es ja leider gar nicht gut.»

«Unsere Seite, unsere Seite!» schrie Mr. Brotherhood. «Ich bin hier, um Cricket zu sehen, kein Flohhüpfen. Es ist mir egal, wer gewinnt oder verliert, Sir, wenn hier nur Cricket gespielt wird. Na also, bitte!»

Noch fünf Minuten waren zu spielen, und Wimsey sah den ersten Ball des neuen Wechsels auf sich zugerast kommen. Es war ein Prachtwurf. Eine Gabe Gottes. Er jagte ihn davon wie Saul die Philister. Der Ball schoß in einer herrlichen Parabel in die Lüfte, landete mit einem Donner wie beim Jüngsten Gericht auf dem Pavillon, hüpfte das Blechdach hinunter, fiel in die Absperrung, hinter der die Punktrichter saßen, und zerschlug eine Limonadenflasche. Das Spiel war gewonnen.

Mr. Bredon, der um halb sechs mit 83 Läufen auf dem Konto zum Pavillon zurückgeschlendert kam, sah sich von Mr. Brotherhood dem Älteren abgefangen und festgehalten.

«Wunderbar gespielt, Sir, wirklich wunderbar gespielt», sagte der alte Herr. «Entschuldigen Sie – jetzt eben ist mir der Name wieder eingefallen. Sind Sie nicht Wimsey vom Balliol?»

Wimsey sah Tallboy, der unmittelbar vor ihm ging, mitten im Schritt stocken und sich umdrehen, ein Gesicht wie der Tod. Er schüttelte den Kopf.

«Ich heiße Bredon», sagte er.

«Bredon?» Mr. Brotherhood war sichtlich verwirrt. «Bredon? Ich erinnere mich nicht, den Namen je gehört zu haben. Aber habe ich Sie nicht 1911 für Oxford spielen sehen? Sie haben einen Schlagstil, der einmalig und unverkennbar ist, und ich hätte schwören mögen, daß ich Sie das letzte Mal 1911 auf dem Lord's habe spielen sehen, wo Sie 112 Läufe gemacht haben. Aber ich meine, der Name war Wimsey – Peter Wimsey vom Balliol – Lord Peter Wimsey – und jetzt, wo ich darüber nachdenke –»

In diesem heiklen Augenblick gab es eine Störung. Zwei Männer in Polizeiuniform, angeführt von einem dritten Mann in Zivil, kamen quer über das Spielfeld gegangen. Sie drängten sich durch die Spieler und Gäste und näherten sich der kleinen Gruppe an der Pavilloneinfassung. Einer der Uniformierten berührte Lord Peter am Arm.

«Sind Sie Mr. Death Bredon?»

«Ja», sagte Wimsey, nicht schlecht erstaunt.

«Dann müssen Sie mit uns kommen. Sie stehen unter Mordverdacht, und ich muß Sie belehren, daß alles, was Sie sagen, vor Gericht gegen Sie verwendet werden kann.»

«Mord?» stieß Wimsey hervor. Der Polizist hatte mit unnötig lauter und schneidender Stimme gesprochen, und alle Umstehenden sahen wie erstarrt zu ihm her. «Wen soll ich ermordet haben?»

«Miss Dian de Momerie.»

«Großer Gott!» sagte Wimsey. Er blickte sich um und sah, daß der Mann in Zivil Chefinspektor Parker war, der bestätigend nickte.

«Na schön», sagte Wimsey. «Ich komme mit, aber ich weiß nichts davon. Sie sollten mich lieber zum Umziehen begleiten.»

Er ging zwischen den beiden Beamten fort. Mr. Brotherhood angelte sich Parker, als dieser ihnen gerade folgen wollte.

«Sie sagen, dieser Mann heißt Bredon?»

«Ja, Sir», antwortete Parker laut und deutlich. «Bredon heißt er. Mr. Death Bredon.»

«Und Sie verhaften ihn wegen Mordes?»

«Für einen Mord an einer jungen Frau, Sir. Ein brutales Verbrechen.»

«Nun denn», sagte der alte Herr, «Sie überraschen mich. Sind Sie auch sicher, daß Sie den Richtigen erwischt haben?»

«Vollkommen sicher, Sir. Er ist der Polizei kein Unbekannter.»

Mr. Brotherhood schüttelte den Kopf.

«Nun denn», sagte er wieder, «sein Name mag ja Bredon sein. Aber er ist unschuldig. Unschuldig wie der junge Tag, mein Lieber. Haben Sie ihn spielen sehen? Er ist ein ausgezeichneter Cricketspieler und würde so wenig einen Mord begehen wie ich.»

«Das sei dahingestellt, Sir», sagte Chefinspektor Parker unerschüttert.

«Nun stellt euch das mal vor!» rief Miss Rossiter. «Ich hab ja *immer* gewußt, daß *etwas* an ihm komisch ist. Mord! Man darf gar nicht daran denken! Er hätte uns allen die Kehle durchschneiden können! Was sagen Sie, Miss Meteyard? Sind Sie überrascht?»

«Ja», sagte Miss Meteyard. «Ich war mein Lebtag noch nie so überrascht. Noch nie!»

Doppeltes Auftreten
einer berüchtigten Person

«Tatsache, Peter», sagte Parker, als der Polizeiwagen in Richtung London jagte, «Dian de Momerie wurde heute früh in einem Wald bei Maidenhead mit durchschnittener Kehle aufgefunden. Neben der Leiche lag eine Pennyflöte, und ein paar Meter weiter hing eine schwarze Maske an einem Brombeerstrauch, als ob jemand sie eilig weggeworfen hätte. Nachforschungen unter ihren Freunden ergaben, daß sie sich nachts mit einem maskierten Harlekin namens Bredon herumzutreiben pflegte. Ein schwerer Verdacht richtete sich demzufolge gegen besagten Mr. Bredon, und Scotland Yard handelte mit lobenswerter Promptheit, machte den Herrn in Romford ausfindig und bemächtigte sich seiner Person. Der Beschuldigte erwiderte auf den Vorhalt –»

«Ich habe es getan», beendete Wimsey den Satz für ihn. «Und in gewissem Sinne habe ich es auch, Charles. Wenn diese Frau mich nie gesehen hätte, wäre sie noch am Leben.»

«Es ist weiter nicht schade darum», sagte der Chefinspektor herzlos. «Ich durchschaue allmählich ihr Spiel. Sie sind noch nicht darauf gekommen, daß du nicht Death Bredon bist, und wollen dich auf diese Weise auf Eis legen, bis sie Ordnung in ihren Laden gebracht haben. Sie wissen, daß du bei Mordverdacht nicht auf Kaution freigesetzt werden kannst.»

«Verstehe. Sie scheinen jedenfalls nicht ganz so schlau zu sein, wie ich angenommen hatte, sonst hätten sie mich längst identifiziert. Wie geht's jetzt weiter?»

«Meine Idee ist, daß wir sofort etwas tun, um zu demonstrieren, daß Mr. Death Bredon und Lord Peter Wimsey nicht eine Person sind, sondern zwei. Folgt dieser Kerl uns noch, Lumley?»

«Ja, Sir.»

«Sehen Sie zu, daß er uns in dem Verkehr von Stratford nicht verliert. Wir bringen dich zur Vernehmung nach Scotland Yard, und dieser Knilch wird dich sicher hinter unseren Mauern verschwinden sehen. Ich habe dafür gesorgt, daß ein paar Zeitungsleute da sind, und denen tischen wir die Geschichte deiner Verhaftung in allen Einzelheiten nebst Anekdoten aus deiner häßlichen Vergangenheit auf. Du wirst dann als Mr. Bredon dich selbst als Lord Peter Wimsey anrufen und dich bitten, dich besuchen zu kommen und für deine Verteidigung zu sorgen. Anschließend schmuggeln wir dich durch den Hinterausgang hinaus –»

«Als Polizist verkleidet? O Charles, bitte laß mich als Polizist gehen! Das täte ich so gern mal.»

«Na ja, dir fehlen eigentlich ein paar Zentimeter an der vorgeschriebenen Größe, aber das kriegen wir schon hin. Der Helm kann vieles ausgleichen. Jedenfalls gehst du nach Hause oder in deinen Club –»

«Nicht in den Club; ich kann doch nicht als Polizist verkleidet in den *Marlborough* gehen. Aber halt mal – der *Egotists Club* –, da kann ich hin. Ich habe dort ein Zimmer, und die Mitglieder scheren sich nicht darum, was einer macht. Das gefällt mir. Weiter.»

«Gut. Du ziehst dich dort um, dann kommst du zum Yard, aufgebracht natürlich, und meckerst laut über die Scherereien, die Mr. Bredon dir macht. Wenn du willst, kannst du der Presse ein Interview geben. Dann gehst du nach Hause. Die Sonntagszeitungen werden eine lange Geschichte über dich bringen, mit Fotos von euch beiden.»

«Ausgezeichnet!»

«Und am Montag erscheinst du vor dem Untersuchungsrichter und behältst dir deine Verteidigung vor. Schade, daß du nicht im Gerichtssaal sitzen und dir zuhören kannst, aber ich fürchte, das liegt nicht ganz in deiner Macht. Du kannst dich jedoch unmittelbar danach der Öffentlichkeit zeigen, bei irgend etwas Aufsehenerregendem. Du könntest im Hyde Park vom Pferd fallen –»

«Nein», sagte Wimsey. «Ich weigere mich entschieden, vom Pferd zu fallen. Es gibt Grenzen. Meinetwegen kann das Pferd mit mir durchgehen und ich mich nur durch meine bravouröse Reitkunst retten.»

«Bitte, gern. Das überlasse ich dir. Wichtig ist nur, daß du in die Zeitungen kommst.»

«Wird gemacht. Ich werde schon für mich die Werbetrommel rühren. Darauf verstehe ich mich ja. Übrigens – das heißt allerdings, daß ich am Montag nicht zur Arbeit kann.»

«Natürlich nicht.»

«Aber das geht nicht. Ich muß diese Whifflets-Kampagne ausfeilen. Armstrong ist sehr daran interessiert, ich kann ihn nicht im Stich lassen. Außerdem interessiert mich die Sache jetzt auch selbst.»

Parker sah ihn entgeistert an.

«Wäre es möglich, Peter, daß du so etwas wie Arbeitsmoral entwickelst?»

«Mein Gott, Charles, du verstehst das nicht. Es ist eine wirklich große Sache. Die größte Werbemasche seit dem Mustard Club. Aber falls dich das kalt läßt, hier ist noch etwas. Wenn ich nicht dort bin, erfährst du nächsten Dienstag die Nutrax-Schlagzeile nicht und kannst nicht dabei sein, wenn der Nachschub verteilt wird.»

«Die erfahren wir auch ohne dich, mein Lieber. Aber es nützt uns gar nichts, wenn du ermordet wirst, oder?»

«Wenig. Ich verstehe eines nicht. Warum haben sie Tallboy noch nicht umgebracht?»

«Das verstehe ich auch nicht.»

«Ich will dir sagen, was ich glaube. Ihre neuen Pläne sind noch nicht ausgereift. Sie lassen ihn noch bis Dienstagabend leben, weil sie noch einmal die alte Verteilerroute benutzen müssen. Sie glauben, solange ich aus dem Weg bin, können sie das Risiko eingehen.»

«Das kann sein. Wir müssen es jedenfalls hoffen. So, da sind wir. Raus mit dir, und versuch, so gut du kannst, wie ein ertappter Schwerverbrecher auszusehen.»

«Sofort!» sagte Wimsey und verzerrte prompt sein Gesicht zu einem widerwärtigen Feixen. Der Wagen bog in die Einfahrt zu Scotland Yard und hielt. Der Sergeant stieg aus. Wimsey folgte, sah sich um und bemerkte drei unverkennbare Zeitungsreporter, die sich auf dem Hof herumtrieben. Gerade als Parker ebenfalls aus dem Wagen stieg, versetzte Wimsey dem Sergeant einen leichten, aber wirkungsvollen Schlag unters Kinn, daß er rückwärts taumelte, stellte Parker ein Bein, als dieser vom Trittbrett sprang, und rannte wie ein Hase zum Tor. Zwei Polizisten und ein Reporter warfen sich ihm in den Weg. Er wich den Polizisten aus, rempelte den Reporter um, sauste durchs Tor und führte eine wilde Jagd durch Whitehall an. Im Laufen hörte er hinter sich lautes Rufen und Pfeifen. Passanten nahmen die Verfolgung auf; Autofahrer gaben Gas und versuchten ihm den Weg abzuschneiden; in Omnibussen drängten sich die Fahrgäste an die Fenster und glotzten. Er stürzte sich behende ins Verkehrsgewühl, rannte dreimal um das Cenotaph, lief auf der anderen Straßenseite in entgegengesetzter Richtung zurück und ließ sich schließlich mitten auf dem Trafalgar Square auf dramatische Weise ergreifen. Parker und Lumley kamen keuchend angerannt.

«Hier ist er, Mister», sagte der Mann, der ihn ergriffen hatte – ein großer, kräftiger Kanalarbeiter mit einer Werkzeugtasche. «Hier ist er. Was hat er denn angestellt?»

«Er steht unter Mordverdacht», verkündete Parker kurz und laut.

Ein Murmeln der Bewunderung erhob sich. Wimsey warf einen verachtungsvollen Blick auf Sergeant Lumley.

«Ihr Polypen seid alle viel zu fett», sagte er. «Ihr könnt ja nicht mehr laufen.»

«Schon recht», antwortete der Sergeant grimmig. «Hände her, mein Junge. Wir wollen kein Risiko mehr eingehen.»

«Bitte sehr, bitte sehr. Sind Ihre Finger auch sauber? Ich will mir nicht die Manschetten beschmutzen lassen.»

«Jetzt reicht's», sagte Parker, als die Handschellen zuklickten. «Sie machen uns keinen Ärger mehr. Mitkommen, bitte, hier geht's lang.»

Die kleine Prozession kehrte zum Yard zurück.

«Ich schmeichle mir, das recht hübsch gemacht zu haben», sagte Wimsey.

«Grr!» machte Lumley und rieb sich das Kinn. «So fest hätten Sie auch nicht gleich zuschlagen müssen, Mylord.»

«Es sollte echt wirken», sagte Wimsey, «echt. Sie waren ein Anblick für die Götter, als Sie hinflogen.»

«Grr!» machte Sergeant Lumley.

Eine Viertelstunde später verließ ein Polizist, dessen Hose ein wenig zu lang und dessen Uniformrock ein wenig zu weit war, das Gebäude des Yard durch einen Nebenausgang, stieg in einen Wagen und ließ sich die Pall Mall entlang zum diskreten Eingang des *Egotists Club* fahren. Dorthinein verschwand er und ward nie mehr gesehen, aber bald darauf trat ein makellos gekleideter Herr im Abendanzug und Seidenzylinder aus der Tür und blieb auf der Treppe stehen, um auf ein Taxi zu warten. Ein älterer Herr von militärischem Aussehen stand neben ihm.

«Sie werden mir verzeihen, Colonel? Ich bleibe nicht lange

fort. Dieser Bredon ist eine furchtbare Plage, aber was soll man machen? Ich meine, man muß ja irgend etwas unternehmen.»

«Ganz recht, ganz recht», sagte der Colonel.

«Ich hoffe nur, daß es das letzte Mal ist. Wenn er wirklich getan hat, was man ihm vorwirft, *ist* es das letzte Mal.»

«Ganz recht, mein lieber Wimsey», sagte der Colonel. «Ganz recht.»

Das Taxi kam.

«Scotland Yard», sagte Wimsey vernehmlich.

Das Taxi fuhr davon.

Am Sonntagmorgen blätterte Miss Meteyard im Bett die Zeitungen durch und sah ihre Aufmerksamkeit von riesigen Schlagzeilen gefangen:

VERHAFTUNG IM MORDFALL DE MOMERIE
BERÜHMTE HERZOGSFAMILIE VERWICKELT
INTERVIEW MIT LORD PETER WIMSEY

und dann:

DER MÖRDER MIT DER PENNYFLÖTE
MASKIERTER VERHAFTET
GESPRÄCH MIT CHEFINSPEKTOR PARKER

und noch einmal:

FLÖTENDER HARLEKIN GEFASST
DRAMATISCHE JAGD DURCH WHITEHALL
HERZOGSBRUDER BESUCHT SCOTLAND YARD

Es folgten lange, ausgeschmückte Schilderungen der Verhaftung; Bilder von der Stelle, wo die Leiche gefunden worden war; Artikel über Lord Peter Wimsey, die Familie, ihren historischen Sitz in Norfolk; über das Londoner Nachtleben und Pennyflöten. Der Herzog von Denver war interviewt worden, hatte sich aber geweigert, etwas zu sagen; Lord Peter Wimsey dagegen hatte sehr viel gesagt. Schließlich – und das wunderte Miss Meteyard sehr – sah man ein Foto, auf dem Lord Peter und Mr. Death Bredon nebeneinander standen.

«Es wäre sinnlos», sagte Lord Peter Wimsey in einem Interview, «angesichts der bemerkenswerten Ähnlichkeit zwischen uns zu leugnen, daß dieser Mann und ich miteinander verwandt sind. Er hat mir sogar schon verschiedentlich Scherereien bereitet, indem er sich für mich ausgab. Wenn Sie uns zusammen sähen, würden Sie feststellen, daß er der Dunklere von uns beiden ist; natürlich gibt es auch einige kleine Unterschiede in den Gesichtszügen; wenn man uns aber einzeln sieht, kann man leicht den einen mit dem anderen verwechseln.»

Der Mr. Death Bredon auf dem Foto hatte in der Tat viel dunklere Haare als der Lord Peter Wimsey; sein Mund war zu einem unangenehmen Feixen verzogen, und er hatte diesen undefinierbaren Zug ordinärer Frechheit an sich, der das Markenzeichen des Hochstaplers ist. Der Zeitungsartikel ging dann in weitere unüberprüfbare Details:

«Bredon hat nie auf einer Universität studiert, obwohl er manchmal Oxford als seine Alma Mater angibt. Er wurde auf einer Privatschule in Frankreich erzogen, wo englische Sportarten kultiviert wurden. Er ist ein großes Naturtalent für Cricket und nahm sogar gerade an einem Cricketspiel teil, als er durch Chefinspektor Parkers schnelles und kluges Handeln verhaftet wurde. Er ist unter verschiedenen Namen in Londoner und Pariser Nachtclubs bekannt. Es heißt auch, er habe das bedauernswerte Mädchen, das er ermordet haben soll, im Hause des verstorbenen Major Milligan kennengelernt, der vor zwei Tagen am Piccadilly von einem Lastwagen tödlich überfahren wurde. Nach Vorhaltungen der Familie Wimsey wegen seines Lebenswandels hatte er vor kurzem eine Stelle in einem bekannten Unternehmen angenommen, und man hatte gehofft, daß er damit ein neues Leben beginnen würde, aber ...»

Und so weiter und so fort.

Miss Meteyard saß noch lange inmitten der verstreuten Zeitungen und rauchte eine Zigarette nach der andern, während ihr Kaffee kalt wurde. Dann ging sie hin und nahm ein Bad in der Hoffnung, dadurch einen klareren Kopf zu bekommen.

Am Montagmorgen war die Aufregung in der Werbeagentur Pym unbeschreiblich. Die ganze Textabteilung saß im Schreibzimmer versammelt und arbeitete überhaupt nicht. Mr. Pym rief an, daß er sich unwohl fühle und nicht in die Firma kommen könne. Mr. Copley war so mit den Nerven fertig, daß er drei Stunden vor einem leeren Papier saß und schließlich einen trinken ging – was er noch nie im Leben getan hatte. Mr. Willis schien am Rande eines Nervenzusammenbruchs zu stehen. Mr. Ingleby lachte über die Erregung seiner Kollegen und meinte, das sei doch für sie alle mal ein ganz neues Erlebnis. Miss Parton brach in Tränen aus, und Miss Rossiter sagte, sie habe es ja gleich gewußt. Mr. Tallboy trug dann zur weiteren Belebung der Ereignisse bei, indem er in Mr. Armstrongs Zimmer ohnmächtig wurde und dadurch Mrs. Johnson (die eine Neigung zur Hysterie verriet) eine halbe Stunde lang nützlich beschäftigte. Und Rotfuchs-Joe, der Junge mit den roten Haaren und dem sonnigen Gemüt, setzte seine Kameraden mit einem Anfall von schlechter Laune in Erstaunen und verpaßte dem armen Bill aus heiterem Himmel und ohne jeden Grund eine Kopfnuß.

Um ein Uhr ging Miss Meteyard zum Essen fort und las im *Evening Banner*, daß Mr. Death Bredon um zehn Uhr vor dem Untersuchungsrichter erschienen sei und sich seine Verteidigung vorbehalten habe. Um halb elf wäre Lord Peter Wimsey (schwülstig als «der zweite Hauptdarsteller in diesem Drama von Rauschgift und Tod» bezeichnet) bei einem Ritt im Hyde Park um Haaresbreite verunglückt, als sein Pferd, durch eine Fehlzündung eines vorbeirasenden Autos erschreckt, durchging, und Lord Peter hatte es nur seiner bravourösen Reitkunst zu verdanken, daß er dabei nicht zu schwerem Schaden gekommen war. Ein Foto zeigte Mr. Bredon im dunklen Straßenanzug und weichem Filzhut beim Betreten des Gerichtsgebäudes in der Bow Street; ein anderes Foto zeigte Lord Peter Wimsey in makellosen Reithosen und -stiefeln und Melone bei der Rückkehr von einem Ausritt. Unnötig, zu erwähnen, daß kein Foto zeigte, wie sich der eine Herr hinter den zugezogenen Gardinen eines Daimler auf einer Fahrt durch die stillen Straßen nördlich der Oxford Street in den anderen verwandelte.

Am Montagabend besuchte Lord Peter Wimsey in Begleitung einer königlichen Hoheit eine Vorstellung von *Sag wann!* im Frivolity.

Am Dienstagmorgen kam Mr. Willis zu spät und im Zustand freudiger Erregung zur Arbeit. Er strahlte jedermann an, stellte eine Vier-Pfund-Schachtel mit Süßigkeiten ins Schreibzimmer und klärte die anteilnehmende Miss Parton darüber auf, daß er sich verlobt habe. Beim Kaffee wußte man bereits, daß der Name der Glücklichen Pamela Dean lautete. Um halb zwölf erfuhr man, daß die Hochzeit so bald wie möglich stattfinden solle, und um Viertel vor zwölf begann Miss Rossiter für ein Hochzeitsgeschenk zu sammeln. Bis zwei Uhr waren die Spender bereits in zwei unversöhnliche Lager gespalten – die einen wollten eine hübsche Eß-Zimmer-Uhr mit Westminster-Schlag kaufen, die anderen setzten sich leidenschaftlich für einen versilberten elektrischen Tischkocher ein. Um vier Uhr verwarf Mr. Jollop nacheinander die Schlagzeilen «Klagt, Mädchen, klagt nicht Ach und Weh», «O trockne diese Tränen» und «Weint am Morgen, weint am Abend», die Mr. Toule zuvor genehmigt hatte, und bedachte die vorgeschlagenen Alternativen «Wofern ihr Tränen habt», «Sag an, warum du weinen mußt» und «Das Mägdlein saß seufzend am Feigenbaum früh» mit Spott und Hohn. Mr. Ingleby, aufgescheucht durch den dringenden Bedarf an neuen Schlagzeilen, geriet in einen Wutanfall, weil das Zitatenlexikon auf mysteriöse Weise verschwunden war. Um halb fünf war Miss Rossiter nach verzweifeltem Tippen mit «Ich weine und weiß nicht warum» und «In Schweigen und Leid» fertig, während der dem Wahnsinn nahe Mr. Ingleby ernsthaft «In dieser tiefen Nacht der Seele» in Erwägung zog (denn, bemerkte er dazu, «die wissen ja doch nicht, daß es Byron ist, wenn wir's ihnen nicht sagen»), da schickte Mr. Armstrong die Frohbotschaft nach oben, daß er Mr. Jollop doch noch überredet habe, den Text von «Sag an, warum du weinen mußt», kombiniert mit der Schlagzeile «Wie ekel, flach und schal», zu nehmen, und Mr. Ingleby möchte bitte nachsehen, ob es «Wie ekel, flach und schal» oder «Wie ekel, schal und flach» heiße und dann das Ganze neu tippen lassen und sofort Mr. Tallboy übergeben.

«Ist Mr. Armstrong nicht wunderbar?» meinte Miss Rossiter. «Er findet immer einen Ausweg. Hier ist es, Mr. Ingleby – ich habe nachgeschlagen –, es heißt «Wie ekel, schal und flach». Der erste Satz wird allerdings geändert werden müssen, glaube ich. Sie können dieses ‹Manchmal sind Sie vielleicht versucht, sich mit den Worten des Dichters zu fragen –› nicht stehen lassen, oder?»

«Wohl kaum», knurrte Ingleby. «Machen wir daraus: ‹Manchmal sind Sie vielleicht versucht, mit Hamlet auszurufen› – dann das komplette Zitat – und weiter mit: ‹Aber wenn Sie jemand fragen sollte –› und da knüpfen wir dann an. Das geht. *Treiben* dieser Welt, bitte, nicht Traben.»

«Ts!» machte Miss Rossiter.

«Da kommt Mr. Wedderburn und schreit nach seinem Text. Wie geht's Tallboy, Wedderburn?»

«Nach Hause gegangen», sagte Mr. Wedderburn. «Er wollte nicht, aber er ist einfach umgekippt. Wäre heute besser gar nicht erst zur Arbeit gekommen, aber er mußte ja unbedingt. Ist es das hier?»

«Ja. Jetzt wird natürlich eine neue Skizze gebraucht.»

«Natürlich», sagte Mr. Wedderburn düster. «Wie die sich vorstellen, daß je etwas fertig wird, wenn sie dauernd ändern und kürzen – na ja! Was soll das werden? Bild von Hamlet? Haben die im Atelier eine Vorlage dafür?»

«Natürlich nicht; die haben doch nie was. Wer macht die Skizzen? Pickering? Bringen Sie ihm am besten meinen illustrierten Shakespeare mit einem schönen Gruß, er soll mir bitte keine Tusche oder Gummilösung daraufschmieren.»

«Gut.»

«Und er soll mir's noch vor Weihnachten zurückgeben.»

Wedderburn grinste und trat seinen Botengang an.

Etwa zehn Minuten später bimmelte im Schreibzimmer das Telefon.

«Ja?» meldete sich Miss Rossiter mit süßer Stimme. «Wer ist am Apparat, bitte?»

«Hier Tallboy», sagte das Telefon.

«Oh!» Miss Rossiter wechselte sofort den für Direktoren und Kunden reservierten Ton gegen einen schnippischeren aus (denn sie war nicht besonders gut auf Tallboy zu sprechen), leicht gemildert nur durch ihr Mitgefühl für einen Kranken:

«So, aha! Geht's wieder besser, Mr. Tallboy?»

«Danke, ja. Ich habe versucht, Wedderburn zu erreichen, aber er scheint nicht in seinem Zimmer zu sein.»

«Wahrscheinlich ist er im Atelier und brummt dem armen Mr. Pickering Überstunden wegen einer neuen Skizze für Nutrax auf.»

«Ach ja! Das war's, was ich wissen wollte. Hat Jollop den Anzeigentext genehmigt?»

«Nein – er hat alles abgelehnt. Wir haben jetzt einen neuen – zumindest eine neue Schlagzeile mit dem Text von ‹Sag an, warum du weinen mußt›.»

«So, eine neue Schlagzeile? Wie heißt sie denn?»

«Wie ekel, schal und flach. Shakespeare, Hamlet.»

«Hm! Sehr gut! Na, ich bin ja froh, daß überhaupt etwas fertig geworden ist. Ich hatte mir schon Sorgen gemacht.»

«Alles in bester Ordnung, Mr. Tallboy.» Miss Rossiter legte auf. «Welch rührende Besorgtheit um die Firma», bemerkte sie zu Miss Parton. «Als ob die Welt aufhörte, sich zu drehen, nur weil *er* nicht hier ist!»

«Er hatte wahrscheinlich Angst, der alte Copley würde wieder dazwischenfunken», sagte Miss Parton mit einem verächtlichen Schnauben.

«Ach, der!» sagte Miss Rossiter.

«Nun, junger Mann», sagte der Polizist, «was willst *du* denn hier?»

«Ich will mit Chefinspektor Parker sprechen.»

«Oho!» sagte der Polizist. «Unbescheiden bist du ja nicht. Bist du auch sicher, daß du nicht lieber den Oberbürgermeister von London sprechen willst? Oder Mr. Ramsay MacDonald?»

«Na, sind Sie immer so witzig? Tut's vielleicht manchmal weh? Sie sollten sich mal 'n Paar neue Stiefel kaufen, sonst werden Sie noch zu groß für die Dinger, die Sie anhaben. Sagen Sie Ihrem Chefinspektor Parker, daß Mr. Joe Potts ihn sprechen will, wegen diesem Harlekin-Mord. Und 'n bißchen dalli, ich muß nämlich heim zum Abendessen.»

«Wegen des Harlekin-Mordes, so? Und was weißt du darüber?»

«Ist nicht Ihre Sache. Sagen Sie ihm bloß, was ich sage. Sagen Sie ihm, daß Joe Potts hier ist, der bei Pyms Werbedienst arbeitet, da werden Sie schon sehen, wie er mich mit 'nem roten Teppich und 'nem Blumenstrauß empfängt.»

«So, von Pyms Werbedienst bist du. Du willst uns etwas über diesen Bredon sagen, ja?»

«Ja, und jetzt los, verplempern Sie nicht so viel Zeit.»

«Komm mal gleich mit hierher, kleiner Frechdachs – und benimm dich.»

«Meinetwegen.»

Mr. Joseph Potts trat sich säuberlich die Schuhe auf der Matte ab, nahm auf einer harten Bank Platz, holte ein Jo-Jo aus der Tasche und ließ es unbekümmert ein paar hübsche Schleifen drehen, während der Polizist sich geschlagen zurückzog.

Bald kam er wieder zurück, befahl Mr. Joseph Potts streng, sein Spielzeug wegzustecken, und führte ihn durch eine Reihe von Korridoren zu einer Tür, an die er klopfte. Eine Stimme rief: «Herein!», und Mr. Potts sah sich in einem geräumigen Zimmer stehen, möbliert mit zwei Schreibtischen, ein paar bequemen Sesseln und mehreren anderen Sitzgelegenheiten von spartanischerem Aussehen. An dem entfernter stehenden Schreibtisch saß ein Mann in Zivil und schrieb, den Rücken zur Tür; an dem näheren Schreibtisch saß, mit dem Gesicht zur Tür, ein weiterer Mann im grauen Anzug, einen Stapel Akten vor sich.

«Der Junge, Sir», meldete der Polizist und verzog sich.

«Setz dich», sagte der Mann und zeigte kurz auf einen der Büßerstühle. «Also, was glaubst du uns erzählen zu müssen?»

«Entschuldigung, Sir, sind Sie Chefinspektor Parker?»

«Das ist aber ein vorsichtiger Zeuge», bemerkte der Mann in Grau, an die Welt im allgemeinen gerichtet. «Und warum willst du so ausdrücklich Chefinspektor Parker sprechen?»

«Weil es wichtig ist und vertraulich, klar?» sagte Mr. Joseph Potts patzig. «Informationen hab ich. Und ich verhandle lieber mit dem Chef, besonders wenn da einiges nicht so gemacht wird, wie's richtig wäre.»

«Oh!»

«Ich will diesem Parker sagen, daß der Fall nicht richtig angepackt wird, klar? Mr. Bredon hat nämlich nichts damit zu tun.»

«Wahrhaftig! Nun, ich bin Chefinspektor Parker. Was weißt du über Bredon?»

«Das hier.» Rotfuchs-Joe streckte einen tintenfleckigen Zeigefinger aus. «Sie sind auf dem falschen Dampfer. Mr. Bredon ist kein Lump, er ist ein großer Detektiv, und ich bin sein Assistent. Wir sind einem Mörder hart auf den Fersen, verstanden? Und das hier ist nur ein – ein abgekartetes Spiel, ich meine, das ist 'ne Falle, die diese gemeinen Gangster aufgestellt haben, hinter denen er her ist. Sie sind ganz schöne Trottel gewesen, denen so auf den Leim zu gehen, klar? Mr. Bredon ist nämlich 'n feiner Kerl, und er hat nie 'ne junge Frau umgebracht, und schon gar nicht wär er so blöd, Pennyflöten rumliegen zu lassen. Wenn Sie 'nen Mörder haben wollen, Mr. Bredon ist gerade einem auf der Spur, und Sie arbeiten bloß der Schwarzen Spinne in die Hände – ich meine dem, der das getan hat. Ich meine, der Augenblick ist gekommen, für mich – daß ich – mein Wissen preisgebe, und ich werde nicht – Himmel noch mal!»

Der Mann an dem anderen Schreibtisch hatte sich umgedreht und grinste Rotfuchs-Joe über die Stuhllehne an.

«Das genügt, Rotfuchs», sagte dieser Herr. «Wir wissen das alles schon. Ich bin dir dankbar für deine Aussage. Aber hoffentlich hast du noch nichts in andere Richtungen verlauten lassen.»

«Ich, Sir? Nein, Sir. Kein Wort habe ich gesagt, Mr. Bredon, Sir. Aber wie ich sah, daß –»

«Ist schon gut; ich glaube dir. Nun, Charles, ich glaube, das ist genau der Junge, den wir brauchen. Du kannst von ihm die Schlagzeile bekommen und dir den Anruf bei Pym sparen. Rotfuchs, wurde die Nutrax-Schlagzeile heute nachmittag herausgegeben?»

«Ja, Sir. ‹Wie ekel, schal und flach›, so heißt sie. Mein Gott, und das war vielleicht 'n Theater! Den ganzen Nachmittag haben sie dafür gebraucht, und Mr. Ingleby hat bald 'nen Anfall gekriegt.»

«Sieht ihm ähnlich», sagte Wimsey. «So, nun gehst du aber besser nach Hause, Rotfuchs, und kein Wort, verstanden?»

«Klar, Sir.»

«Wir sind dir sehr dankbar für dein Kommen», fügte Parker hinzu, «aber du siehst, wir sind nicht ganz so große Trottel, wie du geglaubt hast. Wir wissen eine ganze Menge über unseren Mr. Bredon hier. Und im übrigen darf ich dich mal kurz mit Lord Peter Wimsey bekannt machen.»

Rotfuchs-Joe kullerten fast die Augen aus dem Kopf.

«Puh! Lord Peter – und wo ist dann Mr. Bredon? Das *ist* Mr. Bredon. Sie wollen mich auf den Arm nehmen.»

«Ich verspreche dir», sagte Wimsey, «dir nächste Woche um diese Zeit alles genau zu erzählen. Und jetzt sei so nett und mach dich auf die Socken. Wir haben viel zu tun.»

Am Mittwochmorgen erhielt Mr. Parker einen Brief von der Postdirektion in St. Martin's-le-Grand. In dem amtlichen Umschlag befand sich ein zweiter, der in Tallboys Handschrift an «W. Smith, Esq.» unter Cummings' Adresse in der Old Broad Street gerichtet war.

«Da hätten wir's», sagte Wimsey. Er schlug in dem gekennzeichneten Telefonbuch nach. «Hier. Das nächste W ist die *Weiße Taube* im Drury Lane. Mach diesmal keinen Fehler.»

Erst am Donnerstagabend entschloß sich Miss Meteyard, mit Mr. Tallboy zu sprechen.

20

Angemessener Abgang eines ungeübten Mörders

«Ist Lord Peter Wimsey zu Hause?»

Der Diener musterte den Frager mit einem raschen Blick, dem nichts entging, von den gehetzten Augen angefangen bis zu den gepflegten Schuhen mittlerer Qualität. Dann sagte er mit einer respektvollen kleinen Verneigung:

«Wenn Sie die Güte hätten, Platz zu nehmen, will ich mich vergewissern, ob Seine Lordschaft frei ist. Wen darf ich melden, Sir?»

«Mr. Tallboy.»

«Wer, Bunter?» fragte Wimsey. «Mr. Tallboy? Das ist ein bißchen unangenehm. Wie sieht er aus?»

«Er sieht aus, wenn ich mich so poetisch ausdrücken darf, Mylord, als wenn ihn sozusagen der Jagdhund des Himmels in die Enge getrieben hätte, Mylord.»

«Da haben Sie wahrscheinlich recht. Es würde mich nicht wundern, wenn auch gleich ein Jagdhund der Hölle in der Nähe wäre. Werfen Sie einen Blick aus dem Fenster, Bunter.»

«Sehr wohl, Mylord ... Ich kann niemand sehen, aber ich habe noch das deutliche Gefühl, als ob ich auf dem unteren Flur einen Schritt vernommen hätte, als ich Mr. Tallboy öffnete.»

«Durchaus denkbar. Nun, da kann man nichts machen. Führen Sie ihn herein.»

«Sehr wohl, Mylord.»

Der junge Mann trat ein, und Wimsey erhob sich zu seiner Begrüßung.

«Guten Abend, Mr. Tallboy.»

«Ich bin gekommen», begann Tallboy, dann unterbrach er sich. «Lord Peter – Bredon – um Himmels willen, wer von beiden sind Sie?»

«Beide», sagte Wimsey ernst. «Möchten Sie sich nicht setzen?»

«Danke, ich würde lieber ... ich möchte nicht ... ich bin gekommen ...»

«Sie sehen elend aus. Ich finde wirklich, Sie sollten sich hinsetzen und etwas trinken.»

Tallboys Beine schienen unter ihm nachzugeben, und er nahm ohne weitere Umstände Platz.

«Und», fragte Wimsey, während er ihm einen steifen Whisky einschenkte, «was macht die Whifflets-Kampagne ohne mich?»

«Whifflets?»

«Spielt keine Rolle. Ich habe nur gefragt, um Ihnen zu zeigen, daß ich wirklich Bredon bin. Gießen Sie das in einem Zug hinunter. Besser so?»

«Ja. Tut mir leid, daß ich mich so dämlich aufgeführt habe. Ich war gekommen, um –»

«Um zu erfahren, wieviel ich weiß?»

«Ja – nein. Ich bin hier, weil ich es einfach nicht mehr aushalte. Ich will Ihnen alles sagen.»

«Einen Augenblick. Zuerst sollte ich Ihnen etwas sagen. Ich habe die Sache nicht mehr in der Hand. Verstehen Sie? Das heißt, ich glaube nicht, daß Sie mir noch viel erzählen können. Das Spiel ist aus, mein Lieber. Es tut mir leid – es tut mir wirklich leid, denn ich glaube, Sie haben eine regelrechte Hölle hinter sich. Aber so ist der Stand der Dinge.»

Tallboy war sehr blaß geworden. Er nahm widerspruchslos noch einen Whisky an, dann sagte er: «Nun, auf eine Art bin ich eigentlich froh. Wenn meine Frau und das Kind nicht wären – o Gott!» Er schlug die Hände vors Gesicht, und Wimsey ging ans Fenster und blickte auf die Lichter des Piccadilly, die blaß durch die sommerliche Abenddämmerung schimmerten. «Ich war ein Vollidiot», sagte Tallboy.

«Das sind die meisten von uns», sagte Wimsey. «Es tut mir entsetzlich leid, alter Freund.»

Er kam zurück und sah auf ihn herab.

«Hören Sie», sagte er, «Sie brauchen mir überhaupt nichts zu erzählen, wenn Sie nicht wollen. Aber wenn Sie wollen, sollten Sie wissen, daß es im Grunde nichts mehr ändert. Ich meine, wenn Sie das Gefühl haben, sich etwas von der Seele reden zu müssen, glaube ich nicht, daß es für Sie noch irgendwelche Konsequenzen haben kann.»

«Ich möchte es Ihnen erzählen», sagte Tallboy. «Sie verstehen es vielleicht. Es ist mir klar, daß alles aus ist, irgendwie.» Er überlegte. «Sagen Sie, wie sind Sie eigentlich auf diese Sache gekommen?»

«Durch den Brief von Victor Dean. Erinnern Sie sich? Den er

Mr. Pym zu schicken gedroht hat. Er hat ihn Ihnen doch gezeigt?»

«Das kleine Schwein. Ja, er hat ihn mir gezeigt. Hat er ihn nicht vernichtet?»

«Nein.»

«Aha. Nun, ich erzähle am besten ganz von vorn. Angefangen hat die Geschichte vor etwa zwei Jahren. Ich war sehr knapp bei Kasse und wollte heiraten. Ich hatte auch Geld bei Pferderennen verloren, und es sah gar nicht gut für mich aus. Da habe ich in einem Restaurant diesen Mann getroffen.»

«In welchem Restaurant?»

Tallboy nannte den Namen. «Er war ein ganz gewöhnlicher Mann, so in mittleren Jahren. Ich habe ihn seitdem nie wieder gesehen. Aber wir kamen ins Gespräch über dies und das und wie knapp das Geld sei und so weiter, und ich erwähnte zufällig, wo ich arbeitete. Danach schien er über etwas nachzudenken und fragte mich alles mögliche, wie die Inserate zustande kämen und wie sie an die Zeitungen geschickt würden und so weiter, und ob ich in der Lage sei, die Schlagzeilen im vorhinein zu erfahren. Ich sagte, natürlich, über einige Kunden wisse ich bestens Bescheid, zum Beispiel über Nutrax, aber über andere nicht. Da erwähnte er den Nutrax-Zweispalter im *Morning Star* und fragte, wann ich die Schlagzeile davon wisse, und ich sagte, Dienstag nachmittag. Da fragte er mich plötzlich, ob ich 1 000 Pfund im Jahr nebenher gebrauchen könnte, und ich sagte: ‹Ob ich sie brauchen kann? Sagen Sie mir, wo sie liegen.› Dann kam er mit seinem Vorschlag heraus. Es klang ganz harmlos. Das heißt, es war zwar offensichtlich nicht ganz astrein, aber nichts Kriminelles, wie er es schilderte. Er sagte, wenn ich ihm jeden Dienstag den ersten Buchstaben der Überschrift für den folgenden Freitag mitteilen könnte, würde ich gut dafür bezahlt. Natürlich habe ich mich zuerst geziert und von Vertrauensbruch und so weiter gesprochen, und er hat sein Angebot auf 1 200 Pfund erhöht. Es klang sehr verführerisch, und ich konnte beim besten Willen nicht sehen, wie es der Firma schaden könnte. Also habe ich ja gesagt, und wir haben einen Code vereinbart –»

«Das weiß ich alles», sagte Wimsey. «Er war sehr raffiniert und einfach. Ich nehme an, er hat Ihnen gesagt, daß die Adresse lediglich eine Deckadresse sei.»

«Ja. War sie es nicht? Ich habe mir das Haus einmal angesehen; es ist ein Tabakwarenladen.»

Wimsey nickte. «Ich war da. Es ist nicht direkt eine Deckadresse in dem Sinne, wie Sie meinen. Hat dieser Mann Ihnen keinen Grund für seine etwas absonderliche Bitte genannt?»

«Doch, und natürlich hätte ich mich daraufhin gar nicht erst mit ihm einlassen dürfen. Er sagte, er schließe gern mit seinen Freunden alle möglichen Wetten zu diesem und jenem ab, und nun sei er auf die Idee gekommen, um den Anfangsbuchstaben des wöchentlichen Nutrax-Inserats zu wetten –»

«Ah, verstehe. Dann konnte er die Wette gewinnen, sooft er wollte. Klingt einleuchtend; nicht kriminell, nur gerade unsauber genug, um auf Diskretion zu bestehen. War es das?»

«Ja. Ich bin darauf eingegangen ... Ich saß so in der Klemme ... Es gibt keine Entschuldigung für mich. Und ich hätte mir wohl auch denken müssen, daß eigentlich mehr dahintersteckte. Aber ich wollte nicht nachdenken. Außerdem hatte ich zuerst sowieso angenommen, er wolle mich nur auf den Arm nehmen, aber da ich nichts dabei riskierte, habe ich die ersten beiden verschlüsselten Briefe abgeschickt, und nach vierzehn Tagen bekam ich meine 50 Pfund. Ich war schwer verschuldet und habe das Geld genommen. Danach – na ja, da hatte ich nicht mehr den Mut, es hinzuwerfen.»

«Nein, das wäre auch ziemlich hart gewesen, kann ich mir vorstellen.»

«Hart? Bredon – Wimsey – Sie wissen doch gar nicht, was es heißt, in Geldverlegenheit zu sein. Man wird bei Pym nicht gut bezahlt, und es gibt so einige, die möchten am liebsten fort und sich etwas Besseres suchen, aber keiner traut sich. Pym bedeutet Sicherheit – man wird anständig behandelt, und rausschmeißen tun sie einen auch nicht, wenn es sich eben vermeiden läßt –, aber man muß sich nach der Decke strecken und kann es sich nicht leisten, wegzugehen. Die Konkurrenz ist groß, und dann heiraten Sie und fangen an, Ihr Haus und die Möbel zu bezahlen, und mit den Raten müssen Sie auf dem laufenden bleiben, und Sie können nicht so viel zusammensparen, daß Sie es sich leisten können, einen Monat oder noch länger auf Stellensuche zu gehen. Sie müssen weitermachen, und wenn Sie dabei draufgehen. Ich habe also auch weitergemacht. Natürlich hoffte ich, etwas weglegen zu können und aus dieser Misere herauszukommen, aber dann wurde meine Frau krank, eines kam zum andern, und ich mußte mein Gehalt bis zum letzten Penny ausgeben und das Geld von Smith dazu. Und dann ist Dean, dieser Teufel, irgendwie dahintergekommen; weiß der Himmel, wie.»

«Das kann ich Ihnen sagen», antwortete Wimsey und erzählte es ihm.

«Aha. Nun, und dann hat er mich unter Druck gesetzt. Zuerst wollte er Halbe-halbe haben, dann hat er mehr verlangt. Das Teuflische war, daß ich nicht nur meine Stelle verloren hätte, wenn er mich verpfiff, sondern das Geld von Smith dazu, und so war meine Lage ziemlich eklig. Meine Frau erwartete ein Kind, und ich war mit der Einkommensteuer im Rückstand, und mit dieser Vasavour habe ich mich wohl überhaupt nur eingelassen, weil alles so vollkommen hoffnungslos aussah. Natürlich konnte das auf lange Sicht alles nur verschlimmern. Und dann hatte ich eines Tages das Gefühl, nicht länger damit fertig zu werden, also habe ich zu Dean gesagt, ich schmeiße den Krempel hin und er kann gefälligst tun, was er will. Und erst da hat er mir gesagt, um was es sich in Wirklichkeit handelte, und mich darauf aufmerksam gemacht, daß ich wegen Beihilfe zum Rauschgifthandel ohne weiteres zwölf Jahre bekommen könnte.»

«Gemein», sagte Wimsey. «Das ist regelrecht gemein. Und es ist Ihnen nicht in den Sinn gekommen, sich als Kronzeuge zur Verfügung zu stellen und den ganzen Laden auffliegen zu lassen?»

«Nein, anfangs nicht. Ich war so erschrocken, daß ich gar nicht richtig denken konnte. Auch wenn ich das getan hätte, wäre es noch sehr unangenehm geworden. Trotzdem, nach einer Weile bin ich auf den Gedanken gekommen, aber als ich es Dean sagte, hat er geantwortet, in dem Falle werde er mir zuvorkommen, und hat mir den Brief gezeigt, den er Pym schikken wollte. Das hat mir den Rest gegeben. Ich habe ihn gebeten, mir noch eine Woche Bedenkzeit zu geben. Was ist eigentlich dann mit dem Brief geschehen?»

«Seine Schwester hat ihn bei seinen Sachen gefunden und an Pym geschickt, und der hat mich über einen Bekannten engagiert, damit ich mich darum kümmere. Er wußte nicht, wer ich war. Ich selbst habe zunächst auch nicht viel hinter der Sache vermutet und den Posten nur um der Erfahrung willen angenommen.»

Tallboy nickte.

«Tja, Ihre Erfahrung haben Sie ja nun gemacht. Hoffentlich haben Sie nicht so schwer dafür bezahlt wie ich. Ich sah keinen Ausweg mehr –»

Er unterbrach sich und sah Wimsey an.

«Vielleicht sollte ich Ihnen den Rest erzählen», sagte dieser.

«Sie hatten darüber nachgedacht und sind zu dem Schluß gekommen, daß Victor Dean ein Lump und Schmarotzer ist und kein großer Verlust für die Welt wäre. Eines Tages kam Mr. Wedderburn lachend in Ihr Zimmer, weil Mrs. Johnson bei Rotfuchs-Joe eine Schleuder entdeckt und sie konfisziert und in ihrem Schreibtisch eingeschlossen hatte. Sie wußten, daß Sie ein großes Geschick im Umgang mit Geschossen aller Art haben – immerhin werfen Sie ein Wicket von einem Ende des Spielfeldes bis zum anderen ab –, und Sie stellten fest, wie leicht ein Mensch durch das Oberlicht abgeschossen werden konnte, wenn er die Eisentreppe hinunterging. Wenn ihn das Geschoß nicht tötete, dann vielleicht der Sturz, und das war einen Versuch wert.»

«Sie wissen also wirklich über alles Bescheid, ja?»

«Fast. Sie haben die Schleuder geklaut, indem Sie in der Mittagspause den Schreibtisch mit Mrs. Johnsons Schlüssel öffneten, und dann haben Sie täglich Schießübungen gemacht. Einmal haben Sie dabei nämlich einen Kiesel liegenlassen.»

«Ich weiß. Es kam jemand, bevor ich ihn gefunden hatte.»

«Eben. Und dann kam der Tag, Dean aus dem Weg zu räumen – ein schöner, strahlender Tag, als alle Oberlichter geöffnet waren. Sie sind ein bißchen im ganzen Gebäude herumgerannt, so daß niemand genau sagen konnte, wo Sie in einem bestimmten Augenblick gewesen waren, dann sind Sie aufs Dach gegangen. Wie haben Sie übrigens dafür gesorgt, daß Dean im richtigen Augenblick die Eisentreppe hinunterging? Ach ja, und der Skarabäus! Eine sehr gute Idee, den Skarabäus zu nehmen, denn wenn der gefunden wurde, nahm natürlich jeder an, er sei ihm bei dem Sturz aus der Tasche gefallen.»

«Ich hatte den Skarabäus nach dem Lunch auf Deans Schreibtisch gesehen. Ich wußte, daß er ihn oft dort liegen hatte. Und ich hatte den *Times-Atlas* in meinem Zimmer. Ich schickte Wedderburn wegen irgend etwas ins Archiv, dann rief ich von meinem Telefon aus Dean an und sagte, ich spräche im Auftrag von Mr. Hankin aus dem großen Konferenzraum. Er solle doch wegen des Crunchlets-Anzeigentextes einmal herunterkommen und aus meinem Zimmer den *Times-Atlas* mitbringen. Während er den holen ging, klaute ich den Skarabäus und schlich mich aufs Dach. Ich wußte, daß er eine Weile brauchen würde, den *Times-Atlas* zu finden, denn ich hatte ihn unter einen ganzen Stapel Akten gelegt, und ich war ziemlich sicher, daß er die Eisentreppe hinuntergehen würde, weil das der nächste Weg von meinem Zimmer zum großen Konferenzraum war. An diesem Punkt hätte der Plan übrigens schiefgehen können, denn er kam gar nicht diesen Weg. Er muß wegen irgend etwas noch mal in sein eigenes Zimmer zurückgegangen sein, aber das weiß ich natürlich nicht. Jedenfalls kam er dann endlich doch, und ich schoß durch das Oberlicht auf ihn, als er etwa vier Stufen die Treppe hinuntergegangen war.»

«Woher wußten Sie so genau, an welcher Stelle Sie ihn treffen mußten?»

«Zufällig ist ein jüngerer Bruder von mir durch einen Golfball ums Leben gekommen, der ihn genau an dieser Stelle traf. Aber ich bin ins Britische Museum gegangen und habe mich sicherheitshalber noch einmal in einem Buch überzeugt. Anscheinend hat er sich auch noch das Genick gebrochen; damit habe ich gar nicht gerechnet. Ich blieb auf dem Dach, bis die erste Aufregung sich gelegt hatte, und bin dann in aller Ruhe heruntergekommen. Natürlich bin ich keiner Menschenseele begegnet, denn sie standen ja alle herum und hielten Leichenschau. Als ich wußte, daß es mir gelungen war, hat es mir nichts ausgemacht. Froh war ich. Und ich sage Ihnen, wenn man mir nicht daraufgekommen wäre, würde es mir auch heute noch nichts ausmachen.»

«Das kann ich Ihnen nachfühlen», sagte Wimsey.

«Sie haben mich um einen Shilling für einen Kranz für die kleine Laus gebeten.» Tallboy lachte. «Ich hätte ihnen mit Freuden 20 Shilling gegeben, 20 Pfund sogar... Und dann kamen Sie daher... Zuerst habe ich nichts Böses geahnt... bis Sie anfingen, von Schleudern zu reden... Da habe ich einen argen Schrecken bekommen und... und da...»

«Schwamm darüber», sagte Wimsey. «Sie müssen furchtbar erschrocken sein, als Sie sahen, daß Sie den falschen niedergeschlagen hatten. Das war wohl, als Sie ein Streichholz anzündeten, um Pamela Deans Brief zu suchen?»

«Ja, ich kannte ihre Handschrift – ich hatte sie einmal in Deans Zimmer gesehen – und ihr Schreibpapier kannte ich auch. Eigentlich war ich nur gekommen, um in Erfahrung zu bringen, ob Sie wirklich etwas wußten oder nur auf den Busch geklopft hatten – oder sagen wir besser, einen Schuß ins Blaue abgegeben hatten – mit der Schleuder. Als ich aber den Brief sah, war ich fest überzeugt, daß etwas daran sein mußte. Und Willis auch – der hatte mir schon gesagt, daß Sie und Pamela Dean ein Herz und eine Seele wären. Da dachte ich, in dem Brief stände vielleicht alles über Dean und mich. Das heißt, ehrlich gesagt, ich weiß gar nicht so genau, was ich gedacht habe. Und als ich dann meinen Irrtum entdeckte, habe ich es mit der Angst bekommen und es lieber nicht noch einmal versucht.»

«Ich hatte Sie erwartet. Als nichts passierte, glaubte ich schon fast, daß Sie es doch nicht gewesen waren, sondern jemand anders.»

«Wußten Sie denn inzwischen von der anderen Sache und daß ich das war?»

«Daß Sie es waren, wußte ich nicht; Sie waren einer unter mehreren Kandidaten. Aber nach dem Nutrax-Krach und den 50 Pfund in bar –»

Tallboy sah mit einem scheuen, flüchtigen Lächeln auf.

«Wissen Sie», sagte er, «ich war die ganze Zeit so furchtbar unvorsichtig und leichtsinnig. Diese Briefe – ich hätte sie nie vom Büro aus abschicken dürfen.»

«Richtig; und dann die Schleuder. Sie hätten sich schon die Mühe machen und sich eine eigene basteln sollen. Eine Schleuder ohne Fingerabdrücke ist etwas ganz und gar Ungewöhnliches.»

«Das war es also. Ich fürchte, ich habe alles gründlich verpatzt. Nicht einmal einen gewöhnlichen Mord kriege ich hin. Wimsey – wieviel von alldem muß eigentlich an die Öffentlichkeit kommen? Alles, ja? Auch das mit der Vasavour ...?»

«Ach ja», sagte Wimsey, ohne auf die Frage zu antworten. «Reden Sie nicht von der Vasavour. Wegen der Geschichte habe ich mich die ganze Zeit wie ein Schuft gefühlt. Ich habe Ihnen ja auch gesagt, Sie sollen mir nicht danken.»

«Das stimmt, und es hat mich ziemlich erschreckt, denn es klang ernst gemeint. Jedenfalls wußte ich da, daß die Sache mit der Schleuder kein Zufall gewesen war. Aber ich hatte keine Ahnung, wer Sie waren – bis zu diesem elenden Cricketspiel.»

«Das war unvorsichtig von mir. Aber dieser vermaledeite Simmonds hatte mir eins auf den Musikantenknochen gegeben und mich in Rage gebracht. Sie sind also nicht auf meine spektakuläre Verhaftung hereingefallen?»

«O doch. Ich habe mit vollem Herzen daran geglaubt und dem Himmel inbrünstig gedankt. Ich dachte, ich wäre noch einmal davongekommen.»

«Was hat Sie denn heute abend zu mir geführt?»

«Miss Meteyard. Sie hat mich gestern abend beiseite genommen. Sie sagte, sie hat zuerst geglaubt, daß Sie und Bredon ein und derselbe sind, aber jetzt glaubt sie, daß dies nicht der Fall sein kann. Sie sagte aber zu mir, Bredon würde mich todsicher bei der Polizei verraten, um sich lieb Kind zu machen, und ich sollte lieber rechtzeitig abhauen.»

«Das hat sie gesagt? Miss Meteyard? Wollen Sie sagen, daß sie alles wußte?»

«Von der Nutrax-Geschichte wußte sie nichts. Aber von Dean.»

«Du lieber Gott!» Wimseys natürliche Eitelkeit erhielt einen vernichtenden Schlag. «Woher, um Himmels willen, *konnte* sie das wissen?»

«Sie hat es sich gedacht. Sie sagt, sie hat mich einmal beobachtet, wie ich Dean angesehen habe, als ich nicht wußte, daß sie da war – und anscheinend muß er bei ihr einmal etwas fallengelassen haben. Offenbar war Deans Tod ihr von Anfang an nicht ganz geheuer. Sie sagt, sie habe sich entschlossen, sich in keiner Weise einzumischen, aber nach Ihrer Verhaftung sei sie der Meinung gewesen, daß Sie der größere Halunke sind. Daß Lord Peter Wimsey eine ordentliche Ermittlung führte, fand sie in Ordnung, nicht aber, daß ein dreckiger Mr. Bredon mich verpfiff, um seine Haut zu retten. Sie ist eine sonderbare Frau.»

«Und ob. Am liebsten vergesse ich das wohl so schnell wie möglich. Sie scheint das Ganze aber sehr gelassen aufgenommen zu haben.»

«O ja. Sehen Sie, sie kannte Dean. Einmal hat er auch versucht, sie zu erpressen, wegen irgendeines Mannes. Sie würden es ihr nicht zutrauen, wenn Sie sie sehen, oder?» meinte Tallboy naiv. «Es war gar nicht viel dran, sagt sie, nur eben genau etwas, worauf Mr. Pym reagiert hätte wie ein Stier auf das rote Tuch.»

«Und was hat sie getan?» fragte Wimsey fasziniert.

«Sie hat ihm gesagt, er soll erzählen, was er will, und sich zum Teufel scheren. Und ich wünschte bei Gott, das hätte ich auch gesagt. Wimsey – wie lange wird das noch gehen? Ich sitze auf glühenden Kohlen – ich habe schon daran gedacht, mich zu stellen – ich – meine Frau – warum hat man mich nicht schon längst verhaftet?»

«Man wollte noch abwarten», sagte Wimsey bedächtig, denn seine Gedanken folgten gleichzeitig zwei verschiedenen Bahnen. «Sehen Sie, Sie sind ja gar nicht so wichtig wie dieser Rauschgiftring. Wenn Sie verhaftet worden wären, hätten die ihr Spielchen sofort eingestellt, und das wollten wir nicht. Ich fürchte, Sie mußten als der lebende Köder in der Tigerfalle herhalten.»

Während dieser ganzen Zeit lauschte er gebannt nach dem

Bimmeln des Telefons, das ihm sagen würde, daß die Razzia in der *Weißen Taube* erfolgreich gewesen war. Wenn erst die Verhaftungswelle angelaufen und die Bande zerschlagen war, bedeutete der unheimliche Beobachter auf der Straße keine Gefahr mehr. Er würde um sein Leben fliehen, und Tallboy würde nach Hause gehen und der Dinge harren müssen, die ihn dort erwarteten. Wenn er aber jetzt sofort ging –

«Wann?» fragte Tallboy mit flehender Stimme. «Wann?»

«Heute nacht.»

«Wimsey – Sie waren furchtbar anständig zu mir – sagen Sie mir – gibt es keinen Ausweg? Es geht nicht eigentlich um mich, vielmehr um meine Frau und das Kind. Man wird ein Leben lang mit Fingern auf sie zeigen. Es ist entsetzlich. Könnten Sie mir nicht 24 Stunden Zeit geben?»

«Sie kämen nicht aus dem Land.»

«Wenn ich allein wäre, würde ich mich stellen. Ehrlich.»

«Es gibt noch eine andere Möglichkeit.»

«Ja, ich weiß. Daran habe ich auch schon gedacht. Das ist wahrscheinlich –» er unterbrach sich plötzlich und lachte – «es ist wahrscheinlich der Ausweg, den ein wohlanständiger englischer Internatszögling nimmt. Ich – ach ja, schon gut. Das würde aber kaum Schlagzeilen machen, oder? ‹Selbstmord eines alten Dumbletoniers› – das gibt nicht viel her. Macht aber nichts, zum Teufel! Ich werde Ihnen zeigen, daß Dumbleton auch nicht schlechter ist als Eton. Warum nicht?»

«So spricht ein Mann», sagte Wimsey. «Trinken Sie noch etwas. Auf Ihr Wohl.» Er leerte sein Glas und stand auf. «Hören Sie!» sagte er. «Ich glaube, es gibt noch einen anderen Ausweg. Ihnen hilft er nicht, aber für Ihre Frau und Ihr Kind wäre es wahrscheinlich ein gewaltiger Unterschied.»

«Was ist das?» fragte Tallboy eifrig.

«Sie brauchen nie etwas davon zu erfahren. Nichts. Niemand braucht überhaupt etwas zu erfahren, wenn Sie tun, was ich sage.»

«Mein Gott, Wimsey! Was meinen Sie? Sagen Sie es mir, schnell. Ich tue alles!»

«Es wird Sie nicht retten.»

«Das spielt keine Rolle. Sagen Sie es mir.»

«Gehen Sie jetzt nach Hause», sagte Wimsey. «Gehen Sie zu Fuß, nicht zu schnell. Und schauen Sie sich nicht um.»

Tallboy starrte ihn an. Jeder Blutstropfen war aus seinem Gesicht gewichen; selbst seine Lippen waren weiß wie Papier.

«Ich glaube, ich habe verstanden ... Gut.»
«Dann schnell», sagte Wimsey. Er streckte die Hand aus.
«Gute Nacht – und alles Gute.»
«Danke. Gute Nacht.»
Vom Fenster aus sah Wimsey ihn auf den Piccadilly hinaustreten und schnell in Richtung Hyde Park Corner gehen. Er sah den Schatten aus einem benachbarten Hauseingang huschen und ihm folgen.
«– und von da zur Richtstätte ... und möge der Herr deiner Seele gnädig sein.»

Eine halbe Stunde später klingelte das Telefon.
«Wir haben die ganze Bande erwischt», sagte Parkers fröhliche Stimme. «Wir haben das Zeug in die Stadt kommen lassen. Was meinst du, wie es getarnt war? Als Reisemuster – in so einem Wagen mit Vorhängen rundum.»
«Darin haben sie es dann wahrscheinlich abgepackt.»
«Ja. Wir haben unseren Mann in die *Weiße Taube* gehen sehen. Dann haben wir das Wirtshaus in Auge behalten, und sowie die Vögelchen da herauskamen, hüpften sie uns genau in die Arme, einer nach dem andern. Es lief wie am Schnürchen. Ohne die kleinste Panne. Ach, übrigens – ihr Erkennungswort. Das hätten wir uns eigentlich denken müssen. Es mußte nur irgend etwas mit Nutrax zu tun haben. Einige hatten nur den *Morning Star* bei sich, aufgeschlagen bei der Anzeige, und andere erwähnten irgendwie Nutrax für die Nerven. Einer hatte eine Flasche von dem Zeug in der Tasche, ein anderer hatte es auf seiner Einkaufsliste stehen und so weiter. Und ein ganz Genialer platzte vor Neuigkeiten über ein paar neue Bahnen für Windhundrennen. Einfacher geht's nicht mehr, oder?»
«Das erklärt die Sache mit Hector Puncheon.»
«Hector – ? Ach ja, der Zeitungsmensch. Ja. Er muß seinen *Morning Star* bei sich gehabt haben. Diesen Cummings haben wir natürlich auch. Wie sich herausstellte, war er der eigentliche Kopf des Unternehmens, und sowie wir ihn am Wickel hatten, ist er mit der ganzen Geschichte herausgerückt, der räudige kleine Köter. Dieser Arzt, der Mountjoy unter den Zug gestoßen hat, hängt auch mit darin – wir haben unumstößliche Beweise gegen ihn, und außerdem sind wir auf Mountjoys Schätze gestoßen. Er hat irgendwo ein Depot bei einer Bank, und ich glaube, ich weiß, wo ich den Schlüssel finde. Er hat eine Frau in Maida Vale ausgehalten, du meine Güte! Wir können rundum

zufrieden sein. Jetzt müssen wir uns nur noch deinen Mörder greifen, diesen – wie heißt er noch? – und dann herrscht wieder eitel Freude und Sonnenschein.»

«Aber ja», sagte Wimsey mit einem Anflug von Bitterkeit in der Stimme. «Eitel Freude und Sonnenschein.»

«Was ist los mit dir? Du klingst ein bißchen verstimmt. Warte, bis ich hier Ordnung gemacht habe, dann gehen wir irgendwohin zum Feiern.»

«Heute abend nicht», sagte Wimsey, «mir ist heute nicht recht zum Feiern.»

Der Tod verläßt
Pyms Werbedienst

«Sie sehen also», sagte Wimsey zu Mr. Pym, «die Sache braucht überhaupt nicht in die Zeitungen zu kommen, wenn wir achtgeben. Wir haben auch so Beweise genug gegen Cummings, da brauchen wir wegen der Einzelheiten des Verteilungssystems nicht die Öffentlichkeit ins Vertrauen zu ziehen.»

«Dem Himmel sei Dank!» sagte Mr. Pym. «Es wäre schrecklich für Pyms Werbedienst gewesen. Wie ich diese letzten Wochen durchgestanden habe, weiß ich selbst nicht. Ich nehme an, Sie werden die Werbebranche jetzt wieder verlassen?»

«Leider ja.»

«Schade. Sie wären der geborene Texter. Wenigstens werden Sie die Genugtuung haben, Ihre Whifflets-Kampagne verwirklicht zu sehen.»

«Ausgezeichnet! Ich fange sofort an, Gutscheine zu sammeln.»

«Stellt euch vor!» sagte Miss Rossiter. «Verfahren eingestellt.»

«Ich hab ja schon immer gesagt, daß Mr. Bredon ein Schatz ist», triumphierte Miss Parton. «Natürlich war der *wirkliche* Mörder einer von diesen abscheulichen Rauschgifthändlern. Das war ja viel wahrscheinlicher. Ich hab's damals gleich gesagt.»

«Davon habe ich nichts gehört», versetzte Miss Rossiter schnippisch. «Ach, Miss Meteyard, haben Sie schon das Neueste erfahren? Haben Sie gelesen, daß unser Mr. Bredon wieder frei ist und gar keinen Mord begangen hat?»

«Noch mehr als das», antwortete Miss Meteyard. «Ich habe Mr. Bredon gesehen.»

«Nein. Wo?»

«Hier.»

«*Nein!*»

«Und er ist gar nicht Mr. Bredon, er ist Lord Peter Wimsey.»

«Was???»

Lord Peter schob seine lange Nase durch die Tür.

«Habe ich meinen Namen gehört?»
«Das haben Sie. Sie sagt, Sie seien Lord Peter Wimsey.»
«Stimmt.»
«Was haben Sie denn hier gemacht?»
«Ich war hier», log Seine Lordschaft unverfroren, «wegen einer Wette. Ein Freund von mir hatte zehn gegen eins gewettet, daß ich mir nicht einen Monat lang meinen Lebensunterhalt verdienen könnte. Habe ich aber, oder nicht? Kann ich eine Tasse Kaffee bekommen?»
Sie hätten ihm mit Freuden alles gegeben.

«Übrigens», sagte Miss Rossiter, nachdem der erste Tumult sich gelegt hatte, «haben Sie schon von dem armen Mr. Tallboy gehört?»
«Ja. Armer Kerl.»
«Auf dem Heimweg niedergeschlagen und getötet – ist das nicht schrecklich? Und die arme Mrs. Tallboy mit dem kleinen Baby – das darf man sich gar nicht vorstellen! Weiß der Himmel, wovon sie leben sollen, denn – na, das wissen Sie ja. Dabei fällt mir ein – wenn Sie gerade hier sind, könnte ich Ihren Shilling für den Kranz haben? Das heißt, Sie gehen ja jetzt wahrscheinlich von der Agentur weg, aber ich nehme an, Sie möchten gern etwas dafür geben.»
«O ja, natürlich. Hier, bitte.»
«Vielen Dank! Ach ja, und – da wäre noch das Hochzeitsgeschenk für Mr. Willis. Sie wissen doch, daß er heiratet?»
«Nein, das wußte ich nicht. Hier scheint immer alles zu passieren, wenn ich gerade fort bin. Wen denn?»
«Pamela Dean.»
«Oh! Gute Arbeit. Ja, natürlich. Wieviel für Willis?»
«Die meisten hier haben 2 Shilling gegeben, wenn Sie die auch erübrigen könnten.»
«Ich glaube, 2 Shilling kann ich mir noch leisten. Was schenken wir ihm übrigens?»
«Tja», sagte Miss Rossiter, «*da* hat's allerdings ein bißchen Theater darum gegeben. Die Abteilung wollte ihm unbedingt eine Westminster-Uhr schenken, aber dann sind Mrs. Johnson und Mr. Barrow auf eigene Faust losgezogen und haben einen elektrischen Tischkocher für ihn gekauft – so etwas Dummes, denn das werden die ja doch nie benutzen. Und jedenfalls gehört Mr. Willis zu unserer Abteilung, und da hätten wir doch ein Wörtchen mitzureden gehabt, nicht? Also bekommt er jetzt zwei

Geschenke – die Belegschaft als Ganzes schenkt ihm den Tischkocher und die Abteilung noch etwas extra. Ich fürchte nur, wir werden uns kaum eine Westminster-Uhr leisten können, denn man kann von den Leuten nicht gut verlangen, daß sie mehr als 2 Shilling bezahlen, obwohl Hankie und Armstrong ja sehr anständig waren und jeder ein halbes Pfund daraufgelegt hat.»

«Dann sollte ich auch ein halbes Pfund geben.»

«O nein», sagte Miss Rossiter. «Sie sind furchtbar lieb, aber das wäre nicht gerecht.»

«Das ist durchaus gerecht», sagte Wimsey. «Ich habe ausgezeichnete Gründe, für Mr. Willis' Hochzeitsgeschenk ein bißchen tiefer in die Tasche zu greifen.»

«So? Ich dachte immer, Sie kämen nicht besonders gut mit ihm aus. Aber das war wohl wieder taktlos von mir, wie immer. Wenn Sie also wirklich – ach Gott, das hatte ich vergessen, wie *dumm* von mir! Natürlich, wenn Sie Lord Peter Wimsey sind, müssen Sie ja furchtbar reich sein, nicht?»

«Es geht», räumte Wimsey ein. «Es könnte gerade noch für einen Kuchen zum Tee reichen.»

Er sprach mit Miss Meteyard unter vier Augen.

«Wissen Sie, es tut mir leid», sagte er.

Sie hob die eckigen Schultern.

«Es ist nicht Ihre Schuld. Die Dinge müssen ihren Lauf nehmen. Sie sind einer von denen, die dafür sorgen, daß sie ihren Lauf nehmen. Ich halte mich lieber heraus. Es muß beide Sorten geben.»

«Vielleicht ist Ihre Einstellung weiser und barmherziger.»

«Nein. Ich drücke mich nur um die Verantwortung. Ich lasse alles geschehen, wie es geschieht. Ich mache es nicht zu meiner Aufgabe, einzugreifen. Aber ich mache denen keinen Vorwurf, die es tun. Im Grunde bewundere ich Sie sogar. Sie tun wenigstens etwas, auch wenn Sie nur Schaden anrichten. Unsereiner tut gar nichts. Wir nutzen anderer Leute Dummheit aus, streichen das Geld ein und machen uns über die Dummen lustig. Daran ist nichts zu bewundern. Na ja, tut nichts. Sie sollten jetzt lieber weitergehen. Ich muß eine neue Serie für Sopo entwerfen. ‹Sopo-Tag ist Kino-Tag.› – ‹Lassen Sie Ihre Wäsche sich selbst ruinieren, während Sie vor der Leinwand verblöden!› Mist ist das! Rauschgift? Und für so was gibt man mir 10 Pfund die Woche. Und trotzdem, wenn wir das nicht täten, was würde aus der Wirtschaft unseres Landes? Werbung muß sein.»

Mr. Hankin kam ihnen auf dem Korridor entgegengetrippelt.
«Sie wollen uns also verlassen, Mr. Bredon? Überhaupt, soviel ich höre, hatten wir hier einen Kuckuck im Nest.»

«Ganz so schlimm war's nicht, Sir. Ich habe noch ein paar von den ursprünglichen Nestbewohnern daringelassen.»

Miss Meteyard machte sich still davon, und Mr. Hankin fuhr fort:

«Eine traurige Geschichte. Mr. Pym ist Ihnen sehr dankbar für die Diskretion, die Sie gezeigt haben. Ich hoffe, Sie gehen eines Tages mit mir essen. Ja, Mr. Smayle?»

«Entschuldigung, Sir – es ist wegen dieses Schaufensterplakats für Grüne Aue.»

Wimsey strebte dem Ausgang zu, mechanisch Hände schüttelnd und Abschiedsworte sprechend. Vor dem Aufzug in der unteren Eingangshalle traf er Rotfuchs-Joe, die Arme voller Päckchen.

«Nun, Rotfuchs», sagte Wimsey, «ich bin fort.»

«Oh, Sir!»

«Übrigens, ich habe noch immer deine Schleuder.»

«Ich möchte, daß Sie die behalten, Sir. Sehen Sie, Sir –» Rotfuchs kämpfte mit den widerstrebendsten Emotionen – «wenn ich die Schleuder behalte, erzähle ich am Ende noch den anderen Jungen was davon und will es gar nicht. Ich meine, sie ist ja nun eigentlich historisch, nicht wahr, Sir?»

«So ist es.» Wimsey verstand die Versuchung sehr gut. Nicht jedes Jungen Schleuder wurde schon einmal zum Zwecke eines Mordes entwendet. «Gut, dann behalte ich sie, und vielen Dank für deine große Hilfe. Ich will dir was sagen – ich gebe dir etwas anderes dafür. Was wäre dir lieber, ein Modellflugzeug oder die Schere, womit der Steward der *Nancy Belle* den Kapitän und den Proviantmeister erstochen hat?»

«Uih, Sir! Sind auf der Schere noch die Spuren drauf?»

«Ja, Rotfuchs. Die echten Original-Blutflecken.»

«Dann möchte ich bitte die Schere haben, Sir.»

«Du sollst sie bekommen.»

«Vielen, vielen Dank, Sir.»

«Und du wirst zu niemandem ein Wort sagen – du weißt schon worüber?»

«Und wenn Sie mich lebendig braten, Sir!»

«So ist's recht; leb wohl, Rotfuchs.»

«Leben Sie wohl, Sir.»

Wimsey ging hinaus auf die Southampton Row. Von gegenüber starrte ihn eine lange Plakatwand an. Mitten darauf klebte ein riesenhaftes, kaleidoskopisches Plakat:

NUTRAX FÜR DIE NERVEN

Nebenan entfaltete ein Arbeiter mit Quaste und Leimtopf soeben ein noch größeres, knalligeres Plakat in Blau und Gelb:

SIND SIE EIN WHIFFLER?
WENN NICHT, WARUM NICHT?

Ein Omnibus fuhr vorbei; er hatte ein langes Spruchband an der Seitenwand:

WIR WHIFFELN DURCH DAS GANZE LAND!

Die große Kampagne hatte begonnen. Er betrachtete sein Werk mit einer Art Staunen. Mit ein paar hingeschmierten Worten auf einem Blatt Papier hatte er das Leben von Millionen beeinflußt. Zwei Männer, die vorbeikamen, blieben stehen und besahen sich das Plakat.

«Was hat es mit dieser Whiffelei eigentlich auf sich, Alf?»

«Weiß ich nicht. Irgend so 'ne Werbemasche. Zigaretten, nicht?»

«Ach so, Whifflets?»

«Anzunehmen.»

«Was denen nicht alles einfällt! Worum geht's denn da überhaupt?»

«Weiß der Himmel. Komm, wir kaufen uns ein Päckchen, dann werden wir's ja sehen.»

«Gut, meinetwegen.»

Sie gingen weiter.

Sagt es England. Sagt es der Welt. Eßt mehr Haferflocken. Gebt acht auf euern Teint. Nie wieder Krieg. Putz deine Schuhe mit Schuhglanz. Fragen Sie Ihren Händler. Kinder lieben Laxamalt. Sei bereit, deinem Gott zu begegnen. Bungs Bier ist besser. Kosten Sie Dogsbodys Würstchen. Ein Husch, und der Staub ist weg. Gebt ihnen Crunchlets. Snagsburys Suppen – das Beste für die Truppen. *Morning Star* – da sieht man klar. Ihre Stimme für Punkin, damit Ihnen von Ihrem Geld noch was bleibt. Kampf dem Schnupfen mit Snuffo. Spülen Sie Ihre Nieren mit Fizzlets. Reinigen Sie Ihren Ausguß mit Sanfect. Wolle ist der Haut sympathisch. Popps Pillen geben Schwung. Whiffeln Sie sich ins Glück.

Wirb oder stirb.

Inhalt

1. Der Tod kommt zu Pyms Werbedienst — 7
2. Ärgerliche Indiskretion zweier Stenotypistinnen — 24
3. Neugierige Fragen eines neuen Texters — 35
4. Erstaunliche Kunststücke eines Harlekins — 48
5. Überraschende Metamorphose des Mr. Bredon — 72
6. Einmalige Unbeflecktheit einer tödlichen Waffe — 89
7. Bestürzendes Erlebnis eines Chefinspektors — 104
8. Schwerste Erschütterung einer Werbeagentur — 118
9. Herzlose Maskerade eines Harlekins — 142
10. Alarmierende Zuspitzung eines Bürokrachs — 155
11. Unverzeihliche Störung einer herzoglichen Gesellschaft — 176
12. Unverhoffte Errungenschaft eines jungen Reporters — 192
13. Peinliche Verstrickung eines Gruppenleiters — 209
14. Hoffnungsvolle Konspiration zweier schwarzer Schafe — 225
15. Plötzliches Hinscheiden eines befrackten Herrn — 234
16. Exzentrisches Verhalten einer Postdienststelle — 256
17. Heiße Tränen eines Herzogsneffen — 269
18. Unerwartetes Ende eines Cricketspiels — 287
19. Doppeltes Auftreten einer berüchtigten Person — 304
20. Angemessener Abgang eines ungeübten Mörders — 316
21. Der Tod verläßt Pyms Werbedienst — 328

**»Der doppelte Tod des Frédéric Belot« –
ein Meisterwerk an Spannung und psychologischer
Dramatik**

256 Seiten, gebunden, 26 DM

Vom selben Autor:

Der Springbrunnen. Roman.
252 Seiten. 24 DM

Wagen 7, Platz 15. Roman.
114 Seiten. 16,80 DM

Der Passagier der Linie U.
Roman. 432 Seiten. 32 DM

Das Tigerauge. Roman.
280 Seiten. 26,50 DM

Rainer Wunderlich Verlag